辽宁省教育厅高<!-- 被条形码遮挡 -->

清末东北三省鼠疫灾难及防疫措施研究

焦润明◎著

北京师范大学出版集团
BEIJING NORMAL UNIVERSITY PUBLISHING GROUP
北京师范大学出版社

图书在版编目(CIP)数据

清末东北三省鼠疫灾难及防疫措施研究/焦润明著.—北京:北京师范大学出版社,2011.9
(学术前沿研究)
ISBN 978-7-303-11964-6

Ⅰ.①清… Ⅱ.①焦… Ⅲ.①鼠疫-防治-研究-东北地区-清后期 Ⅳ.① R516.8-092

中国版本图书馆 CIP 数据核字 (2010) 第 249374 号

营 销 中 心 电 话	010-58802181 58808006
北师大出版社高等教育分社网	http://gaojiao.bnup.com.cn
电 子 信 箱	beishida168@126.com

出版发行:北京师范大学出版社 www.bnup.com.cn
　　　　　北京新街口外大街19号
　　　　　邮政编码:100875
印　　刷:北京京师印务有限公司
经　　销:全国新华书店
开　　本:155 mm × 235 mm
印　　张:19.5
字　　数:380 千字
版　　次:2011 年 9 月第 1 版
印　　次:2011 年 9 月第 1 次印刷
定　　价:41.00 元

策划编辑:刘东明	责任编辑:郭　瑜　刘东明
美术编辑:毛　佳	装帧设计:天之赋
责任校对:李　菡	责任印制:李　啸

目　录

导　论

一、本课题的学术史概述

本课题所论述之"清末东北三省大鼠疫"，特指 1910 年至 1911 年间发生在中国东北数省区，波及关内，危害巨大的东北大鼠疫。

鼠疫作为一种烈性瘟疫严重威胁着人类的生存，在中国近代，它仍是造成人民生命财产重大损失的自然灾害之一。历时半年之久的一场大鼠疫灾难，虽然很快就消退了，但是它所造成的灾难创伤却并不能随着鼠疫灾难的被控制而马上得到抚平。灾疫后为了应付此次鼠疫的防疫措施及善后工作内容更多，工作量更大，持续的时间也更长。相关的防疫组织建设，防疫法规的颁布与实施，万国鼠疫研究会的召开等，又为此次鼠疫灾难的防控增添了许多亮点，这也是此次鼠疫灾难特别值得研究的价值之所在。尤其是在当代各种自然灾害频繁发生，各种瘟疫层出不穷的时代，研究历史上的灾难以及当时的人们为应对灾难所采取的各种防控措施，对于当代防控自然灾害具有重要的借鉴意义。

进入 20 世纪 80 年代以来，对社会史特别是对灾荒史的研究，已经越来越引起国内史学界的重视。李文海先生等编纂的《近代中国灾荒纪年》（湖南人民出版社，1990 年）以编年的形式，从不同省区系统地记述了自鸦片战争到五四运动 80 年间自然灾害的状况，是近代中国灾荒史研究的拓荒之作。[①] 此后相关作品不断涌现。夏明方、康沛竹主编的

---

① 关于灾荒史的资料方面，李文海、夏明方主编有《中国荒政全书》第一辑（全 5 册），由北京古籍出版社 2003 年 2 月出版；《中国荒政全书》第二辑（全 4 卷），由北京古籍出版社 2004 年 10 月出版。他们计划编 1—5 辑，并附有目录，但只见到 1—2 辑出版。该资料集的出版，有利于推动中国灾荒史方面的研究，是一件有功于学界的大事。

《20世纪中国灾变图史》（广西师范大学出版社、福建教育出版社，2001年）一书，则从宏观的角度，勾勒出了20世纪中国大地上灾荒的基本线索。曹树基的《鼠疫流行与华北社会的变迁（1580～1644年）》（《历史研究》，1997年第1期）、李玉尚的《近代中国的鼠疫应对机制——以云南、广东和福建为例》（《历史研究》，2002年第1期）、李玉尚、曹树基合写的《咸同年间的鼠疫流行与云南人口死亡》（《清史研究》，2001年第2期）、余新忠的《清代江南疫病救疗事业探析——论清代国家与社会对瘟疫的反应》（《历史研究》，2001年第6期）、《咸同之际江南瘟疫探略——兼论战争与瘟疫之关系》（《近代史研究》，2002年第5期）、袁熹的《近代中国最早的防疫工作》（《天津科技》，2003年第3期）等，都是史学界对于瘟疫史研究的重要成果。在2003年非典型肺炎侵袭我国之后，对瘟疫史的研究的现实意义也变得更加突出。2003年以来有关瘟疫史研究的著作颇多，如李建中编著的《世纪大疫情》（学林出版社，2004年）、欣正人的《瘟疫与文明》（山西人民出版社，2004年）、余新忠的《清代江南的瘟疫与社会——一项医疗社会史的研究》（中国人民大学出版社，2003年）、桑林的《瘟疫：文明的代价》（广东经济出版社，2003年）、叶匡正主编的《人类瘟疫报告：非常时刻的人类生存之战》（海峡文艺出版社，2003年）、朱同宇、张本心编著的《危机启示录——影响人类历史的传染病》（中国宇航出版社，2003年）等。

上述著述主要从宏观的历史层面，即主要从灾荒史的层面讨论鼠疫灾难对社会的影响，有的涉及古今中外，并不限于有清一代；而在2003年非典型肺炎侵袭我国之后所出版的瘟疫史方面的研究著作，更多的是探讨瘟疫灾难，包括鼠疫灾难对人类社会的影响，具有强烈的启蒙和防疫借鉴意义。有关论文，或研究近代华北、云南、广东和福建等省区的鼠疫灾难对相关地区社会政治、经济社会生活的影响，主要限于关内或长江以南的局部地区，很少或基本上没有涉及清代东北地区的鼠疫灾害问题。

国外有关清代东北鼠疫的研究，以日本横滨国立大学教授饭岛涉所著《鼠疫与近代中国》（研文出版，2000年）一书为代表，该书在论述流行鼠疫的过程中，也对中国人的公共卫生意识以及公共卫生的制度化建设进行了论述。中国台湾因资料所限，仅见有费克光先生的《中国历史上的鼠疫》一文（刘翠溶、尹懋可主编：《积渐所至：中国环境史论文集》，中央研究院经济所，1995年）涉及东北此次鼠疫问题。

仅就东北地方而言，1910年至1911年间发生的以东北地区为中心点的特大鼠疫灾难，早已引起人们的关注。几乎在鼠疫发生的同时，相关报纸就对此进行报道。甚至如《盛京时报》《申报》《大公报》等报纸，还开辟专栏，进行有关跟踪报道。《东方杂志》还列有大事记，及具有研究倾向的鼠疫事件报道。学术界的反映也很强烈，鼠疫刚发生不能半年的时间里，陈垣先生就著有《奉天万国鼠疫研究会始末》一书（光华医社发行，1911年），另据陈垣先生自己在著作里讲，他同时还著有《东三省防疫方略》一书（只可惜尚没有见到原书）。杜山佳撰有《万国防疫会记》（《东方杂志》，第八卷第三号）一文。此外，参与此次鼠疫防控的伍连德先生还著有《中国之鼠疫病史》（《中华医学杂志》，第22卷第11期）。李祥麟所著的《鼠疫之历史》（《中西医学报》，1910年第8期）、李健颐所著的《鼠疫之研究》（《医药卫生月刊》，1932年第5期）、中国医学科学院流行病微生物学研究所编写的《中国鼠疫流行史》（上、下册，1981年内部印行）、于永敏、刘进、王忠的《沈阳万国鼠疫研究会始末》（《中国科技史料》，1995年第4期）等著述，都涉及对此次东北大鼠疫的研究或介绍。

2003年以来，清末东北大鼠疫作为一次重大的灾难事件开始受到学术界的普遍关注和研究，开始出现专论文章，如陈雁的《20世纪初中国对疾疫的应对——略论1910—1911年的东北鼠疫》（《档案与史学》，2003年第4期）、田阳的《1910年吉林省鼠疫流行简述》（《社会科学战线》，2004年第1期）等文。但是，这些文章分量较小，主要都是介绍此次疫情的概括性文章。笔者所著的专题论文《1910年前后东北的鼠疫灾难》，收录到《近代东北社会诸问题研究》（中国社会科学出版社，2004年）一书中；《晚清东北鼠疫流行与若干社会风俗习惯之改良》一文，收录到顾奎相主编的《辽海历史文化研究》（辽宁大学出版社，2005年）一书中；《1910—1911年的东北大鼠疫及朝野应对措施》一文，刊载在《近代史研究》2006年第3期上，该文是一篇最具分量的对这一次鼠疫作全景式论述的代表性成果。除此之外，还有专门以此历史事件作为研究对象的若干博士、硕士学位论文，也深化了对于相关历史问题的研究。

从总体上讲，针对此次大鼠疫对近代东北社会的影响以及相关防疫等问题的研究，尽管已取得了一些成果，但还很不够。尤其是比较深入地从政府及民间共同应付灾难性社会危机方面的大篇幅论文还很少。到目前为止，有关东北三省鼠疫中所涉及之防疫法规的具体内容，如防疫法规的源流，对中外防疫法规的借鉴，清末东北三省鼠疫对社会经济生活的影响，清末东北三省鼠疫与民间舆论的参与，万国鼠疫研究会与清末东北三省出口贸易的恢复，万国鼠疫研究会与国际防疫规制的确立及影响等问题，还没有进行很好的研究。最重要的是，一部比较系统地论述此次大鼠疫灾难及其防疫措施的学术专著还没有出现，因此，亟须一部较系统的专题性学术专著来填补这方面的学术空白。

二、本课题的学术价值

灾荒史的研究，因它对现实具有重要的借鉴价值，故目前已成为历史学中的"显学"之一，因此，加强并扩展灾荒史的研究，将会进一步增强历史学为现实服务的功能。东北地区的灾荒史研究，目前基本上还是一块学术空白之地。清末东北三省鼠疫灾难作为东北灾荒史上重要的主题内容之一，更具有学术上的拓荒性和现实应用性。

瘟疫灾难一直与人类相伴。各种瘟疫曾给人类社会带来了重大灾难，但同时人类社会在同瘟疫灾难斗争的过程中，其自身也在不断地获得进步，抗拒自然灾害的能力也在不断地增强。因此，从总结此次鼠疫灾难的经验教训角度，从历史学为现实服务的角度，本课题都具有重要的现实意义和学术、社会价值。

一是此次鼠疫是东北近代史上重大事件，对社会生活产生了重大影响。深入研究 1911 年的"万国鼠疫研究会"、东北各地方当局的防疫法规、防疫组织等，则会进一步深化东北近灾荒社会史研究的深度和广度。

二是本课题的研究内容，符合当代史学向微观化、精确化发展的总趋势，更体现了历史学的"咨政"功能和为现实服务的宗旨。

三是研究历史上曾经发生的鼠疫灾难及人类曾付出的代价以及战胜灾难的种种经验教训，因此总结历史上鼠疫的防控经验，吸取其教训，对于当代的防疫工作具有启示及借鉴意义。不仅有学术价值，更有现实应用性和借鉴性。而且所产生的成果也将有广泛的应用前景。

三、本课题的创新之处

1. 研究视野上的创新

第一，研究历史上瘟疫等自然灾难也是历史学研究的重要内容。特别是在历史学科向微观化（"碎化"研究）、边缘化发展中，加强地方史重大问题的研究，是丰富历史学科内容的重要步骤。第二，研究鼠疫又超越于鼠疫的研究，把它与社会变迁和民俗变迁联系起来，透过此次鼠疫灾难的研究，窥见当时东北民生的实态。第三，从处理社会危机的角度入手，来审视当时政府及民间应对这一自然灾难危机所采取的方法、手段，总结其经验教训，开拓历史学科的研究领域，深化区域地方史的研究，是尝试历史学现实应用性的一个重要课题。

2. 研究方法上的拓展

本课题研究除了运用历史唯物主义和辩证唯物主义的史学理论和史学方法外，还将借助于计量史学和社会学的一些研究方法。

3. 提出了许多原创性的学术观点

得出了原创性结论。第一，对鼠疫中所涉及的"疫源地""疫源物"以及死亡人数、传播路线等内容都得已精确描述，并得出结论。第二，提出中国近代第一部全国性防疫法规诞生于宣统年间鼠疫防控期间，即1911 年 4 月 17 日《民政部拟定防疫章程》是近代中国第一部全国性的防疫法规。第三，认为万国鼠疫研究会是中国近代历史上第一次真正意义上的国际会议。同时，对于 20 世纪初期的国际医学交流以及近代防疫医学流行病学、公共防疫体系的建立，都起到了积极的促进作用。第四，指出当时报章杂志的舆论宣传、民间防疫组织的建立以及民间的防疫募捐，表明清末的国家意识、公共观念较以前大大增强。

四、本课题在史料方面的突破

本课题在史料运用上，多采用前人未曾引用过的原始资料，馆藏档案主要包括辽宁省档案馆馆藏的《奉天交涉司全宗》《奉天省长公署档》，吉林省档案馆馆藏的《吉林全省防疫总局档》《吉林将军衙门档》《吉林省民政司档》和《吉林全省旗务处档》，黑龙江省档案馆馆藏的《黑龙江行省公署档》，上海市档案馆馆藏的《满洲及中国南部爆发败血症和肺疫的报告书》《万国鼠疫大会日程》《上海公共租界工部局卫生处关于国际鼠疫会议文件》《上海公共租界工部局卫生处关于国际鼠疫会议之剪报、学术著作等文件》等。报刊则包括《申报》《盛京时报》《大公报》《东方杂志》等的相关报道。此外还有由奉天防疫总局在疫事结束后撰修的《东三省疫事报告书》（辽宁省图书馆馆藏）。本课题还大量参考了沈云龙先生主编的近代中国史料三编中的《清宣统朝中日交涉史料》《宣统政纪》《近代中国国内外大事记》《锡清弼制军奏稿》《清季中外使领表》《清末职官表》等相关材料。

总之，清末发生在东北地区的大鼠疫，是 20 世纪初人类遭遇的重大灾难之一。该问题的研究，有助于了解历史上鼠疫发生并流行的社会文化原因，有助于了解当时东北的社会生活状况，特别是研究当时的防疫措施，对于总结历史上的经验教训意义重大。

第一章
东北三省鼠疫灾难的形成及影响

第一节　东北三省鼠疫流行及生命浩劫

一、东北三省鼠疫的成因及传播

20 世纪初年旱獭的毛皮在世界市场上十分热销。由于人们发明了一种工艺，只要对旱獭的皮毛进行适当加工，其成色堪与貂皮媲美，一时成为世界皮革市场的宠儿，市场需求激增，旱獭皮的价值猛涨，"1910 年，每张旱獭皮的售价比 1907 年猛涨了 6 倍多，仅从满洲里一地出口的旱獭皮就由 1907 年的 70 万张增加到 250 万张。"[①] 于是，中俄商人及部分官员受经济利益驱使，私自招募华工疯狂捕杀旱獭。由此大量劳工北上闯关东，使很多人在毫无狩猎经验的情况下便匆匆加入了猎獭队伍中。当时材料讲，"俄人见满洲里旱獭之多也，私募华工四处捕取练（炼）制以充豹皮，利甚厚。……嗣胪滨府某守艳而贪之，增章程广号召，于是山东直隶两省无业游民相率猎满洲里山中，而川谷流血，原野厌肉，其狼藉实不堪形状。"[②] 自然界动物具有自然形成的防卫本能，旱獭一旦染上鼠疫就会失明、失声、行动迟缓，并被健康的同类逐

---

① 夏明方、康沛竹主编：《20 世纪中国灾变图史》，18～19 页，南宁，广西师范大学出版社，福州，福建教育出版社，2001。

② 《东省獭疫种种之来因》，载《盛京时报》，第 5 版，宣统三年二月二十五日。

出巢穴。有经验的猎人都能分辨出染病的旱獭，绝不会轻易将这样的猎物捕获带回。但是在高额利润的刺激下，某些猎人甚至连染病的旱獭也不放过。将剥皮后的旱獭煮食充饥。然而一旦烹食染病獭肉，必然会感染鼠疫，① 生活在西伯利亚深山丛林中的有病旱獭原本不会直接危害人类，正是人类自身的贪婪，才导致了鼠间鼠疫向人间的传播，引发了20世纪初年中国东北第一次大面积的鼠疫灾难。可以说，此次鼠疫灾难正是人类通过猎取旱獭皮毛，使人类进入了鼠间鼠疫的传播链，导致了鼠间鼠疫向人间传播的典型例子。

导致此次东北大鼠疫的疫源地在俄罗斯境内。随着染疫劳工的回国，才使鼠疫由俄境向中国东北境内传播开来。早在1910年的春夏之交，俄境西伯利亚的斯列坚克斯既已发生鼠疫，接着俄属黑龙江下游的尼克拉耶夫斯克城也发生了鼠疫。但因俄属远东地区人烟稀少，居住分散，加之俄国方面控制严密，使疫情未得肆虐。不过，当时的俄方出于自身防疫要求，将有染疫嫌疑的中国人驱逐出境，从而直接导致了东北鼠疫的发生，即1910年10月25日首先发现死于鼠疫的患者，即是由俄境刚刚归国之人。"在满洲里的北方和贝加尔湖以南盛产旱獭，鼠疫常流行于旱獭中，猎此兽者可染腺鼠疫，在1911年8月满洲里北贝加尔湖方面先发生腺鼠疫，旧历九月下旬由俄境来满洲里的劳工数名发病死亡，由是传播开来。"② "满洲鼠疫确源于捕旱獭者，该患者于潜伏期间必与达乌利亚华工棚内之人相接触，故九月中旬忽有七人之暴死。俄人知该病之可恐，遂将该棚内华工一律逐出。满洲里与达乌里亚间传染之媒介，实即被逐之华工，遂酿成此三省最惨最烈之疫症！"③ 胪滨府当局的报告也称："有华人在俄界大乌拉站务工，宣统二年（1910年）九月初工棚内有七人暴毙，俄人知其为疫遂驱逐华人并将棚屋、衣服行李等尽行烧毁。其中有二人于九月十七日（10月19日）由乌拉站来满洲里寓居，九月二十三日（10月25日）疫发相继死亡，同院居住的房

---

① 奉天防疫总局：《东三省疫事报告书》，下册，第3编第3章，17页，1912，辽宁省图书馆馆藏本。

② 景冠华：《东北的地方性鼠疫》，载《东北微生物学杂志》，第1卷第1期，民国三十七年一月。

③ 奉天防疫总局：《东三省疫事报告书》，下册，第3编第2章，9页，1912，辽宁省图书馆馆藏本。

东、客人等亦染疫身亡，是为满洲里发现鼠疫疫症之起始。"① 上述这些资料都肯定了鼠疫由俄境传入且与旱獭有关。

闯关东的苦力往往寄宿于简陋的客栈，在冰天雪地中门窗紧闭，几十个人拥挤在一张大炕上。聊天、吃饭、睡觉都在此完成。因此一旦有人感染鼠疫，自然会导致传播。加上此疫具有极强传染性，"染疫病人，先发烧，次咳嗽，继以吐血，不敷日即身死，死后皮肤呈紫红色"。在当时，传统治疗手段对此根本无效，所以死亡率极高，达90%以上。②

1910年10月25日，满洲里首发鼠疫，11月8日即传至北满中心哈尔滨（当时属吉林省）。之后疫情发展之猖獗正如当时的东三省总督锡良所形容"如水泻地，似火燎原"。不仅横扫东北平原，甚至波及河北、山东等地。呼兰府发疫时间为1910年12月15日，双城府发疫时间为1911年1月2日，宽城子发疫时间为1910年12月15日，长春发疫时间为1911年1月3日，吉林发疫时间为1911年1月12日，奉天（今沈阳）发疫时间为1911年1月2日，新民府发疫时间为1911年1月14日，锦州府发疫时间为1911年1月28日。从中国北部各地鼠疫流行的时间上看，呈现明显的由北向南的传播态势。流行方向和路线大多是沿着铁路交通线呈爆发状流行。从满洲里到哈尔滨到长春再到吉林省城吉林，"凡延近铁路区域，逐渐波及"。双城（当时属吉林省）知府报告说"距车站铁轨近，疫盛时疫毙最多"。鼠疫沿铁路沿线迅速向内地蔓延，一时"疫气蔓延，人心危惧"，③ 有如江河决堤，不可遏止之势。"死尸所在枕藉，形状尤极惨然。"④ 从城市到乡村都笼罩在死亡的威胁之中。

二、疫源地及疫源物的确定

关于此次鼠疫源发地到底是在中国境内还是在当时俄国境内的问题，曾引发过争论：其一，此次东北流行鼠疫的疫源地在俄国境内，清政府当时的文件即认为，此次鼠疫"实由俄境后贝加尔州之大乌拉地方

---

① 奉天防疫总局：《东三省疫事报告书》，上册，第1编第1章，6页，1912，辽宁省图书馆馆藏本。

② 中国医学科学院流行病学微生物学研究所编：《中国鼠疫流行史》，680页，1973年内部修订本。

③ 《锡良遗稿奏稿》，第2册，1311页，北京，中华书局，1984。

④ 《罹疫祸者计已四千余人》，载《盛京时报》，第5版，宣统三年正月十三日。

传入"，"据胪宾府知府实地考察，确有证据"，① 但俄国方面不承认此说，认为"此次之疫实由满洲里以南各地新发生后波及各处，并非由满洲里直接蔓延"。② 此说在于否认俄境为疫源地、俄控东清铁路为传播疫源之导线。但德国医生波里则认为"其病源则从北蒙古之高原地而来。"③ 站在公允的立场上主张此次鼠疫疫源地在俄国境内，还是在东北鼠疫流行期间，俄国医学博士查伯罗特尼"在后贝加尔铁路距伯尔加站约三俄里地，（力）见有染病旱獭一头蹒跚于田间，博士遂命随去医学生伊沙也夫奔去捉获，移时已毙，博士遂解而验之，旱獭之血内隐有棒形毒菌，确系染鼠疫而毙者。"④ 此材料证明在后贝加尔地区确实存在鼠疫病源，而疫源物即为旱獭。科学研究资料显示，苏联在被称为"外贝加尔疫源地"一带，共分离到 129 株鼠疫菌，其中蒙古旱獭就占 60%，说明旱獭确实能够传染鼠疫。⑤

其二，在此次鼠疫流行期间老鼠及其他动物、牲畜等都没有成为疫源物，说明唯有旱獭成为此次东北鼠疫的原发疫源物。在传统医学理论中，普遍认为鼠疫由老鼠传播，所以在当时的几乎所有防疫规章中，都有除灭老鼠这一项。东三省在防疫过程中为达到除灭老鼠的目的，特制定了物质奖励政策，规定每捉一只"活鼠毙鼠每个铜币七枚"。⑥ 仅奉天城内即捕获老鼠 3 万余只。但经过解剖所有在东三省范围内捕捉到的老鼠，没有发现一例携带鼠疫菌的老鼠。日本医学家北里柴三郎博士称自己在奉天（今沈阳）解剖老鼠 3 万只，解剖后无一例含有百斯笃（鼠疫）病菌，所以"由此可得今日三省所流行之百斯笃疫，非由鼠族传播

---

① 奉天防疫总局：《东三省疫事报告书》，上册，第 1 编第 1 章，6 页，1912，辽宁省图书馆馆藏本。

② 奉天防疫总局：《东三省疫事报告书》，上册，第 1 编第 1 章，3 页，1912；另据《盛京时报》宣统二年十月初七报载："东清铁路总医士查明，该疫之起源初在斯列勒斯克及黑河一带，旋又传至阿穆尔及尼阔里斯克。十月初间，由尼阔里斯克开至玻璃之轮船，其中搭客不免有患病者，是以玻璃始有此症，渐达于海参崴。现在极力设法预防，使瘟疫不得入满洲境内。"

③ ［德］波里：《满洲鼠疫谈》，载《盛京时报》，宣统三年二月二十日。

④ ［俄］查伯罗特尼：《研究旱獭瘟》，载《盛京时报》，宣统三年六月十二日。

⑤ 方喜业主编：《中国鼠疫自然疫源地》，109 页，北京，人民卫生出版社，1990。

⑥ 奉天防疫总局：《东三省疫事报告书》，下册，第 2 编第 6 章，6 页，1912，辽宁省图书馆馆藏本。

之证据。"① 说明此次鼠疫传播的媒介不是老鼠和跳蚤，更不是"家畜"。中国医生伍连德发现，在哈尔滨，猪、马、骡等动物死于肺百斯笃者有四五百之多；英国也发现在新民府曾有一人感染鼠疫，他乘坐的骡马也感染鼠疫而死。说明动物也无抵抗力，只不过不如人之易传染而已。② 另，景冠华认为"当流行期中，马、驴、猪也因肺鼠疫而死亡数百只"。③ 说明此次鼠疫的直接疫源物是旱獭，尽管牲畜及其他动物也能被传染，但却不是直接的疫源物。

其三，人类感染鼠疫，与捕捉并食用有疫旱獭有关。中俄商人及部分官员受经济利益驱使，私自招募华工疯狂捕杀旱獭并烹食獭肉，使人类感染鼠疫，而鼠疫传染与人正是由于猎人烹食染疫旱獭肉所致。④ 虽然当时俄国方面不承认晚清东北鼠疫是由俄境传入，但是没有一条材料支持其观点。

今天从学术的角度进行判断，笔者认为此次东北鼠疫实由俄境西伯利亚地方传入满洲里，再由满洲里传入东北其他地方。在后贝加尔地区有一种叫旱獭的动物，就是引发此次东北鼠疫的疫源物，而后贝加尔地区也就成了疫源地。即引发此次大鼠疫灾难的疫源地是在俄国境内，疫源物为旱獭，猎人烹食染疫旱獭肉，使鼠疫传播于人。

三、瘟疫死亡人数及分布

此次流行鼠疫的范围为中国北部五省区，仅鼠疫流行中心东北三省被疫地就有 69 处，其中辽宁省 29 处（含金州厅），吉林省 24 处，黑龙江省 16 处。疫死 5000 人以上三处，为滨江厅（哈尔滨）、长春厅、呼兰府；疫死 4000 人以上二处，为双阳县、双城府；疫死 2000 人以上二处，为海伦府、奉天府；疫死 1000 人以上六处，为龙江府、绥化府、

---

① 奉天防疫总局：《东三省疫事报告书》，下册，第 2 编第 2 章，37 页，1912，辽宁省图书馆馆藏本。另也有材料说明，奉天省城防疫事务所曾发现 1911 年 4 月 12 日由第 440 号王玉清送来的毙鼠中发现有疑似鼠疫病菌；另，防疫队在清除广宁东区八里堡王姓疫毙户疫源时，发现有死鼠数头，未及剖验便消毒埋葬，故无法确认，但很可能"此为奉省鼠染百斯脱之镐矢"。

② 《盛京时报》，宣统三年三月初十。

③ 景冠华：《东北的地方性鼠疫》，载《东北微生物学杂志》，第 1 卷第 1 期，50 页，民国三十七年一月。

④ 奉天防疫总局：《东三省疫事报告书》，下册，第 3 编第 3 章，17 页，1912，辽宁省图书馆馆藏本。

巴彦州、宾州府、榆树厅、阿城县；疫死 100 至 800 人之间者二十九处，为庐滨府、兰西县、青冈县、余庆县、木兰县、肇州厅、吉林省城、吉林府乡、新城府、依兰府、五常府、伊通州、德惠县、长岭县、农安县、磐石县、舒兰县、开原县、金州厅、新民府、镇安县、广宁县、义州、西安县、昌图府、奉化县、怀德县、康平县、法库厅。滨江厅（哈尔滨）、长春厅、榆树厅等地都是重灾区，"哈尔滨居全省极北，为三省发疫之第一之重心点，故吉省疫祸酷于三省，而吉省北部疫祸尤酷于全省。双城、宾州、新城、阿城、榆树等处，地无完土，人死如麻，生民未有之浩劫，未有甚于此者。"① 在鼠疫传播之前，哈尔滨傅家甸有中国居民 18597 名。中东铁路租界内的埠头区和新城区（今道里区、南岗区）有人口 5 万多人，全市人中总计约 7 万人。其中中国人占1/3 强，其余大部分为俄国人。然而从 1910 年 11 月 9 日有 3 人死于鼠疫开始，到 1911 年 3 月 11 日最后一名死于鼠疫者止，4 个月时间，共疫死 5693 人，占傅家甸人员的 3/10 强。1910 年 12 月 10 日以后，每天的死亡人数都超过 100 人，直到翌年的 1 月 6 日后，才降至百人以内。自发疫之日起，至 1911 年 3 月疫情基本消灭止，中东铁路沿线及哈埠总共死亡欧人 53 名，其中有 40 名俄国人。不言而喻，占哈埠部人中2/3的俄国人在哈尔滨总死亡人口中所占的比例是微乎其微的。

长春厅当时人口数为 599 901 人，疫死数为 5 827 人，占人口的 1％，但其酷烈程度不亚于哈尔滨。奉天（今沈阳）当时人口数为 657 034 人，疫死数为 2 579 人，占人口总数的 0.4％。从总体上看，死亡比例还是不小的。此外，个别乡村人口大量减员，甚至全家死绝者亦不在少数，"宣统二年（1910 年）腊月末，大岭区大岭村前红石砬屯郭老十，在大岭街开'魁升元'旅店，有两名哈尔滨来的客商死于店内，紧接着一名店员病死，郭老十回家过年，除夕病死，停尸 5 天，致使全家 53 口人，死亡 32 口，随后殃及全屯。老胡家 7 口人病死 6 口，全屯死亡近百人，至正月二十日终熄"。② 有人形容道："一家十口或半死于疫，一家数口或尽死于疫。子或朝痛其父之疫死，及暮并其子而疫死者有之；弟或朝痛其兄之疫死，及暮并其弟而疫死者有之；妻或朝痛其夫之疫死，及暮

---

① 奉天防疫总局：《东三省疫事报告书》，上册，第 1 编第 1 章，13 页，1912，辽宁省图书馆馆藏本。

② 榆树县政协文史资料委员会编：《榆树文史资料》，第 2 辑，105 页，1988 年 12 月。

并其妻而疫死者又有之。"① 死于此次鼠疫的人数达 6 万余名，仅东北地区死亡人数既达 51 155 名。② 由于当时死亡的人数太多，以致"棺木销售一空，许多人家不得不实行菁葬。"③

　　总之，东北大鼠疫不仅造成了当时人民的大量死亡，而且亦给人民财产造成了空前浩劫。

第二节　东北三省鼠疫对各行业的冲击

　　东北大鼠疫不仅造成了当时人民的大量死亡，而且还给人们的生存和经济生活带来了全面恐慌。特别由于交通断绝而影响了城镇人民的正常生活。对此，当时有大量的报道。在奉天，因鼠疫引发了人们的挤兑

---

　　① 南海崔羡元：《为防疫事敬告同胞之业西医者》，载《大公报》，第 3 版，辛亥正月十五日。

　　② 晚清"奉天防疫总局"编纂之《东三省疫事报告书》中所提供的东北三省的疫死人数为 50927 人。该报告书为三省各府厅州县防疫机关防疫报告的汇编，撰写者都是当时实际从事防疫工作的地方官员，因此该资料十分珍贵可信（参见《奉天省长公署档·12311 号》，辽宁省档案馆馆藏档案）。但经笔者考证，《东三省疫事报告书》中所列人数中缺金州厅疫死人数，因奉天省金州厅于光绪三十一年（1905 年）沦为日本殖民地，日本设金州民政署属关东州厅，清政府仅保留金州厅建制。因当时清政府行政权力已不达此地，故在附表中未予统计。查日本南满洲铁道株式会社总裁室地方部庶务整理委员会编《满洲附属地经营沿革全史》（上卷）（非卖品，南满洲铁道株式会社内部印刷，1939 年 9 月 25 日，日文版）及《南满洲铁道株式会社十年史》（满洲日日新闻社，1919 年 5 月印刷，日文版）可知，此地亦疫毙 228 名（内含附属地），所以笔者认为，在此次鼠疫中，东北地区实际疫死 51 155 名。此数为鼠疫中心地东北三省在此次鼠疫中疫死的总人数，不包括关内河北、山东、北京、天津等被波及之地。此次流行鼠疫中心虽在东北，但其余波已达湖北、上海等地。据伍连德在其所著《中国之鼠疫史》（《中华医学杂志》，中国医学史专号，第 22 卷第 11 期，1946 年 11 月）上讲，1911 年仅在上海就有鼠疫患者"三十余例"，另外，当时东北的劳工多为山东、河北籍贫民，他们随车返乡，想必两省染疫者定会不少，山东巡抚孙宝琦于 1911 年 2 月 14 日发给军机处的奏电即称："查明染疫州县已有十处，死亡百余人数十人不等，皆由关外小工带来。"（《山东疫势之蔓延》，《盛京时报》，第 2 版，宣统三年正月十七日）。据宣统三年正月二十日的《盛京时报》载，山东芝罘，"本埠鼠疫渐次盛行，每日患该疫者不下三十人。""山东鼠疫现在各处蔓延，蓬莱、黄县、淄川、德州、泰安、莱阳等处尤剧。"许多著述都称此次鼠疫共疫死"六万余人"（参见冼维逊编：《鼠疫流行史》，110 页；《鼠疫预防法》，2 页，东北医学图书出版社，1952 年）。此外，在日本学者宇留野胜弥所著的《满洲的地方病と传染病》一书中，也称"在 1910 年满洲有六万人患肺百斯笃死亡。"（海南书房日文版，1943 年）曹树基李玉尚合著的《历史时期中国的鼠疫自然疫源地——兼论传统时代的"天人合一"观》（《中国经济史上的天人关系》，北京，中国农业出版社，2002 年）一文认为 1910 年至 1911 年内蒙古东部满州里地区肺鼠疫大流行，死亡 60 468 人。是笔者目前看到的有关此次东北大鼠疫整体上最精确的数字。

　　③ 《锡良遗稿奏稿》，第 2 册，1311 页。

风潮:"省城自疫症发现以来,谣言四起,人心惶恐。近日商民等,均执大清银行及官银号纸币换取银元,络绎不绝。该行大有应付不暇之势。"① 在辽阳,"虽届新年市面颇形冷落"。② 在铁岭,由于鼠疫流行,交通断绝,使商业大受影响,"各商铺已倒闭不少矣。"③ 而当时的燃料"秫秸每百捆由九角涨至一元三四角而木柴亦因之增长矣。"④ 在哈尔滨,鼠疫亦影响到关税无税可收:"哈尔滨自办防疫以来,每月花费皆在一二万元上下,每次皆由关税拨给。惟现在满洲各处税关无可抽收出入口货物。"⑤ 在吉林,因交通断绝,致使市面乏货,"柴米价值日益昂贵",⑥ 居民苦不堪言。此外,在锦州、营口、安东等城市也都出现了商铺倒闭,粮食涨价,生活必须品匮乏,人民生活窘迫的情况。⑦ 学校因鼠疫流行而停课,工矿停工、停产也极为普遍。这此歇业教师和歇业工人的生活也陷入了极度贫困之中。

此次鼠疫给各行各业都造成了极大的危害,百业俱废,各商号生意萧条、赔累不堪,更有甚者被迫歇业,糊口困难。

一、对交通业的冲击

1. 被迫停止铁路运输

为了防止鼠疫顺铁路继续向南蔓延,清政府被迫下令停止铁路运输。

当鼠疫在东北北部一带初现时,对北京影响不大,可是当鼠疫迅速蔓延到奉天之时,北京的中外人士随即开始恐慌,于是清政府严饬有关当局将京奉火车严加防范以免疫病传至京师。1911 年 1 月 14 日,清政府当局下令停售了京奉火车二三等车票。1 月 15 日陆军部派军队驻扎山海关,阻止入关客货。就连由关外运送入京的贡品也被截留,"就近交山海关副都统收存可也"。⑧ 1 月 20 日邮传部电令停止由奉天至山海关的头等车,并由京奉铁路局在《大公报》刊载广告:"现因时疫流行,

---

① 《金融界将因疫而起恐慌矣》,载《盛京时报》,第 5 版,宣统三年正月二十四日。

② 《新正街市之冷落》,载《盛京时报》,第 5 版,宣统三年正月十二日。

③ 《商家倒闭之多》,载《盛京时报》,第 5 版,宣统三年正月十九日。

④ 《柴草昂贵》,载《盛京时报》,第 5 版,宣统三年正月二十七日。

⑤ 《税关无税可收》,载《盛京时报》,第 5 版,宣统三年正月二十七日。

⑥ 《柴米市颇现交通》,载《盛京时报》,第 5 版,宣统三年二月初七。

⑦ 《商铺之荒闭者累累》,载《盛京时报》,第 5 版,宣统三年正月二十五日。《大豆价涨》,载《盛京时报》,第 5 版,宣统三年正月二十五日;《鼠疫之影响于商业》,载《盛京时报》,第 5 版,宣统三年二月二十九日。

⑧ 《防疫停贡》,载《大公报》,第 6 版,1911-02-04。

由沈阳至山海关段内上行各车现已停止，其关内上行车兼有停止载客之站均为防疫起见乃临时酌量办理，俟新年或全路开行或分段开行，现在不能预定，凡搭车客人必须随时预向各站询问，已免延误，俟疫气消灭全路通行再行登报条文。"① 1 月 21 日清政府下令"即将京津火车一律停止，免致蔓延。"② 至此，京奉铁路交通完全断绝。通过和日、俄的沟通，南满、东清两铁路的部分路段也实行了交通隔断措施。日本控制的南满铁路于 1911 年 1 月 14 日停驶，俄国控制的东清铁路，其三、四等车于 1 月 20 日全行停止载客。其头二等车采取检疫办法。并于 2 月 6 日"停行头等火车搭客，在坡洛达洼等处设所检验。"③

2. 被迫停止水上交通动输

为了防止疫病的蔓延，"宣统二年十一月十九日，吉林东北路兵备道王瑚暂禁民人渡往江左（黑龙江以北）一带并入俄境；二十二日黑龙江瑷珲道姚福升暂禁民人渡江"。④ 在青岛，德人因防疫竟在海中张铁网，以防北来中国民船潜入海界。⑤ 在烟台和大连，两地互相怀疑鼠疫是由对方口岸传播而来，因此乘船来往两地之间的乘客均不准登岸，"两处两往之航务似已暂行停止"。⑥ 在天津，"凡有疫口岸各船开行必须由西医验毕发给执照方准开行，以凭进口时之查验，如无此项执照，不准水手登岸"。⑦

3. 被迫停止城乡内外交通运输

鼠疫由天津蔓延到了京城。因北京已发生数人染疫而死，驻中国外交团便于 1911 年 1 月 24 日将东郊民巷使馆界交通阻断，"某公使馆拟备三月之粮，杜门不与外事，各洋行亦暂停交易或避往他处或深藏不出"，⑧ 其情境比当年义和团在京的"庚子之乱"还甚，因此时人评之为"拳匪竟不如鼠"。在天津，英法德等各国领事原拟不准华人出入各租界，后因各方抗阻未获施行，但各租界均采取了严厉措施进行防疫，如"日本公署派有巡捕数人在该界风神庙马家口两渡口把守，凡欲过河

①　《京奉铁路局广告》，载《大公报》，第 7 版，1911-01-26。

②　《宣统政纪》，卷 47，见《清实录》，第 60 册，841 页，北京，中华书局，1987。

③　《俄领事示禁华工入境》，载《盛京时报》，第 5 版，宣统三年正月二十八日。

④　《遮断交通之措施》，见《东三省疫事报告书》，下册，第 2 编第 4 章，23 页，1912，辽宁省图书馆馆藏本。

⑤　《北方防疫汇记》，载《申报》，第 5 版，1911-02-19。

⑥　《西报纪北方疫状》，载《申报》，第 5 版，1911-03-15。

⑦　《防疫不懈》，载《大公报》，第 6 版，1911-04-05。

⑧　《拳匪竟不如鼠》，载《申报》，第 5 版，1911-02-06。

之人，只准日界人往河东，不准河东人再返日界，以防行人带有疫气。"① 就连河东奥界电灯电车总公司也因奉该国领事官来函要求鉴于现在时疫流行易于传染，不得不严加防范，下令无论何色人等一概不准擅入以重卫生。② 在奉天，南满路所设之检疫员为防鼠疫起见，除禁止劳工擅出路界以外，并禁止剃头匠、贫贩、流浪者等入路界。在大连，从草河口至高力门随处查验，设铁丝网一段约有十五里之遥，遇有行人必先诊验方准经过，并设有监视处，昼夜监视中日官民。③ 又有日军两队横穿库页半岛驻屯于最狭之处，以阻止自北方赴大连之行旅。④ 在哈尔滨，对鼠疫猖獗的傅家甸实行了圈闭，断绝其与租界的联系，而哈埠城内的华界也势成孤立，不准交通。在齐齐哈尔，"自正月十一日起至下月初三日止，其以南各地之行旅及货物一律禁止进省，并在距城三十里之外派驻兵警遮断交通，又将齐昂铁路暂行停驶"。⑤ 其他各有疫地方如长春、铁岭等地也在城内将有疫情发生的地区实行了部分隔离。

4. 交通业瘫痪直接影响经济生活

阻断交通的措施在有效防止了疫病扩散的同时，也给社会经济生活带来了许多不利影响。交通禁绝，除了造成了出行的不便，使"所有一般旅客与趁年假回籍者均不免望洋之难"，⑥ 此外，也造成大批劳工的生计困难，使原本照例出外务工之人在家不能出，而一些外出想归家之人却又有家不能回。据《申报》载，直隶、山东等省在东三省谋衣谋食之劳工因火车停载，各处封锁交通，被截滞者"计数三十余万，嗷嗷哀鸿沿布火车线内千有余里"，⑦ 其悲惨境况令人惨不忍睹。另外，为了防止鼠疫扩散，清政府联合俄日两国采取了隔绝交通、严行查疫、留验等措施，铁路公司由此遭受了巨额损失。据东清铁路公司人云："东清铁路各站所售之票以二、四等票占全数十分之七八，故每日各路开行之车以华人占搭客十分之六七，近日自满洲里瘟疫盛行影响于东南各路，华人不知验病情形，恐经铁路查验，是以裹足不前，因此铁路所售之票价近一月以来，较诸往日收入者约减三分之一。"⑧ 河北火车搭客亦是

---

① 《各租界防疫加紧》，载《大公报》，第 5 版，1911-01-19。

② 《公司防疫》，载《大公报》，第 6 版，1911-02-17。

③ 《设铁网以防鼠疫》，载《大公报》，第 2 版，1911-02-20。

④ 《译件》，载《大公报》，第 6 版，1911-01-22。

⑤ 《专电》，载《盛京时报》，第 2 版，宣统三年正月二十八日。

⑥ 《京奉火车之戒严》，载《大公报》，第 7 版，1911-01-26。

⑦ 《哀鸿三十万嗷嗷待哺》，载《申报》，第 5 版，1911-02-14。

⑧ 《铁路票价之收入大减》，载《盛京时报》，第 5 版，宣统二年十月二十六日。

寥寥无几，河北火车自防疫以来先停售三等客票，随即停售了二等票，只售头等票，凡搭乘者须由医官检验无病始准上车，一般搭客因此已属寥寥。每日由营开往之车载客每次不过数十人以至数人，加之山海关设立检验所的消息一传，"凡搭客由营至关者皆须留验五日，于是行旅闻之皆不敢往，而火车开行时车内更觉空空矣"。① 除了乘客几乎绝迹外，连货运业务也被迫停止，为了防止火车南下传播鼠疫，长春站奉满铁公司总裁命令已将一切货物停运，是以项日内该站极形萧条。在鸡冠山，因火车上有乘客二人染疫身亡，该地日警务署竟饬令车站站长将该火车烧毁一空，以期杜绝病根。② 因鼠疫停开列车，仅京奉路就损耗约银六百万两，③ 足可见铁路因此次疫病所受的损失有多么惨重。

隔断交通还使各地商业大受影响，在铁岭，自阻断交通以后，当地各商出卖货物较往年减卖大半，小本生意人很难支撑，已有不少商铺因此倒闭；在长春，因绝断交通，不准外埠商贩以及四乡人民出入城市，各商业深受影响，经营日暮途穷益困难；在烟台，过往船只因疫受限，致使华洋商情尤为急迫，中外商情皆受其困；在天津，由于严防鼠疫，京奉、津浦两路断绝交通，津埠出现了从未有过的商业萧条，商业衰落达到了历史最低点。此外，凡是疫区城乡内外因隔断交通，大都导致物价昂腾，民不聊生。由此，因疫隔断交通对社会经济生活造成的伤害很大。

二、对娱乐业的冲击

戏园、妓馆向为人众聚集之地，最易传播疾病，为了防止疫病蔓延，各地均对戏园、妓馆实行了封禁，坚决禁止其营业。北京卫生司唐司长在病发伊始就建议将戏园、妓院等严行取缔，避免传染灾疫。各驻京外交使团也联名"拟请民政部于新正初一日起暂行禁止各戏园演戏若干日，俟毒疫消灭再行开演以重人命。"④ 在天津、奉天、吉林、长春等地，类似的禁令也纷纷下达，这使得各地戏园妓馆被迫关闭，致使相关行业从业人员生计困难。天津河东义界的各戏园因暂行停演，生意萧疏、异常赔累；吉林、长春的各梨园子弟因供养为难，多次恳请警务局格外抚恤，以资赡养。奉天的各园优伶"并无别技，赋闲日久，穷困难

① 《火车搭客寥寥》，载《盛京时报》，第5版，宣统二年十二月二十日。
② 《发现百斯笃疫之火车已烧毁矣》，载《盛京时报》，第5版，宣统二年十二月二十二日。
③ 《防疫经费拟加入预算》，载《盛京时报》，第2版，宣统三年二月十八日。
④ 《北方防疫记》，载《申报》，第3版，1911-02-03。

堪"，① 为了以免坐困，选派代表赴警局请求弛禁。新民的文明楼戏园去岁开演时，曾邀集多个名角参演，正在热闹之际，适因鼠疫发生，当经警局传知停演，致使该园中共计七十余人坐食山空、闲苦莫可言状。② 本溪优伶的遭遇更为困苦，《盛京时报》载："本溪双喜班刘盛明等四十余人日前尚可典质衣物以求生活，近已无衣无褐，沿门求乞，若再过几日，该优伶将有饿殍之惨。"③ 其情其景不忍听闻。各地妓馆的情形也不甚乐观，锦州的各妓馆进入正月以来门前冷落，甚至连糊口都很艰难。在铁岭，各妓馆娼寮因防疫吃紧，被勒令一律停止营业，在经济上大受损失，因每日食用万难节省，已有啼饥号寒，现不能支持之态。辽阳各妓院生意异常萧索，为此各妓寮聚集多名代表具禀警务局，求恳减免妓捐。吉林的各妓寮自疫病流行即伊始即遭封闭，妓女们困坐日久，毫无生路，已有吃不上饭的感叹。

三、对社会服务业的冲击

客栈、伙房的主要客源多为外出之人，一些出外务工的贫民更是将其作为在外的栖身之所。瘟疫发生后，由于隔绝交通，人们害怕染疫不敢出门，且各地警局为严防时疫，禁止留客，致使伙房、客栈的生意一落千丈，而那些外出务工的贫苦百姓也因此失去了栖身之所。奉天警务局恐伙房、客栈寄住病客致遭传染，特饬各区区官凡所有伙房客栈须每日认真调查，不准再行留客，④ 各区伙房因歇业无所事事，生计困难。哈尔滨傅家甸的贫苦小民，"平时全恃工作所得，夜入火房楼息，现今火房皆不敢收留（因一有死者，同居人皆须驱入病院，房屋被封，物件被焚）当此严寒冻馁交乘，露宿街心又加烟毒发作，其不至于死亡者有几乃。"⑤ 可见鼠疫流行对当地人民生存状态的恶劣影响。

剃头铺（理发店）、浴池也是此次查疫、验疫的重点之地。各地对其卫生状况都有严格要求，这在一定程度上影响了他们的营业。在奉天和长春，浴池"一池汤每日换水两次，池之周围及池底擦以石灰水，用水洗净然后顷入汤水。"⑥ 在黑龙江，浴池除需要消毒外，对浴客使用

---

① 《戏园禀请弛禁》，载《盛京时报》，第 5 版，宣统三年正月十九日。

② 《戏园援案乞伶》，载《盛京时报》，第 3 版，宣统三年二月初一。

③ 《优伶大困》，载《盛京时报》，第 3 版，宣统三年二月十二日。

④ 《严禁客栈不准留客》，载《盛京时报》，第 11 版，宣统三年正月十一日。

⑤ 《哈尔滨鼠疫之可畏》，载《大公报》，第 2 版，1911-01-16。

⑥ 《对于营业上不洁之措置》，见《东三省疫事报告书》，下册，第 2 编第 9 章，5 页，1912，辽宁省图书馆馆藏本。

的浴巾也有要求，即用过的巾布必须焚毁，不得重复使用。对剃头铺的
要求也很严格，在北京，民政部规定："各街巷剃头棚房屋一律裱糊洁
净，地下均垫石灰，所有铺内伙友衣服搭布手帕每日更新三次，其老弱
伙计不准容留做活。"① 此举引来了理发业的不满，全行歇业，酿成了
京师剃头匠罢市风潮，后在政府的力压下得以解决。这不仅说明晚清民
众公共卫生意识的缺乏，更是从侧面反映了由于防疫，给理发等服务性
行业带来了不便和损失，从而引起了他们的不满。当铺在此次鼠疫中所
受打击也很大，新民发生疫病后，当地政府要求本郡当铺及日商货屋共
十五家，一概不准接当。东三省还明文规定，质商必须"停当衣被等
件，凡估衣铺一律暂停交易。"② 在本溪，还因疫气盛行，隔断交通，
煤贩商客不能到境，致使各煤厂堆积之煤无不如山如阜，给煤业也造成
了损失。

　　劳工无处务工。下层靠打工为生的劳工被认为是传播鼠疫的主要人
群，因此各地均对其进行驱逐。山东的贫民每到春季开冻后，便相继乘
轮船、火车来东北各地谋求工作。为了防止疫病蔓延，东督锡良（即东
三省总督锡良）特意致电鲁省抚总，以"在疫病流行，道路梗塞，中外
各埠均因防疫禁止外人入境，向有各工亦多半停止"③ 为由，希望他严
饬下属禁止该贫民等来奉天务工，以免流离之惨。铁岭的商会因天成油
房新雇工人染疫毙命，几致同伙均遭传染，经开会决定，以后各商家不
准用外来工人，以防疫气之传染④。在辽阳，防疫事务所为了防止疫气
蔓延至本地，竟下令将各管界小店、伙房之内的劳工尽行驱逐。可想而
知，这些劳工在当时的生存境况。

　　人力车夫要求免捐。鼠疫流行以来，靠拉车为生的人力车夫不免生
计艰难，无奈之下，他们纷纷赴警局恳请减免车捐。在铁岭，人力车夫
平日即无住宿粮食，现又因疫不能出外挣钱，大有坐以待毙之势。在奉
天，"警务局通传各区谓现因办理防疫，所有营业人力车辆禁止城门出
入，以防传染"⑤，致使各车行以交通限制、坐客稀少、生意惨淡、生
活困顿为由，请求警局将应纳车捐准予免缴。

---

① 《北方防疫汇纪》，载《申报》，第 2 版，1911-03-01。

② 《对于营业上不洁之措置》，见《东三省疫事报告书》，下册，第 2 编第 9 章，7 页，
1912，辽宁省图书馆馆藏本。

③ 《咨请禁绝苦工东来》，载《盛京时报》，第 5 版，宣统三年正月二十七日。

④ 《商铺不用外来工人》，载《盛京时报》，第 5 版，宣统三年二月初四。

⑤ 《人力车禀请免捐蒙准》，载《盛京时报》，第 5 版，宣统三年二月十九日。

四、对商业的冲击

鼠疫的流行使屠宰行、卖肉商也受到了株连。长春自瘟疫发现后，日本人大行干涉，认为华人在饮食方面尤不注重卫生，于是竟自行派兵监视中国屠牲场，致使该屠宰行业管理部门大为恐惧；① 在铁岭，因发生了鼠疫，"人民之食肉者异常稀少，因之屠宰营业颇觉萧条"②；在营口，原本每届年底，由外城运来的猪肉上市销售，为数颇多，由于防疫加严之际，警厅下令，"凡有外来已宰猪肉概行禁止入口，以防传疫"，③ 致使猪肉奇缺；新民的情况亦是如此，每到年终，四乡农民宰猪来新民街市卖肉，自二十三日起直至除夕，沿街摆摊，任凭买卖。可是今年却因鼠疫流行受到了限制："限是项肉摊自二十一日至二十五日，此三天准其买卖，过期一律禁止"，④ 使肉商经营受损；在辽阳，就连江鱼江鸭也被认为是容易传疫之物，由警务局下令一律禁止售卖；与肉类相关的汤锅业也未能幸免，在奉天，警务局以"省城各关汤锅所屠宰之瘦驴羸马，均系下流社会购买食之，殊属有碍卫生"，⑤ 将各区汤锅一律禁止营业。由此，以屠宰、卖肉为生的行业从业人员也因疫受损。

豆市、粮市亦受鼠疫影响。大豆是东三省出产的重要农产品，有名的大豆三品（大豆、豆油、豆饼）一直行销于各省乃至海外，在国内外享有盛誉，鼠疫的流行使豆业受打击颇重。自鼠疫在东清车站发生以来，疫势猖獗，凡所有车站特聘医员将来往客货逐一严行检验，以便预防，北满输出大豆一事因此亦甚受影响，不但豆货以每转运必须查验，诸多窒碍，糜费时日，且"村庄农民等传闻该疫传染之可怖亦裹足不前，以至余豆渐行疲滞。"⑥ 不仅如此，因查验章程严厉，运输困难，为避免争端，奉省还下令该处各豆饼制造厂一律停歇，不得再行生产，就连原来约定的已卖之豆饼也因防疫吃紧，大车不能通行，遭到了外省商人的退货。

与大豆关系密切的榨油业也受到牵连，在营口，按例"各油坊每年正月十七八日即行开榨"⑦，但由于大豆的积存不够，且"自防疫隔断

① 《东省防疫与主权之关系》，载《申报》，第 1 版，1911-01-26。
② 《严查私宰》，载《盛京时报》，第 5 版，宣统三年二月二十二日。
③ 《禁止猪肉进埠》，载《盛京时报》，第 5 版，宣统二年十二月二十一日。
④ 《限制摆设肉摊》，载《盛京时报》，第 5 版，宣统二年十二月二十六日。
⑤ 《封禁汤锅屠宰驴马》，载《盛京时报》，第 5 版，宣统三年三月初二。
⑥ 《北满豆市亦受影响》，载《盛京时报》，第 5 版，宣统二年十月初七。
⑦ 《油坊尚未开榨原因》，载《盛京时报》，第 5 版，宣统三年正月二十日。

交通后，火车不载而乡屯车辆亦因之日少，近日虽随准上市，但来豆无多，恐接济不济未免停工"，① 各油坊均不敢开榨，严重影响了榨油业的发展。

粮业在这次鼠疫中也遭受了不小的损失。在锦州，各镇乡所产杂粮向来均载赴营口售卖，因鼠疫流行汽车停运，杂粮价值均各低落；在奉天，小南关天利丰粮米铺因有柜伙染疫毙命，致被查封，不准营业已达月余，大南关下头某粮店还因粮车稀少，生意不佳，竟至每晚间招集赌徒开场聚赌，以希图利；更有某绅拟定防疫条陈若干条，谓"省城所出售面粉多由哈尔滨、长春等处运输至奉天，恐其中含有疫气，人若食之尤为易于传染，请即设法停运"，② 看来，鼠疫对粮业的不利影响也是很大的。

杂货行业生意艰难。杂货经营本为小本生意，本来获利不多，但为避免传疫，杂货也受到禁运。民政部曾电告东三省督抚云："所有染受鼠疫之处运销各项杂货，著暂停运往各处销售。"③ 天津河东老车站的各种货摊，为免疫气流行，经防疫总局传谕一律予以驱逐；东清铁路所有往来小贩也因疫被禁止售卖；辽阳警务局还特意转饬各所，"凡各街出卖下等货物之摊床，悉行禁止营业，以杜时疫之发生"；④ 就算不被禁卖者也因疫病流行，营业艰难，在铁岭，"杂货生意自防疫以来异常萧索，所贩货价先时可以赊欠数月或半月，现在惟巨商可以赊欠一月，凡小本营业均非现钱不能买货"；⑤ 在长春，就连冻梨生意也因防疫，销路大行阻滞，竟至无人过问。小商小贩被禁止营业，生活无着，侥幸可以继续运营者也生意冷清，经营困难。可见此次鼠疫对杂货业的打击之大。

银行畏疫迁址、停办业务。鼠疫的发生还给银行业及其往来客户带来了不利影响，汇丰银行早拟在哈尔滨设立分行，但因鼠疫流行，使此事不得不暂缓实行；北京东交民巷禁止华人出入后，凡有持汇丰、华俄、德华、正金各银行钞票者均不能进界交易，这不仅影响了银行的业务，而且由于不能正常出纳现金，致使市面异常恐慌，为此正金银行曾一度迁至裱背胡同进行交易。而在铁岭的商民则不那么幸运了，铁岭的

① 《大豆涨价》，载《盛京时报》，第 5 版，宣统三年正月二十五日。
② 《是亦防疫之一道也》，载《盛京时报》，第 5 版，宣统二年十二月十四日。
③ 《暂停运东省杂货》，载《盛京时报》，第 5 版，宣统二年十二月二十七日。
④ 《驱逐下等卖物商》，载《盛京时报》，第 5 版，宣统二年十二月二十九日。
⑤ 《杂货行业之艰难》，载《盛京时报》，第 5 版，宣统三年二月二十四日。

各商家曾向道胜分银行借妥款项十万元，约定十五日（1911 年 12 月 15 日）交款，岂料届期接到该总行电报，谓省城已发生时疫，暂且不出借贷款项，凡向该行借妥之各商家皆因此导致资金周转困难，再加上"日本正金银行亦接长春银行来电，凡向北汇票暂行停办以防时疫"①，使得商业上之金融几有不能周转之忧。

五、对文化教育业的冲击

报纸亦因鼠疫停刊。部分报业也受到了鼠疫波及，《东陲公报》是在哈尔滨出版的重要报纸，哈埠因防疫断绝交通，该报不得不缓期续刊；《辽东报》的境遇更是悲惨，因有工人染疫，《辽东报》全社人员悉数被送入了隔离病院，该报也因此停刊。

鼠疫的影响还波及学校，直接导致学校放假，"开学无期"，教师生活困难。在锦州，往年各学堂均于新正二十开课。因时疫流行，也推迟了开学日期。在开原，同样是城乡各学堂，常例于正月二十开学，因疫症蔓延，故各校开课尚无定期，一般学生稍知自爱者均在家温习旧课，尚不至于荒废学业；而一般民家有已及学龄之子弟者，"莫不甚形焦灼，恐误岁月，因之大率投奔私塾矣。"② 不仅学生放假，耽误学业，更重要的是教师因学校放假，各适龄学童均投奔了私塾，"本月薪水碍难支取，已有望眼将穿之势矣"③，连教师的生计也成了问题。

第三节 东北三省鼠疫灾难的影响

一、清政府财政负担加重

鼠疫的发生增加了清政府的财政负担，使面临崩溃的清政府的财政更是雪上加霜。"自鼠疫发现后，我国失耗已及千余万，计东三省报告防疫经费共用去四百余万，京津两处已用去五六十万，京奉路失耗约在五六百万，当此公私交困之际更遭此厄运何以堪此。"④ 近千万的鼠疫损耗大大加重了清政府的财政负担，使得原本就千疮百孔的清末财政，更加困难。且"地方公帑挪用殆罄，交通断绝，市面恐慌，各处请款急

---

① 《疫症之影响于商业》，载《盛京时报》，第 5 版，宣统二年十二月十八日。
② 《学校开学无期，私塾乘机获利》，载《盛京时报》，第 5 版，宣统三年二月二十二日。
③ 《各校开学无期》，载《盛京时报》，第 5 版，宣统三年正月二十五日。
④ 《鼠疫竟耗国帑千万矣》，载《申报》，第 5 版，1911-02-12。

于星火，大局岌岌可虞"。① 再加上因疫断绝交通，铁路停运、商业不振，致使各地税关无税可收，断了清政府的财政来源，一些应建之重要工程都无法继续。直督陈制军曾电致枢府略谓："前署督臣那桐奏办修浚北运河工程，计估款八十余万两，其不敷之三十余万即在京奉铁路、东海关税项二处筹拨，除陆续已解外，尚有未解之款十余万，近接邮部来电谓自防疫停车，进款锐减，实无预存之款可以应付，又接东海关道电禀常洋两税收支日绌，又因防疫事起，船货俱无，来源已竭，万难如期解等语，查北运河为畿辅水利，所关至为重要，现届春融适值工作吃紧之时，该两处既无筹解之期，而运河又未能停工待款，应请饬部暂拨十五万两以济要需。"②

为了解决这种入不敷出，经费困难的局面，进而弥补亏空，清政府无奈之下，不得不大量举借外债，但这也不过是饮鸩止渴、一时的权宜之计。因为"世上没有免费的午餐"，各国允诺借款的背后往往都伴随着要求苛刻的条件，虽然在短期内解决了经费困难问题，但从长远来看，这种做法更使清政府经济负担加重，在某些领域受制于人。以填补了 300 万两东三省防疫费亏空的四国借款为例，其合同明文规定：关于所借的一千万磅，以 6 厘行息，分 45 年还清："（一）对借款本息以下开收入为第一担保：（甲）每年达一百万两之东三省烟酒税；（乙）每年达七十万两之东三省生产税；（丙）每年达八十万两之东三省消费税；（丁）中国各省新课食盐附加税（光绪三十四年五月经政府允准者），其收款每年达二百五十万两，以上所揭各种收入总额每年必有库平银五百万两；（二）上记各省进款此后不得为另借别款之抵押；（三）上记各省进款可足偿还息本及其外杂费，按期支付关于此数项之收入，银行团不得干涉，然其进款若有不足偿还本息及其外杂费之时，请中政府在适当限期内指定能补其不足之进款填补，如此办尚有不足，用中国海关管理以为保护公债应募者之利益；（四）此借款未偿还之前，倘将上记进款或为另借款之抵押，又当别目的之保证，抵当担保之时，本借款者对之有制先权，对别目的之抵当担保等皆对本借款不可不让，决无看做同等亦无侵害本借款之保证；（五）在此借款未还期内，中国政府拟将关税率改正或减废厘金，当此时以上所开进款虽为本借款之抵押，银行团不插异议，又非经预与银行团协议不得将担保此借款之进款减废，若有减

---

① 《度支部议奏向各国银行借款并仿办赈捐片》，见《东三省疫事报告书》，上册，1912，辽宁省图书馆藏本。

② 《防疫损失碍及运河工款》，载《申报》，第 5 版，1911-03-05。

废，将相当收入可代。"① 税收是清政府财政收入的主要来源，以此作为担保来换得贷款，这代价实在是太大了，可是，就是如此条件苛刻的借款合同，清政府还欣然接受，看来清政府真的是"囊中羞涩、穷困潦倒"到一定地步了，同时也说明这次鼠疫对清政府财政的打击沉重，不得不靠借款来解决。

二、市场萧条民众生活困苦

此次鼠疫给东北乃至全国的经济都造成了重大损失，致使各地商业困难，市面萧条，出口受限。在黑龙江，因瘟疫流行，无论大小商铺均异常萧条，与往年相比生意相差甚大；在长春，由于交通阻断，导致大小各商铺资金周转不灵，难于支持，即便疫气虽已渐消，但各铺户仍是照前关闭；在天津，鼠疫使天津商业萧条为向所未有，轮船票也相继涨价，"太古、招商、沂河三行散布传单，凡轮船各舱票价增加一半，有验费在内字样，旅客因之甚形不便。"② 在奉天（今沈阳），商民因防疫遮断交通，商业停歇、赔累难堪，不得不恳请民政司酌减地租以示体恤；在新民，铺商因生意萧条，相继关门，赴商会呈报歇业者已达五十三家，同时因市面极形萧条，银价持续低落，就连税捐处也受到了牵连，其"每月收款较之以前殆不过十之二三云"。③ 锦州的情况亦是如此，疫后据查各街歇闭之商号共有三十余家，皆因鼠疫发生，生意萧条兼银根吃紧之故；铁岭各商营业因受防疫影响，倒闭商家已有三十余户，有勉强开门，也因所欠外债甚巨，"恐遽而倒闭，债务逼紧，故皆暂为敷衍云"。④ 在辽阳，"虽届新年市面颇形冷落云"。⑤ 在安东，"自鼠疫流行以来，各地方断绝交通，商人绝迹，大小商业无不受其影响，加以米珠薪桂、百物腾涨，各商家大率入不敷出、赔累不堪者，以故大半歇业，呜呼百斯笃诚可谓商界之蟊贼也矣。"⑥

东北大豆市场也受到了重大影响。《大公报》载："英伦远东货品专卖市场近因满洲恶疾流行大受影响，所有各航业家向来装载白豆赴关籍获运费，现该商务亦皆因之不振。"⑦ 因交通不便，时人畏疫恐慌，大

---

① 《四国借款合同全文》，载《盛京时报》，第 5 版，宣统三年四月初六。

② 《防疫事汇记》，载《大公报》，第 5 版，1911-03-27。

③ 《捐税减收》，载《盛京时报》，第 5 版，宣统三年三月十三日。

④ 《商业上将有不堪之现象》，载《盛京时报》，第 5 版，宣统三年二月二十二日。

⑤ 《新正街市之冷落》，载《盛京时报》，第 3 版，宣统三年正月十二日。

⑥ 《鼠疫之影响于商业》，载《盛京时报》，第 5 版，宣统三年二月二十九日。

⑦ 《电报》，载《大公报》，第 4 版，1911-02-05。

豆输出量急剧减少，各洋商因此颇为焦灼，有的竟"带同中国买办深入内地滥行揽买。① 即使买到了大豆，也因交通隔绝，无法运出。在双城，德商秋满洋行在鼠疫未发生时，就曾购买大豆，将要装运出口时因时疫发生而交通已断。于是该洋行禀垦西北路道设法通融，希望能将所购买的大豆尽快运走；吉林的怀德县为有名的大豆产区，日俄两国商人去年至该县购定千万石大豆，已先期付定金，等大豆全部到货后，再付全款。因鼠疫使交通隔绝，大豆无法外运。这些商人有退豆消息，经该县令闻知，"恐乡民无识，酿成交涉，故廿三日邀请日、俄两国商人齐赴一面坡会议云"。②

在乌苏里江流域，因防疫禁止交通，"沿江所出之鱼类、菜蔬至腐烂不能运售，而所需日用亦无从购买。"③ 这些资料说明，鼠疫发生及交通的阻断，已严重影响了当地商业及其他行业的正常运营。

鼠疫的流行，打破了人们原有的平静生活，扰乱了正常的社会秩序，特别因交通隔断给民众出行带来不便外，更造成了物价的飞涨。在奉天，"自交通断绝以后，各货价值日见增涨，然以棉花布匹为尤甚，近来午店（旧时的"午店"即为"杂货店"）零售每尺已涨至八九文钱云。"④ 在铁岭，因防疫交通不便，"秫楷每百捆由九角涨至一元三四角，而木柴亦因之增长矣，"⑤ 而后再加上谣传关闭城门，"以致秫楷百捆价值涨至一元五六，红粮涨至五吊二百元，豆涨至七吊三"⑥。铁岭"自交通隔断后，食盐甚形缺乏，每百斤已涨价至二元有奇，如再半月不到新炉（即为新盐），价值尚需增涨，惟闻东平、西安、西丰等处食盐之缺乏较本邑为甚云。"⑦ 在营口，因检查防疫，车载不来，致红粮顿形缺乏，每石增价银至一两之谱云。⑧ 营口往来津、营及登州、龙口各轮船因防疫检查极严，此路航船较往年为少，兼之京奉火车只售头、二等客票，至三等客车仍未开行，因此往来津营航线各轮以增加票价来乘时获利，"现在赴津搭客三等舱票每人已涨至三元六角，较之去年几

---

① 《北满豆市亦受影响》，载《盛京时报》，第 5 版，宣统二年十月初七。

② 《日俄粮商退还定货》，载《盛京时报》，第 5 版，宣统三年二月初三。

③ 《奉天省长公署档·JC10—2338 号》，辽宁省档案馆馆藏档案。

④ 《布价提昂》，载《盛京时报》，第 5 版，宣统三年二月二十一日。

⑤ 《柴草昂贵》，载《盛京时报》，第 5 版，宣统三年正月二十七日。

⑥ 《谣传闭城柴米顿贵》，载《盛京时报》，第 5 版，宣统三年正月三十日。

⑦ 《食盐缺乏》，载《盛京时报》，第 5 版，宣统三年二月二十六日。

⑧ 《红粮涨价》，载《盛京时报》，第 5 版，宣统三年三月初九。

及两倍云。"① 在新民，因防疫而隔断交通，粮柴为之缺乏，价值日涨，"现红粮价值六吊一二，小米价值十吊零五百文，秫楷每百捆十吊有奇，贫民殆无以资其生，为数十年来之所未有。"②

类似的情形也发生在长春和齐齐哈尔。在长春，自十八日（1911年正月十八）各门换陆军把守后，绝断行人，四乡车辆均不得进城，是故城中各粮店将价值高抬，信口要价，并且是非现钱不卖，以致米薪腾贵，贫民小户无力购买者嗷嗷待毙，对此当地官吏不得不出示晓喻，"订定高粱米价钱每斗中钱三吊七百文，不许粮米铺户勒捐高抬，倘敢故违，定行罚办云"③；在齐齐哈尔，因黑龙江省"以南各地之行旅及货物一律禁止进省……又将齐昂铁路暂行停驶，省垣货价因之昂腾，民不聊生，加以近日鼠疫尤极猖獗，死者无算。④ 就连布价和盐价也直线上涨一些地方的船票也因疫趁机涨价，在这种万物皆涨的情况下，富豪之家或可承受，而一般的平民百姓实不堪其苦，无以为生。

三、引发外国排华辱华事件

这次东北鼠疫的爆发，引起了各国的广泛重视，与中国东三省比邻或有贸易往来的国家深恐鼠疫传播入境，在边境对中国货物及往来人员采取了禁止交通的措施。日、俄公使称东北各地瘟疫盛行，实由华人不讲卫生所致，"如行至外国则此疫势必带去，请清政府饬各边省地方官禁止华人赴日俄两国，以度传染。"⑤ 在关东州（日本人对大连一带殖民地的称谓），日人为了防疫，规定："大连及旅顺口华人皆不准赴朝鲜，中日各口岸有传疫性之货皆禁止出口。"⑥ 在朝鲜，朝鲜总督为预防鼠疫侵入朝鲜起见，决计在国境要路多设检疫所，先是将东省赴朝鲜之行旅，无论内外人民一律隔离三日，再行检疫始能放行，⑦ 而后又规定："凡华人除由中国官总给照认为无毒者外，其余一律不准入境。"⑧在中朝边境城市新义州，朝鲜总督还派医视总长明石君设施一切，"且在鸭绿江江沿一代密布铁条网，每数十武设置警岗，借以严防苦工之越

---

① 《轮船票涨价》，载《盛京时报》，第 5 版，宣统三年三月二十日。

② 《柴粮价贵》，载《盛京时报》，第 5 版，宣统三年三月初一。

③ 《高粱米官定价值之原因》，载《盛京时报》，第 5 版，宣统三年正月二十七日。

④ 《专电》，载《盛京时报》，第 2 版，宣统三年正月二十八日。

⑤ 《日俄关于防疫之杜绝交通》，载《大公报》，第 5 版，1911-03-01。

⑥ 《日本医员报告疫情》，载《申报》，第 3 版，1911-02-22。

⑦ 《专电》，载《盛京时报》，第 2 版，宣统二年十二月二十二日。

⑧ 《华人入境之阻止》，载《盛京时报》，第 5 版，宣统三年正月二十日。

境窜入云"。① 俄国在中俄边界采取了更为苛刻的限制措施。东清铁路公司为预防瘟疫起见，特在边界备有十一、十二等号货车及客货车辆以资更换，并谕饬各车站严禁承运旱獭皮油及各种兽肉以免传染。② 驻黑河俄总督因疫气流行倍加防范，已将闲散华工自海参崴、尼格利亚斯克（西比利亚东方地方）及查拉布斯克（俄属黑河一邑）等处驱逐出境。③俄内阁还开会决议饬令西伯利亚各总督，凡乌苏里河、阿穆尔等处边境一带，派哥萨克兵防止浮浪华人之越界入境以预防鼠疫。④ 在俄境，"俄人借口防疫，限制旅俄华商，令每个华人商铺只准留五人，其余皆驱逐出境"，⑤ 据统计，每日被俄人驱逐过江之华人数以千计。除了禁止人员往来，连货物的运输也遭到了严格的限制，

这次瘟疫还给边境的华工、华商的生命财产造成了重大损失，尤以中俄边界最为突出。满洲里街外保府屯多系小本营生，麇居于此，该屯有染疫者数人，俄人玉石不分，竟将房屋焚烧，共计六七十间，货物器皿亦付之一炬，约值万余元，"致彼商人欲行无费，欲止无依，困苦流离令人心酸目惨。"⑥ 海参崴俄海关总办称近因中国瘟疫流行，延及内地，凡来海参崴轮船搭载华人除头等客外，余均禁止入口，并续称烟台疫症已现，凡该处华工概行严禁来崴；⑦ 俄阿穆尔自治会还通过取缔江轮来防止华人搭客入境。

在依尔库斯克，俄人设立了防疫局严查来往之人，并在阿穆尔省及海滨省与满洲接壤处，设兵把守要隘，"其余凡可通入该两省之路均由克萨克民自行监查，以免华人之偷入俄境"。⑧ 对于留俄的华人，俄罗斯方面更用残酷的手段来进行查疫，"有新疆后补夏君，前往满洲里拟购俄票，由西伯利亚铁路赴新，被检疫俄官拘禁，将用冰水石灰等物洗验，百方哀求不应，幸遇会同查验之华官某向与熟识，始设法保出，现已于初六日赴京，述及目击华人被害死亡、财物焚毁之惨状，闻者几至泪下。"⑨

---

①　《新义州之防疫》，载《盛京时报》，第 5 版，宣统二年十二月二十八日。

②　《俄人防疫之办法》，载《大公报》，第 1 版，1910-11-28。

③　《电报》，载《大公报》，第 4 版，1911-02-18。

④　《专电》，载《盛京时报》，第 5 版，宣统三年二月二十八日。

⑤　《且看今日之满洲》，载《申报》，第 5 版，1911-02-18。

⑥　《俄人检疫之辣手》，载《大公报》，第 4 版，1910-12-16。

⑦　《崴埠禁止华人入口》，载《申报》，第 3 版，1911-04-25。

⑧　《俄依尔库斯克已设防疫局》，载《大公报》，第 5 版，1911-03-13。

⑨　《再记俄人查疫之惨酷》，载《申报》，第 3 版，1910-12-24。

俄国还对在其境内的华商、华工予以驱逐，甚至发生了虐待华人之事，瑷珲道姚观察在给公署的一份电报中称："俄岸定于二十八日禁止华人渡江，所有华商铺户每家仅许留五人，余则一律逐出并禁运货。"①《申报》载："在满洲里，自瘟疫发现以来，华人因防疫受虐而死者已三百人，数十里间啼饥号寒，哀声遍地，不忍听闻。至十月二十二日更生不意，二十四日早四钟，俄将各界巷口堵塞，华人除在俄商会注册十八家不圈外，所有各业商人一律驱往车站，商民三千余、妇女四十余，踉跄号哭奔走，稍迟鞭垂立下或以枪刺乱砍，俄兵鼓掌大笑，至站后解衣验病，裸立荒野至晚十钟始毕，仍赶入瓦罐车，当日冻毙者四人，死而转生者四十余人，妇女赤体惧羞，多以手自掩，俄兵举枪暴打，只得垂手僵立，（后俄员发给白布一条，准围下体）近十八家巨商鉴此情形，特开会议谓华人窘辱至此而官不闻问，三千余同胞非尽死不止，议请俄员派人赴站查看，应用食物由华人设法供给，所费若干，全市均摊，幸得该俄官许可昨已实行矣。"②

在满洲里的保府屯，俄人借口防疫，将房屋焚烧了六七十间，货物器皿亦付之一炬，约值万余元，中国政府曾派人与之交涉，俄当局对此置之不理，导致了当地居民无家可归，流离失所；俄人在北满一带防疫，使华人财产受损，外务部向俄使交涉并要求赔偿，对此，俄外交部竟以"俄人以瘟疫发现以来，若非满站俄员防范严密，则华人更不知死亡几许，所需经费计有数十万卢布，应由中国分摊，请酌核办理云"③来回复，真是胡搅蛮缠，蛮不讲理。以防疫为由，官占民房的事情也为数不少。在哈尔滨，东督锡良曾电饬滨江道认真办理防疫事宜，勿使俄人借口，于道台接电后，立即传防疫会员姚岫云等人入署，对其防疫办理不善的行为，大为训斥。姚被训斥后归至会中，张惶失措，乃多雇兵役到处骚扰，又硬将山东会馆占为病院，山东人遂全体反对，情急之下，拟将会馆办一庇寒所，凡鲁省人一律收入。还未等答复就日经先将会馆占据。于是"鲁人对此感情甚恶，悉言姚为媚上欺下云。"④因防疫事，中俄边境的华人还遭到了俄人的滋扰。同样也是在哈尔滨，道里五六七三小街向为贫人聚集之处，此次疫症发现亦以是为最多。其三街中房市已被焚毁者不少，各商店损失财产亦已不赀，"因是病毙之人辄

---

① 《俄人禁止华商入境》，载《盛京时报》，第 5 版，宣统三年二月初八。
② 《哀哉满洲里罹疫之华人》，载《申报》，第 1 版，1910-12-18。
③ 《京津防阻鼠疫南下续记》，载《申报》，第 5 版，1911-01-25。
④ 《哈尔滨鼠疫之可畏》，载《大公报》，第 2 版，1911-01-16。

将死尸分割成块，有埋于室内或用箱装抛向空地者，日前俄兵在江中查见一尸，经医士验明确系因疫身死，俄人乃大起鼓噪，派多数队兵沿江岸边梭巡如防大敌。"又"俄人派俄医带同防疫队及通事挨户稽查，时有藉端勒索情事，如不遂所欲，即种种苛求指其室宇不洁，必逼令迁出而后已，据闻各通事已索诈钱文不少，俄医及俄兵亦均得分润。"①

即使被迫害如此，一些常年在中俄边境进行贸易的华商为了能够进入俄境，仍不惜铤而走险，费尽心机。凡华商往俄界贸易必向满洲里中俄税关购买护照，至俄关书约方可入境，所谓大票者是也，一张护照费羌洋二元，俄关书约羌洋二元二角，"自鼠疫以来，俄经不许华人前往，即禁止出票，今虽鼠疫消灭，旧章仍未规复，华商欲往俄界贸易颇觉困难，刻有苦工由俄境返满，持有旧票，商界争购以为捷足先登之计，故票价涨至二十余元云。"②

上海租界查验鼠疫之大风潮更是轰动一时，"上海公共租界工部局对染疫商店围以铅皮，浇药水，以致店主不服向之分辩，该局还无视华人的人身权力，在路上乱捉小孩，种牛痘，致使华人纷纷起来反抗，此事遂酿成风潮。有文章这样记载当时的情势："上海公共租界西人所设工部局卫生处，因查得租界内近有鼠疫发现。当遣西医率同所用华人，分别查验。当其查验时，遇有面黄而带病容者，即指为染患疫症。迫使入西人所设医院医治。又孩童有未种痘，亦促令往医院布种。于是居民大为惶骇，转相告语，以被查验为受大祸，虑性命妻孥之不保。时复有市上无赖之徒，串同无业西人伪充查验瘟疫人员，擅入民宅，拘捉平人，于是民心益骇。居民咸相率迁入南市居住。其籍隶宁波者，咸携眷回籍。轮船之开往宁波者，无不以人满为患。至十月初十日，与查疫人员为难之事，遂一日数起，或并波及非查疫之巡捕包探。声势汹汹，租界内一部分地方为之闭户罢市。"③ 后虽经召开大会，以订定《工部局检疫章程》、规范查疫制度而告终，但却给上海租界之华民的日常生活带来了干扰，对百姓的普通日常生活秩序造成了极大的混乱，严重地损害了民众的利益。总之，俄罗斯利用防疫借口所进行的驱逐华人，掠夺华人的财物的行为以及在其他国家也发生的排华事件，从总体上反映了当时清王朝在国际上任人宰割的地位。

---

① 《哈尔滨鼠疫之可畏》，载《大公报》，第 2 版，1911-01-16。
② 《东三省通信》，载《申报》，第 3 版，1911-06-25。
③ 《上海验疫风潮始末记》，见《东方杂志》，348～350 页，第 7 卷，第 11 号，上海，上海商务印书馆，1910。另见胡勇：《清末瘟疫与民众心态》，载《史学月刊》，2003（10）。

综上所述，这次鼠疫的发生、流行不仅使交通断绝、商业受损、市井萧条、百业不振，百姓的日常生活秩序发生混乱，直接导致了人民生命财产的重大损失。而有关国家的排华辱华行为，以及借口防疫攫取中国的防疫主权，采取了伤害中国民众的不当的防疫措施，反映了当时国际关系的基本现状。

第二章
防疫款项的筹集与民间募捐活动

清末的东北鼠疫给清政府造成了巨大的经济损失，使清王朝原本脆弱的财政更加窘迫艰难。其中尤以防疫经费的款项浩大。据《大公报》载，一位署名为"梦幻"的作者在《闲评》中写道："从前闭关时代每次用兵之费多不过数千万，少尚不及千万。今东三省京津等处办理防疫事宜需费一千万两以上，而人民疾病死亡一切耗损之款及南省无疫地方一切预防之款尚不在内。统共计之当不下二三千万，真从古所未闻。近今所未见也。"[①] 虽然其中所提到的数字不可考，但它却说明了在此次鼠疫中防疫经费耗损巨大的事实。

第一节　清政府防疫款项的来源及用途

一、清政府防疫款项的来源

为了防控此次鼠疫，清政府支拨了大量经费，其来源主要有由政府直接划拨防疫经费、由关税项下支拨防疫费、向中外银行筹借防疫费等三个方面。

1. 由政府直接划拨防疫费

《申报》专电曾刊载枢府给东、直两省总督的电报，嘱托他们"吉黑交界鼠疫甚炽，尔等身任疆寄，务即切筹消灭，着赏帑十万两以充经

---

① 《简评》，载《大公报》，第4版，1911-02-21。

费。"① 当时负责总管清政府财政的载泽面对"东三省防疫政策关系重要，乃所筹经费殊苦无济，请由中央设法协助以应急需"② 的情形，特意致电东督锡良，准许他先由其他项常款内挪拨经费，不久即设法由财政部代筹现银十万两拨奉省抵用。

当时清政府的实际最高统治者摄政王对于东省的疫情也颇为关注，先是"特命度支部拨内帑十五万两以充扑灭经费之需，并饬东省督抚与直督交相注重其谕旨要云。"③ 其后又因鼠疫蔓延愈甚，"谕泽尚书拟再拨银二十万两，速筹防救之策。"④ 对于各国外交官云集，被称为是辇毂重地的京师，更是严行防疫，"颁发内帑数万金交民政部步军统领从速设法消灭并妥筹预防办法。⑤ "京师自鼠疫发生后，民政部肃邸即请拨款十万金，组织临时防疫局一所，即在钱粮胡同官医院内，局长由内外两厅丞兼办"。⑥ 由此，从中央财政支出防疫经费是防疫款项早期的主要来源。

2. 由关税项下支拨防疫费

鉴于中央的财力有限，且划拨银两到地方辗转烦琐、鞭长莫及，于是由各地方关税项下直接划拨、截留经费成为了筹集防疫款项的又一手段。东省督抚电奏称，添医验疫需费浩繁，请发税银以济急需，对此枢府予以允准，并"着度支部饬发大连关税银十五万两，迅速认真办理，毋任蔓延。"⑦ 东三省总督锡良在营口所建的可容纳三千人的防疫所、在沟帮子等处设置的检疫留验所，其经费皆是截留关税所得，其中营口的防疫所用去了关税三十万两，沟帮子等处的检疫留验所动用了安东关新政、开埠两项税款内的税银十万两。在黑龙江，旱獭贸易是征收税款的重要来源，当满洲里发现瘟疫后，地方官胪滨府张鹤岩太守立即请拨了一千万卢布的防疫款，此项经费就是"由呼伦税局征存旱獭税项下动用，作为解困之款的"。⑧

除东北三省外，其他各有疫地方也是通过动用、截留税款的方式来筹集防疫经费的。直督陈制军曾电致枢府，以防疫经费异常支出为由，

---

① 《专电》，载《申报》，第 3 版，1911-01-26。

② 《泽公允拨奉省疫费》，载《大公报》，第 4 版，1911-02-11。

③ 《摄政王关心销疫》，载《盛京时报》，第 5 版，宣统二年十二月十八日。

④ 《专电》，第 3 版，1911-01-26。引文中的"泽尚书"即为"载泽"。

⑤ 《北方防疫记》，载《申报》，第 3 版，1911-02-03。

⑥ 《肃邸注重防疫局》，载《申报》，第 5 版，1911-02-13。

⑦ 《专电》，载《申报》，第 3 版，1911-01-16。

⑧ 《报销防疫费》，载《大公报》，第 1 版，1910-12-28。

"请在津海关税项下暂拨十万两以济要需，俾得早日扫除而重生命云。"① 在汉口刘家庙设立的验疫公所，共用经费三万两，除由度支公所拨银万两外，余下两万两皆由江汉关道在洋税项下拨用。上海是中国有名的华洋总汇之区暨商务中心之地，此处的防疫工作自然马虎不得，江督、苏抚就曾以上海防疫关系重要，向中央请拨防疫经费银二十万两，但由于"各处防疫用款实已不支，上海一隅究关大局，不得不勉力筹拨，即请由江海关洋税拨银八万两，镇江关洋税拨银四万两，金陵关洋税拨银三万两，共十五万两，如数拨给"，② 以资应用。可见，各关税款是清政府支拨防疫经费的重要来源。

需要指出的是，虽然关税款项在一定程度上弥补了中央财力的不足，但是随着鼠疫疫情的愈演愈烈，为了控制疫情蔓延，隔断交通、贸易，使得税关已无税可收，造成了"以所存之款皆供防疫花费而各关之进款尚不抵各项花费"③ 的现象，因此动用税款防疫也就成为筹集经费的一时之计，并不能从根本上解决经费困难问题。

3. 向中外银行筹借防疫费

由于中央财力的严重不支，关税又因疫几乎无税可收，清政府防疫经费的缺乏已经到了捉襟见肘的程度，无奈之下"北京政府现已将接待德皇储之预算费计七十四万两挪用以充防疫经费，借以遏阻毒氛。"④ 但这也不过是杯水车薪，根本无力应付巨额的防疫款项支出。有疫地方的几次请款都遭到了中央的搪塞驳斥，东三省总督锡良因办理防疫用款甚巨，曾发电报乞度支部拨银三十万两以解无钱之困，结果"泽公（即载泽）阅后大有难色，拟日内先行请示朝廷再为答复"⑤，而对于黑龙江抚总的"拨银四百万两，安置由俄驱回侨民并办防疫"的请求，干脆以"因前已拨过数百万，难以再筹，决议驳奏"⑥ 来回复。面对此种困境，通过向银行借款、办赈捐来筹集经费成为防疫款项的又一重要来源，它在后期的防疫经费中占有很大部分。东三省总督锡良于1911年2月5日电奏度支部、邮传部，请求允许东北地方当局向大清、交通两银行"各息借银三十万两，以济急需，俟皖赈办竣，展期半年，用赈捐

① 《直督请款筹防鼠疫》，载《大公报》，第5版，1911-01-26。
② 《上海防疫费竟如数照拨》，载《申报》，第1版，1911-04-10。
③ 《税关无税可收》，载《盛京时报》，第5版，宣统三年正月二十七日。
④ 《专电》，载《盛京时报》，第2版，宣统三年正月十七日。
⑤ 《锡督请拨防疫用款》，载《大公报》，第3版，1911-03-25。
⑥ 《专电》，载《申报》，第3版，1911-03-19。

清偿。"① 除了从本国的银行借款外，由于"现今东三省疫重地广，用款浩繁，拟请径向各国银行商借银两"②，"拟向道胜、正金两银行再借六十万两，并声明由盛宫保筹办赈捐项下抵还，闻度支部已经允准矣。"③ 而向外国银行息借的最大一笔款项是向四国银行的借款（四国分别为英、法、美、德），此次借款以东省各项税收为抵押，总数一千万镑，其中划拨"二百五十万为东省兴办实业及垫补防疫经费"④ 之用，极大的缓解了防疫经费不足的局面。

以上三种筹款方式在一定程度上保证了防疫经费的来源，使清朝各地方政府相对有效的控制了疫病的传染蔓延，但也从另一方面反映出清政府防疫费用的巨大和明显的财力不足。需要指出的是，为了解决防疫经费匮乏的问题，时人还提出了一些其他的解决之道，《大公报》载，纪法部尚书绍昌建议让一位犯了死罪的官员可以用款二百七十万两，来赎罪免死，而这巨额的免死费则可"移至东三省为防疫消灾之用"⑤。此外，吉林抚总的某位下属官员还曾献策"请饬官帖局赶造纸币千万张聊济眉急"。⑥ 虽然这些筹款办法是否实行已无法可考，但它却说明当时清政府防疫款项的缺乏确实到了难应付的地步。

二、清政府防疫款项的用途

关于清政府的防疫款项到底是如何使用的，东三省总督锡良在致军机处的一份电报中已做了一些交代。电报云："东三省疫症蔓延，用款浩大，查东三省自染疫以来死亡已六七千人，传播及数十州县，其患疫较重者不特全家毙命并其房屋亦由官估价焚烧，情形至为可惨，旬日之内中外医官疫毙十余人员役兵警死亡相继，但就恤款一项之需费已属不资，此外一切用项如觅购医药、建设院所、制备衣粮均属刻不容缓，即未经染疫处所，凡系铁道附近交通便利之处亦须先事——预备以为之防，糜费之繁不知如何结束。"⑦ 电报中对防疫款项的使用去处做了一些交代，范围已很广泛。但远远不止这些，归纳起来，防疫款项的使用范围有十余项之多。

---

① 《奏请息借银行银两归入江皖赈捐展办清偿电》，见《东三省疫事报告书》，上册，5页，1912，辽宁省图书馆藏本。

② 《议准东督近日之封奏》，载《大公报》，第 5 版，1911-03-04。

③ 《部允东督借款防疫》，载《盛京时报》，第 5 版，宣统三年二月十五日。

④ 《专电》，载《盛京时报》，第 2 版，宣统三年四月十九日。

⑤ 《东督关于防疫之求助》，载《大公报》，第 5 版，1911-02-06。

⑥ 《度支告匮之现状》，载《盛京时报》，第 5 版，宣统三年二月十二日。

⑦ 《锡督又筹赈捐》，载《大公报》，第 2 版，1911-02-10。

1. 购买药料和老鼠

（1）购买防疫药料。

东三省瘟疫流行，疫死者甚众，购买药料救助病人，对疫病进行防控，这些都成为了防疫工作必不可少的工作。鼠疫流行伊始，东三省总督锡良就"特购办各项防疫药品分发吉江两省，由江周中丞饬交防疫会转发商民使用"①，随着疾病流行的深入，东三省本地的药料器具已不敷用，政府花费了大笔资金托人在各地购买，东省交涉司发电报给广东劝业道陈道台，托其代购石炭酸八千磅，但因粤省药房存货无多，向香港购进了二三千磅，统购买"该项石炭酸二十七桶，计三千零二十四磅。"② 让上海道台刘襄翁"在沪代购石灰酸一万磅，重盐酸一千磅，福尔马林一千磅，升汞一千磅，喷雾器大小各一百具"。③ 由上海公立医院交西京丸运来石炭酸七千磅。④ 据辽宁省档案馆的资料显示，从宣统二年年底到宣统三年五月仅半年的时间里，光奉天一省先后从上海、广东、香港等地购进的防疫用石炭酸等药料就花费现银一万五千余两（其中由广东购买石炭酸所需价银二千二百八十一两二钱五分七厘，在上海所购防疫药料共计规银一万三千八百五十八两三钱九分一厘），而这其中还不包括治疫用的药品及器具的开销。

除了在本国各处购买防疫、治病用的相关药品外，清政府还托各驻华外国领事及外国商人在国外代购药品，"政府因无种痘之浆液已向维也纳订购痘苗十万股"。⑤ 奉天省十间房发生疫症，第七区警务局通过日本商人购买了"亚铅及消毒材料药品等件，二次共计日洋六百七十三元三十八钱"。⑥ 驻奉省的日领事曾为奉天防疫总局代购了价值 900 日元的血清三百瓶，此外通过该领事，防疫总局还先后从日本订购了两批药品器具，其中"第一次订购之药品器具价洋一万零六百十二元二十钱（除血清价洋在外）"，第二次"全数日洋三万九千四百五十元二十七钱（运装费及运至大连之运费并保险费在内）"，⑦ 共计合日洋五万零六十

---

① 《派员解送防疫药品》，载《大公报》，第 5 版，1911-03-02。

② 《关于奉省防疫事宜》，《奉天交涉司全宗·JB16-1345 号》，辽宁省档案馆馆藏档案。

③ 《关于奉省防疫事宜》，《奉天交涉司全宗·JB16-1345 号》，辽宁省档案馆馆藏档案。

④ 《关于奉省防疫事宜》，《奉天交涉司全宗·JB16-1345 号》，辽宁省档案馆馆藏档案。

⑤ 《订购痘苗》，载《申报》，第 5 版，1911-02-02。

⑥ 《警务局函送巡警在十间房消毒需日用药品价详请转交等情函送日领事》，《奉天交涉司全宗·JB16-1586 号》，辽宁省档案馆馆藏档案。

⑦ 《为函日领事代购防疫一切药品需价若干何日运到一并示知由》，《奉天交涉司全·JB16-1586 号》，辽宁省档案馆馆藏档案。

二元四十七钱。

关于治病用药品器具总花销的具体数字虽无明确记载，但从以下由上海发来的购置防疫用品清单中五花八门的防疫用具，不难看出此项费用的花销之大。当时上海发给东北当局的购置防疫用品清单（宣统三年二月二十七日）就列有购买药品明细及钱数，从中既可以了解到当时的药品种类，也可以了解相关费用："五钱玻璃皮肤针套，二副，计洋八十五元；九号钢针（种防疫苗用），十二支，计洋十二元；二钱玻璃皮肤针套，二副，计洋二十元；四号皮下药片，一合，计洋八元四角；九十九号皮下药片，一合，计洋八元四角；三号皮下药片，一合，计洋八元四角；加实酸药片，一百二十五斤，计洋三十六元；第一百二十六号（医生随身药包内有各种药片药针）三付，计洋九十六元；十钱治疫液苗，五十瓶计洋九十二元；沸水鸡纳五十瓶，计洋七十四元；沸水土的泥五十瓶，计洋七十四元；沸水毛地黄（运动心跳用）五十瓶，计洋二十八元三角七分；加罗米药片，一千斤，计洋十四元；薄荷治疫气八罐，计洋八元四角；治疫油六瓶，计洋七元；防疫烟袋十四副，计洋十四元；吸克牌看病寒暑表十二具，计洋三十六元；共计十八项，原价洋六百九十五元九角七分。"① 这些名目繁多的防疫用具仅能算是政府多次采购中的一笔小额交易，由此可以推断当时清各级政府购买防疫治疫的药品器具上的费用规模。

（2）为鼓励除害而购买老鼠。

在传统医学理论中，普遍认为鼠疫是由老鼠传播的，因此在这场谈鼠色变的大瘟疫中，捕捉老鼠就成为了防控鼠疫的重要手段之一。各种防疫禁令和报刊对于老鼠的危害都不遗余力地进行了宣传报道，各地方当局都颁布了各项捕鼠措施和捕鼠令，以期用收买老鼠的方法消灭传染物，控制疫病的蔓延。当时捕鼠都是有偿的，所以收买老鼠也自然成为防疫费开销的重要组成部分。《大公报》的一篇闲评曾载此次防疫花销"统共计之当不下二三千万，或问此防疫何以糜费如此之巨，曰，子不观京师收买鼠子乎？民政部因前款不敷续添四万，仅此一项统先后计已达十万以外。"② 仅北京一地因收买老鼠就花费如此之多，其余各地可想而知。

各地收买老鼠的价值不尽相同。在北京，"每活鼠给铜元二枚，死

① 《关于奉省防疫事宜》，《奉天交涉司全宗·JB16-1345 号》，辽宁省档案馆馆藏档案。

② 《简评》，载《大公报》，第 4 版，1911-02-21。

鼠给铜元一枚。并传知各区均立薄册填列收确数，按日报厅。"① 在汉口，"凡捕一鼠持之警局，给铜元二枚"②。在天津，"凡捕得老鼠送交该局者，每头给予铜子一枚"③。在安东，"无论商铺住户，如能捕获一鼠，无论死活送交防疫所当赏给铜元二枚。"④ 在奉天，原定每只老鼠给铜子七枚，后"因赴区售卖者未见踊跃，现特设定每鼠一只给洋二角云。"⑤ 有趣的是，为了鼓励捕鼠，新民的地方防疫所竟想出了卖鼠赠彩票的方法，发出了彩票五千张，"兹于八日在府署开彩，得头彩者获银元四十元云。"⑥ 正所谓"重赏之下必有勇夫"，捕鼠之事亦然，在收买老鼠的物资刺激下，仅奉天省处置的老鼠既有 80 972 只之多⑦，可以想象仅收买老鼠一项上的防疫花费就是一个非常巨大的数字。

2. 医务工作人员的薪金

疫病的流行，患病人数的增多，使得对医生的需求与日俱增，各地均出现了医生难求的现象。《盛京时报》报载东省"防疫事宜一切筹备大致业已就绪，惟医生缺乏异常"⑧，"东三省督抚屡电学部请将留学东西洋之医学毕业生咨送来东办理防疫"⑨。奉天交涉使司韩紫翁为此还特意发电报给广东德宣街督练公所吴参议和总办惠范，请他们代聘三五名军医学堂毕业生来东省协助防疫。除了从本国调聘医生，清政府还聘用了许多外国医生参与防疫。外务部因哈尔滨鼠疫流行，贻害匪浅，"特聘请协和医院英国医士继君前往认真检查并设法御以重卫生"⑩。无独有偶，民政部肃尚书也因哈尔滨鼠疫盛行，深恐传到京津一带为祸，"特聘协和医院英国医士恩君、韩君、山君等驰赴哈尔滨车站专司检疫事宜，以防传染而重卫生"。⑪《申报》的《西报译要》载："俄京圣彼得堡消息，俄国允认中国之请，现正简派精于瘟疫研究会员随同萨伯罗

---

　　①《北京鼠疫记》，载《申报》，第 5 版，1911-02-05。

　　②《汉上亦起鼠疫恐慌矣》，载《申报》，第 2 版，1911-02-06。

　　③《收买老鼠》，载《大公报》，第 6 版，1911-03-26。

　　④《礼下捕鼠》，载《盛京时报》，第 5 版，宣统二年十二月二十八日。

　　⑤《老鼠之价值》，载《盛京时报》，第 5 版，宣统三年正月三十日。

　　⑥《捕鼠得彩》，载《盛京时报》，第 5 版，宣统三年四月十一日。

　　⑦《奉天各属除鼠数目表》，《东三省疫事报告书》，下册，第 2 编第 6 章，9 页，1912，辽宁省图书馆馆藏本。

　　⑧《医官将到》，载《盛京时报》，第 5 版，宣统二年十二月二十二日。

　　⑨《东督电聘留学医学生》，载《盛京时报》，第 5 版，宣统三年正月二十一日。

　　⑩《民政部特聘西医赴哈查疫》，载《大公报》，第 1 版，1911-01-02。

　　⑪《民政部特聘西医赴哈查疫》，载《大公报》，第 4 版，1911-01-19。

茵博士前赴中国疫地"。①

那么，关于这些医生的薪金是如何酌定的呢？根据我们的研究，薪金主要视聘用的具体情况而略有不同。关于中国籍医生的薪金，《申报》之《满洲鼠疫记》载："江抚昨接锡督电开准天津陈小帅派定医官三员，医生六名，计医官各需月薪三百两，医生各需月薪一百二十两。"② 而在北京，外务部招聘的赴东北的防疫医生则"每员月俸银三百五十两，另给来往旅费。"③ 此外，根据医生的工作表现，还可对劳动报酬作适当调整。由上海派来的史惠敦医生就因医学精深，吃苦耐劳，将薪水涨至四百两。但无论怎样，薪金的发给还是有一定底线的，当上海的沈观察以"唯念史医生勤奋是较赵新畬为优，今赵应烟台之聘月薪五百金，史尚不免相形见绌，可否请照赵医生发给以示优异而昭鼓励"④ 为由，要求奉省防疫总局为史惠顿再次增加工资时，奉省防疫总局以"查此医生薪水原应从优，唯现在全部医员除担任病院，无异身临前敌，特别规定外无愈三百两者"⑤ 予以了婉拒。外国籍医生的薪金大部分要高于中国的本土医生，且聘用时还附带有一定条件，薪金大多也是按其本国币值发给的，北京车站验疫伊始，"由日本聘来日医师每月每人薪金六百元，每人先交一千二百元。"⑥ 奉天省安奉铁路石桥子防疫所聘用的"日医松本员曾薪水日洋四百元（按时价每天按八钱四分，合银三百三十八两）。"⑦ 京奉铁路车站留验所聘用的英国医学博士，"每月薪水英洋五百元，路费行装各项英洋一千元，订明以三年为期，疫事办竣并以充当医学堂教授。"⑧ 当然，凡事皆有例外，由于医员的薪金丰厚，也有不少外国医护人员愿与中国籍医生发同等的工资来参与防疫，广东督练公所调派来东的粤省军医学堂九名毕业生中，就有一名西人泰尔勒，

---

① 《西报译要》，载《申报》，第3版，1911-02-14。

② 《满洲鼠疫记》，载《申报》，第1版，1911-01-20。

③ 《外务部招聘医员除疫》，载《申报》，第5版，1911-02-16。

④ 《上海公立医院沈观察为史医生薪金可否照赵医生发给并二批防疫药品已达大连立花关税司转运等因函致奉天交涉司稿》，《奉天交涉司全宗·JB16-1345号》，辽宁省档案馆馆藏档案。

⑤ 《关于奉省防疫事宜》，《奉天交涉司全宗·JB16-1345号》，辽宁省档案馆馆藏档案。

⑥ 《京师近事》，载《申报》，第5版，1911-03-14。

⑦ 《石桥子防疫所收支清册》，《奉天交涉司全宗·JB16-324号》，辽宁省档案馆馆藏档案。

⑧ 《为防疫时由英国聘定医学博士办理车站留验事宜业经呈准抄稿咨请查照咨防疫总局》，《为京奉车站设立留验所需医办理函英大夫司督阁代聘由》，《奉天交涉司全宗·JB16-3882号》，辽宁省档案馆馆藏档案。

此人本拟不派，但因其"声称薪资一切愿比照华医办理，不必另生合同"①，因此准其赴东省协助防疫。更有甚者，为了能够派员参与清政府的防疫工作，分检疫经费一杯羹，有的国家还搞起了竞争，上文曾述先时在北京车站验疫的日本医师每人每月需洋六百元，对此，法人"言若用法人，每人每日二元足矣，既有不足处，吾法人情愿自备，且吾法国女医颇不乏人，诊中国堂客，大为相宜"，于是"准归法人办理，于初八日起施行"。②

3. 巡捕、防疫队及杂役的薪金

除了医务人员的薪金，清政府在给其他协助办理防疫的巡警、防疫队、杂役的工资方面也投入了大笔资金。为了防疫，各有疫地方曾多次招募巡捕、防疫队，天津卫生局一次即在津招募巡捕二百余名，奉天兵备道李观察"招设检疫队五十名查验各城关有无染是症者"。③ 吉林省防疫局还专门张贴告示曰："招考防疫肄业生百名，凡年在二十五岁以上四十岁以下，文理通顺并身体康健，素无烟癖者为合格，自本月二十二日起至二十八日上午随时报名考试，录取者即行入堂肄业，限期十日毕业，如列最优等者充为防疫员，月薪龙洋三十元，列优等二十五元，分派城内外各局卡充用云。"④ 他们的薪金各有不同，"巡捕各需月薪二十四元。"⑤ 吉林省档案馆资料载：防疫马队"计队长一名，（每月）应领二十两，马巡二十名，每名月领十五两"。⑥ 吉林省桦甸县等地呈给吉林防疫总局的清则更是将这些名目繁多的花费清楚地记录在册，其中"县属防疫局设局长一员，月支夫马费实银二十四两；提调一员，月支夫马费实银二十两；正医员一员，月支薪水实银二十两；消毒员一员，月支薪水实银十六两；四乡总副稽查员一员，专司查疫事宜，月支薪水实银二十、十六两；文牍、会计一员，月给津贴实银十六、十二两；司书二名，月支津贴实银十两；卫生队长一员，月支薪伙实银十六两；防疫马巡队四名，每月津贴实银共十两；防疫卫生队兵十名，就地招募，须随同查疫医员人等办理查疫、检疫事宜，月支实银共五十两；差役二名，月支辛工实银共八两；除秽夫四名，月支辛工实银共十六两"；并

---

① 《关于奉省防疫事宜》，《奉天交涉司全宗·JB16—1345号》，辽宁省档案馆馆藏档案。
② 《京师近事》，载《申报》，第5版，1911-03-14。
③ 《招设防疫队》，载《盛京时报》，第5版，宣统二年十二月十一日。
④ 《防疫局招生》，载《盛京时报》，第5版，宣统三年二月初一。
⑤ 《满洲鼠疫记》，载《申报》，第1张后幅第1版，1911-01-20。
⑥ 《防疫马队为领接济暨饷银呈防疫总局》，《吉林全省防疫总局·J029-01-0054号》，吉林省档案馆馆藏档案。

且在"官街设诊疫所，正副医员一员，专司诊疫事宜，月支薪水实银各十六两；看护夫一、庖丁一名，每名月支辛工实银各四两；东、西、北路检疫所各设检疫医生一员，专司检疫事宜，月支薪水实银十二两；夫役一名，月支辛工实银四两；另在四乡常山屯、横道河、八道河、太平岭各处设检疫所：每所设医生一名，月支薪水实银十两；派警兵二名，月支津贴实银二两，夫役各一名，每名月支辛工实银四两。"① 其支付薪金的基本标准就是县级防疫总署人员比各地方检疫所人员的薪金要高；负责诊疫的医生比查疫的医生薪金要高；对于配备的防疫兵，直接参与检查的人员比负责巡视的人员薪金要高。那么当时的物价及他们工资的实际购买力是怎样的呢？下表是在鼠疫流行最为严重时期的各埠粮市行情。

各埠粮食行市② （粮食单位为斗）

	粳米	小米	包米	高粱米	元豆	小豆	绿豆	小麦	洋面	豆饼	豆油	咸盐
长春二月初六	六七	四九	二八	三七	三九二	四十	四五	四三	二五	一三	三九二	一三
公主岭二月初四	二元	一元三	七毛	七毛三	一元二	一元三	一元三五	一元二		一元	一吊三五	二元一
铁岭一月二十七	二元	二元三	六吊	五吊八	七吊一五	八吊二	十吊零五	九吊六	三百六	一元三五	九十二	一元八
奉天二月初七	十三吊二	七吊	四吊	五吊七	五吊二	六吊五	八吊	八吊二		一元一二	八十	一元八

① 《桦甸县等地为报筹办防疫缮呈规则清则清查的详及防疫局批》，《吉林全省防疫总局·J029-01-0056 号》，吉林省档案馆馆藏档案。

② 《各埠粮食行市》，载《盛京时报》，第 4 版，宣统三年二月初八。

续　表

	粳米	小米	包米	高粱米	元豆	小豆	绿豆	小麦	洋面	豆饼	豆油	咸盐
营口二月初五	十六吊五	九吊五	七元五	五吊四	七吊五	九吊五	八吊七五		二元十五	一元四五	七吊五	七元五
大连一月二十五	五元一	四元	二元六八	一元五六	三元三	三元五	四元一	四元零八	二元七五	一元三五	十四元八	一元
安东二月初四	二元六	一元五	八角五	九角五	九两一	一元三	二元		三元	八两四	八两五	五角

从上表中看，各地各种米面油及盐的价钱虽有所不同，但关系基本民生的各粮油价格不过以吊或元计价，以工资一般的巡捕为例，他们的薪俸为每月 24 元，若是买上好的细粮——粳米，也不过是二元一斗（按各地规定不同，一斗可合 11 至 14 斤不等，因无明确记载，此取中间数约每斗合 12 斤），即可买粳米 114 斤，足够其养活一家老小之用，因此按各防疫医生及人员的工资来比照，他们的实际购买力很强，参与防疫、治疫人员的薪金颇为丰厚，由此，为防疫的医生及相关人员支付薪金也是清政府一笔为数不小的开销。

4. 办理各种防疫院所的经费

为了防治鼠疫，控制疫病的传染蔓延，各地均建立了不同种类的防疫医院、防疫所、隔离所及留验、留养所。在北京，"民政部堂总为预防鼠疫起见，刻拟在京师各城设立隔离病院及防疫医院各两处"[1]，"饬令内外城区凡有身染鼠疫者即行移入该所医治以免传染"[2]。在奉省，东督锡良用关税三十万两在营口修建了"足容三千人之防疫所"[3]，并于安东关新政、开埠两项税款内截留银十万两，于"沟帮子、沈阳两处

---

① 《是诚防疫要紧之法》，载《大公报》，第 1 版，1911-01-26。
② 《民政部特设隔离所》，载《大公报》，第 1 版，1911-02-07。
③ 《专电》，载《申报》，第 3 版，1911-03-07。

设所留验水陆"①。在天津，"卫生局派工人多名在河东老车站石墙外修建防疫医院"②。在安东，因添办航路，凤道呈请督总拨银一万五千两在大东沟设立隔离所。在黑龙江，满洲里的"胪滨府张鹤岩太守请准大总拨款一千万卢布设立防疫所及养病院"③，兰西县在疫气渐消后"设留养所一处，将城乡无告遗民暂为收留"④。在汉口，共花银三万两于"刘家庙设立验疫公所，专司查验乘京汉火车由北而来之旅客及货物"，并"改造房屋六百间，以二百间备住染疫之外国人，四百间备住有疫之本国人"⑤。

　　各种不同种类的防疫设施，有着不同的作用。一般来说，防疫医院、隔离病院，主管收治地方固定的患病人员，负责疗疫；验疫公所、留验隔离所负责在交通沿线截留、收治染疫之人，并将一切可疑人员收院观察，经一定时日确定无疫后始准放行；留养所则负责收留一些无家可归的流民及可能传疫染疫的贫苦大众，以期减少发病率。这些防疫院、防疫公所在治疫、防疫上起到了重要作用，但同时也耗费了清政府大笔的款项。"京奉车站留验所委员张廷英办理检疫、留验、筹备留验等所，共用洋一万零零四十三元六角六分。"⑥ 奉省曾在营口的牛屯车站附近及河北设立隔离所，仅工程材料费就"约需银五万元。"⑦ 并且投入使用后，来往人等"一律先行入所留验七天，所内饮食由官供给"。据"防疫事务所员会议估计，每一星期间约需费洋一千余元。"⑧ 倘若此次鼠疫不能在短时间内控制住而无限期延长的话，这些防疫院所的开销实在是一笔令清政府不堪重负的经济包袱。

　　5. 因疫殉职人员的抚恤金

　　由于此次鼠疫疫势猛，许多参与防疫的工作人员由于不懂防疫知识或操作不当而不幸染疫身亡，"致各医生异常恐慌，几次欲全体辞职"⑨。为此清政府以"防疫事同赴敌，端赖在事员医躬冒危险、救死扶伤，而能致此者尤在劝惩互用，激其任事之诚"，"惟不职者既严行惩

---

① 《度支部议覆东督奏奉省检疫用款截流关税摺》，载《申报》，第 2 版，1911-05-13。
② 《设院防疫》，载《大公报》，第 6 版，1911-02-08。
③ 《报销防疫费》，载《大公报》，第 1 版，1910-12-28。
④ 《请设遗民留养所》，载《大公报》，第 1 版，1911-04-14。
⑤ 《汉镇预防鼠疫纪详》，载《申报》，第 2 版，1911-02-12。
⑥ 《张廷英禀办理京奉车站留验所垫用银两报销》，《奉天交涉司全宗·JB16-419 号》，辽宁省档案馆馆藏档案。
⑦ 《会议防疫经费》，载《盛京时报》，第 5 版，宣统二年十二月二十九日。
⑧ 《筹估留验经费》，载《盛京时报》，第 5 版，宣统三年正月二十六日。
⑨ 《满州鼠疫记》，载《申报》，第 2 版，1911-01-25。

戒，死事者自应特邀优恤"①。特别强调要对那些因疫而亡人员给予抚恤。吉林地方"凡医官身死恩给万金，各医生则给五千金"②。由法国来哈尔滨协助检疫、防疫的梅尼医士不幸染疫身故，"政府接耗，悼惜异常，即电致江抚赶即筹办丧事，并拟将梅君家属从优议恤以资养赡"③。奉天六区一等巡警高长顺因公染疫身死，"除已由区备棺妥为葬埋外，并禀请防疫事务所总办赏给抚恤银六十两以示体恤"④。二区巡警王国臣派在隔离所看护病人，致遭传染身死，"当经县尊赏给银元三百元以示体恤云"⑤。在铁岭，隔离所看护夫某甲因扶持病人致遭传染毙命，"徐大令赏给洋八十元以示抚恤云"⑥。东督锡良还特意为优恤染疫献身医生事宜致电中央政府："自查有英嘉森、日医守川歆显、交涉使练习员毓琛、医生王芝臣、张墨林已分别等级优恤，又河南候补直隶州知州王文光委充隔离所长恤伤救疾，昕夕弗遑，遂以积劳病故，该员虽非染疫身死，实属因公捐躯，亦经给恤银一千两，以上六员死事皆在给恤等级，未经奏定之先其时疫氛正炽，且与病人接近者多被传染，尽怀去志，良为维系人心起见，故於死者立时给恤以励其余。"⑦ 以上受恤各员因其工作类别、等级不同，所得恤金也不尽相同。

　　东三省总督锡良在给中央政府的电奏中曾提到"给恤等级"概念，这里对于参与防疫有功者，或因防疫而牺牲者，既有按等级发放抚恤金的含义，亦有根据其防疫的贡献程度发放抚恤金的含义。吉林抚总陈昭常曾以"防疫关系重要，医员躬冒危险救死扶伤，地方官吏督率躬亲，亦若身临前敌，自非优加抚恤不足以昭激"为由，会同东督锡良及东三省防疫局司道拟具了防疫人员因疫殉职的抚恤办法，奏报给了军机处并于宣统三年（1911 年）二月初六日获准实行，其内容如下：恤银发放数额分四个等级：可得恤银一万两以下至七千两以上者为：一等防疫医官（获得医学博士学位的外国人或在国外留学获得医学博士学位的中国人），在官设机关办事满十年的二等防疫医官，在官设机关办事满二十年的三等防疫医官及一等防疫人员（须为具有官阶二三四品的现任人员）；可得恤银七千两以下至四千两以上者为：二等防疫医官（在大学

① 《东督优恤员医之电奏》，载《申报》，第 2 版，1911-04-17。
② 《满州鼠疫记》，载《申报》，第 2 版，1911-01-25。
③ 《议恤死于检疫之梅医士》，载《大公报》，第 4 版，1911-01-16。
④ 《抚恤因公染疫毙命之巡警》，载《盛京时报》，第 5 版，宣统二年十二月二十八日。
⑤ 《优恤防疫身死之巡警》，载《盛京时报》，第 5 版，宣统三年正月十八日。
⑥ 《赏恤看护夫》，载《盛京时报》，第 5 版，宣统三年正月十九日。
⑦ 《东督优恤员医之电奏》，载《申报》，第 2 版，1911-04-17。

高等专门医学堂毕业所得学位非博士的外国人或在外国大学高等专门医学堂毕业所得学位非博士的中国人），在官设机关办事满十年的三等防疫医官及二等防疫人员（须官阶为四品候补候选人员）；可得恤银四千两以下至二千两以上者为：三等防疫医官（中国人在本国境内外国所设医学堂及本国西医学堂三年以上毕业者），三等防疫人员（须为具有官阶五六七品的现任人员）；可得恤银二千两以下至二百两以上者为：四等防疫医官（中国人在本国所设医学堂未毕业学生、各项医学堂学生及外人西医学堂各项学生），防疫人员五品以下候补候选人员、八品以下现任人员，派充重要差事人员（不论官阶有无大小）及警长巡长以上警察人员，其具体的发放数额酌核当差情形、程度高下分别给银。

另外，不在此例恤典范围内人员的抚恤金发放规定为："一等防疫医官比照三品官吏阵亡例给予，二等防疫医官比照四品官吏阵亡例给予，三等防疫医官比照五品官吏阵亡例给予，四等防疫医官比照五品及五品以下官吏临时酌核当差情形程度高下分别给予；三四等防疫人员比照阵亡例依本品级给予，四五等防疫人员派当重要差事或官阶过小及无官阶者比照五品以下阶级临时酌核当差情形给予；五等防疫人员警兵夫役等比照军营阵亡例从优给予。"① 这种按实际情况有所差别的、详细的抚恤条例使得殉职人员的抚恤金额有了明确的规定，规范了给恤制度，避免了政府在发放抚恤时因金额不统一而造成的混乱，消除了防疫人员的后顾之忧，激励了他们的士气。

此外，清政府还对一些特殊事例给予了特别的抚恤。开原有一妇人林单氏，她曾辗转多处染疫之家照顾病患，其所顾之家多人皆染疫身亡，而她自身却毫无染疫现象，各国来奉参加万国鼠疫大会的专家都引以为罕，多次抽血进行研究，后来周升耀委员"将该氏恤赏洋五百元，给车价日洋二元，中洋三元"②，令其返回了开原。"长春疫死之人以陆军为最多，该营统制痛心疾首，奈实出于无可如何，故凡死者均给纹银十两备衣服棺木殓葬以示体恤。"③ 奉省古城子啜德麟家为疗疫受毒几近全家毙命，只遗有一子啜小酉年仅四岁寄居于叔啜德麟家，因其"先

---

① 《督总扎为会奏核拟防疫人员医官给恤等级一提奉旨饬遵电》，《奉天交涉司全宗·JB16-1358 号》，辽宁省档案馆馆藏档案。

② 《周升耀呈为办理两关隔离所现即撤销所有未尽事宜预筹办法等情分函》，《奉天交涉司全宗·JB16-42 号》，辽宁省档案馆馆藏档案。

③ 《抚恤死亡之陆军》，载《盛京时报》，第 5 版，宣统三年正月二十八日。

父既无遗留而堂叔德麟等家又寒微零丁，孤苦无以为生"①，该处司总给予了接济。另有防疫事务所"疫故巡警王金遗存四岁幼子一名，三月女孩一口，又疫故张氏山东人遗存三月女孩一口，均由南隔离所雇用乳媪哺养"。后因隔离所裁撤，为了使这些孩童不致孤苦无养、流离失所，由局长都守据情面禀交涉司，"代筹了银一千两，发文殷实商号生息以备各幼孩存养之费。"② 这体现出清政府在办理恤金的问题上，能够从实际情况出发，不拘泥于现有条文，体现了一定人本倾向。

6. 用于赈灾及灾害补偿款

鼠疫的流行，使人民的生命财产受到了严重威胁，由于疫病的影响，不少地区的贫苦民众流离失所，饥寒交迫，为了稳定社会、安抚民心，清政府划拨了大量的经费对各地因疫受灾的百姓给予了一定的救济和赔偿。海河一带的贫民一向在营口谋生者居多，现因防疫火车不通，使得这些贫民"在家者不能外出，在外者不能归家，谋生无路，异常困苦"③，因此村政府请赈抚局放春赈来救济贫寒。在辽阳，为了慎防时疫，政府下令将所有小店、伙房一律封闭不准容留住客，导致了一般穷苦百姓无处栖身。面对这些贫苦百姓"际此天寒地冷之时，无食无衣又无住处"的状况，"当道以将一般穷黎均各予以洋元数枚，以为糊口之资。"④ 双城因防疫断绝了交通，为了避免酿生意外之事端，"防疫局局长金道坚太守特令提调于琥岑刺史购买四乡柴草，堆积在关帝庙市场以备接济贫民。"⑤ 并由"防疫局提调王子敬君于（三月）初六日在商务会放给贫民赈款，大口给中钱四吊，小口给中钱二吊，是日共放赈数七百余吊。"⑥ 在黑龙江，附郭一带村屯因瘟疫流行，"惨遭荡产殒命者不知凡几，现值青黄不接之际，流离冻馁不堪言状，龙江府范守佑田来省时，沿途目击其事，故到任后即请拨赈款二万两，派员下乡分别散放以济灾黎。"⑦ 在烟台，因办防疫交通尽隔，船货几绝，烟埠贫民聚集数千人无可谋生，饥寒可悯，鲁省抚总想出了以工代赈的好办法，"拟请

① 《啜小酉禀为父德铭蒙派赴车站疗疫病故恳恩矜恤咨防疫局由》，《奉天交涉司全宗·JB16-1354号》，辽宁省档案馆馆藏档案。

② 《警务局咨为因检疫故警王金遗存幼子请发给抚养费等因咨防疫局由》，《奉天交涉司全宗·JB16-811号》，辽宁省档案馆馆藏档案。

③ 《贫民请赈》，载《大公报》，第6版，1911-02-24。

④ 《抚恤穷黎》，载《盛京时报》，第5版，宣统三年正月二十五日。

⑤ 《防疫局惠爱贫民》，载《盛京时报》，第5版，宣统三年二月十四日。

⑥ 《发给赈款》，载《盛京时报》，第5版，宣统三年三月十三日。

⑦ 《范守关心民疾》，载《大公报》，第1版，1911-04-24。

于胶海关六成洋税项下拨银三万两"①，来雇用这些贫民修河修道，堪称赈灾用款典范。在奉天，接济所将所用款项造册呈报交涉、民政两司总核销，"统计数目在四千余元之谱云"②。

关于赈灾款项中最大的一笔是用于对黑龙江省由俄驱回华侨的救济上，这些侨民衣食俱绝，哭声震野，极其惨苦，"虽经瑷珲道姚申五观察督饬瑷珲厅谢泰钧黑河府王杜会同绅商设法安插，奈人数过多，抚恤难周，竟有迫不得已自缢毙命者十余名，又私赴俄境被俄警枪毙者数十名，惨苦万状，实令人不忍听闻。"③ 为此清政府拨银数百万两对他们进行了救济。

除了对贫民进行救助，各处受鼠疫影响的当地政府还对受鼠疫打击较大的服务业也予以接济。在奉天，因办理防疫，防止鼠疫扩散，警务局下令各区戏园一律停演，这使得各优伶异常困苦，几有乏食之虞，于是警局"将每戏园各给柴米费十元以示体恤。"④ 其后又将戏园五家合计"每日共发给小洋四十二元以资津贴。"⑤ 在长春，斯美、丹桂、天仙各茶园也因防疫禁演，"经邓司使批准于二十一日为始，斯美、丹桂事宜两园日给中钱五十吊，天仙四十吊。"⑥ 以上用款不过是政府划拨赈款总数的冰山一角而已。

清政府还支付了相当数量的关于借地防疫、焚烧染疫房屋的用款。奉天防疫总局曾占用山西会馆房屋作为防疫病院，按照房屋"一等每间一百二十两，二等一百两，三等八十两，四等六十两，其余不列等者自五十两以下至十两、五两的价值，将房屋井树共估价银四千四百零七两"⑦，进行了赔偿。因建筑防疫隔离所占用旗地三垧，防疫总局"按上地每垧年租洋二十元计算，共发给地租洋六十元"⑧ 以示赔偿。同时防疫总局还因将日兴隆房屋改为贫民收容所支付了赔偿金"洋一千三百

---

① 《烟埠贫民可无虞冻馁矣》，载《申报》，第1版，1911-03-19。

② 《接济所呈报用款》，载《盛京时报》，第5版，宣统三年三月十六日。

③ 《侨民被逐之惨状》，载《大公报》，第6版，1911-04-25。

④ 《警务局体恤优伶》，载《盛京时报》，第5版，宣统三年正月二十四日。

⑤ 《津贴戏园之续闻》，载《盛京时报》，第5版，宣统三年正月三十日。

⑥ 《日给赡养费》，载《盛京时报》，第5版，宣统三年二月初四。

⑦ 《咸元会等商号禀为山西会馆房屋被防疫病院占用请发价等情函防疫事务所由》，《奉天交涉司全宗·JB16-613号》，辽宁省档案馆馆藏档案。

⑧ 《为建筑防疫隔离所需用旗地年租咨送旗务处》，《奉天交涉司全宗·JB16-3688号》，辽宁省档案馆馆藏档案。

三十五元六角八分。"① 对于借用瑞记行房屋作为隔离所而导致其物品失窃，照单赔偿了"价洋一百八十二元七角二分"②。

为了防止瘟疫的传播，各地还将有病患及可能传疫的房屋实行焚毁。辽阳的西关向为五方杂处之地，其中贫民区最多，这里的贫民居屋衣食素不讲求，警务局与州牧史刺史因此地于卫生上大有妨碍，"拟将该地所有破屋悉数收买，一律焚去以杜疫疗之发生。"③ 俄人在哈尔滨各埠因防遏疫症烧毁民房 60 余处，东督锡良"电饬西南路李道、西北部于道等速即设法安置，毋任失所。"④ 奉天防疫总局"以染疫症死亡之人所住之房屋暨器皿、寝具均为引疫之媒介……将小西关西城根马家馆宝兴园前因染疫死亡查封各户共十三家均一律用火烧毁，闻每间房屋由官家给价二十元以示体恤云。"⑤

关于焚烧染疫房屋的赔偿，因各地情况不同，具体赔偿金额也略有差别，但一般都遵循按房屋等级给价的原则。黑龙江砖城西门外路东迤北二区地方有砖平房六间，因租户染疫身死，经警务公所将该房烧毁，"由防疫会照上等价给钱二千四百吊作为官家赔偿费。"⑥ 奉天省开原"按照被焚房屋分别给价，每瓦房一间，洋三十元，草房一间，洋二十五元。"⑦ 在新民，焚屋后按房屋估计价值，"土平房每间三十元，砖房每间五十元。"⑧ 奉天府还对省城警务七区一所西塔一带焚毁的房间作了详细统计，列一表格按等作价发给屋主实行赔偿。

警务七区一所西塔一带焚毁疫重房间价目表

地址	门牌	房主姓名	下中上等	间数	每间价	估价	疫毙姓名	焚烧日期	未已领日期
塔西	436	朱熙臣	中下	7	20元	140 元	朱桐崎	正月十六日	二月十五日
同上	433	阎国昌	下	2	15元	30 元	刘俊明	正月十九日	二月初三日

① 《为日兴隆房屋改为贫民收容所有铺垫装修用款函请归垫函防疫总局》，《奉天交涉司全宗·JB16-3688 号》，辽宁省档案馆藏档案。

② 《为前借瑞记洋行房屋所存物件遗矢甚多函警局照单赔偿》，《奉天交涉司全宗·JB16-3688 号》，辽宁省档案馆藏档案。

③ 《收买破房实行焚毁》，载《盛京时报》，第 5 版，宣统三年正月二十一日。

④ 《电饬抚恤被疫灾民》，载《盛京时报》，第 5 版，宣统二年十二月十五日。

⑤ 《烧毁染疫之房屋》，载《盛京时报》，第 5 版，宣统二年十二月十九日。

⑥ 《烧房给赔》，载《大公报》，第 1 版，1911-04-12。

⑦ 《发给染疫焚毁房价》，载《盛京时报》，第 5 版，宣统三年三月二十二日。

⑧ 《估值染疫焚烧之房价》，载《盛京时报》，第 5 版，宣统三年三月初六。

续　表

地址	门牌	房主姓名	下中上等	间数	每间价	估价	疫毙姓名	焚烧日期	未已领日期
塔后	245	丁玉山	中下	2	20元	40元	赵明章	正月十七日	二月二十一日
同上	225	李汉文	中	7	30元	210元	郑文治	同上	正月二十八日
塔东	381	尹实庆	中	1	20元	30元	卢成恩	同上	二月初三日
塔后	243	丁玉山	中下	2	20元	40元	丁景山	同上	二月二十一日
同上	339	李德隆	中下	2	20元	40元	无名男	正月十九日	正月十八日
同上	262	钟耀普	中下	7	10元	40元	李允竟	正月十七日	正月二十八日
塔西	420	魏光增	下下	4	10元	40元	张清臣	正月十八日	二月初五日
同上	426	王圭璋	下下	1	20元	10元	李绍富	正月十九日	二月初八日
塔后	339	李德隆	中下	1	20元	20元	王凤玉	同上	二月十六日
塔西	312	高炳增	中下	1	30元	20元	高炳增	二月十三日	二月二十一日
塔东	376	开埠局	中	6	10元	180元	无名男	二年十二月二十三日	未领
塔北	239	王道修	下下	1	20元	10元	李树发	十二月二十日	同上
同上	335	刘治功	中下	3	30元	60元	王殿祥	同上	同上
塔西	390	刘实齐	中	5	35元	150元	崔士海	十二月二十一日	同上
塔后	251	包寿山	上中	5	10元	175元	焦明生	十二月二十三日	同上
塔西	434	金明山	下	1	30元	10元	刘祥林	同上	同上

续　表

地址	门牌	房主姓名	下中上等	间数	每间价	估价	疫毙姓名	焚烧日期	未已领日期
塔后	350	陈万年	中	3	30元	90元	陈作雨	三年二月十二日	同上
塔北	238	袁荣兰	下	1	10元	10元	王恒贵	二月十七日	同上
塔后	361	张振东	中	6	30元	180元	杨兴邦	正月初三日	同上
塔东	381	刘顺生	中下	2	19元	38元	李世清	二月十七日	未领
塔北	236	庆阁臣	中下	2	20元	40元	无名男	同上	同上
塔西	290		中	3	30元	90元	刘文清	同上	同上

考备：统计（中方）烧西塔一带房屋共七十五间，已经领价房三十七间，共洋七百六十元，未曾发价房三十八间，共洋一千零三十三元。①

由上表可知，清政府对于烧毁染疫房屋的赔偿工作是很仔细、严格的，但上述事例也说明清政府支拨了大笔银两用于对灾民的救济和赔偿。虽然耗资巨大，但却救助了许多生活无着的贫民，在一定程度达到了稳定社会，维护统治的目的。

7. 召开万国鼠疫研究会的用款

为了控制疫情扩散，在清政府的倡议主导下，外务部、东三省防疫事务所于1911年4月3日—4月28日在奉天府（今沈阳）隆重召开了由中、美、英、俄、法、日等11个国家参加的"万国鼠疫研究会"。各国专家代表齐集一堂，共同商讨防疫大计，"研求善法，以为此后防御之资本"② 是此次会议的目的。这次会议的召开在我国近代医学史上具有重大意义，它是在我国政府倡导下，由中国人作为大会主席并在中国土地上召开的第一次真正意义上的国际性学术会议，其影响也极为深远。《盛京时报》之《全体欢迎会志盛》称此次会议"各国政府特派委员莅会研究，网罗一时知名硕彦萃于一堂，言前人之所未言，发别人之

---

① 《奉天府禀为派员到七区详查日人拟烧染疫房间九处列表请酌定价资等情函复由》，《奉天交涉司全宗·JB16-3282号》，辽宁省档案馆藏档案。

② 《万国鼠疫研究会毕会》，载《盛京时报》，第5版，宣统三年四月初一。

所未发，充其效用不徒功惠我中国，实可与二十世纪医学界上放一异彩。"①

鉴于"此次各国派员专为防疫起见，国际攸关，须特别优待"②，清政府在这次会议上也投入了一定数额的资金。东督锡良以"研究疫症事关卫生，是为中外观听之所系，现计会期已近，各国所派医生先后将次到来，所有接待外宾供给旅费及购办研究药品一切事宜费用浩繁，在在需款"③，呈请度支部拨了现银四万两交右丞施肇基随身带到东北来，以备专用。然而这笔款项仍不够用。据辽宁省档案馆资料显示"查奉天万国鼠疫研究会前经本司委员承办在案计自开办起至结报之日止，共支沈平银六万七千九百零八两六钱二分五厘八毫七丝五忽"④，仅"研究会所用工料计开洋一万一千五百三十三元八角五分九厘。"⑤ 交涉司曾开据一清单，详细记述了部分经费的支用情况："防疫局领银四万零九百三十八两七钱六分四厘七毫七丝五忽，用于汇天津购买食品银二千零四十五两七钱；汇天津交车马租价赔价银二千九百六十九两三钱六分；汇天津交华富饭店购物银一万六千零六十五两；付电灯厂灯费银五千两。"⑥ 可见清政府对于此次万国鼠疫研究会的重视。

8. 奖金津贴及其他防疫杂费

除了上述的防疫开销，清政府的防疫费还用在了奖励金、津贴及其他防疫杂费上面。外务部施中丞因伍连德医官往返东省处理防疫善后事宜，特为其向奉天防疫总局请发了每月津贴银二百两。奉天警务局朱局长以"各区区官当疫病发现之始，即督率长警各就该区严查户口清理街道以作预防之计，……其搜疫检尸卫寒冒雪，往来疫气之中，诚属不避艰危，辛劳倍著，若不量予奖励，似稍偏枯"⑦，请"自正月起由防疫经费项下将一、二、三、四、五、六、七等区区官，每月各予加车马费

① 《全体欢迎会志盛》，载《盛京时报》，第 5 版，宣统三年三月三十日。

② 《施肇基赴东之原因》，载《大公报》，第 6 版，1911-03-14。

③ 《各国派员在奉开鼠疫研究会及筹设防疫照待各情》，《奉天交涉司全宗·JB16-1587号》，辽宁省档案馆馆藏档案。

④ 《为奉天鼠疫研究会用款造册兹送核销并请拨付垫款咨防疫总局》，《奉天交涉司全宗·JB16-1587 号》，辽宁省档案馆馆藏档案。

⑤ 《大成公司呈为包修万国研究会工程请派员拨计等情批示由》，《奉天交涉司全宗·JB16-1587 号》，辽宁省档案馆馆藏档案。

⑥ 《为奉天鼠疫研究会用款造册兹送核销并请拨付垫款咨防疫总局》，《奉天交涉司全宗·JB16-1587 号》，辽宁省档案馆馆藏档案。

⑦ 《请加区官车马费禀蒙照准》，载《盛京时报》，第 5 版，宣统三年二月二十一日。

银十两"①。因"五区地方辽阔疫病较盛，该区官对于防疫一事尤属异常出力，拟从优加给车马费银二十两以励勤劳而昭激励"②，而对于各城门警岗巡警，因其"甚形劳瘁，现在防疫事竣，所有医官及防疫人员均得保资，而该巡警等未免偏枯，……赏给每城门警洋六十元以示奖励"③。在铁岭，防疫局还以"时宜传染异常剧烈，该消毒队等乃身临发疫之地，自然尤为危险。"④ 为消毒队酌加了津贴以资鼓励。关于其他防疫杂费，其用途则名目繁多，令人眼花缭乱。在天津，因"防疫以除秽为先，而除秽必以修通沟渠为要，与其待疫气既行之而后遏其流则费多而效寡，何若于疫气未萌之先而塞其源。"于是，由防疫会拨银一万五千两，修理了"本埠各暗沟明沟及集秽处所，以资防疫而重卫生。"⑤ 在奉天，警务局孟局长按民政司"每区均须预备棺木数十口，凡寄住伙房之外籍流民或有在该店病毙者，亟宜备棺掩埋以免传染"⑥的饬令，向棺材铺购买了棺木，发放各区以资备用；在营口，各警区还出资将"所有乞丐尽数拘收，换以新衣食以米粥大施清洁之法"⑦ 来进行防疫。在长春，防疫事务所"将验过无病之人于西乡妥为安插优给煤火饮食实行离间。"⑧ 另外，清政府还规定对于所有入口各防疫药品实行免税，这也是一笔为数不小的经济损失。

清政府为了防治此次鼠疫支拨了大量的经费，这给原本就十分脆弱的清政府财政增加了沉重负担。

第二节　民间的防疫募捐活动

为了应对这场突如其来的鼠疫灾难，许多民间人士也积极参与防疫工作，慷慨解囊，踊跃捐助，在一定程度上缓和了清政府防疫经费不足的局面，并有效的控制了疫病的蔓延，彰显了民众的国家观念和公共意识的增强。

---

① 《请加区官车马费禀蒙照准》，载《盛京时报》，第 5 版，宣统三年二月二十一日。
② 《请加区官车马费禀蒙照准》，载《盛京时报》，第 5 版，宣统三年二月二十一日。
③ 《奖赏门警》，载《盛京时报》，第 3 版，宣统三年四月十二日。
④ 《津贴消毒队》，载《盛京时报》第 5 版，宣统三年二月十一日。
⑤ 《防疫会纪事》，载《大公报》，第 6 版，1911-03-12。
⑥ 《警局预备患疫死者之棺木》，载《盛京时报》，第 5 版，宣统二年十二月十九日。
⑦ 《收集乞丐以保清洁》，载《盛京时报》，第 5 版，宣统二年十二月二十日。
⑧ 《百斯笃嫌疑者之安插》，载《盛京时报》，第 5 版，宣统二年十二月二十二日。

一、民间募捐的方式

此次民间防疫募捐的种类繁多，简而概之有以下几种。

1. 资金捐助

这是募捐的普遍方式。当时清皇室人员也以个人身份捐助现金。各地官员也响应纷纷捐助。此外一些商会、农会也组织了集体的捐助活动。在疫疾发生较重的东北，各地商会纷纷组织各商号集资捐款分担防疫经费，仅吉林新城商会就慨捐防疫费新市钱一万吊；农会也号召农户进行了捐款，奉天"各区农务分会均各助款两千余两"①。

2. 物资捐助

这也是募捐的常见方式，在天津上海等地，一些士绅主动借地捐屋用作建造防疫病院。许多中外药商还向东省施医赠药，不取分文。就连妓女和优伶也出资赠药，协助防疫。有的医生和官员还将治疫要籍自行出资刊印，分发四处，以期对治疫有所帮助。

3. 人力捐助

社会各界除了捐资助款外，还积极以人力的形式对防疫工作进行了配合和帮助。提供人力资源也是鼠疫募捐的种类之一，奉省开原商务会的防疫职员、医官均系名誉，不支薪膳。在辽阳，参与防疫的所有医生因经费有限，均尽义务，不支薪水。奉天接济所的会计员也义务工作，连按例每月可得的车费二十四两也坚决不肯收受。由长春来双城协助防疫的西医冯景三更是高风亮节，他在双城疫气消弥后，婉拒了金太守酬给的百金和官帖二缗，悄然乘火车返回了长春。以上各种募捐形式充分的说明了民众对于防疫募捐的积极和踊跃。

二、民间募捐的来源

这次防疫募捐参与人数众多，阶层广泛，几乎涵盖了社会各界，内中还不乏国际人士的慷慨捐助，按类可分为国内捐助和国外捐助，而国内捐助又可细分为个人捐和团体捐助。

1. 阶层广泛的个人捐助

这种捐助方式涉及社会各界别各阶层，上至皇太后下至贫民百姓，无不尽其所能，为防疫出力。《申报》专电载："隆裕皇太后深悯疫症发生，拨发内帑十万两以济要用，洵、涛两贝勒亦捐六万两。"② 在这些

---

① 《农务会代筹防疫经费》，载《盛京时报》，第5版，宣统三年二月初十。
② 《专电》，载《申报》，第3版，1911-02-06。

皇室贵胄的以身作则下，不少官员也参与到募捐中，"枢府某邸现因东省鼠疫猖獗，人民死亡甚多，京师亦渐次传染，甚为悯恻，日昨特拨出足银五万两以作消毒之费"①。一些政府诸老还集议开会，"拟各助防疫费二千五百两"② 给民政部以资接济。苏抚程中丞筹拨了三千金用以资补东省防疫③。铁岭的徐大令捐廉五百金用于购买防疫药品。吉林官书印刷局局长刘秉钧，因时疫流行，特捐印《经验鼠疫约编》若干卷分给各处。

士绅巨贾们也纷纷捐助，上海的"粤绅张子标君将宝山县境北河南路补罗居花园一座，洋房十余间地十一亩七分，让作中国公立医院之用。"④ 药商苏德镳君亲自写信给奉天交涉司，向奉省防疫局赠送了四种治疫良药（治疫奇方一百包，千金太乙流金丹四十包，鼠疫消毒散八十包，经验涂核丹四十瓶）。⑤ 天津商会的"宁星圃愿将自置南营门外之靠城河地一段计三十余亩捐助以便建盖永远医院，有李定甫君将自有西营门外税局后之房屋一百数十间暂时捐作医院。"⑥ 大连码头福昌公司主人"相生君为防鼠疫传染，新修工人宿舍，自备经费请医洒药，虽糜巨款亦不避云。"⑦ 除了捐资捐地，这些士绅还对因疫受灾的贫民进行了抚恤。上海有一盲人徐安银，因其子恒生惨遭疫死，终日号哭，"士绅杨信之君给洋二十元，尚有好善之士募捐款项存于四明银行生息以赡其家。"⑧

一些平民百姓甚至被认为是下流社会的妓女、优伶也加入到防疫募捐的行列中来。上海筹设传染病院，"有何老太者创捐经费银一千两。"⑨ 天津的儒医凌君将罗芝圃所编的治疫要籍《鼠疫汇编》"首先捐资并劝乡友集捐刷印，分送诸大医家以备济世之需。"⑩ 铁岭的妓女王翠琴，"特出小洋二十元赎买防疫药料交本埠商务报馆代为施送"。⑪ 奉

① 《某邸五万两之消毒费》，载《大公报》，第 5 版，1911-02-25。

② 《政府对于防疫之热心》，载《盛京时报》，第 2 版，宣统三年正月二十六日。

③ 《东督电谢苏抚助金防疫》，载《大公报》，第 2 张第 2 版，1911-02-14。

④ 《中医检查鼠疫之详情》，载《申报》，第 1 版，1910-11-24。

⑤ 《上海苏德镳君寄防疫药两包等因抄件函送防疫局由》，《奉天交涉司全宗·JB16-1353号》，辽宁省档案馆馆藏档案。

⑥ 《照录商会开议防疫详情》，载《大公报》，第 6 版，1911-02-11。

⑦ 《北京鼠疫记》，载《申报》，第 5 版，1911-02-05。

⑧ 《分给因疫受害之抚恤》，载《申报》，第 1 版，1910-12-09。

⑨ 《组织上海传染医院》，载《申报》，第 1 版，1911-03-10。

⑩ 《防疫事汇记》，载《大公报》，第 6 版，1911-03-04。

⑪ 《妓女出资施送防疫药材》，载《盛京时报》，第 5 版，宣统二年十二月二十八日。

天平康三街双宝班的校书佩红，"不惜典衣质环购备良药分给同班姐妹，且遇疾病贫民施药给食，济活生灵。"① 上述这些材料反映出防疫募捐的广泛性。

2. 捐赠数额较大的团体捐助

当时捐赠数额较大的团体捐助主要是商会、教会的捐赠。其特点是所捐金额较个人为多。天津的叶星海代表浙江旅津绅商将浙江医院地址暂时捐做了医院②，"天津英界各行商筹洋五十万元，设立防疫医院并请医士三员专门调查"③。吉林新城商会慨捐防疫费新市钱一万吊，长春商会捐洋两万元④。奉天商会因开办防疫所及隔离病院需款甚巨，拨会费一万余元先事支用，后又召集各界商号进行了集体募捐。农务会也为创办防疫所而积极捐款，"各区农务分会均各助款两千余两云。"⑤ 在开原，伊斯兰教的教会组织因其教规及饮食生活风俗所限，患病者不便与汉人同住隔离病院，遂自设了防议会自行料理教中男女染疫者，后又"旋经某某诸君发起醵资若干，创立二慈善会（附设在清真学堂内）"⑥，对各处的贫苦无告的回民施行救济。这些以团体为单位的募捐大多由各地方防疫会管理，一般就近在各地建立防疫会所、隔离病院等进行防疫、收治病患，达到了将捐资充分利用的目的。当然，这其中也不乏浑水摸鱼、借机敛财者。奉天工夫市各妓馆曾公举防疫代表玉山等筹集款项，拟在工夫市组织防疫会一所，并拟定办理方法数条禀准了警务局，这本为利国利民的好事，值得表彰颂扬，但经详细查证方知，此代表人玉某者本系市井无赖，"此次联合妓馆设立防疫会系以假公济私、敛财肥己为目的。"⑦ 虽说这种情况还属少数，但毕竟反映了那个时代社会复杂的一面。

3. 出于各种目的的国际捐助

当时由于日俄势力进入东北，加之世界主要资本主义列强在中国都有租界，因此，鼠疫的肆虐，也对外国人的生命财产构成了威胁。因此积极极地参与防疫，特别是提供防疫募捐，也是其中之重要内容。虽然

① 《莫谓勾栏中无人》，载《盛京时报》，第 3 版，宣统三年二月初一。

② 《照录商会开议防疫详情》，载《大公报》，第 6 版，1911-02-11。

③ 《防疫汇记》，载《大公报》，第 5～6 版，1911-01-25。

④ 《电复新城刘守商会捐防疫经费候奏请奖》，《吉林全省防疫总局·J029-01-0056 号》，吉林省档案馆馆藏档案。

⑤ 《农务会代筹防疫经费》，载《盛京时报》，第 5 版，宣统三年二月初十。

⑥ 《回教徒之慈善会》，载《盛京时报》，第 5 版，宣统三年正月二十六日。

⑦ 《龟奴运动防疫代表之述闻》，载《盛京时报》，第 3 版，宣统三年二月初一。

此项捐助在总募捐数中所占份额不大，但它却体现了一些国际友人对清政府防疫工作的关注。南满铁道会社中村总裁因东三省瘟疫流行，病亡枕籍，其"会社忝属邻邦，然在贵国营业有年，食毛践土，忧乐与共，兹特奉呈日金十五万元用以补助防疫药饵之资"①。在华因疫殉职的英医查克逊之母查克逊夫人，将其子的抚恤金一万两全部捐给了奉省，以充奉天医务学堂之用。孟买药商还托日本正金银行奉天支店的小野君给奉天防疫总局送去了多种治疫良药，未取分文。此外，各国还以其他方式对清政府予以了援助，德国的德美轮船公司及北德鲁伊士轮船公司将运往满洲的防疫药材一律不收取输运费②。美国的红十字会在上海调查后，急速将防疫应急物质运往了患疫之区。③ 这些都体现了世界各国支持中国防疫的国际人道主义精神。

三、民间防疫募捐的评价

民间防疫募捐是在自愿基础上的捐助活动，体现了抗拒瘟疫的广泛性和全民性。俗话说滴水成海、集腋成裘，在社会各界人士的积极捐赠下，民间防疫募捐款额也是笔不小的数目。

那么这笔巨额善款是如何使用的呢？一般来说，个人捐赠的目的性很强，大多在捐赠时就已明确了该款的用途。上面所谈到的枢府某邸所捐五万两，其在捐款时就直接提出用作京师的消毒费。曾由洵、涛两贝勒捐资的六万两，用作了"在唐山订购防疫熏烤大火炉一座，又电购外国杀除百斯度药浆十万瓶以备北京人民之施种，闻款尚不足，又有监国捐银四万两以资"④。另有徐大令的捐廉五百金用于购买药料，天津上海等地的士绅巨贾捐地用作建造防疫病院，上海百姓何老太捐银一千两建传染病院，南满铁道会社中村总裁捐十五万日元购买防疫药饵。凡此种种，不一而足，都在其捐赠时就已告知了款项的使用目的及去向。

而以团体为单位的募捐在号召捐赠时，大都未明确其具体用途，统称为防疫募捐，具体的管理、使用则由各地的防疫会负责。开原的教会组织号召伊斯兰教热心志士为回民筹款防疫，集款若干后，以教会的名义建立了防疫会照料病患；奉天商会除了用各商号集体募捐所得成立防疫

---

① 《南满铁道会社函送日金十五万以补助防疫药饵之资由》，《奉天交涉司全宗·JB16-3290号》，辽宁省档案馆馆藏档案。

② 《专电》，载《盛京时报》，第2版，宣统三年二月初三。

③ 《西报记北方疫状》，载《申报》，第5版，1911-02-18。

④ 《中央防疫之近况》，载《大公报》，第6版，1911-02-04。

会、开办防疫所及隔离病院外，还依据具体情形，开会决定"购备各种防疫药品按铺洒泼以为预防"，① 并挑选了卫生队一百名，专司调查各街商户有无染疫之事，一月间共用银一千余两。以上的两种捐款使用方式都有其合理性，相比之下，前者更为透明，但后者更能根据实际情况的需要对款项使用做出调整，可谓各有利弊。

总之，此次应对鼠疫灾难的踊跃募捐，不仅体现了清末民众怜贫惜弱、互相帮助、友爱族群的人道主义精神，还意味着国家观念和国民意识的养成。《盛京时报》刊载的《论东三省防疫费款急需官民募捐》一文指出，防范瘟疫关系重要，救助因疫受灾之民"乃中国官民之所当有事也"，责无旁贷。世界上大凡称强国者，皆有赖于国民，"而为国民者，知有同胞兄弟之谊，即莫不有同利害同忧患之念，而富于感情秦越相视，非所于谕强国之民也"。作者还举例说"东省有旱灾，则西省之民救之，南省有水灾，则北省之人赈之，通一国如一家，"② 才能使"民气所以强固也"，反之则"国民之团体不结，即国家之观念不深，欲求国势之不积弱，将安所望乎？"③"自近代以来，中国人的国家观念已经勃发，但还未加以扩充。因此利用这次鼠疫，招募各省志士义捐，"以速谋接济东省防疫之费款"，这是激发人民爱国心的重要时机。因为东北是中国的土地，东北人民是中国人的同胞，对于发生于东北的鼠疫灾难，全中国人都有责任和义务面对承担，"不仰给国内同胞之众，而将谁恃？""若恝置不顾，于民生同胞之谊而何忍乎！"④ 因此，在这次东北鼠疫的募捐中，民众的国家观念和国民意识得到了进一步强化，爱国主义精神和民族凝聚力也得以培养和体现。

---

① 《商会拟购备防疫药品洒泼铺户》，载《盛京时报》，第 5 版，宣统二年十二月二十五日。
② 《论东三省防疫费款急须官民募捐》，载《盛京时报》，第 2 版，宣统三年二月初二。
③ 《撰谕》，载《盛京时报》，第 2 版，宣统三年二月初三。
④ 《论东三省防疫费款急须官民募捐》，载《盛京时报》，第 2 版，宣统三年二月初二。

第三章
吉林全省防疫总局的组建及职能

　　组建各级防疫组织。从中央到地方组建各种防疫组织，这是清政府应对鼠疫灾难的重要措施之一。为了应对北京及全国可能出现的瘟疫大灾难，清政府官员适时发起并成立"中央卫生会"，说明组建全国性防疫组织已在清政府内部形成共识。① 1911 年 1 月 28 日在北京成立京师防疫局。该局自成立后立即着手研究商讨全国性的防疫措施问题，如集议验疫消毒办法，聘请在京各国医生为名誉顾问等，开展了实质性的防疫工作。对其活动情况，当时《申报》进行了相关报道。② 为预防鼠疫的蔓延，天津学界名流士绅富商积极筹划应对措施，并于 1911 年 1 月22 日在浙江会馆召开会议，以北洋商学公会为核心，联合各界成立了临时防疫会。③ 该防疫会自成立后即积极开展工作，如讨论隔离病房等事，协调与各租界之关系，设法保护租界内的中国公民，购买分发防鼠疫疫苗，告知并督促公民到指定地点注射预防以及印发白话防疫传单等。④

　　东北三省是此次鼠疫的重灾区，地方的防疫工作不仅起步早，而且

---

　　① 《中央卫生会乘时发起》，载《申报》，第 5 版，辛亥正月初七。

　　② 《北京防疫汇纪》，载《申报》，第 5 版，辛亥正月二十一日。

　　③ 《会议防疫》，载《大公报》，第 5 版，庚戌十二月二十四日。

　　④ 宣统三年二月十五日《大公报》第 3 版《天津临时防疫会紧要广告》，"启者，现在津地疫患虽渐消碱，而防范尤不可疏，因关外及附近有疫之州县疫气未尽扑，恐将来蔓延传播隐患复萌。查预防传染之法，以个人种浆为最善。本会以保卫生命起见，自二月十五日起，特借东马路西马路两宣布讲所施种防疫浆。无论何人，均可于午后一点钟至三点钟到所种浆，分文不取。恐未周知，特此广告"。

也更为体系化。奉天省的防疫组织主要有：（1）奉天防疫总局。筹设于1911 年 1 月 14 日，附属于奉天省公署，由民政司、交涉司联合办公，下设医务科、文牍科、报告科、调查科、会计科、庶务科等科。省内各厅、县署也相继设立防疫所、检疫所、隔离所等临时防疫机构 630 余处。参加防疫的医务人员、警察等达 3000 多人。① 该局为奉天省防疫总机关，其职能有二，一是联络吉黑两省共同防疫；二是"严饬奉天各属堵截疫线，勿使滋蔓"。同时各府厅州县皆相应成立了各级防疫所。（2）奉天省城防疫事务所。自 1911 年 1 月 2 日在沈阳发现鼠疫病人之后，由省城警务局、卫生医院共同禀请成立，到 1911 年 1 月 12 日初步组成，所址设于小西边门外，为省城独立的防疫机关。下设稽核部、医务部、埋葬部、检诊部、隔离部、消毒部、药料部、捕鼠部、微生物试验部等部门。（3）北部防疫分局。1911 年 2 月 12 日设立，"规字奉天以北怀德以南铁岭地方设立防疫分局，先将南北交通道路遮断，以防传播"。②

　　吉林省设立的防疫机关主要有：（1）吉林全省防疫总局。该局成立于 1911 年 1 月 26 日。在该局正式成立之前，一直由民政司、巡警局分工办理，即由民政司拟定有关检疫、诊疫、捕鼠、检察客店食物及清洁道路等办法并设检疫所、诊疫所外，其余有关捕鼠、检查等事项则由巡警负责。自总局正式成立以后，过去所成立的一切防疫机关都归其领导。下设诊疫所、检疫所、隔离所、庇寒所、掩埋场等 14 个所。（2）哈尔滨防疫局。当 1910 年 11 月 8 日出现鼠疫疫情后当地官员异常重视，11 月 15 日便由滨江厅邀请各界代表 20 余人组成防疫会，公议速设养病院与检疫所，并订立章程办法，将所设的防疫会改为防疫局，是为哈尔滨防疫局。（3）长春防疫局。为防止哈尔滨鼠疫传至长春，1910 年 11 月初，即设防疫所附属于卫生院内，设防疫会，分派医生到日俄车站检疫，1911 年 1 月 17 日正式成立防疫局。

　　吉林省内各府厅州县也纷纷成立了防疫分局、防疫所、防疫分所。如伯都讷在城内设立防疫所，并派防疫队 20 名和急救队 10 名挨户稽查；设诊治非疫症的官医院和治疗疫症的养病一处；对于乡镇小城子、石头城子、珠尔山及疫情严重的哈尔滨、双城入境处的依家店各设防疫

---

① 辽宁省地方志编纂办公室：《辽宁省志·卫生志》，2439 页，沈阳，辽宁人民出版社，1999。

② 奉天防疫总局：《东三省疫事报告书》，下册，第 2 编第 1 章，7 页，1912，辽宁省图书馆馆藏本。

分所一处，派医生诊治留验。长春也于城内设防疫局一处，四乡设疫分所五处，并在长春城吉奉铁路重要出口处设"留验所"四处。当城关疫情严重时，还设立疫症院一处及疑似病院一处，诊病所和隔离所各七所；城东设留养所二处，发安置贫民；设辅助掩埋机关三处；并成立了一个防疫会专门研究疫情。

黑龙江省防疫机构统称为"江省全省防疫会"于1911年1月20日成立，由民政司督办一切，统辖各项防疫机关。下设防疫卫生队、调查团、诊治处、检疫所、传染病院、疑似病院、隔离所、掩埋队等。同时在各府厅州县还设立了相应的防疫机构。三省防疫机构与人员配备规模不等，防疫人员多则百人，少则几人、十几人。奉天省有防疫机构895个，人员3 014人；吉林省有防疫机构777个，人员7 873人；黑龙江省有防疫机构74个，人员93人。[①]

东北三省的防疫机构各有特点，奉天以防疫总局统一全省防疫行政，但行政上的实施，在省府则设事务所，在其他地区则责成地方官员分管。吉林则不同，其总局既是统一全省防疫行政上的总机构，又兼有行政上的实施任备。除哈尔滨、长春外，各府厅州县所设防疫机构，都是总局的分支机关。吉林是此次瘟疫最严重的地区，除疫机构创设最早。当1910年10月25日满州里发生鼠疫之后，东北地方当局即严饬胪宾府知事厉行防疫，及鼠疫蔓延哈尔滨一带，又严饬吉林西北路兵备道开办防疫局，选派医生由奉天星夜赶往担任检疫工作，清政府外务部则委派伍连德博士[②]任哈尔滨总医官，统辖中外各医生，享有医务上全权，因此哈尔滨防疫机构为东北三省防疫机构的建立起到了示范作用，享有医务上全权，因此哈尔滨防疫机构为东北三省防疫机构的建立起到了示范作用。1911年在哈尔滨成立的东北防疫处，是我国第一个自主的防疫机构。并分别在哈尔滨、牛庄、安康等8处设防疫医院及检疫处。[③] 黑龙江省的防疫机构又与吉、奉不同，为地方政府与民间力量结

[①] 奉天防疫总局：《东三省疫事报告书》，下册，第2编第1章，27～58页，1912，辽宁省图书馆馆藏本。

[②] 伍连德（1879-1960），1879年3月10日出生在马来亚槟榔屿（今马来西亚的一个州），医学微生物学家和我国医学微生物学奠基人。1896年入剑桥大学意曼纽（Emmanual）学院，1901年获医学士学位，1903年以有关破伤风菌的研究论文获剑桥大学医学博士学位。1907年应中国政府聘请，出任中国天津帝国陆军军医学堂副监督。1910年10月哈尔滨爆发鼠疫，被委任为东北三省鼠疫防治工作的总管、外务部医官。1912年10月创建在中国最早的卫生防疫机构东三省防疫事务总处。作为发起人之一，1915年创办《中华医学杂志》。他的专著《鼠疫概论》和《霍乱概论》是至今被广泛引用的经典著作。

[③] 洪菠：《中华医学之最》，44页，北京，人民军医出版社，1992。

合的产物,由民政司官员为督办,主持全会事务,执行赏罚;会长副会长以下,由本省知名绅士充任,负责监督稽查。各地方由地方官执行,而由该会监督。东三省防疫组织的成立,为此次鼠疫的防控起到了积极的作用。

防疫在我国存在历史很早,但就组织机构下设到县、厅一级,则始于清末民初。查东北各地方县志,几乎都有关于当时成立县级防疫组织的记载。在开原,1911 年初,由知县王浣发起在城内设防疫所,四镇八乡亦设防疫分所,由县知事委各镇乡自治人员就近办理。① 义县也"在南门外路东旧观音堂设立防疫所。"② 铁岭县也适时建立了相关组织。③ 在榆树县,由于鼠疫广为流行,1911 年年初,榆树厅即遵照吉林省防疫总局指令建立防疫局。厅城内设庇寒所、隔离所和特别旅馆各 1 处。城外设疑似病院、诊疗所、消毒所、留验所各一处。其下级单位是居民选举的"十家长",发现疫情,即由十家长报疫。全县境内共设有防疫局 1 处、防疫所 17 处、防疫分局 7 处、隔寓所 15 处、疑似病院 1 处、医官 10 人、办事人员 160 人。"④ 榆树厅还在松花江区域的秀水甸子、五棵树一带临江处,设江河检验卡,由防疫局会同警察公所组织水上警察,验视行旅,防止鼠疫进一步流行。⑤ 鼠疫流行不久,德惠县也成立了防疫局。由县知事申伯勋任局长。防疫局下设分局 4 处、防疫所 8 个、检验所 4 个、诊疗所 3 个、隔离所 3 个。在防疫机构中,有医官 10 人,办事人员 217 人。⑥总的来看,晚清各级政府已组建起比较完善的防疫组织来应对这场灾难,提供了强有力的组织保证,这与以往完全不同。

由于受材料所限,不能对东北地区所有的防疫组织都进行系统的研究。这里就只能拿出具有典型性的个案进行研究。其中,吉林全省防疫总局在地方防疫组织中具有代表性,现在遗留下来的档案也比较齐全,可以为学术界提供一个比较完整的典型个案研究材料。由于当时吉林省下辖黑龙江省部分地区,并且还是当时鼠疫流行最为严重的地区,因

---

① 《中国方志丛书·东北地方 27》,《开原县志》(三),卷 9,861~862 页,台北,成文出版公司影印,1974。

② 《中国方志丛书·东北地方 16》,《义县志》(八),下卷 19,2940 页,台北,成文出版公司影印,1974。

③ 《中国方志丛书·东北地方 5》,《铁岭县志》(四),卷 18,1266 页,台北,成文出版公司景印,1974。

④ 榆树县政协文史资料委员会编:《榆树文史资料》,第 2 辑,103 页,1988。

⑤ 榆树县政协文史资料委员会编:《榆树文史资料》,第 2 辑,105~106 页,1988。

⑥ 德惠县政协文史资料委员会编:《德惠文史资料》,第 5 辑,111~112 页,1988。

此，研究吉林防疫总局对于探讨东北三省各地的防控工作的具体内容具有重要意义。

通过对吉林防疫总局的研究，可以使人们详细了解 20 世纪初东北大瘟疫的具体情况，了解吉林防疫总局作为防控疫情的上一级机关的行政作为，了解晚清政府的防疫工作，可以为时下对像"禽流感"这样的传染性疾病的预防提供经验，同时也可以为现在防疫组织的建立，防疫流程、防疫方法的设立和防疫措施的制订提供借鉴。

由于当时吉林省下辖黑龙江省部分地区，并且还是当时鼠疫流行最为严重的地区，因此，研究吉林防疫总局对于展现全部东北疫情以及整个东三省各地的防控工作情况具有典型意义。

第一节　吉林防疫总局的组建

一、伍连德与吉林防疫总局的组建

1. 吉林防疫总局的组建背景

吉林防疫总局正是建立在东北鼠疫发生之时。是疫于 1910 年 10 月 25 日首先发生于满洲里，大规模爆发于哈尔滨附近的小镇——傅家店。当时人群中出现了咳嗽吐血的症状，死者逐日增多。此后，疫情迅速蔓延到辽宁、吉林、黑龙江三省，染疫地区 66 处，成为晚清时期最严重的瘟疫灾难。

由于东北的地理位置与各地情况的不同，鼠疫在三省的暴发时间也各有不同。由于满洲里地区是黑龙江省铁路、公路的重要枢纽与交会地区，又是中国与俄罗斯通商的交通要地，因此鼠疫发展速度较快。黑龙江省下设大通、海伦、拜泉等 16 个地区，全部成为疫区。疫情发展轨迹多呈辐射状，主要以东清铁路为辐射源，向周边地区传播疫情。而地区间主要以满洲里为中心向周边传播鼠疫。染疫地区严重的主要有龙江、呼兰、绥化和海伦地区。辽宁的鼠疫主要来自于哈尔滨、吉林两省的外来人员，是疫情最轻的地区。辽宁疫情的发展轨迹非常不规则，因为辽宁地处东北地区的中心部，交通可达南满、京津地区，省内人员流动性极大，因此辽宁鼠疫发生都是以一人染疫波及周围，再对外扩大。辽宁下设的奉天府、抚顺县等 30 个府厅州县，基本都成为疫区。吉林省是此次鼠疫中死亡人数最多、鼠疫最严重的地区。东北鼠疫暴发之后，哈尔滨境内满洲里地区疫情日趋严重，死亡人数逐渐增多，东清铁路附近、满洲里地区以及哈尔滨地区鼠疫发展速度相当之快。黑龙江、吉林两省之间的联系历来就很频繁，彼此的商客往来、民间流通广泛，再加上哈尔滨鼠疫泛滥之时正值年终岁末，吉林省归乡人员较多，往来密集，使得鼠疫很快地传入吉林境内。

吉林之所以成为此次东北鼠疫疫情最严重的地区，首先是由于长春为南北满铁路的交接点，人口流量较大，为鼠疫的传播提供了便利的条件。哈尔滨疫情发生后，迅速传入吉林省内。为了控制疫情的发展，哈尔滨调派大批陆军在长春堵截北上之人，致使在哈尔滨染疫的群众前往长春并且长期逗留，这也是哈尔滨疫情清除之后吉林疫情仍然很严重的根源所在。吉林鼠疫在长春、宾州、舒兰等地同时暴发，之后迅速蔓延到吉林全省。其发展路径主要呈圆圈状，疫情多是由外围向中心集中，最具代表性的地区有吉林省城、北部、西部、东南部和吉林府四乡附近。省城鼠疫主要从西线长春和东线宾州、舒兰地区传入，疫情较为集中。吉林北部如滨江、宾州、阿城等地区疫情相对严重，疫死人数较多。西部地区如德惠、双阳、伊通等地疫情相对较轻，疫死人数较少。东南部的宁安、磐石、敦化等县虽疫情不及北部地区，但疫情发展不容乐观。吉林府四乡范围较广，疫情多以流动传染为主。吉林地区疫死人数较多，长春疫死人数为 5 827 人，是吉林地区疫死人数最多的地区，滨江疫死人数略少于长春，也在 5 000 人以上，而双城、阿城、榆树、宾州地区疫死人数都在千人以上。在疫死人群中，吉林本地人占疫死人数的三分之一以上，其余大部分来自奉天、黑龙江、直隶、山东等地区，人员构成相当复杂①。总之，东北大鼠疫给民众的生命财产造成了巨大浩劫，而吉林省区的鼠疫灾难尤为严重，因此，为了应对此次灾难，朝野上下均采了了积极的措施，尽可能快地抑制鼠疫，就成为吉林防疫总局组建的契机。

2. 伍连德组建吉林防疫总局

清政府为了能够尽快地控制住东北鼠疫疫情并对其进行行之有效的根治，立即任命伍连德②博士为东北三省防疫事务总管，统管东北各省防疫事宜。伍连德临危受命后，立即前往东北疫区查看疫情。当他到达东北后，东北已经有近万余人丧生，形势相当严峻。伍连德在充分了解

---

① 奉天防疫总局：《东北疫事报告书》，上册，第 1 编第 2 章，1～7 页，1912，辽宁省图书馆馆藏本。

② 伍连德（1879—1960），生于马来西亚槟榔屿岛的一个华侨家庭，早年毕业于剑桥大学，获医学博士学位。他一生在医药、卫生、检疫、流行病防治、医学教育及医学史等诸多领域著述颇丰，为中国的卫生防疫事业做了大量启蒙与基础性工作，并多次代表中国出席世界性卫生防疫会议，被誉为"鼠疫斗士"。

东北疫情后，首先拿鼠疫病发地傅家店作为试验场，采取收殓尸体、隔离患者、交通管制等方法，对疫情进行了系统的控制。此后，他在傅家店内试行分区管理医治的方法，利用在剑桥学习的专业知识，对各区鼠疫进行适当的治理，取得了不错的效果。在此基础上，伍连德上书中央，建议在东北地区成立防疫局，管理各省的鼠疫防治工作。晚清政府在接纳伍连德的意见后，迅速在东北境内各省建立了各级防疫机关，由伍连德任总指挥。吉林防疫总局就是在这一时期建立起来的具有代表性的防疫机关。

吉林防疫总局全称是吉林全省防疫总局，是由伍连德倡议发起、晚清政府批准建立的统管吉林省内防疫事务的组织，成立于1911年1月26日，止于1911年4月19日，总部设在长春。东三省总督锡良、吉林巡抚部院陈昭常和吉林省民政司韩使司负责总局的全面工作。

吉林防疫总局是从吉林省民政司中脱离建立的。吉林省民政司原是负责对吉林全省民政事务的管理，其中包括对省内防治各种传染性疾病工作的管理，拟定有关检疫、诊治、捕鼠等事务的章程和管理具体的防疫事务，隶属于吉林行省，其余的检查事项则由省巡警局负责。但是东北大鼠疫暴发之后，由于民政司没有对大型疫病防治的准备和经验，并且不能够全力地投入到鼠疫的防治工作中来，所以才专门成立了为防治吉林大鼠疫的吉林防疫总局。由于吉林防疫总局是从吉林省民政司中脱离出来的，所以它完全接管了民政司关于鼠疫防治的基础工作，却并没有沿用民政司的机构设置，而是建立了一套符合科学防疫和组织管理的新的组织系统。防疫总局撤销后，吉林防疫事务回归于民政司继续办理。[①]

二、吉林防疫总局的组织体制及辖区

1. 吉林防疫总局的组织体制

吉林防疫总局的构成基本上是依照晚清时期政府的基本组织编制，但其中又有为此次鼠疫防治而特殊制定的组织安排。总局成立后，由东三省总督锡良负责总局防疫的全面工作。重要的工作指示与文件审批分别由吉林巡抚部和民政司负责。除此之外，总局的组织形式也更加系统化，共分内、外两个组织。内部组织设总揽机关，由总办、坐办和正副提调组成。行政事务分别由文牍、庶务、收发、会计进行管理。医务诊

---

① 吉林防疫总局结束时间与善后归属均出自宣统三年三月二十一日（1911年4月19日）的《盛京时报》第五版中的《防疫末未事项统由民政司核办》一文中的记载。

治事务由正副医官、学生负责，检查地区疫情由稽查员、调查员负责收集和汇报。其组织规定有：总办 3 人，分别为民政司 1 人、交涉司 1 人、度支司 1 人，这样的设立有利于警务、交涉、筹款各项事宜的办理。坐办 1 人，可任医官。这样既可以对鼠疫进行防治，又可以指挥下属医官。正副提调共 7 人，既负责向总办汇报防疫事宜，又负责处理下面一切事务。文牍 4 人，专门负责拟定、编写各项章程、规则、报告书和收发地方往来文件、绘制图表等。庶务 2 人，负责采购及一切杂务事宜。会计 1 人，负责进出款项的调配和核算记录。其他医官、学生应协助正副医官对鼠疫的治疗工作。稽查员负责稽查城内外各个分设机关，调查员负责调查有疫情的各州、县防疫工作的具体情况。此外还设立顾问 2 名，1 名为英国医生，1 名为日本医生。

外部组织涉及范围十分广泛，凡省城、城乡内外各合并之前的防疫机关（合并前的防疫机关是指民政司统辖时期的地方防疫机构，有隔离所、检疫所、地方医院等）都属于总局管辖范围。此外又增设了两处检疫所，一处在城内，负责检查城中的疫情；一处接近于城门口，与防疫所相呼应。二者涉及不到的范围再分设 4 个关卡，一处设在小庙岭，一处设在周家店，一处设在阎家岭，一处设在大长屯，这几处虽然是密林小道，但是也必须严防。隔离所分为甲、乙、丙三级，对不同的情况进行针对性的隔离。地方医院设置比较细致，有的是应隔离人数增多的需要而设立的，有的是根据感染鼠疫的疑似病例而设立的，有的是除了接纳疑似病人外，还要从事对健康人员的医疗工作而设立的，其配套设施如柴米市场、掩埋场等均安排防疫人员。这些医院、检疫所、掩埋场和柴米市场的防疫人员都有固定的安排，其人员安排列表如表 3.1 所示。[①]

表 3.1　吉林防疫总局外部组织人员安排

名　称	人员安排
诊疫所	委员 1 人，中西医官各 1 人，药员 1 人，看护生 2 人，看护妇 1 人，司事 3 人，防疫队 40 人
城乡检疫所	委员 1 人，西医官 1 人，消毒员 17 人，检察员 43 人，司事 2 人，防疫队 269 人
二道岭检疫所	委员 1 人，中西医官各 1 人，防疫队 41 人，陆军 15 人
九站检疫所	委员 1 人，中西医官各 1 人，消毒员 1 人，司事 1 人，防疫队 16 人

---

① 奉天防疫总局：《东北疫事报告书》，下册，第 2 编第 1 章，31 页，1912，辽宁省图书馆馆藏本。

续 表

名 称	人员安排
口钦检疫所	委员 1 人，西医官 1 人，消毒员 1 人，防疫队 19 人，陆军 16 人
疑似病院	委员 1 人，中医官 1 人，防疫队 14 人
甲级隔离所	委员 1 人，防疫队 19 人
乙级隔离所	委员 1 人，防疫队 10 人
丙级隔离所	委员 1 人，防疫队 24 人
孤铺子庇寒所	委员 1 人，防疫队 6 人
张三屯庇寒所	委员 1 人，司书 1 人，防疫队 10 人
检疫分卡	11 处共委员 11 人，防疫队 184 人，张三屯一处陆军 16 人，孤铺子张三屯之委员由庇寒所委员兼之
粮米柴炭市场	共委员 4 人，防疫队 55 人
掩埋场	委员 1 人，防疫队 3 人

除此之外，又临时训练了消毒生 100 人，分往各处为百姓家屋及生活物件消毒。其外部组织由 27 名委员、9 名医官、1 名配药员、3 名看护生、120 名消毒员、710 名防疫队员、7 名司事、63 名陆军组成，其中不含书记和夫役。[1]

2. 吉林防疫总局的辖区

吉林防疫总局机构庞大，管理地区众多，下设 31 处地方防疫局。按照有疫区和无疫区来划分。有疫区为哈尔滨防疫局、长春防疫局、吉林府四乡防疫局、双城防疫局、新城防疫局、宾州防疫局、依兰防疫局、五常防疫局、宁安防疫局、榆树防疫局、伊通防疫局、阿城防疫局、双阳防疫局、舒兰防疫局、德惠防疫局、磐石防疫局、农安防疫局、方正防疫局、敦化防疫局、长岭防疫局、长寿防疫局、桦川防疫局和额穆县防疫所共 23 处；无疫区为临江府防疫局、密山府防疫局、东宁厅防疫局、穆陵县防疫局、珲春防疫局、延吉防疫局、饶河县防疫所和桦甸县防疫所共 8 处。其中哈尔滨防疫局和长春防疫局最为重要。哈尔滨与长春防疫局均成立于吉林防疫总局之前，他们在东北疫情发生后，对吉林和黑龙江疫情的防治工作起了非常重要的作用。哈尔滨防疫局成立于 1910 年 11 月 7 日，由吉林西北路兵备道及社会各界代表 20

---

[1] 奉天防疫总局：《东北疫事报告书》，下册，第 2 编第 1 章，31 页，1912，辽宁省图书馆馆藏本。

余人组成防疫会，制定防疫章程，成立防疫局。它以西北路道于驷兴为总办、奉天补用道潭兆梁为坐办、海关道宋春鳌为会办，下设检疫所、隔离所、诊病所、庇寒院、防疫执行处、消毒所、救急队等，在防疫总局成立之前一直负责黑龙江和吉林部分地区的防疫工作，吉林防疫总局成立后归入总局管理。长春防疫局成立于 1911 年 1 月 17 日，下设总核部、医务部、文牍部、会计部、庶务部、调查部，它在总局成立之前负责长春及吉林部分地区的防疫事务，总局成立后归入总局管理。

三、吉林防疫总局的经费来源

吉林防疫资金需求数目庞大，主要来源于东北防疫款。而东北鼠疫防治的资金主要通过两条渠道获得：一是通过晚清政府直接向东三省总督拨款，由东三省总督向各个防疫总局进行资金分配，再由各省防疫总局向各地方防疫机关分配，以此类推；二是通过地方政府号召，以民间组织及东北人民直接捐款的形式获得资金。通过这两条渠道，东北各防疫总局获得了一定的防疫资金，但是由于当时清政府的财政已经趋于崩溃，加之东北由于鼠疫的蔓延，地方组织与人民已经没有剩余财力来支持政府防疫，所以防疫款在整个东北防疫的过程中是相当紧张的。

1. 政府直接拨款

政府拨款为东北防疫款项最直接的来源，也是吉林防疫总局防疫款项的直接来源。东三省总督锡良曾在东北防疫过程中多次向晚清政府请求划拨防疫款。《盛京时报》载吉林防疫资金情况称："徐使司昨禀抚宪：以疫症发现以来，交通断绝，税捐无从收入，库款支出已达极点，而各处需款尤矩殊。属下给抚帅未之亦同，深焦灼。闻有某员从旁献策，请饬管帖局赶造币千万张，聊济着急，来悉果然行否？"[①] 《大公报》载："电饬拨济防疫费：哈尔滨自瘟疫发现以来，需用防疫费已达十数万两之谱，均由吉林关税项下动用。惟所费过巨，现已无款可筹。日昨督宪特电致江抚，饬拨江钱三十万吊，以应急需。中丞准电，随即札饬官银号照数拨交矣。"[②] 从上述两则政府通电表明，东北三省的防疫资金在防疫过程中消耗巨大，而且由于交通阻断，外埠关税无法保证，财政预算甚至已经超出了清政府所制订的计划。"或问此次防疫何以糜费如此之巨，曰：子不观京师收买鼠子乎？民政部因前款不熬，续

---

① 《度支告匮之现状》，载《盛京时报》，第 5 版，宣统三年二月二十日。
② 《电饬拨济防疫费》，载《大公报》，第 1 版，1911-03-02。

添 4 万，仅此一项统先后计之，已达十万以外，其余可想而知。"① 从上可见政府防疫资金拨款数量，不足以满足东北防疫的需要。

2. 东北地方组织与群众募捐

由于此次防疫款需求数额巨大，晚清政府面对这样的局势，无力再去寻求更大的资金帮助，因此地方募捐就成为了政府拨款后最主要的资金来源渠道。在《盛京时报》宣统三年二月初二（1911 年 3 月 2 日）登载的《论东三省防疫费款急需官民募捐》一文中，号召东北民众为这次鼠疫积极捐款，并着重探讨了官民募捐防疫款项对于战胜瘟疫的重要意义。在政府的号召之下，东北各地捐款比较踊跃。但是由于民力有限，加之鼠疫的大范围蔓延，使得东北地方募捐款对于东北防疫的帮助不是很大。

吉林省内的另一个防疫民间组织——吉林全省防疫会，该会成立于1911 年 2 月 24 日，成员主要有民政司、度支司、交涉司的人员，还有吉林府、地方士绅和各民间防疫小团体的人员。其主要职能是稽查疫情、施舍防疫药品、宣传鼠疫防治以及弥补官方防疫漏洞等，该会的资金来源于民间集资。此会在吉林全省防疫的过程中，对吉林防疫总局的工作起到了很大的辅助作用。

吉林防疫总局的成立，稳定了吉林省内混乱的防疫局势，阻止了鼠疫的蔓延，控制了吉林省内不稳的社会局面，为吉林鼠疫的根治打下了坚实的基础。

第二节　吉林防疫总局的工作职能

一、颁布总局管理章程及相关防疫法规

作为东北三省疫情最严重地区的最高防疫指挥机关，吉林防疫总局和各地防疫分局对本地区防疫规章制度的建立及制定起到了积极作用。当然，制定防疫章程也是由当时的防疫状况所决定的。首先，东北鼠疫暴发初期，鼠疫的危害性并没有得到当地政府的管理机关及居民的足够重视，防疫组织不力，导致鼠疫传染速度较快，这在一定程度上刺激了当地政府官员的神经，接续工作非常得力，他们将本地防疫章程制定得相当规范和细致，主要是因为鼠疫如果再蔓延下去，可能会危及到自身在本地的统治利益及自身的政治前途。其次，鼠疫危害酷烈严重，一旦

---

① 梦幻：《间评一》，载《大公报》，第 4 版，1911-02-21。

泛滥将危害所有人包括统治者本人的生命安全，所以必须倾全力进行应对，而制定相关的防疫章程，可以保证防疫过程中有章可循。再次，防疫章程的确立，适时避免了吉林防疫总局和各地分局在防疫过程中由于职责不明、防疫事务办理含糊不清而出现的矛盾。制定并颁布防疫法规，成为吉林防疫总局应对此次鼠疫所做的重要工作之一。

1. 制定《吉林防疫总局章程》

该章程制定、颁布于宣统三年正月（1911 年 1 月），共分总纲、组织、职权、经费、附则五部分。每一部分都有具体的防疫管理条例。总纲中规定："本局为全省防疫总机关，所有各处防疫局均归统辖。各处防疫局详请电禀督抚宪，各项事件均由本局拟定堂稿呈请施行。所有卷宗概存本局。各处防疫局所办事件，以及撤委人员变更堂程均应随时移咨本局。所有染疫人毙死数均于三日各电一次。省城防疫事宜均有本局办理，所有分设防疫诊疫各机关均归统辖。"① 大纲确立了吉林防疫总局在此次防疫工作中的地位，明确了总局的统辖各级防疫单位、收集各地疫情听取地方汇报、任免各级防疫官员、办理各种防疫事务等职权。行政地位的确立为吉林防疫总局开展以后的防疫工作铺平了道路。

在附则中，总局规定："分设防疫、诊疫各机关应有之章程规则由本局另拟施行；本局办事规则另拟施行；本章程呈由督抚宪核准施行；本章程如有应行变更增减之处由本局拟定呈由督抚宪核准施行。"② 附则中的规定主要是确立防疫总局在防疫工作中的监督地位以及明确总局拥有最终的决定权。

《吉林防疫总局章程》的制定，确立了防疫总局的地位，明确了防疫工作的重心和具体的权责分配，对吉林地区的防疫工作起到了全局性的指导作用。

2. 制定《检疫细则》

该细则制定、颁布于宣统三年正月（1911 年 1 月），共 36 条。其内容主要对检疫员的权利及义务、染疫病人的权利及义务、与染疫病人有关的公共场所管理、道路检疫及赏罚措施等五大方面进行规定。如："防疫局所派检疫人员随时得入人家实行检疫；检疫人员遇有染疫病人

---

① 《吉林防疫总局关于启用关防日期及总局章程检疫规则消毒规则等个民政司的移文—吉林防疫总局章程》，《吉林省民政司档·J023-02-0020 号》，1911 年 1 月 28 日，吉林省档案馆馆藏档案。

② 《吉林防疫总局关于启用关防日期及总局章程检疫规则消毒规则等个民政司的移文—吉林防疫总局章程》，《吉林省民政司档·J023-02-0020 号》，1911 年 1 月 28 日，吉林省档案馆馆藏档案。

或疑似染疫病人得分别送至诊疫医院或疑似病院受诊；凡医生诊有染疫病人或疑似染疫病人须至检疫所报告。"① 这三款条例明确规定了检疫人员在防疫工作中的权利与义务。"凡有染疫病人或疑似染疫病人之家，其家人须至检疫所报告；凡病人一经诊疫病院医员认为既染疫病即须留在院中医治；凡有类似染疫病，一时未能诊断是否染疫者，须留在疑似病院医治；在诊疫病院留诊病人，概不得与院外一切人民交通；与染疫病人同居，概须送至隔离所留居五日，由所中医员验明果无传染，始准退出；凡疫病流行地方，本局皆认为传染病地，自传染病地来省，货物须受本局所派检疫人员检验，假有认为应行消毒之物，非消毒后不得放行；染疫病人之衣服器用等件，须用火焚之；凡家有死人者，其家人须至防疫局报告；凡有死者无论其致死原因如何，非受防疫局派员检验发给准照后，不许殓葬；无论新旧灵，枢非由防疫局派员检视发给准照后不许出境。"②

条例中还规定了染疫病人的权利与义务。而"卖棺材店如无防疫局发给三联凭照不许出售；卖棺材店出售棺材若干送至何处，买主何名，居住何处，须每日册报防疫局；凡人民调集处所最易传播疫菌，如学堂应缓行开学，戏园应即日停演，元宵店铺灯会应行禁止，土娼应即关闭歇。以上各项，均须俟疫症消退，得防疫局之宣告后，方可开学或照旧营业。新春在即，尤须劝谕人民不宜前往贺年；澡塘浴场，概不得容病人入浴；如牛马行、摊床摆卖及在街市抖卖破旧衣服，防疫局均得禁止；洗衣房所有接洗之衣物，须煮沸至二十分钟后，始准取出曝干，否即勒令歇业；家畜如犬猪等，家禽如鸡鸭等，一概禁止放出户外等。"③这些条款对可能造成染疫的公共场所进行了严格的规范，它在最大程度上防止了疫情的蔓延。"凡进省路口均派巡警逻守，遇有行人须送就近

---

① 《吉林防疫总局关于启用关防日期及总局章程检疫规则消毒规则等个民政司的移文—检疫规则》，第1、2、3条.《吉林省民政司档·J023-02-0020号》，1911年1月28日，吉林省档案馆馆藏档案。

② 《吉林防疫总局关于启用关防日期及总局章程检疫规则消毒规则等个民政司的移文—检疫规则》，第4、5、6、7、9、11、13、15、19、20条，《吉林省民政司档·J023-02-0020号》，1911年1月28日，吉林省档案馆馆藏档案。

③ 《吉林防疫总局关于启用关防日期及总局章程检疫规则消毒规则等个民政司的移文—检疫章程》第22、23、24、25、26、27、28条，《吉林省民政司档·J023-02-0020号》，1911年1月28日，吉林省档案馆馆藏档案。

检疫所留住五日，无病方准通过。"① 该条对道路交通检疫进行了规范。"地方居民如有不服检疫人员检验消毒者，得由防疫局强制之"。本条规定了检疫过程中对疫区人员的惩罚理由，为行政性赏罚提供了依据。

该细则从检疫人员与染疫者双方利益出发，对双方在防疫过程中可能出现的问题进行了硬性规定，避免了许多在防疫过程中不必要的矛盾。本规则对公共场所与交通的规范，可以很好地控制疫情的发展，达到预防与根治相结合的目的。此外，本规则对赏罚金额的硬性规定，使政府对涉疫人员罚之有理、处之有据，提高了防疫工作的力度。

3. 制定《消毒细则》

该细则制定、颁布于宣统三年正月（1911 年 1 月），共 10 条。主要对消毒方法、消毒条件、消毒范围及消毒次序四方面进行规定。消毒方法主要有"火化消毒、蒸汽消毒、煮沸消毒、药物消毒"②。"消毒规则之适用：染疫病者、尸体、接触传染病人之人、运搬污毒之器具、不洁之所、病疫病者之衣服寝具器用等件、发生疫病之家屋"③。消毒细则的制定，体现了吉林防疫总局对于科学防疫方法的信任与运用，它把科学的消毒方法制定成文，以规则的形式固定下来，从法律上使人民强行认识到防疫的规则化，避免了民间关于防疫的种种不科学因素，提高了防疫工作的效率，减少了不科学防疫带来的危害。

4. 制定其他防疫章程

除了上述吉林防疫总局制定、颁布的章程之外，吉林各地区以总局章程为依据，结合各地区的实际情况又分别制定了相应的防疫章程。这些章程相对于总局章程要具体、实际得多，《榆树厅防疫局暂行简章》就是其中典型的代表。

《榆树厅防疫局暂行简章》制定、颁布于宣统三年三月（1911 年 4月），共 6 章 14 条。这份章程在吉林防疫总局下属的各机关所自行制定的章程中，是比较有代表性的。它是在遵守总局制定规章制度的前提

---

① 《吉林防疫总局关于启用关防日期及总局章程检疫规则消毒规则等个民政司的移文—检疫规则》，第 35 条，《吉林省民政司档·J023-02-0020 号》，1911 年 1 月 28 日，吉林省档案馆馆藏档案。

② 《吉林防疫总局关于启用关防日期及总局章程检疫规则消毒规则等个民政司的移文—消毒规则》，第 2 条，《吉林省民政司档·J023-02-0020 号》，1911 年 1 月 28 日，吉林省档案馆馆藏档案。

③ 《吉林防疫总局关于启用关防日期及总局章程检疫规则消毒规则等个民政司的移文—消毒规则》，第 9 条，《吉林省民政司档·J023-02-0020 号》，1911 年 1 月 28 日，吉林省档案馆馆藏档案。

下，依据本地方实际，自行制定的适合自身防疫特点的章程，是指导地方进行防疫工作的纲领性文件，它的制定使地方防疫工作具有复合式、地方化的特点。以榆树厅防疫章程为例，该章程在第一章宗旨中，首先就对自身地位及所肩负的任务予以明确。"吉省鼠疫传染最剧，厅属亦已发现，业经遵照吉林防疫总局颁发章程，设立防疫局防范，以杜绝传染为宗旨、以消除疫症为成效"①。第二、第三章对榆树厅防疫局的内部组织形式及人员安排进行了规定。第四章主要对本地区防疫的经费安排做出规定，明确地区财政收支。第五章对榆树厅内地区交通、经费调配、人民起居饮食等日常防疫工作做了简要的规定。最后附则里对榆树厅防疫局的章程加以总结，"木局系防疫而设，俟消灭后即行禀请撤销"，"凡关于防疫之检疫、隔离、庇寒等所一切规则均遵省章办理"②。该章程对榆树厅防疫局的地位、工作安排、经费调用等做出了明确规定，规范了榆树地区的防疫工作，体现了吉林防疫总局章程的精神。

在吉林地区防疫过程中，除了防疫总局与各地区比较有代表性的章程与细则外，还有民政部于宣统三年三月（1911 年 4 月）拟定的防疫章程，东三省总督于宣统三年三月（1911 年 4 月）为会议改订的防疫章程、《火车搭运章程》《火车输运货物章程》，桦甸县知县呈上的《清则》，《长春中日隔断交通之章程》等，这些章程都对防疫总局的各项防疫工作做出了明确的规定，给予吉林各地的防疫工作以法律上的支持。

综观吉林防疫总局及下属府、厅制定、颁布的防疫章程，我们不难看出它们都具有一定的社会意义和实用价值。

首先，上述防疫章程科学含量极高，既包括先进的自然科学理念，又通过充分的实地调查与实验，是在全面了解吉林疫情后慎重制定的，这在晚清政府统治时期是不多见的。

其次，吉林省内各辖区、府、厅所制定的章程，其主要纲领、内容和精神完全参照总局颁布的《吉林防疫总局章程》，奉此章程为总纲，从一个侧面反映出吉林各辖区、府、厅在此次防疫过程中是完全能够听从总局指挥的，克服了晚清政府执政时期地方独立、中央权力空洞的现象。

再次，此次各防疫章程制定内容十分全面，涉及范围广大，几乎涵

---

① 《榆树厅防疫局暂行章程及各类清折》，第 1 条，《吉林全省防疫总局档·J029-01-0062 号》，1911-01-06。

② 《榆树厅防疫局暂行章程及各类清折》，第 13、14 条，《吉林全省防疫总局档·J029-01-0062 号》，1911-01-06。

盖了吉林地区人民日常生活的方方面面，部分内容已经超出了防疫范畴，这对以后的吉林地区民俗变迁产生了巨大的影响。

最后，这些防疫章程为我们今后防疫法规的制定起到了示范作用，具有极高的参考价值。

上述的防疫章程在吉林防疫总局的工作中发挥了巨大的作用，给吉林省防疫工作以制度上、理论上和法律上的支持，为吉林防疫总局的防疫工作提供了保障。

二、疫情的收集与分析

吉林防疫总局在成立伊始，首要工作就是全面了解吉林省内及奉天、哈尔滨两地的疫情，以便能够尽快地投入全面的防疫、治疫的工作中来。防疫总局对东北各地的疫情收集主要通过吉林各地方向吉林省防疫总局做的每日疫情汇报，通过这条渠道，吉林防疫总局全面地掌握了吉林、奉天、哈尔滨境内鼠疫的总体情况，并且根据其获得的信息开展了行之有效的防疫工作。其中，吉林防疫总局对各地疫情信息的收集和排查情况颇具代表性。

吉林省防疫总局管辖防疫地区众多，治理范围较广。笔者在档案收集中了解到，以磐石县和长春档案较为详细，特以此为例，来论述吉林防疫总局对各地区疫情的收集情况。

1. 对磐石县的疫情收集与分析

磐石县上报给吉林防疫总局的清折中讲道："代理磐石县知县为详报事案，查鼠疫盛行始终，哈埠深恐蔓延为害，曾奉抚督宪札饬遵办在案。兹于宣统三年正月十五日访问磐石所属烟筒山地方，适有无业游民以及外来乞丐，三日之内纷纷相继而死者，三十四名，随饬派防队前往查看，其中有因冻饿而死者，亦有因时气而死者。当由知县捐廉饬人掘地七尺，将各该尸掩埋，浮厝不令稍露，以免传染……"① 从上述清折中可以获悉，磐石县知县，对烟筒山附近无家可归的游民患疫死亡人数的汇报和处理方法，从中我们不难看到地方对于此次防疫工作的重视程度。总局正是通过这样的汇报了解到磐石县当时的鼠疫情况，并根据汇报下达了防疫指示，及时有效地控制了鼠疫在当地游民之间的流行。

2. 对长春的疫情收集与分析

在吉林防疫总局收到的各地汇报疫情的电函中可知，防疫总局通过

---

① 《磐石县详县属染疫遵设防疫局具清折请核及民政司的批示》，《吉林省民政司档·J023-02-0022 号》，1911 年 2 月 28 日到 1911 年 4 月 19 日。

官方的行政渠道获取长春每日的疫情报告。比如，宣统二年十二月长春每日汇报疫情如下："防疫总局宪钧鉴：铣电禀悉，遵将长春台疫至今城乡逐日疫毙人数分别见报为下：十二月初三日，城 1 人。初四日，城 1 人，近乡 2 人，共 3 人。初五日城 3 人，近乡 2 人，共 5 人。初六日，城 4 人，初七日城 1 人，近乡 4 人，共 5 人。初八日，城 3 人，近乡 3 人，共 6 人。初九日，城 5 人。初十日，城 3 人，近乡 4 人，共 7 人。十一日，城 4，人，近乡 1 人，共 5 人。十二日，城 5 人，近乡 2 人，共 7 人。十三日，城无，近乡 5 人。十四日，城 6 人，近乡 4 人，共 10 人。十五日，城 7 人，近乡 4 人，共 11 人。知府厚琦禀效"。①

"防疫总局宪钧鉴，十二月十六日，城 11 人，近乡 3 人，共 14 人。十七日，城 19 人，近乡 7 人，共 26 人。十八日，城 15 人，近乡 2 人，共 17 人。十九日，城 17 人，近乡 3 人，共 20 人。二十日，城 17 人，近乡 6 人，共 23 人。二十一日，城 18 人，近乡 3 人，共 21 人。二十二日，城 20 人，近乡 6 人，共 26 人。二十三日，城 15 人，近乡 5 人，共 20 人。二十四日，城 10 人，近乡 6 人，共 16 人。二十五日，城 20 人，近乡 7 人，共 27 人。二十六日，城 25 人，近乡 10 人，共 35 人。二十七日，城 21 人，近乡 9 人，共 30 人。知府厚琦禀效"。②

这组数据为长春地方防疫当局向吉林防疫总局禀报的宣统二年十二月（1911 年 1 月）份鼠疫疫毙人员情况。从对疫情收集的细致程度中，我们可以了解到吉林防疫总局对本辖区范围内疫情收集相当的仔细认真，每一个环节都做到客观细致，保留下对吉林各地每日疫情的详细记载，和翔实充分的数据资料。可见吉林防疫总局对于疫情的掌握是非常具体的，为指导吉林全省的防疫工作打下了基础。

从上述对吉林防疫总局收集吉林全省及各地疫情的材料分析，可以明显地看到在这次东北鼠疫防疫中，吉林省内鼠疫重灾区的防疫能够得到及时地有效控制，这与吉林防疫总局能够迅速、准确地了解、掌握省内各地的疫情信息，有着重要关系。

三、监督与指导防疫工作

吉林防疫总局除了制定章程，收集各地疫情信息和全面指导防疫工

---

① 《各地为报疫情电防疫局》，《吉林全省防疫总局档·J029-01-0034 号》，1911 年 3 月 11 日到 1911 年 3 月 20 日。

② 《各地为报疫情电防疫局》，《吉林全省防疫总局档·J029-01-0034 号》，1911 年 3 月 11 日到 1911 年 3 月 20 日。

作外，对官员的防疫活动中权责的分配、奖惩的监督以及对全省整个防疫工作的指导，也列为了自身工作的重点。对官员工作监督的成效如何，直接影响到防疫工作的办事效率。更由于防疫事关人民生命安全以及政权稳定问题，所以，吉林防疫总局对官员的监督、奖惩力度也具有特事特办的味道。

1. 对防疫工作的监督

东北鼠疫暴发伊始，晚清政府就对此次鼠疫相当的重视，委派大批官员到东北参与防疫工作。随着吉林防疫总局的建立，官员的防疫工作就呈现出集中化、系统化和有组织化的特点，摆脱了以往那种各自为政、互相抨击的局面。这与吉林防疫总局的监督与奖惩是分不开的。以磐石县为例，磐石县在防疫过程中，由于磐石县县令对于磐石县烟筒山地区的防疫不力，无法控制鼠疫的传播，而且虚报疫死人数，隐瞒当地疫情，吉林防疫总局知道此事后立即予以查办。在此过程中，吉林防疫总局并没有机械地对磐石县令进行处罚，而是派调查员深入烟筒山内部进行调查取证，再与磐石地区汇报疫情情况相对照，最后在掌握有利证据的情况下对磐石县知县进行了问责，文件称："磐石县详县属烟筒山地方疫毙游民，业经掩埋详悉由。查前因该县详报烟筒山疫毙人数，核与陈守禀报迥不相符。业经一再严厉申饬，并将该令记录在案。此次所报三十四名，浑而言之冻饿而死，时气而死。所谓时气者，是否仍系疫？究竟冻饿死者几人，时气死者几人，并未分列考证确数，殊属含混。城外交通，地方检验行旅，如系来自疫地，不应未经检验入城，应查照定章，依限留验。并仍查照迭次批饬，认真办理，勿再玩视。切切！仰即知照，并候。宣统三年二月总科长周。"① "据查该县报仅止四十三名。事前未经防范，事后工多弥缝，实属异常疏忽，应将该代令先记大过一次，以示严惩。一面迅将该县所属染病各地，遵照防疫局须业章例，办理具报，勿再玩事。至于详参，禀遵切。"② 上述材料叙述了吉林防疫总局对磐石县烟筒山防疫不力的调查与处理结果，从中我们可以看到吉林防疫总局在监督官员、治理官员的力度和决心。

晚清政府对于防疫出力官员的奖励力度也是很大的。吉林行省为依兰府报请奖励人员奏折中载："谨将依兰防疫在事出力绅士医生书记警

---

① 《磐石县详县属染疫遵设防疫局具清折请核及民政司的批示》，《吉林省民政司档·J023-02-002号》，1911年2月28日到1911年4月19日。

② 《磐石县详县属染疫遵设防疫局具清折请核及民政司的批示》，《吉林省民政司档·J023-02-002号》，1911年2月28日到1911年4月19日。

兵拟请外奖分晰缮单：绅士监生乔如亮、医生王文津、原玉瑞、崔锡南、张荫芳、宋荫棠、惠振铭、谭庆、牛德明、刘蕴德、马时扬、传世桢、刘名山，以上十三名拟请赏给五品功牌；书记生荣庆三姓厢蓝旗承恩佐领下披甲杨景泽，吉林依兰府人，双庆三姓厢黄旗诺莫珲佐领下披甲赵蕴璋，吉林依兰府人林景泽，双庆三姓厢黄旗诺莫珲佐领下披甲赵蕴璋，吉林依兰府人，孙颢，吉林依兰府人，以上五名拟请赏给六品功牌；李长信，山东登州府蓬莱县人，拟赏给七品功牌；俊禄吉林三姓正蓝旗赓音佈佐领下人，拟请赏给六品功牌；巡长陈上林，奉天海城县人，拟请赏给五品功牌五品顶戴；贾文瑞，直隶三河县人，拟请赏给蓝翎将丸"。①

　　从吉林防疫总局对官员的权责分配与监督奖惩中，我们可以充分地了解到防疫总局对此次防疫工作的重视程度，他们以权责分配作为防疫工作畅通的保障，以奖惩为手段来督促官员的防疫。正是基于以上的努力，才使得此次东北的防疫工作取得了令人比较满意的结果。

　　2. 对防疫工作的指导

　　全面指导吉林地区防疫工作是吉林防疫总局建立的根本目的。在东北疫情暴发以后，伍连德总医官就提倡在各地建立防疫组织，以控制各地的疫情发展，并且能够起到根治鼠疫的目的，吉林防疫总局正是在这样的需求上建立的。吉林管辖防疫区众多，单靠一个防疫总局是不可能起到对各地疫情的具体掌握与防治的作用。所以在吉林各地都建立防疫局的基础上，吉林防疫总局的行政职能便从当初的具体防治到过程的全面指导工作。总局对吉林防疫工作的指导是宏观的，这样既给了地方防疫机构一定的自主权，又能全面掌控吉林地区的疫情发展与防治情况，是一件一举两得的事情。在对地方防疫工作的全面指导中，总局工作包括了财政支出、官员任免、奖惩细则、交通管制、社会动向等几乎全部内容，在这里，仅就对地方防疫行政工作、防疫经济工作和社会风气的引导三大方面进行论述。

　　第一，对地方防疫行政工作的指导与影响。随着吉林防疫总局的建立，下属各厅、州、县均建立起各级防疫局与防疫组织，如磐石防疫局、榆树防疫局、舒兰防疫局等。这些地方防疫组织的建立较好地控制了吉林地区的鼠疫疫情。但随之而来的吉林防疫总局对于地方防疫组织工作的监管问题也就出现了。吉林防疫总局能够以怎样的形式进行监

_____

　　① 《吉林行省为依兰府报防疫出人力员请奖事宜批文》，《吉林将军衙门档·J001-37-0998 号》，1911 年 5 月 23 日到 1911 年 6 月 7 日。

管、监管的力度如何也就成了总局工作所要直接面临的问题。根据考证，吉林防疫总局对于地方行政效能的指导主要是以"一个统领、二种渠道、多种方式"的监督管理模式进行的。"一个统领"是指吉林防疫总局作为吉林防疫工作的总机关，与地方各级防疫组织的关系是领导与被领导的关系，各级地方防疫组织必须听从总局的安排与调度，不可在总局规定的范围外进行任何的行政工作。这样做可以从根本上掌握吉林的防疫工作，不会使它在工作中出现偏离轨道的事情来。"二种渠道"是指吉林各地防疫组织直接向总局汇报本地的防疫工作情况和吉林防疫总局通过调查、研究等方法对各地的防疫工作进行督察，并且会以电报、行政命令等方式向下属各机关传达其总局的指导和安排意见。这样做可以全面地监督、管理各地的防疫组织，使总局在工作中不易受蒙蔽和出现疏漏。"多种方式"是指对于地方的防疫工作指导主要是以掌握防疫工作的大方向为主，不具体干涉地方的防疫活动，各地的防疫组织则相应制定适合本地区实际的防疫法规和工作方法，总局会以各种不同的方式进行指导和提供辅助性的帮助，比如补充资金、提供人员就业岗位、提供先进的防疫方法等，这样做既可以实现对地方防疫机关的管理，又有益于调动地方防疫工作的积极性，使其发挥出更大的作用。

以吉林防疫总局回复各地电文为例，来展现总局的相关工作情况。关于外籍人士接受中方检查并要求其服药的工作，总局曾电复临江府"悉俄兵俄侨均受地方检查，如能办到，固按一律，惟请愿服药。果系鼠疫，未便给服中药。已由本局电商哈局郭司，使酌派西医一员到府预备，以昭慎重。一俟该医到日，务即妥为接待。防疫总局勘印。"① 关于对吉林境内江中的弃尸问题，总局曾责令滨江、新城两府全力稽查并焚毁，"电饬滨江厅、哈尔滨林丞鉴：据双城金守电，稽查沿江弃尸，下游与哈埠四方台为界，四方台以下，应责成该厅派警实力稽查，开江浚，并打捞。随时焚埋，勿稍诿卸。"②，"电饬新城府，新城刘守鉴□。双城金守电，稽查沿江弃尸，上游与新城呈沙坨子为界，黑沙坨子以上应责成该府派警实力稽查，开江浚，益打捞，随时焚埋，勿稍诿卸。"③关于防疫资金的划拨及使用，防疫总局曾电复双城、农安两府，"电覆

---

① 《吉林全省防疫总局为防疫事宜电各属》，《吉林全省防疫总局档·J029-01-0050号》，1911年2月15日。

② 《吉林全省防疫总局为防疫事宜电各属》，《吉林全省防疫总局档·J029-01-0050号》，1911年2月15日。

③ 《吉林全省防疫总局为防疫事宜电各属》，《吉林全省防疫总局档·J029-01-0050号》，1911年2月15日。

双城府，双城金守文："电悉请款三万吊，已电由滨江道照旧划据，仰即具领，防疫总局寒印"①，"茹令寒电，悉需款三千吊，准由度支司电饬统税局照拨，防疫总局印。正月十五日电覆延吉。彭守寒电，悉提款五千吊应准照拨。聘日医作顾问事宜可行，惟不得以行政之事，责其助理。仰即遵照防疫总局，印正月十五日。"② 关于外派官员的眷属车马检验问题，总局曾电令宾州府，"电覆宾州府、宾州许守元电，悉杨牧赴伊，已分电哈长防疫局，惟所携眷属随到验放，其跟役车马仍照章留验，换雇。仰转饬遵照，防疫总局寒印。"③ 关于官员任免，总局曾电复五常府，"电饬五常府：……查山河屯地方疫重，病毙死，棺多未掩埋，遗弃遍野，被犬残食。该防疫委员王步云、孙逢阳、王英槐先后玩误，实属办理不力，应予酌量申斥撤换。仍一面由该守确查遗弃疫尸，迅饬如法掩埋，并速详覆防疫总局条。"④ 关于交通阻断问题，防疫总局曾责令榆树、双城两府，"电饬榆树厅。榆树刘丞□、双城金守麻电，府境正南兰麦河与榆树昆连南岸交通，彼此应切实阻隔，尘即亟办，勿稍疏各，防疫总局庚"⑤，"电覆双城府。双城金守麻电：悉该府昆连榆境兰麦河南岸，应阻交通，已电饬刘丞照办矣。防疫总局庚。"⑥ 关于尸体掩埋问题，防疫总局曾令阿城府，"电覆阿城。谭令来电悉。俄报妄载俄员来查，皆为我办防疫上之重大警惕，该令已早将死尸掩埋净尽，不致受人指摘，办理甚是，仍望时特加慎勉，勿稍疏忽，防疫总局删印。正月十五日。"⑦ 关于物资供应问题上，长春曾向防疫总局要求供应硫磺，"电覆：长春何守鉴：本局硫磺缺乏，请即代购五万斤，速

① 《吉林全省防疫总局为防疫事宜电各属》，《吉林全省防疫总局档·J029-01-0050 号》，1911 年 2 月 15 日。

② 《吉林全省防疫总局为防疫事宜电各属》，《吉林全省防疫总局档·J029-01-0050 号》，1911 年 2 月 15 日。

③ 《吉林全省防疫总局为防疫事宜电各属》，《吉林全省防疫总局档·J029-01-0050 号》，1911 年 2 月 15 日。

④ 《吉林全省防疫总局为防疫事宜电各属》，《吉林全省防疫总局档·J029-01-0050 号》，1911 年 2 月 15 日。

⑤ 《吉林全省防疫总局为防疫事宜电各属》，《吉林全省防疫总局档·J029-01-0050 号》，1911 年 2 月 15 日。

⑥ 《吉林全省防疫总局为防疫事宜电各属》，《吉林全省防疫总局档·J029-01-0050 号》，1911 年 2 月 15 日。

⑦ 《吉林全省防疫总局为防疫事宜电各属》，《吉林全省防疫总局档·J029-01-0050 号》，1911 年 2 月 15 日。

雇车送来，防疫总局。正月三十日。"①

相对于吉林省内各疫区，防疫总局与哈尔滨防疫局的联系是比较密切的。"电哈尔滨。哈尔滨郭司使台鉴接临江朱守沁电：该府驻省俄兵侨共十余人，均受地方防疫检查，惟患病请愿服药。拟请酌派西医一员，益常药饵前赴临江预备，以昭慎垂。已电覆朱守知，且益赏赐，覆乃盼。防疫总局勘印"②，"电哈尔滨。哈尔滨郭司使台鉴接双城来电，沿江河设立防疫检验所十处需款三万吊，甚急，请仍由贵由划据，以便造报。"③，"电哈尔滨防疫局。哈尔滨防疫局鉴：新委伊通州杨直牧，奉饬迅赴新任，现已宣。此月十五日携眷男女八人由宾州动身，经过哈长，应请贵局援特别放行，例准本官眷属随时验放，以利遄行。惟跟役车马仍照三车留验，念换雇，乞赐酌办，述慈。"④

在上述发给各地的电文中，吉林防疫总局回应下属各厅、州、县及相关地区的防疫局的请求，内容涉及像官员任免、防疫措施、资金调动等多个方面，充分地体现了防疫总局作为省一级行政组织的宏观指导能力，突出了总局对地方工作指导的全面性、系统性。

第二，对地方防疫经济工作的指导与影响。吉林防疫总局对地方经济工作的指导主要体现于防疫资金的调用、防疫款项的分配以及对在防疫工作中表现优异的各级防疫组织人员的奖励等等方面。虽然由于防疫总局款项来源于政府划拨和地方捐款等，资金配给并不充足，但总局仍然能够克服种种困难，在资金划拨上严格遵循本局制定的有关章程，最大化地用于防疫，对于额外资金划拨十分慎重，并且对官员贪污腐败予以严惩。这种对地方防疫经济工作的指导，较好地配置了防疫资金的使用，为东北地区的防疫工作创造了有利条件。

第三，对社会风气的引导与影响。吉林防疫总局在关注吉林各地区防疫工作的同时，也很注意对社会风气的引导。在这次东北大鼠疫盛行之时，社会上关于这次鼠疫的种种谣言纷纷流传，极大地影响了东北鼠疫的防治工作。因此，对于社会风气的正确引导也是防疫总局工作的重点之一。

---

① 《吉林全省防疫总局为防疫事宜电各属》，《吉林全省防疫总局档·J029-01-0050 号》，1911 年 2 月 15 日。

② 《吉林全省防疫总局为防疫事宜电各属》，《吉林全省防疫总局档·J029-01-0050 号》，1911 年 2 月 15 日。

③ 《吉林全省防疫总局为防疫事宜电各属》，《吉林全省防疫总局档·J029-01-0050 号》，1911 年 2 月 15 日。

④ 《吉林全省防疫总局为防疫事宜电各属》，《吉林全省防疫总局档·J029-01-0050 号》。1911 年 2 月 15 日。

在当时，晚清政府正处于纷乱之际，政局极不稳定，再加上国难当头，国民自身危机感浓重。所以鼠疫一经爆发，社会上立即流言四起，社会秩序陷于混乱，国外殖民势力也想趁机捞取最大利益。当时东北比较有影响的《盛京时报》就很早地报道了全国各地的疫情和各地对鼠疫的防治情况，这使民众在一定程度上获得了相关的真实信息，政府各个组织也竭尽全力，利用各种方法稳定百姓的情绪和混乱的社会局势。为了防止吉林地区出现混乱的局面，吉林防疫总局于成立之初就颁布多项法令来稳定社会秩序，如防疫总局要求各学堂勿信谣言："乃闻有一种不法之徒散布谣言，谓此种疫症系由外人贿通内地莠民，沥布疫种于水中，俾人饮之即行疫毙，以讹人心惶惑，遂令无知民众轻信其言。无病之家，不愿受公家检验，有病之家，不甘用公家医药，互相隐瞒怀疑。训至一人染疫殃及全家，一家染疫殃及邻近，决防溃堤，不可收拾，言之深堪痛恨。倘非严行杜绝，何以保民命而公安。查学堂为造兴论之机关，深恐其少年学生，不知此事轻重，轻信谣言，互相腾说，好言生事，传为新闻，实于防疫前途大有阻碍，为此，特行札饬到该司，即便传饬各学堂监督及管理人员，须为约束学生，如闻有此等谣言，务宜详为解释，万一学生中有不遵约束，轻信谣言，及好言生事者，即行严加惩戒，以靖谣言，而维公安，切切特札。"① 告诫学生不要轻信谣言而贻误防疫治理时间，导致疫情严重。像这样的训令，防疫总局几乎每日都在发布。

防疫总局对社会风气的引导与控制，极大地缓解了鼠疫流行带给人民心理上的压力，很好地稳定了社会秩序，为吉林防疫工作的开展提供了相对稳定的社会环境。吉林防疫总局对于吉林防疫工作的全面指导，极大地稳定了吉林地区的疫情，对最后防疫工作的顺利进行起到了积极作用。

四、与各方的防疫合作

在吉林防疫总局对东北大鼠疫的防治工作中，对外交涉与东北各地区之间的交流是吉林防疫总局工作的重要环节。早在鼠疫暴发初期，各国就对中国东北境内的鼠疫情况予以密切的关注。尤其是中国周边的国家，像日本、沙俄都在东北有特殊利益关系，都想利用这次东北大鼠疫的机会对中国施加压力，以达到其蓄谋以久的在中国扩大权益的计划。由于这次疫情事关重大，各地防疫局之间暂时抛开了官宦隔阂，通力协

① 《吉林行省为转饬各学堂约束学生勿信谣言有碍防疫札提学司》，《吉林将军衙门档·J001-37-4575号》，1911年2月11日。

作，彼此互通疫情信息，共同应对瘟疫，抵御列强的侵夺。中、日、俄三方曾在吉林鼠疫最严重的时候派出人员共同协商防疫事宜，以对疫情继续扩大有所防备。吉林防疫总局与日、俄等国就鼠疫防疫之事展开交涉工作。

1. 总局与日本的防疫合作

在防疫过程中，日本是最为关注东北疫情的国家之一，其原因是因为在东北有巨大的利益。作为邻国的日本也担心鼠疫一旦失控住入日本的后果。因此，日本首先站在国外关注东北鼠疫的第一线，而作为东北疫情最重的吉林省，与日本在各方面的合作也就更加频繁了。

日本早在鼠疫刚开始的时候就非常关注东北的疫情，《盛京时报》载大连的安倍博士在鼠疫初期就发表了《防疫论》，文中谈及了鼠疫发生后哈尔滨地区的疫死人数情况，并且预测疫情有南下的趋势，警告吉林做好防范工作①。之后日本的绵贯与三郎也在宣统二年十月十九日的《盛京时报》上发表《百斯笃疫预防说略》，这些文章表明日本对吉林乃至整个东北鼠疫的关注。

随着吉林省鼠疫日益严重，日本医学界也频频到吉林进行考察调研，日本防疫学专家北里博士在宣统三年正月二十五日（1911 年 2 月 23 日）就到长春进行了疫情调研，并且考察了火葬场等防疫重要场所②。在经过调查之后，中日双方地方官员再次会面，交涉司韩使司、张总办代表中国与日方小池、佐滕和久保田三名官员进行会晤，双方基本达成一致，并且决定近日内制定具体的防疫办法③。与此同时，日本在东北成立了临时防疫部，人员安排如表 3.2 所示。④

表 3.2　日本驻东北临时防疫部人员安排表

职　务	人员安排
临时防疫长	警视总长：左滕友熊
次长	满铁理事：久保田政周
委员	满铁总裁：中村是公步兵大臣：宫田为三都督府事务官：小池张造 陆军军医监：宇山道硕都督府事务官：蜡山长治郎 都督府技师：村田升清都督府警视：东烟英夫 满铁地方保长：茂泉敬孝医学博士：河西健次安倍仲雄

① 《安倍博士之防疫论》，载《盛京时报》，第 5 版，宣统二年十月十六日。
② 《北里博士莅长之纪文》，载《盛京时报》，第 5 版，宣统三年正月二十五日。
③ 《中日协商防疫之前途》，载《盛京时报》，第 5 版，宣统三年二月初一。
④ 《日本临时防疫部各员衔名录》，载《盛京时报》，第 5 版，宣统三年二月初一。

除了上述外，日本方面对于中国国内疫情展开了说实调查，他们通过各种渠道对中国的疫情进行了解。《日本报告满洲疫患》："字林报载，初五日东京电云，满洲患疫而死者今据报告共 860 人，内日本人 3 名，韩人 7 名，南满洲铁路区域内之华人 150 人。长春染疫者 370 名，均救治无效而卒"①，"来自东京的消息：中国鼠疫盛行，死亡人数已不下一万，至阳历二月十日止，各地死亡人数如下：北满洲东清铁路路界内共死亡 1 871 人，其中俄国 59 人，日本 2 人，法国 2 人。其余均为华人，尤以哈尔滨为最，死亡 1 227 人，另外在该铁路路界外死亡 5 037 人，仅哈尔滨境内的付家店就死亡 4 585 人。南满洲南满铁路路界及关东州内死亡人数共 189 人，其中长春 90 人，大连 66 人（自 2 月 7 日以来无新病例）。路界外共死亡 1 943 人，其中长春 938 人，奉天 808 人。整个南满洲死亡 2 132 人，其中日本 3 人，朝鲜 8 人，英国 1 人。"② 正是在这种细致调查的基础上，日本方面深知防疫事体重大，亦事关自身生命财产安全，才会进一步地与中国进行鼠疫防治方面的合作。

首先，关于聘请日方医官。在这次防治东北鼠疫过程中，吉林防疫总局为了能够尽快地掌握东北的疫情和治理鼠疫的方法，专门从外国聘请了专门防疫医师，日本也是其中之一。在日本方面，从吉林长春鼠疫开始发生之后，日本人就开始大行干涉，声称中国人饮食不知道讲究卫生，若没有日本医生为之防治，中国绝不能够杜绝其传染，于是便擅自派医师和士兵到中国屠宰牲畜的地方监视，甚至亲自屠宰。由于其行为稍有不当，所以中国政府与日本在聘请医师方面进行了交涉。虽然中日双方在防疫问题上略有分歧，但是出于共同防疫的目的，中方还是最终聘请了日本的防疫医师。

其次，关于对日方医师褒奖。在此次东北防疫过程中，日本医师虽然出于不同的目的在中国工作，但是对于日本医师在东北防疫工作中的贡献，还是应该给予肯定的。防疫总局上层就肯定了日本医师的工作，于是，在防疫过程中，吉林防疫总局为日本医师向晚清政府请求了褒奖。如吉林长春防疫局奏请各国领事医官奖的奏折里就有提及日本医生："当邀同日俄领事及日俄医官，并防疫部员等开防疫会，会议曾将六次会议情形缮折呈报，尤以防疫为我国善举，自当广益集恩，俾臻完密爱……因订聘日医广海拾藏为临时防疫医官，均经先后荷蒙批准各在案。自是以来，不特广海拾藏□□□□□□□，防范方法会同我国医

① 《日本报告满洲疫患》，载《申报》，第 2 版，1911-02-05。
② 《来自东京的消息》，载《盛京时报》，第 2 版，宣统三年二月二十五日。

官益求完善……时时到局会商，颇资裨益。即日俄两领及日俄防疫医官防疫部人员均能开诚布公，悉心研究，中外欢然。（……）长春疫气得早扑灭，外人与有力焉。"① 在这份奏折中还专门为日本医生申请奖励，反映出中方对日本医师在防疫工作中所做出贡献的肯定。

再次，关于与日本交通方面的合作。吉林鼠疫暴发初期，中日双方在交通往来上便开始交涉了。《长春中日隔断交通之章程》的颁布是彼此交通交涉的开始，其规定："凡日本官民往来城内须携带中方检疫所的证明；凡中国官民往来租界内须携带日方检疫所的证明；凡往来者必须按检疫所指定的路线行走；装载粮食的车辆须按检疫所规定的路线进入日租界。"② 此次隔断交通的目的是为了隔断长春与其他地方的联系，不经过长春的车辆可自由出入日租界，出入城门的车辆则必须携带证明。这项章程虽然在一定程度上防止了鼠疫向日本控制地区的蔓延，但是交通的隔断必然会给中日双方带来不可避免的矛盾。"为移会事照得本月十一日，日本领事馆员藤井元一、伊東季藏两人，带同骡车两辆、军人两名、伺候人一名，从延吉返省，道经荒山咀子检疫所，而未持有特别放行卷，业由检疫所员请其暂留所中，待有放行卷到，始可通过。该员不允，遽率从者强行通过，进城之后，复不将所乘车辆及随带之军人、伺候人等，送至本局以便送还。……查防疫事务，本带有国际的性质，其关系内外国人生命，至为重大。本局所布防疫法令，日本领事应如何尊重，始称其东方文明国之代表，相应移会贵司，请烦查照，照会日本领事，以后应饬该管人员，毋得蔑视防疫法令，以重民生而顾体面，须至移者。"③ 在吉林防疫总局移交的一件批复中，我们可以看到交通阻断带给中日双方的矛盾，而这种矛盾在整个东北防治鼠疫过程中时有发生，但是由于双方能够在共同利益的基础上进行交涉，所以没能酿成重大国际争端。

2. 总局与沙俄的防疫合作

沙俄对东北鼠疫的关注度颇大。他们关注中国鼠疫的原因与日本基本相似，自近代以来，沙俄与日本在东北利益问题便频繁争夺，《惨哉东三省之染疫地》一文中说："哀哉东三省之同胞！自日俄开战而东三

---

① 《吉林行省为长春防疫局呈报各国领事医官警员襄办防疫请奏奖宝星的批》，《吉林将军衙门档·J001-37-1095号》，1911年5月23日。

② 《中日隔断交通章程》，载《盛京时报》，第5版，宣统三年正月二十一日。

③ 《吉林全省防疫总局为日领事车辆不认留验的移及交涉司移复》，《吉林全省防疫总局档·J029-01-0016号》，1911年3月1日。

省之民一厄，自发现鼠疫而东三省之民又一厄。"① 东省人民在天灾兵
祸之后又遇人祸，"俄人以满洲里鼠疫之故，圈禁华人于瓦罐，死亡相
继于街，财产房屋又不略偿损失，以故该处人民之幸而生者，流离失
所，惨不忍睹。呜呼！俄人此举，岂真防鼠疫哉？直灭种耳！同胞其何
以堪此。"② 况且沙俄与中国接壤，疫情在东北的发展直接关系到沙俄
本国的利益，所以吉林防疫总局与沙俄的交涉也是在情理之中。

　　关于中俄在相关地区检疫的交涉与合作。

　　对于中俄两国医官在分属疫区的检疫，双方曾进行了多次交涉，
"照录致俄廓使函正月二十四日。……贵大臣照开防疫办法，历经本部
照复在案，所有未尽事宜兹再详细声复如下：一、检疫华工。由中国经
海路前往俄国海滨省一节，本部本拟凡自中国北省海口，乘轮出口之三
等舱位暨统舱搭客，于未上船之先，及船未开行之先，应由本口卫生医
官检验。果系无病之人，方准出口。其在何时何处检验，应由该口管理
卫生官员，与该轮公司公同酌定，并将此节加入天津、秦皇岛、牛庄、
烟台、安东各口。现行检疫章程之内，业经照会。领衔英国朱大臣，商
请各国大臣公司认可。此法一经施行，所有由各海口前往俄境工人自
己，包括在内。一、松花江等处检验事宜，本部现拟于松花江各口已设
税关之处，组织检验处，分派西法医生经理其事。凡船只到口时，均应
由该处医员检验；凡在拉哈苏搭船前往黑龙江暨该口以外等处之客，须
先经医官检验方准上船。至松花江各口，检验处之详细章程应由该处监
督税务商订定送请。"③ 在此命令中，中方规定了外国医师要认真检验
港口疫情，同时为中俄检疫地区明确了界限。由于中方对俄境港口的检
疫人员均为外国医生，所以俄方并没有提出异议。

　　中俄在共同防疫的过程中，俄方也向中方派出了大量医生进行防疫
协作。中方对此也同样予以肯定，并且对在东北防疫过程中做出贡献的
俄方医生予以褒奖。在中俄双方的防疫工作中，吉林防疫总局对中俄双
方的检疫协作也有明文规定："先经医官检验方准上船，至松花江各口
检验处之详细章程，应由该处监督与税务司会商订定，送请贵国驻哈总
领事官认可后。方令该江往来船只一律遵守。至边界江河，中国政府承
认，务须在中国界内办理一切防范事宜，并极力相助。凡俄官在俄国界

---

　　① 时评：《惨哉东三省之染疫地》，载《申报》，第6版，1911-02-11。
　　② 时评：《惨哉东三省之染疫地》，载《申报》，第6版，1911-02-11。
　　③ 《吉林全省为防疫事时值责令应将松黑两江等外招聘医士认真检验以免传染给全省防
疫总局等的札》，《吉林将军衙门档·J001-37-4651号》，1911年3月17日。

内施行阻止旅客传带疫气前往俄国之办法，中国拟在爱珲设立边界检验总处，委派西法医生等经理。现当黑龙江尚未开冻之时，中国政府拟饬该处与俄国卫生官员接洽，会同研究商订办法，以便在该江一带各通渡要津，协同办理。至若何查验边界江河往来行驶船只事宜，中国检验处，亦可会同俄国卫生官员协力办理。以上办法相应处函达贵大臣查照，见复可也，顺颂。"① 在此规定基础上，双方又进行了有关防疫细则的交涉。这种协作在一定程度上防止了中俄两地疫情的蔓延，为双方的深入合作打下了基础。

在中俄双方的合作中，不可避免地会出现矛盾和摩擦，俄方领事与医官多次对中方的防疫工作提出意见，但这并不影响双方防疫工作的开展。

3. 总局与其他各国的防疫合作

在东北防疫过程中，英、美等国家均参与了此次防疫，晚清政府就专门聘请了英国医生到吉林长春进行防疫工作。据《盛京时报》载："外务部因东省瘟疫流行，以长春为最烈，第未审此症应施行有法，方能取消，故特聘英国医士，述有何种施救方法，将来必有一番宣布也。"② 各方在防疫工作的开展、防疫人员的任用、褒奖有功人员等方面都进行了合作。

4. 总局与奉天、哈尔滨两地防疫局的防疫合作

吉林、奉天、黑龙江共称东北三省，除吉林防疫总局与国外交涉之外，东北三省彼此之间的防疫合作交流也是吉林防疫总局的工作重点之一。东北鼠疫产生之后，三地都相继地建立了防疫局和防疫总局。由于当时吉林防疫总局管辖规模较大，而哈尔滨防疫局又是吉林防疫总局下属分局，双方存在隶属关系，彼此交流十分广泛。而奉天专设了奉天防疫总局，与吉林防疫总局同等地位，并且同归三省总督锡良管理。因此双方的相互交流，多为上层官员的统一调动和彼此协助。在防疫过程中，三方在疫情通报、信息传达、任务分配、人员报奖等方面都进行了积极的合作。我们以吉林防疫总局报请奖励有功人员为例，"吉林行省批：哈尔滨防疫局呈请赏发功牌奖给员书弁兵。哈尔滨防疫局为呈请事，窃查哈尔滨去冬今正疫疬剧烈，仰蒙宪台指示周详，得以早就扑灭，惟办理各种机关实资群力所有，在事医官及各项人员业由职局择其

---

① 《吉林全省为防疫事时值责令应将松黑两江等处外招聘医士认真检验以免传染给全省防疫总局等的札》，《吉林将军衙门档·J001-37-4651号》，1911年3月17日。

② 《外务部聘请英医到长》，载《盛京时报》，第3版，宣统三年三月十七日。

尤为出力，分别异常、寻常劳绩，缮具清，折恳请奏奖在案。……赏发空白翎札五十件、五品功牌八十张、六品功牌七十张，由兼署道等分别填给以示奖励，而昭激励。"① 这是吉林防疫总局褒奖哈埠防疫有功人员的批复。与奉天防疫总局的合作，主要是从了解彼此的疫情着手，相互提供防疫情报以及交流防疫经验。

第三节　吉林防疫总局的评价

吉林防疫总局是在清朝末年建立的管理吉林地区鼠疫防治工作的行政部门，是一个比较完善的省级防疫组织。它在东北防疫体系建设的历史上占有及其重要的地位，它在吉林全省的防疫过程中起到了积极作用，同时也能为我们今天的防疫机构的设置和防疫工作提供借鉴。

一、发挥了制度建设和行政作用

吉林防疫总局在此次对东北大鼠疫的防治中起到了非常重要的作用，它指导了吉林地区的防疫工作，协调了吉林各地防疫部门之间的工作。由于吉林防疫总局在此次吉林防治鼠疫过程中始终处于核心地位，总管吉林全省的防疫、行政工作。所以，它既是统一全省防疫行政工作的总机关，又兼有对省内各府、厅、州防疫局的防疫行政事务的管理。

体现在它的社会作用方面。吉林防疫总局作为省一级的行政管理机关，首先具备的就是得天独厚的社会作用，它可以在吉林省内拥有最高的行政命令权、强制执行权、官员任免权等，这使它在吉林当时混乱的社会局面下能够很好地进行防疫工作，稳定防疫部门内部的工作秩序，并且能够更好地掌握社会情况，了解形势，聚拢民心。

体现在它的宏观调控作用方面。吉林防疫总局作为省一级机关，它并不直接参与各地方的防疫工作，主要发挥它的宏观调控作用。它可以指导各地防疫局的防疫工作，听取汇报，颁布命令等，这项功能使吉林防疫工作更加集体化、系统化和组织化。吉林防疫总局在此次东北大鼠疫中还具有一个很重要的作用就是衔接黑龙江和辽宁两省的防控工作，将自身纳入到东北防疫的整体中去，成为东北防疫中的重要一环。

清政府的支持和相对自由的行政空间是行使职权的保障。中央政府全力支持全国各地的防疫局工作，重点支持吉林防疫总局。名义上的委

---

① 《吉林行省为哈尔滨防疫局呈请赏发功牌奖给员书兵弁的批》，《吉林将军衙门档·J001-37-0819 号》，1911 年 5 月 12 日。

派与监督和部分的资金配给，但这些已经给了各地防疫局以足够的资本来领导本辖区各地的防疫活动了。另外，清政府的管理力度降低客观上给了各地区防疫局充分活动的自由空间，它们可以在这空间内自行解决本地区的像资金调配、人员安排等各项事务，使得吉林防疫总局在行使职权上有了更大的发挥空间。

吉林防疫总局高度的集权与严厉的赏罚措施提高了应对鼠疫灾难的效率，同时它也给我们今天的传染病防治工作提供了借鉴。

人民群众的参与和吉林各地防疫组织的积极配合是吉林防疫的基础。吉林防疫总局在动员人民群众的工作上做的很到位。除了制定明确的章程，向当地群众示以法规上的保证外，多次利用各种媒介，发布动员令，号召人民意识到鼠疫的危害，全民共同努力来防治鼠疫。在此基础上，吉林各地的防疫组织，这其中包括总局设立的防疫组织和民间自己组织的防疫组织，都对总局的工作进行积极的配合，及时沟通地区鼠疫情报并及时处理地区遇到的问题。

二、发挥了独特的管理协调作用

吉林防疫总局在此次东北大鼠疫中，发挥了指挥全局的核心作用。其中它在东北鼠疫防控中所采取的各种措施，为我们今天的传染病防疫工作提供了重要的历史经验。

具体表现为制定和完善防疫规章制度。在吉林防疫总局建立之初就颁布各项关于此次吉林防疫的各种章程与规章制度，制度的建立首先就为这次防疫定下了正规化的基调。因为在当时的晚清政府中，很难出现制度化的行政作为，在"人治"的社会中体现出来的规章制度化已经划时代地把吉林防疫提到一个新的高度。吉林防疫总局颁布的《吉林防疫总局章程》《消毒规则》《检疫规则》等防疫的各个方面的内容，据吉林防疫总局颁布的《消毒规则》第八条、第九条中，都规定了科学防治方法的使用。其内容之全、影响力之大在晚清社会的防疫中是极少见的。

具体表现为政令信息的垂直传达与落实。在东北大鼠疫的防控工作中，政令信息的垂直传达与落实提高了鼠疫防控，当时的东北防疫属于政府行为，如果在应对鼠疫灾难的非常时期，当时的政令不通、办事效率低下的话，东北的防疫工作也不会在短时间内取得成效。当时吉林地区的防疫组织直接对吉林防疫总局负责，垂直的隶属关系使得它在政令传达上没有任何的阻力，行政效率相当之高。

具体表现为官员的合理任命与系统的组织安排。对于官员的任命与权责的分配是吉林防疫总局工作的重点之一。官员的优劣与权力是否平衡是决定此次防疫工作的关键。吉林防疫总局给予下属各防疫机关的人员安排权力是相当大的。地方各防疫机关对于防疫工作的安排是提出人员任命，提出给予该职位的薪金与人数。至于具体人员安排，则要根据本地区的防疫具体安排。例如磐石县的人员安排就非常有特点，磐石地区属于吉林东南部疫情比较严重的地区，如果要把所有人力、物力全部投入防疫工作的话，那么本地区的日常事务将无人管理。所以磐石县规定下层工作人员基本上都从地方百姓中选拔出来的。据磐石县拟定的办事规程中载："在庇寒所设所丁二名，一以看守禁养贫民，一以差遣来往送信等，事月支薪饷银各八两。隔离所设所丁一名，照待在所未染疫之家人，月支薪饷八两。诊医、检医、庇寒、隔离四所，共设司书一名，籍资登记簿一名，文牍，月支薪饷银八两。厨子一名，服侍在所留验禁养人等饭食，月支薪饷银八两。"[1] 像这样的人员职位安排在这次防疫人员任命中特别多，这样的安排为防疫工作的顺利进行提供了保障。

具体表现为适当的财政调配。吉林防疫总局对东北防疫款项的调配以及下属各机关对防疫款的使用，是防疫总局工作的基础。总局对于款项的调配主要是根据总局下属各机关上报给总局的实际情况予以调配，而地方对于防疫款项的使用要严格遵循吉林防疫总局的规定，要及时将资金使用情况上报总局，这样做有利于总局对资金的核对与预算，还可以为总局制定防疫计划提供依据。

吉林防疫总局对于防疫款项的划拨使用主要是根据地方实际情况进行的，在具体款项的使用上主要是以宏观调控、统一安排为主，如各地建防疫医院款、防疫人员工薪、埋葬费、消毒费、药品费、抚恤费、车辆交通费等具体的资金使用都明确记录，总局并不会对地方防疫机关的款项使用工作进行完全干涉，他们只是对地方防疫机关的申请与汇报作以批示、核对和监督。以东宁厅申报吉林防疫总局表为例。[2]

表 3.3　东宁厅申报吉林防疫总局表

东宁厅防疫局自宣统三年正月十九日起至三月底止起防疫收支各款明细数目表	
款　别	数　目
垫款	共吉平实银 330 两 3 钱 5 分 5 厘

① 《磐石县详县属染疫遵设防疫局具清折请核及民政司的批示》，《吉林省民政司档·J023-02-002 号》，1911 年 2 月 28 日到 1911 年 4 月 19 日。

② 《东宁厅为送防疫经费报告册的呈及防疫局批》，《吉林全省防疫总局档·J029—01—0038 号》，1911 年 3 月 5 日到 1911 年 6 月 4 日。

东宁厅防疫局自宣统三年正月十九日起至三月底止起防疫收支各款明细数目表	
存款	无
用款	合计：1653两3钱5厘5毫
	杂费：192两8钱3厘3毫
	购置费：130两9钱3厘6毫
	修缮费：35两
	埋葬费：无
	消毒费：无
	药品费：568两4钱6厘8毫
	消耗费：351两7钱1厘9毫
	夫役工食：86两4钱，夫役6名，每名每月工食银6两，自正月十九日起算
	防疫队薪饷：288两，防疫队20名，每名每月饷银6两，自正月十九日起算
收款	合计：1320两
	东宁统税拨款：1000两
	绅商捐输：120两
	本厅捐廉：200两
说明	表列银数系以东宁市价每宁钱三吊折吉平实银一两。哈埠长春一带疫气渐平，自四月初一日起双榆树小绥芬两处检验所均已裁撤并裁撤防疫队十名，因俄境尚未开运河沿查验一层未便遽裁致贻外人口实，故留东关检验所一处防疫队十名以节经费。防疫局委员医官均尽义务不支薪水

表 3.3 中详细阐明了东宁厅对东宁地区防疫款项的使用，其中包含了使用项目、具体款项和说明。表中明示东宁厅对防疫款项使用项目为十项，除了杂费为使用款项中不确定的因素外，其他款项用途标注确切，使用明确。收款主要由三大项来负担，统税拨款还是占收款的七成左右。说明吉林防疫总局对下属各厅要求严格，吉林下属各厅、州、县对防疫款的使用相当精细。

此外在对防疫过程中的抚恤金使用问题上，防疫总局也做了明文规定，"吉林为防疫捐躯的报酬，医生抚恤银一万两，学生抚恤银五千两。"① 这项支出主要是出于安抚民心、稳定社会秩序之用。

防疫资金的调配与使用，直接反映出了吉林防疫总局工作上的细致与认真，在防疫资金不算充足的情况下精打细算用于防疫有效部分。

民俗的强制性变迁。在中国老百姓心中，一直被传统的封建观念和伦理道德束缚着。长久以来，也不乏仁人志士试图改变百姓心中传统的东西，但是很多都是无功而返。在此次东北大鼠疫中，由于中国人心中传统的旧观念作祟，使得鼠疫从一开始就蔓延得相当快。很多地方百姓不懂科学的防治方法，拒绝医疗、拒绝隔离、强行送葬等习俗导致鼠疫蔓延到各地，正如《盛京时报》载："自治筹办处日前会议防疫事宜经诸绅议决，各乡镇设立隔离所数十处；每处派防疫官绅各一员并防疫队十五名或二十名，乡民闻之均不认可。日昨聚集三百余人，过江晋省，齐赴筹办处论之。"② 再加上交通阻断不及时，返乡人员过多，同时也造成了鼠疫的大面积蔓延。正是因为这样，清政府果断下令推行火葬，东督锡良致电吉、黑二抚，要求他们采取火葬办法，由于疫气仍未见轻"势不能不亟为设法。斟酌再四，恐非从权暂准火葬，别无应急之法。并希迅饬地方官，剀切晓谕，免滋谣惑"。③ 要求吉林、黑龙江两省将火葬作为一项应急措施来抓。这样就改变了传统的土葬和停棺的习俗。其次，他们在吉林进行了大量的科学防治鼠疫的宣传，如将科学防治方法以法规的形式定下来，强行将其深入人民的日常防疫中去。再次，在衣食住行等方面也进行了大量的强制性改革，吉林各地防疫局倡议坚持打扫卫生、扑灭老鼠、注意个人洁净等。

在这次吉林防疫总局在东北大鼠疫的防治工作中，虽然成绩是显著的，但是其中的历史教训也值得我们在今天防疫工作中去吸取和借鉴。

东北旧有的习俗和鼠疫发生初期的官方防控不力是留给我们当今防疫工作深刻的历史教训。在东北鼠疫暴发初期，由于当时铁路、公路等交通相对发达，使得鼠疫蔓延起来速度非常快。当时在满洲里、哈尔滨、吉林等处均发现了鼠疫，但是由于东北民间固有的旧习俗的阻碍和官方的防控不力，使得鼠疫大面积蔓延。

东北当地旧有习俗非常多，总结起来有传统的封建迷信、固有的生活习惯、忌讳医疗、深厚的乡土观念和封建伦理道德等。老百姓对民间

① 《吉林为防疫捐躯的报酬》，载《盛京时报》，第 5 版，宣统三年正月十七日。

② 《人民反对防疫之现象》，载《盛京时报》，第 5 版，宣统三年二月初一。

③ 《东省防疫记》，载《申报》，第 5 版，1911-02-10。

的天命说、鬼神说深信不疑，其结果就是无人愿意在鼠疫泛滥后就医，而是利用祈祷、拜神求仙方的办法来防治鼠疫，这阻碍了东北鼠疫初期的防治工作。其次，东北人民固有的生活习惯也阻碍东北鼠疫的防治。东北人民习惯于吃饭、睡觉在一处，没有很好的卫生习惯。丧葬嫁娶等红白喜事更是人越多越好，许多人就是在这种场合下被传染上鼠疫的。再次，东北人民对西医也是相当的排斥，他们拒绝看西医、吃西药，认为这会毒害其身心。复次，东北人民传统的乡土观念使得远在外地的人民每逢佳节都要回家探亲，从疫区回来的人民有很多已经被传染上鼠疫，他们的流通频繁直接导致东北地区鼠疫迅速蔓延。最后，封建的伦理道德在东北人民生活中的演化就是在直系亲属病故的时候，长亲或是晚辈对于故人要办大葬，往往停尸、祭祀，这样的送葬方法使得鼠疫直接传染到其家人，加速了鼠疫的扩散。这种种不利的习俗使鼠疫在东北呈大面积蔓延，在疫情扩大后，东北当地政府官员并没有对鼠疫采取行之有效的防疫手段，而是采取传统的、简易的隔离方法，无组织地进行地方防疫，为东北以后的防疫工作制造了困难。

防疫过程中因为官员的玩忽职守与隐瞒不报而导致疫情扩大的情况，给我们当今的防疫工作予以警示。吉林防疫总局对官员的惩办力度相当之大。这与在东北大鼠疫暴发之初官员对鼠疫的防控不力有关，有些官员玩忽职守，有些官员明知道疫情严重却为保自身官位而隐瞒不报，致使本地人员疫毙严重。像这样对于疫情疏忽、隐瞒者在鼠疫发生初期到处都是，使得鼠疫泛滥成灾。此点为我们今天的防疫工作提供了很好的警示。

第四章

应对鼠疫灾难的防疫法规建设

1910 年至 1911 年的东北鼠疫灾难，是 20 世纪中国乃至世界发生的最大的一次鼠疫灾难，对中国近代史曾产生了深远的影响，其防疫活动也成为中国历史上第一次具有真正近代意义的防疫实践。特别是为应对鼠疫而掀起的大规模防疫法规建设，还催生了中国近代第一部全国性的防疫法规，为近代中国的公共防疫制度建设提供了新范式，对中国和世界的卫生事业都有着重要的意义。

第一节　鼠疫灾难催生近代防疫法规

为了应对此次鼠疫灾难对民族生存的威胁，清政府与民间均采取了各种积极有效的防疫措施，其中颁布大量的防疫法规可以说是在诸多卓有成效的防疫举措中至关重要的内容之一。如此数量众多、类型全面、内容广泛的防疫法规出台，也是中国历史上前所未有的。这种利用法律手段控制传染病的行为，使整个防疫过程更为理性化，有利于防疫措施的科学化顺利推行，对鼠疫的最后扑灭可谓功不可没。这也是此次防疫工作赋有了近代意义的重要标志之一。

"疫"指瘟疫，各种急性传染病流行的通称①。防疫法规，通常是指为了防范和规避各种重大自然灾害而颁布的强制性条款，是指由国家

---

① 　辞书编辑委员会编：《辞海》，436 页，上海，上海辞书出版社，2002。

制定或者认可，并以国家强制力保证实施的有关防疫方面的法律规范的总称，泛指各种相关法令、条例、细则、规则、办法、决定、决议、命令、意见、规章等。"只要是国家制定和颁布的法律规范性质的文件，都具有国家强制性和普遍约束力，都必须遵守执行。违反这些法规，都要受到法律的制裁。"① 本文所说的防疫法规，取的是这个泛指的定义，并非特指法律。鉴于此次疫情时间和空间的特殊性，本文中防疫法规又特指当时清政府及各地方当局颁布的目的在于预防、控制和消除鼠疫的各种法令、条例、规则和章程等。

颁布防疫法规，是防治传染病的重要手段。我国是世界上最早使用法律手段管理医药卫生的国家之一，自古就有关于防治传染病的法律规定，虽然没有体现为法典形式，但是散见于各种律书和各种专籍中。据史书记载，我国在周朝时就已经使用隔离的办法控制传染病，"疠人院"就是周朝为隔离麻风病患者而设立的隔离病院。到了秦代，开始出现关于传染病防治的立法，这是已知的我国最早的关于防治传染病的立法。根据 1975 年湖北云梦出土的《睡虎地秦墓竹简》的内容可知，当时的传染病预防立法已涉及以下几个方面：一是主动预防，及时报告；二是确立标准，谨慎诊断；三是设立机构，强制隔离②。秦朝设置的"疠迁所"是专门安置麻风病人的隔离机构，这可能是世界上最早的传染病隔离区，而法律规定政府应设置专门机构隔离传染病患者，应该是中国历史上最早的记载。汉代承用秦律，仍然执行这些规定。至晋朝，国家要求采取隔离措施已成为制度。

先秦以后的历朝历代，逐步完善关于传染病防治的法律制度，在2000 多年的中国古代封建社会里，已形成了强制隔离切断传染源、积极善后掩埋尸体、重刑惩治破坏环境行为、积极预防及时报告、派遣医官巡诊及无偿施药、设立机构控制巫术、药物备用实行法律强制性规定和减免赋税发放救济粮款等多方面防治传染病的法律规定③。但是封建吏治的腐败使这些法律规定难以切实执行，再加上某些贪官污吏利用自然灾害牟取私利，往往使小范围的的灾害扩大成为全局性的重大灾害。

清朝以前的各个朝代对以法治疫有了一定的认识，清代灾疫繁多，积累了丰富的例法治疫经验，东北鼠疫流行，可以说提供了一个契机，

① 杜培荣、屠云人主编：《卫生防疫事业管理》，153 页，成都，四川科学技术出版社，1991。

② 王绍东：《中国古代最早的传染病防治立法》，载《光明日报》，2003-10-16。

③ 王宏治、辉子：《千年中国，以法治疫》，载《法制早报》，2005-01-18。

使人们认真地对以往的防疫法规做了一次阅兵和总结，从传统文化中汲取充足的养分，同时又吸收了西方国家的防疫法规资源，从而形成大量应对灾难的防疫法规。诸如隔离、疫尸处理、注重公共卫生、疫病报告与检疫、救济等相关防疫规则，这些在中国历史上都已存在的内容，便以应对此次东北鼠疫为契机，得以清晰地以法规形式确立下来。

一、各级政府异常重视防疫立法

1. 各级政府积极制定防疫法规

在各种近代防疫手段中，清政府及各地方当局充分认识到防疫立法的重要性，"窃查各国防疫办法，国家颁定临时遵守之各种法律，平时注意卫生行政，全国一致，无一息之懈忽。是以一有疫病发见，但遮断其一小部分之交通，便足以遏其传播之机。即不幸而境内蔓延，疫病所至地方厉行断绝往来，扑灭亦易于为力。"[1] 因此，对制定各种规范防疫行为的规则异常重视，防疫立法的步伐大大加快，大量实用、全面、有近代意识和全民国家观念内容的防疫法规应运而生。清中央政府还曾有专门召集有关部门讨论事关国家层面的各种防疫法规的动议[2]，要求"外部及邮传部议定往来留验章程"，并下令民政部拟定防疫各种临时规则"颁发通行各省以资遵守"[3]。东北各地方政府更根据本地实际情况制定了相关的防疫规则。

2. 通过媒体公布晓谕大众

清政府及各地方当局在制定防疫法规之后，不仅下发官府执行，还分别通过媒体公布，向人民进行广泛宣传，加强了政府防疫工作的透明度和实效性。当时的报纸在宣传防疫上起到了巨大的作用。各大报纸上不但有《百斯笃预防法》[4]《防疫新法报告书》[5]《详论疫源及防疫法》《论鼠疫之原理及预防法》等理论性文章宣传防疫常识，而且刊发了数

----

①《奏请订定往来验疫章程并防疫各种临时规则电》，见《东三省疫事报告书》，上册，10 页，1912，辽宁省图书馆馆藏本。

②《宣统政纪》卷 49，《清实录》，第 60 册，883 页，北京，中华书局，1987 年影印本。

③《奏请订定往来验疫章程并防疫各种临时规则电》，见《东三省疫事报告书》，上册，11 页，1912，辽宁省图书馆馆藏本。

④《百斯笃预防法》，分别刊登在宣统三年二月二十四日第 3 版、二十五日第 3 版、二十六日第 3 版、二十八日第 3 版、二十九日第 3 版《盛京时报》上。

⑤ 分别于《大公报》辛亥正月十六日第 2 张第 3 版、十七日第 2 张第 3 版、十八日第 2 张第 2 版、十九日第 2 张第 3 版、二十日第 2 张第 3 版、二十一日第 2 张第 2 版、二十二日第 2 张第 3 版、二十四日第 2 张第 3 版、二十五日第 2 张第 3 版上分 9 次连续刊登的《防疫新法报告书》，较为详尽地介绍了从个人到社会各个层面的防疫内容和防疫方法。

量众多、类型全面的防疫法规。

(1)《盛京时报》上刊登的防疫法规。

《盛京时报》全文刊登的防疫法规主要有：《预防鼠疫之告示》（营口）、《防疫会简章》（长春）、《会议防疫章程》（黑龙江）、《奉天临时防疫所办事规则》《防疫会之禁令》（长春）、《奉天省城警务局关于防疾之告示》《奉天警务局拟订通饬巡警各分区办理防疫规则》《防疫院示谕照录》（长春）、《警局防疫之示谕及条例照录》（新民）、《奉天防疫会草章》《哈埠监察卫生局之定章》《京师防疫罚则九条》《奉天省城防疫事务所修改八关检疫分所暂行规则》《临时疫病院章程》（奉天）、《奉天防疫事务所规定隔离所章程》《中日合订隔断交通之章程》（长春）、《陆军之防疫令》《防疫会四言告示照录》（长春）、《关于防疫示谕照录》（吉林）、《道署防疫之示谕》（安东）、《防疫所告示照录》（铁岭）、《督宪谕乘车工人一体留验告示及章程》（奉天）、《督宪通饬各属裁撤防疫机关归并巡警办理札》《预防鼠疫重复发生之条陈》（奉天）、《外务部发出鼠疫研究会通告》《防疫善后办法之要札》（营口）、《限制华工坐车章程之新编制》（长春东清铁路）、《东清铁路公司之防疫规则》（奉天）、《俄领事示禁华工入境》（长春）、《朝鲜总督府新改定之防疫章程》（奉天）、《关东州取缔船舶规则》（奉天）等。

(2)《大公报》上刊登的防疫法规。

《大公报》全文刊登的防疫法规主要有：《火车防疫章程》《天津卫生局紧急告示》《奉省各区防疫规章》《锡督通饬协力防疫之札文》《防疫会取缔戏园之规则》（保定）、《关于防疫之示谕两则》（北京）、《吉省检疫所留验章程》《学务公所传单（预防黑死病注意条件）》《奉天省城防疫事务所核订临时疫病院章程》《洵贝勒临时防疫所施治简章》《洵贝勒公立临时防疫所施种防疫血浆章程》《民政部临时防疫局示》《保定临时防疫局白话告示》《公立医院防疫办法》（江苏）、《通饬学校注重防疫》（北京）、《中日合订水上防疫章程》《通饬禁止泰山进香》（保定）、《关于防疫禁入俄境之札文》《安东海关取缔船舶规则》《瑷珲道预防瘟疫办法》《政府与各国医士团会议防疫法》等。

(3)《申报》上刊登的防疫法规。

《申报》全文刊登的防疫法规主要有：《防范鼠疫之通告》（上海）、《汉镇预防鼠疫纪详》《外部电商防疫治疫员恤章》《民政部拟订京师防疫局章程》《详议工部局预拟检疫章程》（上海）等。

报纸对防疫情况的报道，从时间上看，由1910年11月开始，到1911年8月为止，贯穿防疫过程的始终；从地域上看，北到黑龙江，南到湖北、上海，各地防疫情况均有涉及；从内容上看，无论是政府的行政指令，还是民间团体的自觉行为，都有所介绍。报纸对防疫法规的大量刊载，对防疫动态的跟踪报道，使广大人民充分了解政府的防疫作为，有利于减少防疫法规实施的阻力，保证防疫工作的顺利进行。

二、防疫法规数量众多内容广泛

防疫法规的数量非常之多，仅就报纸而言，比较完整的防疫法规就有 60 多个。在档案资料中，目前所见到的也有章程 20 多个：《奉天省长公署档》中有《陆军部暂行防疫简明要则》《消毒施行顺序》《关于配司脱预防注意》《奉天防疫事务处订定临时防疫规则》《百斯笃预防及消毒法》；《奉天交涉司全宗》中有《奉天省城公立卫生防疫会简章细则》《奉天省城公立卫生防疫会总分所细则》《奉天京奉车站临时检疫留验所开办章程》《奉天京奉车站临时检疫留验所开办条规》《辽阳州知州谨将参照奉天警局章程拟订防疫办法及规则开具清则恭呈》《本司署内防疫简章》（奉天交涉司）；《吉林全省防疫总局档》中有《榆树厅防疫局暂行简章》《详覆桦邑患疫情形并呈清则请查核由》《试署东宁厅通判报厅境办理防疫情形检同简章请鉴核由》《呈报防疫善后拟具办法请核示》《疫故人家属财产善后章程》；《吉林将军衙门档》中有《民政部为钦奉事本部会同外务部、邮传部具奏遵旨会陈拟订防疫章程缮单具陈一折》《火车搭客章程》《火车输运货物章程》《轮船搭客章程》；《吉林省民政司档》中有《吉林全省防疫总局章程》《消毒规则》《检疫规则》等。另外在《东三省疫事报告书》[①] 里也大量汇集了各类章程。

应对鼠疫灾难颁布的一系列防疫法规，包括防疫组织规章、防疫治疫规程、防疫辅助规制等类型，规定的内容非常广泛，涵盖从预防、控制到消除鼠疫的整个过程。尤其是各种防疫晓谕、公告、招贴、禁令等，是各级政府根据疫情发展态势，随时随地发布，针对解决具体问题的防疫法规。特点是比较零散，针对性强，数量众多，效果明显。其内容极为丰富，涉及面也非常广。有要求人民遵守防疫规则的，如《关于防疫之示谕两则》（北京）、《警厅防疫之示文》（北京）、《民政部临时防疫局示》《出示防疫》（天津）、《交涉民政二司防疫之示谕》（奉天）、《道署防疫之示谕》（安东）、《防疫所告示照录》（铁岭）、《防疫会之禁

---

① 《东三省疫事报告书》为三省各府厅州县防疫机关防疫报告的汇编，撰写者都是当时实际从事防疫工作的地方官员，因此该资料十分珍贵可信，该书下册第 2 编《防疫概况》中记载了东三省各地颁布的防疫法规。

令》（长春）、《防疫院示谕照录》（长春）、《防疫会四言告示照录》（长春）、《关于防疫示谕照录》（吉林）、《通饬禁止泰山进香》（保定）；有鼓舞防疫士气的，如《锡督通饬协力防疫之札文》；有强调防疫的重要性并宣传防疫常识的，如《天津卫生局紧急告示》《保定临时防疫事务局白话告示》；还有稳定社会秩序以保障防疫工作顺利进行的，如《锡督禁止谣言告示》《民政司禁止谣言告示》（奉天）、《为转饬各学堂约束学生勿信谣言有碍防疫而维公安》（吉林）等。防疫法规一应俱全，为防疫工作提供了强有力的制度保证，并对遏制疫情复发起到了不可低估的作用。正是由于防疫法规的全面性，才使此次清政府的防疫工作在组织管理、措施实施、医疗救护、防疫检疫各方面都取得了非常显著的成效。

第二节　防疫组织规章及其运作

面对鼠疫灾难，清政府从中央到地方成立了各级防疫组织。尤其是东北三省，建立了体系完备的省府厅州县等防疫组织。如奉天省成立了奉天防疫总局、奉天省城防疫事务所、北部防疫分局等；吉林省设立了吉林全省防疫总局、哈尔滨防疫局、长春防疫局等；黑龙江省防疫机构统称为"江省全省防疫会"，由民政司督办一切，统辖各项防疫机关。同时在各府厅州县还设立了相应的防疫机构。三省民间也成立了相应的防疫机构，主要有哈尔滨防疫会、吉林省城防疫会及其内设的省城清真防疫分会、吉林府属兴让社十甲防疫分会、奉天临时防疫会和奉天省城公立卫生防疫会等。

为了使这些组织能够有效运作并在防疫行动中发挥作用，各级政府在组建防疫组织的同时，还颁布了相应的组织规则、运作章程等，提供了强有力的制度保证，构成了防疫法规的重要组成部分。各防疫组织的运作章程结构都比较相似，主要包括防疫组织宗旨、职责，防疫经费使用的特殊标识等规定。

一、关于防疫组织宗旨与职责的规定

1. 防疫组织的宗旨

各防疫组织的章程，一般都开宗明义地讲明防疫组织成立的目的和宗旨。《哈埠监察卫生局之定章》中规定，哈埠"为实行防疫起见，特

拟组织监察卫生局，以使提倡人民咸知卫生之要"①。长春防疫会"为防疫起见，以预筹查验治疗各种方法，而保全生理为宗旨"，"与俄医官、日医官连络，以备研究良善方法"②。《榆树厅防疫局暂行简章》规定："吉省鼠疫传染最剧，厅属亦已发现，业经遵照吉林防疫总局颁发章程，设立防疫局防范。以杜绝传染为宗旨，以消除疫症为成效。"③《奉天防疫会草章》规定，该会"以预防瘟疫传染及研究实行清洁疗治之方法为宗旨"④。奉天省城公立卫生防疫会于 1911 年 3 月 30 日成立，《奉天省城公立卫生防疫会简章细则》规定该会"以实行检查、注重卫生及防疫善后事宜为宗旨"⑤。另外，还有中外合办的防疫组织。中日防疫会是民政司、交涉司与日本防疫人员在 1911 年 2 月 28 日共同商议成立的，该会"以协议决定，中日两国提议，关于现在南满地方所流行之瘟疫防止办法为目的"⑥。

2. 防疫组织的结构与人员岗位职责

1911 年 1 月 28 日在北京成立京师临时防疫事务局"归民政部监督，掌理内外城预防鼠疫事务"⑦。下设 5 科，分别掌管以下事务：检察细菌及捕鼠、健康诊断及检验尸体、施行清洁方法及消毒方法、接种疫苗及注射血清、庶务会计及其他不属各科事项。《民政部拟订京师防疫局章程》详细规定了职员的人数、级别、选派、职权和职责等。京师临时防疫事务局设"局长一人、副局长一人、提调二人、医官长一人、医官六十人、书记二十人、司事六十人……顾问员四人至八人"。在职员选派方面，规定"局长、副局长，由民政部奏请，以巡警总厅厅丞充之"，"提调，由民政部以巡警总厅卫生处佥事充之"，"医官长，由民政部遴选派充"，"医官，由局长遴选呈请民政部派充"，"书记及司事，由局长遴选派充"，"顾问员，由民政部遴选派充"。⑧

《吉林全省防疫总局章程》规定，"本局为全省防疫总机关，所有各

---

① 《哈埠监察卫生局之定章》，载《盛京时报》，第 3 版。

② 《议定防疫会之简章》，载《盛京时报》，第 5 版，宣统二年十一月十二日。

③ 《榆树厅防疫局暂行章程及各类清折》，《吉林全省防疫总局档·J029-01-0062 号》，吉林省档案馆藏档案。

④ 《奉天防疫会草章》，载《盛京时报》，第 3 版，宣统二年十二月二十日。

⑤ 《奉天公立卫生防疫会咨送章程一本并开办日期由》，《奉天交涉司全宗·JB16-86 号》，辽宁省档案馆藏档案。

⑥ 《三省防疫行政机关》，见《东三省疫事报告书》，下册，第 2 编第 1 章，14 页，1912，辽宁省图书馆藏本。

⑦ 《民政部拟订京师防疫局章程》，载《大公报》，第 4 版，辛亥正月二十五日。

⑧ 《民政部拟订京师防疫局章程》，载《大公报》，第 4 版，辛亥正月二十五日。

处防疫局均归统辖。各处防疫局详情电禀督、抚宪各项事件，均由本局拟定堂稿呈请施行，所有卷宗概存本局。各处防疫局所办事件以及撤委人员、变更章程，均应随时移咨本局。所有染疫人数、死数均于三日汇电一次"。"省城防疫事宜均由本局办理，所有分设防疫、诊疫各机关，均归统辖"。该局总办、坐办、总医官、正副提调员均由督、抚宪札委，正医官、副医官、医学生、文牍、庶务、会计、稽查、书记均由总办札委，缮写生、夫役均由雇用，巡警、巡防营兵，呈请督抚宪札派，仍由本局调遣"。①

长春防疫会"暂以官医院为会所"，"不专设养病院，而以官医院疫症室为养病之所，惟择适之地设验病所一处，以备调查而防传染"；每星期开会一次，会长可召集特别会议；开会时"设画到簿，会员到会时亲画之，其因事不能到会者，须有人代表，惟必有本会之执据方得入会"；开会决议的防疫方法，由府署和各警局公布。长春防疫会的会员组成，由道署、府署、开埠、吉长铁路公司、巡警总局、商埠巡警公所、商务会、府经历、自治公所、劝学所、报馆各派一员，医官二员，"举会长一员、干事四员、参议十二员、会计二员、庶务二员，均于各会内公举之"，"设书记二名、夫役二名，均发给薪食"，"防疫各职，终则以医官会同各区警察担任之"。会员"均有监察之权，其有不合法者，均得直接纠正之"，"对于办理不合法之医官巡士，随时告知府署与巡警局，可要求予以相当之处分"，"对于商民之不遵会章，随时得会同巡警，以强制行之"。②

《哈埠监察卫生局之定章》规定，哈埠"各段监察卫生局，由防疫卫生局统辖"，局员选用方面，"选举绅士为监察卫生局局员，每一卫生区域，选举六名以上为监察卫生人员，并有卫生医士一名；监察卫生人员，由在各卫生区域居住之庶务会人员以及为社会信任者选举，惟选举后，由防疫卫生局批准；选举监察卫生人员代表一名及候补一名"③。

《榆树厅防疫局暂行简章》规定，该局"由官创办于厅，城设防疫局，借巡检衙门为办公处所，外镇、五棵树、大岭、孙家窝堡、卡路河等处各设防疫分所，专办防疫事宜。其他有疫屯镇，概行设所，并派绅士协助办理"，"设有防疫分所，各处并附设检疫所、隔离所、庇寒所等

① 《吉林全省防疫总局章程及消毒检疫规则》，《吉林将军衙门档·J001-37-4740号》，吉林省档案馆馆藏档案。
② 《议定防疫会之简章》，载《盛京时报》，第5版，宣统二年十一月十二日。
③ 《哈埠监察卫生局之定章》，载《盛京时报》，第3版，宣统二年十二月二十五日。

项，以求完备而重民生"，"厅城设男女隔离所、检疫所、疑似病院、男女诊疫所、消毒所、庇寒所各一处"。员司方面，厅城防疫局"设局长一员，照章以地方官兼任，坐办员一员，帮办员二员，会计员一员，总稽查一员，帮办绅士八员，由地方官拣派并电禀，吉林防疫总局立案。其余稽查、医生、书记、局役、防疫队等，视疫症之重轻，由地方官酌用"，"外镇有疫地设立防疫分所，暂设稽查一人、医生一人、夫役二人，其余隔离、检疫、庇寒等所各设夫役一人，俾资照料"。①

奉天防疫会"以省城大东门外医学研究所，为通信及办事会议之处"，"每星期开常会一次，由会长召集之"。该会"以学界、商会、自治会、农务会诸团体，及其他有志防疫之人士组织之"，"与防疫总局及巡警局联络一气，互相协助"，"由各会员公举办事员"，"每日按时至事务所办理会事"，设会长 2 人、副会长 2 人总理会务及召集开会等事，设书记 4 人管理函札及会场记录等事，设参议会员若干人，协助会长筹划会内一切事务，另由各团体公举防疫董事若干人，协同搜疫巡警调查疫症，随时报告。②

奉天省城公立卫生防疫会"由固有法定各团体临时组织成立"，在《奉天省城公立卫生防疫会简章》中规定，"城内设立总所一处，总理关于城厢公立一切防疫卫生事宜。城内设分所二处，八关设分所各一处"，"总所地址暂借商务总会院内，分所地址即以各街旧有商务分会所充之，队兵分驻所，分设南北两处，另租民房充之"。《关于总所事务纲要》："甲、总理一切设施筹备事宜；乙、对各分所有稽查委任之责；丙、联合外部事宜：一、联合官设防疫局所及巡警局，以资接洽，互相协助；二、官设公设防疫处所，彼此均得互相劝勉参观，以期协力预防；三、本会有不能解决事宜，得函商防疫局所或警务局办理；四、本会逐日调查事项，函请防疫总局登报公布；五、遇有官民关于防疫事项有疑似误会之处，得调解之"。《关于分所事宜纲要》："甲、每日卫生队由分驻所早饭后，即到分所听候指挥；乙、卫生队稽查各户有患病者，即就近报告分所，由分所转知总所；丙、稽核卫生队调查事宜；丁、推举协助员及收受协助员报告事宜；戊、内部之设备及其消毒事宜"。《关于分驻所事宜纲要》："甲、管理卫生队事宜；乙、支配卫生队调查事宜；丙、对于总所报告事宜；丁、一切内部设备及消毒事宜，以上均系正副队官之

① 《榆树厅防疫局暂行章程及各类清折》，《吉林全省防疫总局档·J029-01-0062 号》，吉林省档案馆馆藏档案。

② 《奉天防疫会草章》，载《盛京时报》，第 3 版，宣统二年十二月二十日。

专责"。该会章程详细规定了人员构成，规定了职员名称、具体人数及选拔任命办法等，总所的总董 1 员、副董 2 员、稽查董事 6 员、文牍董事 4 员、庶务董事 4 员、会计董事 4 员和分所的稽查董事 50 员，均由各团体公举；调查员 1 人"由高等巡警毕学员择尤充之"；雇用的人员有书记员 1 人、会计兼庶务员 1 人、书记 2 人；名誉董事由"非各团体人员有愿担任义务，经总所认可者"担任；协助员"按各街各巷由总分所函请二三人或三四人协同调查本街本巷卫生事宜"；卫生队人员"以本地驻民身体健壮，经医员验明确实无病并能识字填写表格者为合格"，正副队官"以高等巡警毕生择尤充之"。①

1911 年 2 月 28 日成立的中日防疫会议"由总督及都督在中日各选派委员而组织之"，每星期开会一次以上，"决议之事项，各由本国委员禀告总督及都督，由总督饬知防疫总局，都督饬知防疫本部使其执行，不相侵越"。中日两方各派干事 1 员"照委员之指挥办理应交议决事项之调查及准备并管议决事项之执行事务"，并各派相同人数的书记和翻译若干名。②

京师临时防疫事务局规定，各级职员拥有不同的职权与职责，"局长总理本局一切事务，指挥监督所属职员，局长有事故时，由副局长代理其职务；副局长辅佐局长监督所属职员处理局务；提调承长官之命分掌局务；医官长承长官之命总理检疫事务；医官承长官之指挥从事检疫事务；书记承长官之指挥，缮写文牍、从事庶务；司事承长官之指挥，稽察清洁方法、消毒方法之施行及捕鼠事务；顾问员关于防疫事务应长官之咨询并得自行陈述其意见"。③

《吉林全省防疫总局章程》对于人员职权和职责也做了如下规定："总办禀承督抚宪命令，坐办商同总办指挥各员，办理本局一切事宜；总医官商承总坐办，办理本局防疫、诊疫一切事宜；正副提调禀承总坐办、总医官处理本局及防疫、诊疫一切事宜；正医官禀承总坐办、总医官，商同正副提调分理本局防疫、诊疫各项事宜；副医官、医学生帮同正医官处理本局防疫、诊疫各项事宜；文牍、庶务、会计、稽查、书记各员禀承总坐办、总医官商承正副提调，处理本局各项事宜；缮写生、

<hr>

① 《奉天公立卫生防疫会咨送章程一本并开办日期由》，《奉天交涉司全宗·JB16-86 号》，辽宁省档案馆馆藏档案。

② 《三省防疫行政机关》，见《东三省疫事报告书》，下册，第 2 编第 1 章，15 页，1912，辽宁省图书馆馆藏本。

③ 《民政部拟订京师防疫局章程》，载《大公报》，第 4 版，辛亥正月二十五日。

夫役等由正副提调以下各员指挥命令之；本局分设防疫、诊疫各机关，所有委员、兵警承正医官之指挥处理各项事宜，夫役由委员命令之。"①

《哈埠监察卫生局之定章》规定职员的职权与职责："卫生局代表或由候补员代替，随时召集局员开会，讨论应行解决问题"；"所筹一切卫生办法，须由各员认可后，方能在应管之卫生区域内实行"；卫生人员在应管区域内，负责监察清除污秽，"须以保全社会为本旨，使居民咸与卫生之要，如卫生章程、本埠命令、庶务会议定者，使家喻户晓，更须协助各医士办理防疫事宜"，"应管区域内遇有与瘟疫可疑者，无论昼间夜间，皆须立即通告本段医士或防疫局"；卫生代表"可随时召集卫生局人员开会，提议调查卫生一切报告，并设法改良以及指点宜如何办理"；各段卫生局员"所议之事可随时呈报防疫卫生局"；各卫生局"除本局会议之外并可开设各卫生局员、医士全体公会，以便彼此研究一切办法，以期卫生办法日有起色"。②

《奉天省城防疫事务所修改八关检疫分所暂行规则》规定办事人员有检疫委员、巡警、陆军排长、兵士和杂役等，各职员的职务要领如下："检疫委员须督饬杂役，指挥巡警，并会同排长兵士等，实行办理检疫事务；检疫委员须亲自检查出入行人及车辆应否准其通行及禁止等事；巡警须指点出入行人及车辆遵依所定路线；陆军兵士须分别站立甕城左右两门与正门中间，查察行人及车辆，一切相助为理；杂役须向左右甕城出入行人及车辆洒布药水"。③

奉天省城公立卫生防疫会"由固有法定各团体临时组织成立"，在《奉天省城公立卫生防疫会简章》中详细规定了下设各部及其应负责事宜，卫生部"设卫生队一百名，专司调查事宜协助官力之不足"，施种部"请通晓西医者二人，专司施种预防浆事宜"，检菌部"请通晓西医者二人，专司检验霉菌事宜"。并在《奉天省城公立卫生防疫会总分所细则》中详细规定了总分所职员的职责，包括总董、副董、总稽查董事、文牍董事、庶务董事、会计董事、调查员等职员的职务和对职员工作提出的要求。要求分所职员不得迟到早退，工作时间从早8点到晚6点，每天下午5点之前向总所报告工作情况，遇到重要和疑难事件随时

---

① 《吉林全省防疫总局章程及消毒检疫规则》，《吉林将军衙门档·J001-37-4740号》，吉林省档案馆藏档案。

② 《哈埠监察卫生局之定章》，载《盛京时报》，第3版，宣统二年十二月二十五日。

③ 《奉天省城防疫事务所修改八关检疫分所暂行规则》，载《盛京时报》，第3版，宣统三年正月十六日。

报告。各职员"不得避难就易，互相推诿"，讨论时"和衷共济，不得彼此争执，互存意见"，职员有事时委托他人代班，有亲友染疫者，立即报告，不得袒护，"所中同人须互相劝戒，同舟共济，务期早日完竣"。①

3. 防疫组织的具体防疫职责

奉天临时防疫所是由民政、交涉两司监督指挥，由奉天卫生医院和巡警总局共同组织成立的，其《奉天临时防疫所办事规则》10 条，规定了该所应办的各种防疫和检疫事务，包括颁发防疫规则和告示、捕鼠、调查户口、报告疑似病患者、检验尸体、限制搬运病毒污秽物品、限制群杂会场、注意个人和公共卫生、检验旅客、筹备临时病院、隔离所和消毒队等，并详细说明了具体操作办法。②

奉天防疫会不仅强调"防疫办法先由清洁入手"，而且采取的办法有："扫除尘芥、施舍消毒药水、检验不洁食品、调查病人"。扫除办法"分商户、住户二种"，由该会"指定地段逐户劝令扫除屋内尘芥、洒用消毒药水，商户由商会劝导，城内住户由自治会劝导，至四乡商户由农务会劝导……各商户住户有不服从本会劝导者，由劝导员通告巡警强制执行……各户扫除之尘芥堆积门外，储以木箱，由巡警清道部，输往城外厂地焚烧"；调查员发现"售卖腐鱼败肉及其他不洁之食物者，立时通告巡警查验，勒令抛弃"，发现"病人类似百斯笃者，立时通告防疫事务所，派人检验"③。

《奉天省城防疫事务所修改八关检疫分所暂行规则》，规定了交通限制规则，"行人及车辆须分左右出入，以免混乱，秩序而便检查；头面污垢带有病容之行人，及污秽之车辆，一概不许进城；纸屑、破棉絮及褴褛衣物等件，一概不许进城；如遇病人，即交就近巡警区所送请医官诊视，其载病人之车即用药水消毒；如查有腐败及不洁净之菜蔬鱼肉等食物，不许入城；凡从百斯脱流行地运来之货物，须用药水消毒"④。

《榆树厅防疫局暂行简章》规定的防疫办法有："有疫村屯人等出入不得远离过五里地，所有过往车辆行旅人等，一概遮断交通"；"疫症发现时，交通即行断绝，如无疫村屯，拟开小交通俾使贸易"；"晓谕民间

① 《奉天公立卫生防疫会咨送章程一本并开办日期由》，《奉天交涉司全宗·JB16-86号》，辽宁省档案馆馆藏档案。

② 《奉天临时防疫所办事规则》，载《盛京时报》，第 5 版，宣统二年十二月初十。

③ 《奉天防疫会草章》，载《盛京时报》，第 3 版，宣统二年十二月二十日。

④ 《奉天省城防疫事务所修改八关检疫分所暂行规则》，载《盛京时报》，第 3 版，宣统三年正月十六日。

购备各种防疫药品、时时自卫，起居饮食，务求清洁"①。

二、关于防疫组织经费使用与特殊标识的规定

1. 防疫组织的经费使用范围

在民政部汇总各省防疫法规拟定并于 1911 年 4 月 17 日下发各省的防疫章程中，对防疫经费的使用做出了规定：防疫经费"应令地方自筹，不足由官补助"，防疫经费主要用于"一、关于防鼠疫所用医官及从事人员之津贴，恤金并预防必需之器具、药品等费；二、关于防疫局、留验所、隔离舍、养病室诸费；三、关于交通遮断诸费及因交通遮断或被隔离者，一时失其营业，实系不能自活者之生活费；四、关于清洁夫役及消毒与收买鼠只诸费"。②

《吉林全省防疫总局章程》对经费的请领和报销办法做出了规定：由总办请领经费，"开办费于一月后造报，经常费按月造报，临时费另造册附按月报册，一并呈请核销"。"所有分设各机关各项费用，均按时由各该委员向本局请领，五日一报，汇入本局各项报册，呈请核销"，"转由本局呈请督/抚宪核发核销"③。各项经费均以实银计算。

1911 年 2 月 14 日颁布的《奉天省城防疫事务所修改八关检疫分所暂行规则》中规定应用器具有"每所方棹一张，方凳四张，煤炉一个，门灯一个，棹灯两个，喷筒两个，均须领价购置。如能自行借用，便可节省经费。……各所凡系领价购置各种器具及所领白衣，防疫事竣后，由总办派员验收、变价，以济公用"；消耗物品有"每所每日煤油一斤，煤灰三十斤，水四桶，由检疫委员自行购备"，"石炭酸臭水等药，核计十日需用几瓶"④，每十日开单请领一次。

对防疫工作人员支付薪水是防疫经费的一大支出。各防疫组织对防疫人员普遍实行了薪聘办法。有明确的人员聘用制度，并详细规定了办事人员的薪水和津贴等。《奉天省城防疫事务所修改八关检疫分所暂行规则》规定职员的饭费和津贴为："委员每员月支饭食洋十二元，津贴洋十八元；杂役每名月支工食洋八元；陆军排长每员月支饭洋十二元；

---

① 《榆树厅防疫局暂行章程及各类清折》，《吉林全省防疫总局档·J029-01-0062 号》，吉林省档案馆馆藏档案。

② 《章奏》，见《东三省疫事报告书》，上册，16 页，1912，辽宁省图书馆馆藏本。

③ 《吉林全省防疫总局章程及消毒检疫规则》，《吉林将军衙门档·J001-37-4740 号》，吉林省档案馆馆藏档案。

④ 《奉天省城防疫事务所修改八关检疫分所暂行规则》，载《盛京时报》，第 3 版，宣统三年正月十六日。

兵士每名月支饭食洋九元。所有饭食工食等项，统由检疫委员每十日开单请领一次，分别发给"①。《榆树厅防疫局暂行简章》规定的人员聘用制度中，对职员的具体薪金数目也作了具体规定，除了"在局员绅，均尽义务不支薪水"外，"医生每名月薪榆钱一百二十吊，稽查每名月薪榆钱一百吊，书记每名月薪榆钱六十吊，局役每名每月工食榆钱三十吊，防疫队每名月饷榆钱六十吊"②。桦甸县防疫局对于办事人员的薪水、津贴等规定的更为详细，坐办1员"月支夫马费实银二十四两"，提调1员"月支夫马费实银二十两"，正医员1员"月支薪水实银二十两"，消毒员1员"月支薪水实银十六两"，四乡总、副稽查员各1员"月支薪水实银二十、十六两"，文牍、会计庶务各1员"不支薪水，月给津贴实银十六、十二两"，司书2员"月支津贴实银十两"，卫生队长1员"月支薪伙实银十六两"，防疫马巡队4名"每月津贴实银共十两"，防疫卫生队兵10名"月支实银共五十两"，差役2名"月支辛工实银共八两"，除秽夫4名"月支辛工实银共十六两"，下设各检疫所医生的月薪从10两到16两实银不等，夫役的月薪则均为4两实银。③ 还有一些防疫组织，在招聘广告中，直接标明薪金数目。如吉林省城防疫局刊登广告，招考防疫肄业生百名，"录取者，即行入堂肄业，限期十日毕业，如列最优等者，充为防疫员，月薪龙洋三十元，列优等二十五元，分派城内外各局卡充用"。④

　　2. 防疫组织的特殊标识

　　《奉天省城公立卫生防疫会简章》详细规定了各级职员所穿的不同服装及佩戴标识："职员服指定之服，配用白色椭圆形标识，注明某所防疫某职员字样，配于胸前左侧；队官服灰色定服，配用白色长方形肩章，书明某所防疫正副队官；卫生队服淡灰色衣服及靴帽，肩章上注明某分驻所某号某队字样。"⑤ 以示职责与区别。

---

　　① 《奉天省城防疫事务所修改八关检疫分所暂行规则》，载《盛京时报》，第3版，宣统三年正月十六日。

　　② 《榆树厅防疫局暂行章程及各类清折》，《吉林全省防疫总局档·J029-01-0062号》，吉林省档案馆藏档案。

　　③ 《桦甸县等地为报筹办防疫缮呈规则清则清查的详及防疫局批》，《吉林全省防疫总局档·J029-01-0056号》，吉林省档案馆藏档案。

　　④ 《防疫局招生》，载《盛京时报》，第5版，宣统三年二月初一。

　　⑤ 《奉天公立卫生防疫会咨送章程一本并开办日期由》，《奉天交涉司全宗·JB1-86号》，辽宁省档案馆藏档案。

第三节　防疫规程及其实施

一、公共卫生防疫规定

此次鼠疫流行，引起了官府对于公共卫生的重视。各地不仅出台了众多关于公共卫生的法规，而且把这些法规与应对灾疫相结合，认真监督执行各项规定，借此机会加强了卫生治理，改善了卫生状况。

1. 公共场所的卫生防疫

黑龙江警务公所拟定的《检疫章程》，对公共卫生提出了明确的要求：各住户与清道夫应逐日打扫街道巷里的污秽地方；各住户每天打扫厕所，并洒生石灰。掩埋死的牛羊和不干净的饮食原料。各所检疫委员预备避瘟药，以备急需。疫病流行时，戏园、妓馆等营业场所，均得暂时封禁。① 在长春，巡警局长金大令命令"各商民等门前街心所有积土积水固宜扫除，而院内室内更须洁净，以重卫生而防流瘟"。② 长春防疫会命令"商家住户门前院内一律扫除，并订禁令八条"，主要内容有：禁止用不干净的水，禁止贩卖变色变味的果品、驴马肉、变色的鱼肉等物，禁止居民往墙根堆垃圾和倒污水，禁止在住家附近设粪场和灰堆，禁止往道路、沟渠扔病死禽兽，禁止在道旁和田园间弃置尸棺并任其暴露。商民务必遵守各条规定，"违者究罚"③。在《奉天省城警务局关于防疾之告示》中，有防疫法 14 条，主要是关于公共卫生的规定，如禁止患疫地方运来的旧陈衣服、皮毛等类，其已运来者，必须到七日后方准售卖或输入他处；派巡警检验旅店，并对客人登记；客栈、伙房、妓馆、茶园、会场及饮食店各宜格外清洁，如在疫病发生之处，一律封禁；官署、学校、病院、会社、局所、工场等处宜各加意预防；警局派搜疫巡警逐户搜疫，所有防疫应行命令，宜一律遵照，如有违抗，以违警罪论；鼠为传疫之媒介，悬赏购买老鼠，无论死鼠活鼠可送至巡警各分区，每个给铜元三枚。④《新民警局防疫之示谕及条例照录》除了以上的 14 条防疫法外，还规定"客栈、伙房、饭馆、茶馆以及住户不得用不洁之水烹煮食物；禁止贩卖变色变味之果品，倘有故违者，即行尽

---

① 《会议防疫章程》，载《盛京时报》，第 5 版，宣统二年十一月十四日、十五日、十六日。

② 《警务局防御时疫》，载《盛京时报》，第 5 版，宣统二年十月十九日。

③ 《防疫会之禁令》，载《盛京时报》，第 5 版，宣统二年十二月初十。

④ 《奉天省城警务局关于防疾之告示》，载《盛京时报》，第 2 版，宣统二年十二月十一日。

行抛弃；不准于房角墙根堆积尘芥秽物及倾倒污水，违者罚临近住户；禁止道路沟渠抛置死禽兽及尘芥污秽等物"①。《奉省各区防疫规章》（1911 年 2 月 9 日）关于公共卫生的规定有，卖馒头、包子、饼、肉食等类食物的店铺，用洁净的白布蒙盖，并禁止卖臭味鱼肉鸡鸭。商家堆积货物的地方、陈列货物的货架以及箱柜等，须挪开洗扫干净再放回原处。晾晒易潮湿的货物。禁止售卖腐烂水果。发现邻居有病，报告巡警，以便派医诊视，如果在路上遇到抬运棺木或病死者时，务必躲避，以防被传染。②

特别是人烟稠密的市场和人流混杂处，每天由警局派卫生巡警巡查并消毒。搜寻暗沟低窟鼠类藏伏往来之地，随时消毒。搬运污秽货物及不洁人等，出入至城关，强化消毒，疫情严重时，禁止交通。来往病室之人及病者的邻居，必须消毒；病者的房屋、衣服、器皿必须消毒。疫死者的房屋重则烧毁，轻则严行消毒。死者的衣服、寝具必须烧毁，不能烧毁的器皿，严行消毒。

2. 居民个人的卫生防疫

难能可贵的是，当时的防疫章程除了对公共卫生的要求之外，还将居民个人卫生也纳入了公共卫生的范畴，并做出相关规定。《天津卫生局紧急告示》（1911 年 1 月 16 日）就从三个方面规定了居民的清洁卫生规则：一是住户烧毁所有陈腐纸物及破烂皮张，所有器具洁净，勤打扫房子和院子，用石灰铺洒潮湿的地方。二是注意饮食卫生。用白矾将冷水澄清，过一昼夜煮开再喝，最好喝自来水，如果水铺煮水不开，查出重办。吃新鲜水果必须削皮去蒂，禁止买卖腐烂水果。禁止宰卖病死猪牛羊，违者重办。三是养猫捕鼠，见死鼠立刻用开水或石灰水、炉灰、煤油浇洒，不要随处抛弃。③《奉天省城警务局关于防疾之告示》（1911 年 1 月 11 日）对个人的卫生做了如下规定：一是个人注意穿衣饮食清洁，时常洗浴，有损伤时，立即治疗，不可行走于疫区及阴湿不洁的地段。二是住户院内扫除清洁，不可堆积尘埃，阴湿之处应时常洒以石炭酸水或石灰以除疫气，室内宜流通空气，导引光线。④

1911 年 2 月 9 日《大公报》刊登的《奉省各区防疫规章》也强调了居民的日常清洁卫生：房屋内外、屋内的顶棚墙壁均须扫除洁净，遍

① 《警局防疫之示谕及条例照录》，载《盛京时报》，第 5 版，宣统二年十二月十七日。
② 《奉省各区防疫规章》，载《大公报》，第 4 版，辛亥正月十一日。
③ 《天津卫生局紧急告示》，载《大公报》，第 3 版，庚戌十二月十六日。
④ 《奉天省城警务局关于防疾之告示》，载《盛京时报》，第 2 版，宣统二年十二月十一日。

洒石灰；洗刷干净厨房内的饮食器具，水缸隔日洗刷，并盖木盖，以防被污染；厕所撒石灰；每天开窗一小时，收日光并通空气；屋内用少许硫磺或避瘟香末在火盆焚化；被褥衣服在日光下晾晒；堵塞屋内鼠洞；捕鼠到就近警局售卖；屋内不准喂养猪、鸡、鹅、鸭，以免发生疫毒；喂养猪狗不准出门，并圈在院内僻静之处。① "住屋加意扫除，拂拭黑暗之处，多令开通窗牖，透射日光，以杀霉菌；破烂不洁衣服寝具并旧存麻袋毡包等件，令其洗濯或时在日中曝晒之；腐败臭恶之食料令其捐弃或烧毁之"②。这样，人人参与防疫，使防疫成为了社会性、整体性的行为，体现了先进的防疫理念，保证了防疫工作的深入开展。

3. 规定了不洁之地及垃圾处理法

公众防疫清洁规定有："（甲）分派清道队随带车辆赴街冲小巷拉运污秽尘芥，并调查各商铺旅店住户有堆垛不洁者，即令挑倒车上拉往空旷处焚化；（乙）凡道路沟渠有堆积不洁物件秽气熏蒸者，速行疏通及行清洁诸法；（丙）各处吸井加设木盖，定时启闭以防秽物坠落（近井及沟渠处尤宜加意）；（丁）屠肆菜市多为下等社会麇集场所，责令逐日行清洁法，由巡警干涉之"③。并有《卫生清道之规则》10条，详列公共场所的清洁办法：特派卫生委员专管卫生清洁事宜；清道夫打扫街道后，用大车将垃圾运往城外空旷地焚烧；雇车为小户人家扫运垃圾，大户自理；每天上午8点令清道夫拉车沿街摇铃收垃圾；查有不遵守清洁法者，立即报告警局酌量议罚；不准随地大小便，不遵者议罚；禁止沿街摆卖水果杂食。④

4. 规定了对疫尸的卫生处理程序和方法

对疫尸的卫生处理，是防止疫菌扩散的重要环节。实行火葬和深度埋葬，是对疫死尸体的主要处理方法，但是由于火葬与中国传统习俗不符，推行起来有很大的难度。所以当时采取的是火葬和土葬并行的办法。另外有散见于各个章程中关于疫尸处理的规定。

一是火葬方法。"火葬之法系属创举，惟黑龙江习俗上凤行此法，婴儿处女及死于非命更无不从火葬者，故此次焚尸之令既从民俗，又适

① 《奉省各区防疫规章》，载《大公报》，第4版，辛亥正月十一日。
② 《清洁及消毒》，见《东三省疫事报告书》，下册，第2编第7章，2页，1912，辽宁省图书馆馆藏本。
③ 《清洁及消毒》，见《东三省疫事报告书》，下册，第2编第7章，1页，1912，辽宁省图书馆馆藏本。
④ 《清洁及消毒》，见《东三省疫事报告书》，下册，第2编第7章，2～3页，1912，辽宁省图书馆馆藏本。

卫生，较他处为易行，奉吉居民则一闻火葬，相率凶惧，视为苛政，加以方法未备，器械不完，各属地方官惕于传染之剧烈，虽不敢不奉行此令，然推行尽利窃未敢云，若埋葬之法则习俗所安，故奉吉各属埋葬数目超过火葬不下数倍，惟龙江府火葬埋葬各居其半。"① 作为防疫的重要举措之一，清政府大力推行火葬，不仅对火葬的办法做出明确规定，还在黑龙江、长春等地修筑了火葬场付诸使用②，这都是前所未有的做法。具体的火葬方法是："一、火葬场先开一深坑，以尸棺与木柴相间燃烧；二、举行火葬时，四围用喷筒注射煤油，以助燃烧；三、燃烧后残余之骨灰，仍行掩埋；四、火葬事宜，均由埋葬队执行，不另组织"③。

二是埋葬方法。具体办法是先由巡兵或苦工对疫死者实施消毒，先以 20 倍石炭酸水（或千倍升汞水）遍撒死体棺内。以石灰铺散，然后入殓，入殓后，再以石灰散布棺内及死体上，严封棺盖以防疫气传播，然后运到埋葬场埋葬。路遇疫尸，实行烧灼消毒法。每个埋葬场，须预挖深 7 尺、长 6 尺、宽 4 尺的坑百个或数十个，以便遇有埋葬之棺即可随时掩埋。棺殓疫尸时，埋葬队员应以消毒纱布掩护口鼻，移放尸体，抬尸或抬棺后，用升汞水或硼酸水洗手，衣服脱下用硫磺黄过再穿，不许私取死人衣服及尸身上所带银钱，以防传染，违者重罚。登记死者的年龄、籍贯等；在指定地点掩埋疫尸，隔离掩埋地点，严禁他人入内。黑龙江警务公所防疫章程中，有对疫死者的处理规定：疫死者葬在一处，焚毁疫病死者的衣服器皿，不常用和珍贵的衣服，蒸汽消毒后存储，皮衣洒药水消毒并不准出售。与疫死者同室居住的人，封闭一星期后，才能外出，疫死者的亲戚不准祭奠送葬④。《奉天省城警务局关于防疾之告示》规定，"疫病死者，由防疫病院派医官检验消毒后，迅速抬到边城以外空地，深穴埋葬并撒布防毒药料"⑤。

三是埋葬队的组织。"卫生医院学生一员，巡兵五人，苦力十人

① 《尸体措置法》，见《东三省疫事报告书》，下册，第 2 编第 3 章，4 页，1912，辽宁省图书馆馆藏本。

② 黑龙江防疫会"于江沿验疫所内仿照日本焚尸方法修造化尸场焚烧瘟毙积尸"（《防疫会之纪事》，宣统三年正月二十日《盛京时报》，第 5 版）；长春"修筑极大火葬场一处，招工兴筑，兹闻该场工程已竣，所有疫死者定二十一日起一律运至该场实行焚烧矣"（《火葬场工程告竣》，载《盛京时报》，第 5 版，宣统三年正月二十一日。

③ 《尸体措置法》2 页，见《东三省疫事报告书》，下册，第 2 编第 3 章，2 页，1912，辽宁省图书馆馆藏本。

④ 《会议防疫章程》，载《盛京时报》，第 5 版，宣统二年十一月十四日、十五日、十六日。

⑤ 《奉天省城警务局关于防疾之告示》，载《盛京时报》，第 2 版，宣统二年十二月十一日。

（甲入殓队乙运搬队丙埋工队），大车两辆，车夫二名，铁铣三把，铁镐二把，喷雾器一具，暂编十队，每区各住一队，病院一队，共八队，余二队为备急，遇有紧要埋葬，无论昼夜，立即施行，以免稽迟而防死体发生百斯笃菌之传染"①。

5. 消毒队执行消毒规则

当时的《消毒队服务规则》② 就详细规定了消毒队的工作职责，消毒办法等。从中我们可能看到当时用强制的形式，施行消毒规则的情况。

第一，对消毒队执勤的要求。消毒队长每天清晨出发前，负责检查部下的健康和装备情况，准备妥当后再出发。出行与归来途中保持安静，执勤时，对患家及邻居言语动作要小心温和，不可有粗暴的举动。

第二，对消毒队人员的要求。队员"宜互守信义，互谋亲爱，协力同心以将事，遇有上官之命令，不论事之如何，均须服从之"；"职务上关于消毒之意见，宜互相尊重，即对下级人发言，亦宜和平问答"③。由队长负责管理队员的病假事宜，部长、队长、庶务员每周一下午6点开会讨论。消毒队成员可以通过书面或口头的形式，随时发表意见。

第三，消毒常识。主要介绍了常用的烧毁、蒸汽、煮沸、药物4种消毒方法，各自的应用对象，施行要点和注意事项，还另行介绍了日光消毒清洁法，并详细说明了石炭酸水、升汞水、生石灰、格鲁儿石灰水、加里石碱及绿石碱、福尔马林哀鲁兑希特6种消毒药剂的用量、用法、注意事项等。这些规定说明，当时的消毒队已经能够掌握化学药品的基本使用方法，并有效地用于消毒防疫工作，体现了当时防疫的科学性。同时针对不同的对象进行消毒，也有不同的方法，包括对患者、尸体、与病人接触者、搬运尸体的器具、厕所等不洁之地、生活用品、房屋、水井、兽厩、交通工具等各自规定了具体的消毒方法。这样，可以有针对性地实施消毒，确保了消毒的安全性和有效性。

第四，执行消毒的方法。到患家时，先检查后用喷壶将石炭酸水遍洒屋内的地上及炕上，将家具、物品等移到屋外，除了患者外的衣服、寝具进行蒸汽消毒，茶碗等饮食器皿，浸在石炭酸水中消毒后，再用清

---

① 《尸体措置法》，见《东三省疫事报告书》，下册，第2编第3章，4页，1912，辽宁省图书馆馆藏本。

② 《清洁及消毒》，见《东三省疫事报告书》，下册，第2编第7章，5～14页，1912，辽宁省图书馆馆藏本。

③ 《清洁及消毒》，见《东三省疫事报告书》，下册，第2编第7章，13页，1912，辽宁省图书馆馆藏本。

水洗净。患者的枕头、衣服、被褥和炕席等拿到屋外浇煤油烧毁。

对房屋使用福尔买林气体消毒法："福尔买林一磅、硫酸半磅、生石灰末三百瓦，以右之分量，就应消毒之室内，将此药置于瓦盆内混合之，以木棍搅之，则福尔马林之气体发生极盛"①。同时讲明了福尔买林药物的使用方法和注意事项。对于不能实施福尔买林气体消毒法的，则可以用炭酸水代替，这时必须用喷雾器遍洒室内，不要有遗漏，患者卧室更要多洒药水。

对房屋消毒完毕后，将室外的尘埃集于一处烧毁，然后用 10 倍的生石灰乳及石炭酸水，遍洒于日光不能直射的出入门口处，消毒完毕。消毒后，用石炭酸水对消毒器具和消毒人员的衣装进行消毒，消毒队工作完毕后，必须到职员消毒所受规定的消毒，之后领取翌日所需物品，各回宿舍。消毒队员如果发现死鼠，从速送往微生物试验所。

消毒队进行屋外消毒时的方法。路上遇有病人或有死人时，宜检查其附近有无痰或病人的排泄物，有则立即施行烧弃消毒法，"以秫秸（约五把）敷于应消毒之地上，灌注煤油而燃烧之，烧毕后再以二十倍石炭酸水或十倍之生石灰乳遍洒之"②。

吉林全省防疫总局制定的《消毒规则》与上述相似，另外详细规定了消毒法的施行次序："一、执行消毒员先至消毒所更换消毒用衣服靴袜手套，然后至应行消毒地方；二、至消毒地方先以消毒之理由开谕屋主，禁止人民往来，然后执行消毒；三、家屋消毒须先送家族于隔离所后，照第九条第七项行房屋消毒，当消毒时，须派巡警监视房屋财产，勿致错误遗失。至拘留在隔离所之家族，由消毒时起算七日后不见有病，即令归家；四、消毒既毕，则将执行消毒员所用之遮呼吸器布及遮服器集于一处烧弃之，衣服即行石炭酸水喷雾消毒法，而所用车辆器具亦同样消毒，然后归还消毒所；五、俟家屋消毒既毕，即将被服类行日光消毒，须曝至两日之久；六、执行消毒员职务既毕归消毒所时，应由后门进，先至偏室脱去衣服以升汞水浴后，至既消毒屋更换衣服，始能任便出入各处"③。

尤为可贵的是，有些消毒队更将理论与实践结合起来，注重消毒方

---

① 《清洁及消毒》，见《东三省疫事报告书》，下册，第 2 编第 7 章，7 页，1912，辽宁省图书馆馆藏本。

② 《清洁及消毒》，见《东三省疫事报告书》，下册，第 2 编第 7 章，13 页，1912，辽宁省图书馆馆藏本。

③ 《吉林全省防疫总局章程及消毒检疫规则》，《吉林将军衙门档·J001-37-4740 号》，吉林省档案馆馆藏档案。

法的实际操作性。如吉林新毕业的巡警学生就实地练习卫生消毒法，①
长春道宪孟观察还特聘日医及消毒员为 30 名中国消毒员讲授消毒办法，
并帮助其在北门外疫发房屋实地演习。②

6. 各地的公共卫生防疫被切实监督执行

各地切实监督执行公共卫生防疫法规。鼠疫盛行之时，新民张太守
"特派专员协同巡警按街挨户稽查，凡遇污秽不洁之物，饬令赶紧去除，
以保清洁而御传染"。③ 奉天警务局孟局长"特饬各区区官备办大车数
十辆，雇用苦工二十名，派警带领清理街巷，扫除秽物，以重卫生"。④
奉天商务会派各商董调查各街水井，"凡井口凝有污秽之冰，赶紧雇工
扫除洁净，以免污水流入井中，有碍卫生，并拟制造木盖，晚间一律掩
住，以期井水洁净"。⑤ 铁岭南关果子园疫情最盛，卫生队"特往南关
按户催迫，清洁污秽，以免传染"。⑥ 锦州警务局派警巡察各街，"凡遇
有井泉之处，令该地居民措资公置木盖加以铁镶锁键，俾不致收受污
秽"。⑦ 长春各商家"屋宇内潮湿之处，均以生石灰撒之，至于墙角院
落及街道，无不勤扫"。⑧ 吉林城乡各处，所有井泉均用木盖遮掩并派
警兵轮流看守，"取水之人，须先赴该局领取小牌，携带身中，以备警
兵查验，有牌者，方准取水，否则不得近前"。⑨ 在吉林城外还设置储
秽场 4 处，"每日遣清道车辆两次搬运，并示谕商户居民不准随处抛弃
秽物及倾倒污水"。⑩ 在相关防疫机构或组织的监督下，在防疫期间各
地的环境卫生得以大大改善。

二、预防接种制度

当时对预防接种有了一定的认识，一些地方认为通过种疫苗可以达
到防治鼠疫的目的。在北京宣武门外设立的洵贝勒公立临时防疫所施种
防疫血浆，他们认为"为防疫第一良法，能救患于未然"⑪，因此，从

---

① 《警生练习消毒法》，载《盛京时报》，第 5 版，宣统三年正月十九日。
② 《延聘日员教授防疫消毒法》，载《盛京时报》，第 5 版，宣统三年正月二十五日。
③ 《预防疫疠》，载《盛京时报》，第 5 版，宣统二年十二月十三日。
④ 《各区清理街道》，载《盛京时报》，第 5 版，宣统二年十二月二十一日。
⑤ 《洁净井口以重卫生》，载《盛京时报》，第 5 版，宣统二年十二月十八日。
⑥ 《注重清洁》，载《盛京时报》，第 5 版，宣统三年正月十九日。
⑦ 《警务局注意清洁》，载《盛京时报》，第 5 版，宣统三年正月二十四日。
⑧ 《各商家防疫之认真》，载《盛京时报》，第 5 版，宣统三年正月十九日。
⑨ 《防疫之缜密》，载《盛京时报》，第 5 版，宣统三年正月二十四日。
⑩ 《巡警局注意卫生》，载《盛京时报》，第 5 版，宣统三年二月十六日。
⑪ 《洵贝勒临时防疫所施治简章》，载《大公报》，第 6 版，辛亥正月二十七日。

1911 年 2 月 23 日开始，免费为来者种防疫血浆。该所的《洵贝勒公立临时防疫所施种防疫血浆章程》规定：免费种浆时间为每天上午 9 点到 12 点和下午 2 点到 5 点，星期天休息，并分设男女种浆室和男女候补室，来者报明姓名、年龄、籍贯、住址后挂号给签，按序号施种。①

天津卫生局也于 1911 年 2 月在鼓楼东戒烟局内施种避瘟浆，"每日上午十钟至十二钟，下午二钟至四钟挂号领签，以次第种，计十三日种有一百五十余人，十四日种有二百五十余人，十五日种有三百余人"。② 天津临时防疫会更将预防接种制度通过媒体加以推广，在《大公报》刊登紧要广告声明"预防传染之法，以个人种浆为最善"，所以从 1911 年 3 月 15 日起，在东马路、西马路两个宣讲所施种防疫浆。"无论何人均可于午后一点钟至三点钟到所种浆，分文不取。恐未周知，特此广告。"③ 结果，"每日往种者络绎不绝，而学生尤居多数。"④ 媒体的防疫宣传确实取得收效。

三、疫情报告与检疫隔离制度

疫情信息的收集，与防疫政策的制定、防疫法规的实施、防疫效果的验收以及防疫措施的改变有着直接的联系，只有收集到真实的疫情信息，才能保证防疫工作的顺利进行，而这正是通过疫情报告与检疫制度来实现的。疫情报告包括下级防疫组织对上级的报告，以及任何人对防疫组织的报告。而检疫制度与疫情报告制度相辅相成，对疫情报告制度起着督促与强制实施的作用。当时的疫情报告与检疫制度主要包括以下两个方面。

第一，官府注重收集疫情信息，由下级防疫组织将各种信息向上级呈报，再由上级官府和防疫机构进行汇总统计。奉天警务局命令各区切实调查染疫者的治愈情况，需将"治愈若干、住址门牌、姓名或由中医西医以及服何项药品"详细调查后呈报。⑤ 长春各署及防疫局奉命将该地鼠疫"自何日发生、至何日盛行、何日轻减、何日息灭、所死人数多少、死者以何等人为最多逐一详细具报"。⑥ 吉林省档案馆收藏的档案

① 《洵贝勒公立临时防疫所施种防疫血浆章程》，载《大公报》，第 7 版，辛亥正月二十七日。

② 《种浆避疫》，载《大公报》，第 6 版，辛亥正月十七日。

③ 《天津临时防疫会紧要广告》，载《大公报》，第 3 版，辛亥二月十五日。

④ 《防疫会纪事》，载《大公报》，第 5 版，辛亥二月二十三日。

⑤ 《传饬各区调查染疫者之有无治愈》，载《盛京时报》，第 5 版，宣统三年二月初二。

⑥ 《札饬报告防疫情形》，载《盛京时报》，第 5 版，宣统三年二月初十。

资料对此也多有记载。比如，敦化县将"患疫之毙，暨本局治愈人数，除照章三日电报一次外，并拟按月列表汇报一次"，[①] 并于 1911 年 3 月呈送"敦化县境疫气流染略图一幅，疫毙人数表一纸，日记折一扣"。[②] 磐石县将"疫死人数及防疫情形每五日呈报一次以备查考"[③]，其呈报的《烟筒山防疫分所检验正二月疫毙人数报告一览表》（二月初十）对疫死者住址、姓名、年龄、籍贯、职业、病日、亡日、亡处、病名等无不详细填报。这样看来，各地防疫组织每隔一段时间向上级报告一次，报告的形式有疫情蔓延图、疫毙人数表、治事日记等，报告的内容包括染疫人数、疫情程度、事后处理、防疫效果等，仅就染疫人数一项而言，就需要将疫死者各项信息一一注明，可见报告内容之全面。同时，上级官府对呈报的准确性也有很高要求。以磐石县为例，由于呈报给宪台和防疫总局的疫毙人数不同，上级就立即要求其查明"究竟因何歧误，是否随意填报"，该县查明后回函解释了相差人数的原因，并说明"各处疫毙人数均是据报有案，代理赵令并无随意填报"。[④] 正是因为如此严格的疫情报告制度，各地才能对疫情据实以报，从而使上级政府得以根据真实情况统筹规划并安排部署防疫工作。

另外，官府还通过报纸公布疫情信息，《盛京时报》于 1910 年 11 月 16 日第一次出现了统计哈尔滨患疫人数的消息，[⑤] 更从 1911 年 1 月 22 日起，开辟专栏《新疫报告》逐日刊登疫病患者死亡表，对疫死者的住址门牌、患者姓名、年龄、籍贯、职业、来自何处、发病日期、死亡日期、死亡之地和病名等都一一刊明，数据由奉天防疫事务所每天下午 6 点统计提供。官方通过媒体进行的疫情通报，增加了防疫工作的透明度，对疫情报告制度也是一种有益的监督与促进。

第二，官方检疫与民间报告相结合，任何人发现疫病患者都有向官方报告的义务。当时的官府对检疫一事相当认真，各地纷纷制定检疫法规。在奉天，"无论何等病症，一经查出，即时报告该管医官诊断；每

---

① 《敦化县为请示经常临时费如何拨领的呈及防疫总局批》，《吉林全省防疫总局档·J029-01-0051 号》，吉林省档案馆馆藏档案。

② 《吉林行省为东南路道呈监察敦化县防疫情形造列图表的批示》，《吉林将军衙门档·J001-37-4910 号》，吉林省档案馆馆藏档案。

③ 《磐石县详县属染疫遵设防疫局具清折请核及民政司的批示》，《吉林省民政司档·J023-02-0022 号》，吉林省档案馆馆藏档案。

④ 《磐石县详县属染疫遵设防疫局具清折请核及民政司的批示》，《吉林省民政司档·J023-02-0022 号》，吉林省档案馆馆藏档案。

⑤ 《病疫者之调查》，载《盛京时报》，第 5 版，宣统二年十月十五日。

户查竣，用白粉书一查字于门，查出有疫之户，书一疫字以志区别；查出有患疫或不洁各户，立时施行相当之清洁消毒法，并将房屋封闭；查出有患疫之户，其同居及家族，由该检查员送往隔离，并遮断患者住户之交通；凡封闭之疫室，期满启封时复查一次，并由防疫总局派员监同检查，将疫室内容详细报告"①。

在吉林，"检查员发见有病人，即时由该区电话到总局派医诊验，系疫病者，令防疫队送入诊疫所，在疑似间者，送入疑似病院；令消毒队将病人房屋消毒；同居之家族令入隔离所；检查员所至之住户，见其中有不合于卫生防疫之规则者，即时指令其依法改良，再不遵时，照违警律议罚；各住户当检查员到时，如有病人，当先报告于检查员；检查员未到时，当报告于检疫所或该区巡警；匿不报者，议罚"②。

吉林全省防疫总局制定的《检疫规则》36 条，内容较为全面，颇具代表性，各府厅州县分别照此颁布了相似的规则。其主要内容有以下几个方面。

第一，对疫情的报告：防疫局所派检疫人员，可随时入人家实行检验，遇有染疫病人或疑似染疫病人，分别送至诊疫病院或疑似病院受诊；医生诊有染疫病人或疑似染疫病人，须至检疫所报告；凡有染疫病人或疑似染疫病人之家，其家人须至检疫所报告。

第二，对病者的处置：既染疫病者须留院医治，类似染疫病人留疑似病院医治；在诊疫病院留诊病人，不得与院外人民来往；凡染疫病人之家并同院住户，由本局派出卫生巡警看守，禁止交通；与染疫病人同居者，迁至隔离所留居 5 日，验明无传染准其出所；如果与染疫病人同居者迁至隔离所后，其中一人经所中医员认为既染疫病，其余之人，应由是日起，再留所内 5 日，由医员验明果无传染，准其出所；染疫病人的亲属探望病人，须更换衣服远视 10 分钟后，立即洗浴消毒，更换衣服退出；染疫病人的衣服器具须烧毁，染疫病人之家与同居之人或近邻以及衣服具，须依消毒规则立即消毒，病人同炕住者的衣服也须焚毁；凡在诊疫病院治愈之病人，须依消毒规则消毒之后，方准退出；凡有染疫病房院门前，须画大白灰圈内书疫字，并登报广告，咸知防避。

第三，对外来者的隔离与检验：传染病地来省人民至隔离所留居 5

---

① 《奉天检查户口时施行之概要》，见《东三省疫事报告书》，下册，第 2 编第 2 章，3 页，1912，辽宁省图书馆藏本。

② 《吉林户口检查时施行之概要》，见《东三省疫事报告书》，下册，第 2 编第 2 章，10 页，1912，辽宁省图书馆藏本。

日，验明无传染准其出所，货物须受本局所派检疫人员检验，如有认为应行消毒之物，非消毒后不得放行；巡警逻守进省路口，遇有行人，须送就近检疫所留住 5 日，无病方准通过。

第四，对疫死者的处理：凡家有死人者，其家人须至防疫局报告；死者受防疫局派员检验，发给准照后，才能殓葬；无论新旧灵柩由防疫局派员检视发给准照后才能出境；各区巡警查有搬运灵柩而无防疫局准照者将其扣留；卖棺材店如无防疫局发给三联凭照不许出售；卖棺材店出售棺材数目、送至何处、买主姓名、住址，须每日册报防疫局。①

另外，关于检疫方法有着很详细的规定。《奉天病人户口检查巡兵消毒章程》首先规定了进行户口调查的巡兵的装备有"避病衣、避病裤子、皮制长靴、手套、呼吸器"；其次规定了户口调查时应遵循的规则："户口调查既终，速为退出于民家，决不可倚坐或饮食，问话时不可滥相接近，约须距离六尺"；再次规定了完成工作后的消毒方法："避病衣、避病裤、皮靴等，用石炭酸喷雾十分消毒，次头部、颜面、鼻孔、耳颈、手指，均用升汞水十分洗涤；已消毒之衣服即使干燥准备次回之着用；若接近百斯脱病者时，更须加一层之注意，行完全之消毒；消毒用药水如左：一千倍升汞水，洗涤用；二十倍石炭酸水，喷雾用"。②

《奉天警务局拟订通饬巡警各分区办理防疫规则》对于巡警查疫的时间、任务、方法等做出了更加详细的规定：由各分区选择有经验的巡警 100 名，佩戴有"搜疫"字样的袖标，从上午 9 点到 11 点，下午 1 点到晚上 12 点进行检查，如果查有疫病、疑似病或普通病以及因病死亡者，立即报请防疫病院派医检验。巡警不得阳奉阴违或借机扰民，在检查户口时对群众宣传防疫方法，发现不洁之处，令住户清洁消毒。对由哈尔滨来奉天的旅客及物品，严加查看，由疫区运来的旧衣服、被褥、器具等类，宜严行查报防疫病院处理。不论因何病死亡者，都得经医官检视后，才能埋葬，有疫死病人之家在门上写白色"疫"字，以防外人进入被传染，疫死者所用的衣服、器具、被褥、碗筷等焚毁，其家人未经医官诊断消毒，不准与人交往，疫死者经医官检验消毒后，令其家人迅速择地深埋并撒布防毒药料，埋葬疫死地段，须选择离边城较远、四无居民、不碍交通的偏僻地区。疫死者的住房经消毒后封闭，到

① 《吉林防疫总局关于启用关防日期及总局章程检疫规则消毒规则等个民政司的移文》，《吉林省民政司档·J023-02-0020 号》，吉林省档案馆馆藏本。
② 《疫病发见法》，见《东三省疫事报告书》，下册，第 2 编第 2 章，3～4 页，1912，辽宁省图书馆馆藏本。

期限后，才准他人居住。巡警如发现鼠疫患者，应命令病户邻居，洒用石炭酸水或燃烧硫酸消毒防疫，发现有病状路人及倒卧道路者，速报防疫病院办理，认真查察并清理阴湿地段及臭秽不洁区域。悬赏购鼠，各区置备收鼠器具，收鼠后送至防疫病院。严令饭店、客店、伙房、戏园、妓馆、菜市、澡堂等公共场所及人烟稠密处所，格外注意清洁与消毒，严行查禁腐鱼败肉及死毙马牛羊骡驴鸡鸭等。①

根据这些规定，各地方警局、自治团体均派出了由医生、巡警等人员构成的检疫队伍，挨家挨户进行检疫，可谓十分严厉。然而，官方能力毕竟有限，想达到防疫的目的必须发动民众。因此，官府一方面认真检疫，另一方面又纷纷下令，要求任何人发现疫病患者都必须报告，否则受罚。在天津，卫生局要求"遇类似瘟疫的病人立刻报告，卫生局派医检验或直接送到西门外防疫医院"②。在长春，何太守出示晓谕，"自示之后，尔等若有受此疫症者，即速前赴官医院就医，偷敢隐匿不肯报治，一经查出或被举发，必照章议罚，决不宽宥"③。在奉天，民政司与交涉司示谕商民患有各项病症均"速赴局区报明以便送入医院诊治，倘如隐匿，一被查出即行罚惩"。④ 此外，对医生还有特殊要求。营口各区传谕所有中国医生"每日诊视某人系患某病，均须按名注明，至晚开单报区，违者议罚，如遇疑似疫病，应即由防疫医官照章送院医治，以昭慎重"。⑤ 这样，官民相互呼应，才能取得良好的防疫效果。

四、医疗救治制度

在防治瘟疫的过程中，完善医疗救治制度可以说是至关重要的。面对日益严重的疫情，清政府认识到，需要建立起医疗和救治系统，以达到防治疫病的目的，于是开始建立大量的防疫病院、疑似病院和隔离所等医疗救治机构。各医疗机构纷纷做出规定，既有医院本身的章程，也有对病人的救治方法，这成为此次防疫法规的组成部分之一。

奉天的医疗救治体系有疫病院、疑似病院、普通病院和隔离收容所。疫病院的章程分别规定了奉天疫病院的病房设置，医官、庶务、书记、看护生、病房监督、消毒员、苦力头等办事人员的职务，病房规

---

① 《奉天警务局拟订通饬巡警各分区办理防疫规则》，载《盛京时报》，第5版，宣统二年十二月十一日。

② 《天津卫生局紧急告示》，载《大公报》，第3版，庚戌十二月十六日。

③ 《防疫示谕照录》，载《盛京时报》，第5版，宣统二年十二月十一日。

④ 《交涉民政二司防疫之示谕》，载《盛京时报》，第5版，宣统二年十二月十九日。

⑤ 《医生日报所诊病人》，载《盛京时报》，第5版，宣统三年正月二十六日。

则、取缔病人排泄物规则、取缔病人器具规则、病人入院规则、病人住院规则、看护生保卫法、参观规则等。该院"专为收容百斯笃（鼠疫）患者及（疑似鼠疫）患者行检诊而治疗之"①；由院长指挥监督医官和办事员等人，并管理医院一切事务。临时疫病院的组织比较完备，包括病室、事务室、药局、微生物试验室、消毒所、尸室、厨房、不洁物消毒所、委员宿舍和夫役宿舍等，该章程详细规定了各部门的具体结构以及应负职责。病室分男女病室，又细分为疑似病室、轻症病室、重症病室、回复室四种。事务室"专办关于医院一切之事务，故应备病人入院簿、病人退烧簿、病人治愈簿、病人死亡簿、埋葬簿、其他必要之账簿"②；药局"备必要之药品及卫生材料，专司调剂，又备治疗器械、消毒器械，更应预备补充诸器械，药局应备药品器械之诸种账簿"；微生物试验室专门进行微生物和细菌学的试验，将结果报告医务部；消毒所"专备本所职员之消毒"；病者死亡时，速移于尸室，由病院的埋葬队负责埋葬。对死者使用的被褥和器具严密消毒，难消毒者以火烧消毒；厨房分患者用及委员用2所，严禁食物材料及食器混用，患者用的食物厨役不可自己送入病房，放到指定地点，病人所用的食器不经煮沸消毒不能再用；不洁物消毒所，将病人的大小便、痰及其他不洁物火烧消毒；各病室附委员宿舍及厕所，不可滥用；夫役宿舍也是如此。医院设3处大门：职员通行门、尸体搬运门和病者入退门，决不可混用。最后详细规定了病院内的消毒方法。③ 疑似病院收治"非普通病而病状似百斯脱而未决定为百斯笃者，谓之疑似病"④ 的患者，附属在疫病院之中，有如下规定："（一）未经医官检验有似百斯脱病者皆送入此院；（二）入院后经医官验为百斯脱者立送疫病院，将该病人所住房屋严厉消毒，一周间内他病人不得居住；（三）经医官检验为疑似轻病者，亦须住院七日方准出院；（四）甲病室不得到乙病室，乙室亦如之；（五）亲友探视者，非经医官许可不得接见，即准接见必距离在五步之外，其时间限以十分钟"⑤。

普通病院是奉省原有卫生医院，收治普通病患者。隔离收容所"专

① 《临时疫病院章程》，载《盛京时报》，第3版，宣统三年正月十七日。

② 《临时疫病院章程》，载《盛京时报》，第3版，宣统三年正月十七日。

③ 《临时疫病院章程》，载《盛京时报》，第3版，宣统三年正月十七日。

④ 《病院及隔离所》，见《东三省疫事报告书》，下册，第2编第5章，12页，1912，辽宁省图书馆馆藏本。

⑤ 《病院及隔离所》，见《东三省疫事报告书》，下册，第2编第5章，12页，1912，辽宁省图书馆馆藏本。

为患疫之家族避疫而设，其隔离期限规定一星期始准放归"①。其章程规定了隔离室的设置、人员构成等，并规定了隔离所的隔离取缔、隔离分别、隔离判决、卫生消毒规则。强制隔离，切断传染源，是遏制瘟疫蔓延的必要措施，这一点在中国古代就已有了一定的认识，而此次形成的隔离制度则更为完善。

奉天隔离所"专为患疫之家族避疫而设"②，隔离期限为 7 天。关于隔离的规定有以下几个方面：一是隔离取缔："一、隔离者之寝具伙食均由官备，发给所有隔离者之行李，概不准其携带；二、收容隔离者之时，必先验明带领人所携之进所人数表，按其人数交消毒员司监督施行身体衣服之消毒后，始可进入隔离宿室；三、隔离所备办新洁衣服将此衣服严行消毒后与隔离者更换，惟隔离者自己之衣服脱下后，非经完全消毒不准再用"。二是隔离分别："隔离者别为男女两房，每房一间不可收容隔离人过四五名以上"。三是隔离判决："一、隔离医官每日须将隔离者诊断二次，注意隔离者之健康状态，若有疾病不问其疾病如何，务须送入休养室，有热症者直将供显微镜检验之材料送至微生物试验部检验，并将其宿室严行消毒；二、如决定百斯笃，则直送入避病院，至该患者所住之宿室必须严行消毒"。

吉林隔离所对有关的隔离条件，卫生消毒，隔离日期等内容都进行了详细的规定。与奉天隔离所的规定相似。③

在制度保证的前提下，东北各地方纷纷成立了隔离所，仅奉天省就设有隔离所 45 处之多，④ 由此可以推断整个东北的隔离所应是非常之多的。民政部在北京右安门外也设立隔离所 1 处，"饬令内外城区凡有身染鼠疫者即行移入该所医治以免传染"。⑤ 此外，黑龙江隔离所规定"应行隔离而恃势阻抗者，一律加以相当之处分，以重功令，而免传染"⑥，奉天隔离所更是规定"若有敢图潜脱者当即击毙以杜后患"⑦，

① 《病院及隔离所》，见《东三省疫事报告书》，下册，第 2 编第 5 章，15 页，1912，辽宁省图书馆馆藏本。

② 《奉天防疫事务所规定隔离所章程》，载《盛京时报》，第 3 版，宣统三年正月十八日。

③ 《病院及隔离所》，见《东三省疫事报告书》，下册，第 2 编第 5 章，25～26 页，1912，辽宁省图书馆馆藏本。

④ 《病院及隔离所》，见《东三省疫事报告书》，下册，第 2 编第 5 章，13～20 页，1912，辽宁省图书馆馆藏本。

⑤ 《民政部特设隔离所》，载《大公报》，第 1 版，辛亥正月初九。

⑥ 《病院及隔离所》，见《东三省疫事报告书》，下册，第 2 编第 5 章，41 页，1912，辽宁省图书馆馆藏本。

⑦ 《隔离所之戒严》，载《盛京时报》，第 5 版，宣统二年十二月十九日。

说明政府当局为了控制鼠疫进一步扩散，所采用的隔离手段是非常严厉的。

有了隔离制度与隔离机构作为依托，鼠疫流行各地得以按照章程对需要隔离者及时进行隔离。在吉林长春，于 1911 年 1 月相继成立了 7 所隔离所，共可容纳 1000 余人。各所"一切配置修葺以洁净明朗为主，设备以实在应用合法为主，饮食以淡素清洁为主，看护以周到详察为主"，① 所中房屋男女分别居住，分上、中、次三等，消毒室、浴室、诊视处、休养处、药房、厨房、厕所等处都很清洁，医生、看护夫、看护妇、厨师等人员齐备，日用品、消毒器械、药剂、被褥、衣服等都由隔离所提供。隔离所成立后，"始时人民固执深惧隔离，不肯入所，迨组织完全，稍有佑者，一经到所则饮食起居似应胜其家中十倍，又得免于危险，各深感悦，虽期满而不肯出所者有之，职道等犹恐设备或有未周，办事者奉行或有疏略，除每日轮流亲到各所视察外，复延同日俄英美各国在长医士详细前往参观，求其指导缺点，咸称尚属合法"②。可见，这些隔离所组织完备、环境良好，筹办官员也是认真负责的。结果，隔离果然取得了显著的效果，"从前每染一家辄毙多命，甚者灭门。近则一家有病，鲜有再至三者"。③ 哈尔滨远东报社因工人疫毙，全社人员悉入隔离病院，该报因之休刊。④ 辽阳立山站某客店内有苦工 1 名染疫毙命，"旋即由巡官将该地隔断交通并将该店家属五名及住客六名一律送至隔离所，由华巡捕二十人、巡警三人严行监视"。⑤ 铁岭有两名村妇染疫毙命，"当经南路分区如法消毒掩埋并将其家人送入隔离所隔离"。⑥ 营口隔离所"预防各委员之认真执行颇为完善，自成立至今在内留验之人并无一发现疫病者，亦此足见该所之良好况状，而本埠终可获不染疫患之幸福云"。⑦ 就连医官伍连德因公事想离开疫区哈尔滨时，都必须隔离 14 天："初八日，外务部接伍医官来电云，据吉医士函告，伊从今日起，自行照章留验七天，预备遄返北京业已停不办事。并

① 《吉长春防疫局呈报隔离所成立情形》，《吉林省民政司档·23-8-24 号》，吉林省档案馆馆藏档案。

② 《吉长春防疫局呈报隔离所成立情形》，《吉林省民政司档·23-8-24 号》，吉林省档案馆馆藏档案。

③ 《吉长春防疫局呈报隔离所成立情形》，《吉林省民政司档·23-8-24 号》，吉林省档案馆馆藏档案。

④ 《哈埠二报因疫休刊》，载《盛京时报》，第 11 版，宣统三年正月十一日。

⑤ 《疬疫之可畏也如是》，载《盛京时报》，第 5 版，宣统三年正月十八日。

⑥ 《村妇染疫毙命》，载《盛京时报》，第 5 版，宣统三年二月初二。

⑦ 《隔离所之善说》，载《盛京时报》，第 5 版，宣统三年二月初三。

经该医自向钧部既吉抚禀明，希电饬该医再留哈埠十四天，以期疫气消灭。"① 可见，隔离制度发挥了实际作用。

更值得一提的是，隔离制度在实践中不断完善。吉林防疫局设立 3 处隔离所后，发现"如不分别等级实行隔离终不免有传染之患"，因此，"限定东关源荣造纸公司为甲级，北大街为乙丙两级，西关悦来华为丁级，查有染疫之人须分上中下三等社会按级移送"②，建立起按等级隔离的制度。奉天、铁岭等地的隔离所将被收容者，均置一处会导致无病者反被传染的缺点，就分别添设健康隔离所，以使无病者免受传染。③

但是，受条件所限，当时的隔离所也存在着种种问题。如长春隔离所医员以及看护妇等"均依据汉方办理一切"，多不熟悉防疫办法，结果，该所 19 名工作人员全部染疫，18 名死亡，隔离所也因此关闭。④ 这说明，要真正发挥医疗救治制度在防疫工作中的积极作用，必须要提高工作人员的素质，使之掌握正确的防疫方法，否则，非但不能控制疫情，反而会造成疫情扩大的悲剧。

各地的医疗救治体系也基本与奉天一致。这样，形成了防治鼠疫的医疗救治制度，一旦发现鼠疫病人或疑似病人时，不至于手足无措，而可以根据情况将病人分别送入疫病院、疑似病院、普通病院或隔离所，一方面有利于对症下药，有针对性的治疗，另一方面又有效地防止了疫病的传染与蔓延，这在防疫治疫的工作中尤为重要。而且，当时对医疗机构的要求也极为严格，不合乎标准者予以裁撤。比如，督宪派员调查奉天商务总会设立的两处病院后，发现"该病院自三十日开办以来，计亡者已达一百六十四余人，且一切办法亦多不合"，立即下令"将病院裁撤，仍归官家办理，以昭划一而收实效"。⑤ 这更确保了医疗救治制度的实际效果。

第四节　行业防疫法规及其执行

人群聚集是导致鼠疫传播的重要因素，必须限制人群聚集以遏制鼠疫的蔓延。然而，一些行业的人群聚集是难以避免的，所以，当时出台

---

① 《北方防疫汇记》，载《申报》，第 4 版，辛亥正月十八日。
② 《隔离所分别等级》，载《盛京时报》，第 5 版，宣统三年正月二十六日。
③ 《添设健康隔离所》，载《盛京时报》，第 5 版，宣统三年二月初三。
④ 《隔离所因职员均各染疫已闭矣》，载《盛京时报》，第 5 版，宣统三年二月初八。
⑤ 《裁撤商立病院》，载《盛京时报》，第 5 版，宣统三年二月初二。

的大量行业防疫法规，就是针对易造成鼠疫流行扩散的军队、官府、监狱、学校、经营性行业和交通行业等人群聚集行业颁布实施的。

一、针对军队的防疫法规

各地的军队早在鼠疫流行初期就各自设法防疫，下发种种有关防疫的命令，这对军队中的疫情控制有一定作用。1910 年 12 月初，奉天各镇协标就传谕各营官"凡营兵所用饮食，务须格外洁净，以重卫生，并饬各营中医官随时调查，以免时疫传染"。① 驻昌图陆军特派专人办理防疫事宜，"印刷防疫章程分派各营，医生、医兵等在附近村屯遍洒消毒药水，并设消毒防疫所及隔离医院，由香港电购各种药料以资应用，凡该营官兵人等因公外出均带口笠，出入营盘均须至消毒所熏蒸衣服，每日派出医员在附近村屯实行检查，并随时演说百斯笃之害及预防之各种方法"。② 新民陆军也防疫极严，"因鼠疫蔓延惟恐肉食致遭传染"，陆军潘协统命令各标营不准购买肉食。③ 驻新陆军还"传谕各标兵弁不准无故出营并不准茹食军腥及留住外人，凡屋舍衣服器皿，均当一律净洁，是以疫气虽盛，该营中未闻传染，洵足征防范之完善"。④

至 1911 年 2 月，陆军部命令军医司拟定军人检疫防疫各项施行细则，并特定不服检查罚章 20 余则，通饬各省一律遵办。⑤ 其中，以《陆军部暂行防疫简明要则》为例，我们可见当时规定的相关方面。全文 10 条，主要内容如下：一是扑灭老鼠，用开水浇烫或用煤油燃烧死鼠。二是注意饮食洁净，清洁饮食器具，饮用开水，饮水缸用盖盖上，禁止屠户宰卖病死的猪、牛、羊，不准购买熟食，禁止商贩卖腐烂水果，应吃新鲜水果并去皮。三是注意日常清洁，烧毁室内的陈腐与霉烂的衣物，勤打扫住室和院子，床底潮湿处洒石灰末，上厕所后用石灰掩盖，每天消毒厕所，勤换洗衣服、鞋子并勤晾晒被褥。四是不准士兵无故外出，禁止外人擅自出入。⑥ 有了通行各地的防疫法规，各地军营更加注重防疫。在长春，曹仲三统制"传谕该营严加防范，凡衣服饮食均须十分清洁。能遵者有厚赏，不听者有重罚，并设一卫生队每日梭巡逐名检验不许擅自出入，该统制每日必亲查一次，其于防疫一节可谓尽心

---

① 《饬军队慎防时疫》，载《盛京时报》，第 5 版，宣统二年十一月初八。
② 《昌图陆军严行防疫》，载《盛京时报》，第 5 版，宣统二年十二月二十五日。
③ 《陆军防疫极严》，载《盛京时报》，第 5 版，宣统二年十二月二十九日。
④ 《陆军防疫之严密》，载《盛京时报》，第 5 版，宣统三年二月初九。
⑤ 《陆军部拟定军人检疫章程》，载《大公报》，第 6 版，辛亥正月十六日。
⑥ 《奉天省长公署档·JC10-3049 号》，辽宁省档案馆馆藏档案。

焉耳矣"。① 在奉天，驻奉镇协统"特饬协标马步各营管带队官等，凡遇休息之日，各队兵因有事故挂号外出，须遵限定钟点急速归营，不准多延时刻，亦不准在外沽饮，胡乱购取食物，以防时疫之传染"。②

二、针对官府的防疫法规

各官府内规定了防疫章程。奉天交涉司的《本司署内防疫简章》共10条：一、雇车夫或苦力将官府内不洁物运到城外扔掉或烧毁。二、购买石炭酸水、苦乃新水和石灰，将各处撒布石灰，用苦乃新水遍洒所有墙壁，用石炭酸水喷洒大件用具，进行消毒。三、派人看守大门，来客说明所访之人才可进入，其余卖货及闲杂人等，一概不准进入。四、递送文报和信函者，到大门将文报和信函交给门卫转送府中人员，车辆不得在府内停放。五、运煤车运到照墙即离开，由队役搬运到存煤处。六、到疫气扑灭为限，府内官员及佣人注意卫生，保持清洁。七、添设厕所。八、府内各处隔两天用苦乃新水注洒一次，隔一周间用石灰撒布一次，各员住室均给石炭酸水1瓶，每日早上以少许和水注入痰盂。九、将垃圾运到指定地方，每天用石灰撒布，两天运到城外一次。十、命令队役每天用石灰撒布厕所，并用苦乃新水注洒。③ 吉林交涉司的防疫要求也很严格，到1911年3月疫情已大大减退之时，仍"牌示署中书吏人等"不准私自出入，"如有要事，务须禀明酌定钟点，方准外行，回时必令回事处禀明，按规定熏洗，若他衙送来要文，一律熏蒸后方许呈递"，并有条规4则如下："（一）门外堂地俱撒石灰，用药水密洒屋内，务期洁净，衣服亦须日日熏洗；（二）出衙时先用药水熏洗，身带避疫药包，如遇疫毙门首，掩鼻疾走，回时仍照前熏洗；（三）凡一切食用之物禁止寒凉，住房求温暖适宜，按时刻开窗放空气；（四）凡书吏人等朋友宜谢绝往来，以杜传染。"④ 有些官府出于防疫起见，甚至暂时停止办公。如奉天审判厅因疫停止办公⑤，双城衙署因防疫不收词讼⑥，等等。

---

① 《陆军防疫之认真》，载《盛京时报》，第5版，宣统三年正月十六日。

② 《陆军之防疫令》，载《盛京时报》，第5版，宣统三年正月二十三日。

③ 《日领事照为刘房子驿三等车上有华人患疫身死请为预防等因分行由》，《奉天交涉司全宗·JB16-3287号》，辽宁省档案馆馆藏档案。

④ 《关于防疫示谕照录》，载《盛京时报》，第5版，宣统三年二月初九。

⑤ 《审判厅因疫停止办公》，载《盛京时报》，第5版，宣统三年正月二十四日。

⑥ 《因防疫不收词讼》，载《盛京时报》，第5版，宣统三年二月初一。

三、针对监狱的防疫法规

监狱内也实行了防疫措施。在铁岭，"封狱内不准投送物件"，并且"监狱内每日必如法消毒一次"。① 奉天模范监狱命令工作人员严加清洁，"监房一律每日三次喷洒石炭酸以资消毒，所有犯人按日沐浴，饮食亦非常留意，并谕饬凡有探视犯人之亲属暨馈送衣服函件，一概停止送入，以免传染，而昭慎重，故自疫症发生以来竟而十分安谧，殆亦防范周密之效云"。② 奉天罪犯习艺所将该所后院另拨房屋数间作为隔离所，"凡新收艺犯须在该所隔离一星期，再行分拨各科工作"。③

四、针对学校的防疫法规

学校作为人群聚集地，各自采取防疫措施。1910 年 12 月，长春就制定出预防办法传示各学堂，其内容如下："（一）屋宇宜洁净；（二）内衣常更换付热汤洗涤；（三）勤沐浴；（四）被褥常晒；（五）寒暖务适宜；（六）饮食宜洁净；（七）忌用肉食原味；（八）冷果不宜食；（九）勿饮冷水；（十）用杀菌水隔一二日遍洒屋内"。④ 辛亥正月二十二日（1911 年 2 月 20 日）《大公报》刊登的《学务公所传单（预防黑死病注意条件）》全文 21 条，更加全面地介绍了学校的防疫办法。主要有以下几个方面的内容：一是注意学校的清洁卫生。每日扫除两次，开窗流通空气，出入教室或宿舍用石炭酸水刷净鞋底，用石炭酸消毒厕所，每天打扫两次。注意清洁厨房。用火焚烧不洁之物与尘垢。放置痰盂，禁止随地吐痰。备置捕鼠器和鼠药捕鼠，填塞鼠穴，发现死鼠浇煤油焚烧，消灭蚤、虱、臭虫、蝇、鼠等病媒生物。二是禁止师生去疫区，并不可以留宿在外，不许外人出入。隔离从疫区回来的师生，隔离 7 天经医生诊断无病后，才能回学校。三是学校附近发生疫情时，每天检查师生的健康状况，并设隔离所，学校发现疫病患者时立即送到防疫病院，将病者用品烧毁，同住的人送入隔离所，并禁止其他师生出入。四是对疫病及早防治。对小伤口及时治疗以防感染，介绍了鼠疫的患病症状与潜伏期等常识，以便及时发现疫病患者。⑤

---

① 《慎重狱政》，载《盛京时报》，第 5 版，宣统三年正月二十七日。

② 《模范监狱防疫严密》，载《盛京时报》，第 5 版，宣统三年正月三十日。

③ 《习艺所慎重防疫》，载《盛京时报》，第 5 版，宣统三年二月十六日。

④ 《学堂严防鼠疫》，载《盛京时报》，第 5 版，宣统二年十一月初十。

⑤ 《学务公所传单（预防黑死病注意条件）》，载《大公报》，第 3 版，辛亥正月二十二日。

鼠疫流行的地方，很多学堂暂时停课并推迟开学日期，① 对开学的各学堂也实行了严密的防疫办法。1911 年 3 月，民政部下令学部转告各学堂，一律遵守其拟定的学校防疫办法："由有疫嫌疑之地而来者，宜设法在城外隔离七日以上，经医验明确系未染疫者，方准入堂；注意卫生，所有校舍须实行清洁"②。南开私立第一中学堂除登报通知学生延迟开学外，还拟定了开学办法："凡我学堂师生及使役人等均须种避瘟浆一次以昭慎重"，"有往种者种毕均给一执照"，开学时须持种浆执照来学堂呈验。③ 天津法律学堂监督为防范鼠疫，"通饬该堂丙丁两班外来各生，务于开学期前到留验所留验七日，以免疫气传入内地，倘有故违不遵者，一概不准入堂"④。吉林师范学堂定期开课后，该堂监督"不准各生入堂，令开具名单移送防疫总局按单检验，如确系无病者方许入堂，闻该局已准照办，限定二十四五两日详细检验云"。⑤ 吉林省民政司也认为，"各校学生均无检验执照，绕越晋省恐不无传染疫疠之虞"，命令防疫总局"须饬各分卡仍照向章加意严查"。⑥

五、针对经营性行业的防疫规定

当时官方界定了三类"不洁营业"：一是营业本身就不干净，如粪行、硝皮厂、屠兽场等；二是与不干净的人或物品接触的行业，如澡堂、理发店、剧场、妓院、旧货商、浆洗房和客栈等；三是位于不干净的场所或常有不干净的人出入的地方，如菜市场和饭店等。⑦ 上述三类经营性行业涉及人们的衣食住行、休闲娱乐等日常生活的方方面面，这些地方是否清洁卫生，直接关系着人们的身体健康，对控制鼠疫流行有极大的影响。以前对这些行业没有具体规定清洁办法，此次为应对鼠疫灾难，东三省各府厅州县相继颁布防疫规定，虽然还是没有形成统一章程，但根据《东三省疫事报告书》的统计来看，对各行业均做出了规定，内容还是比较全面的，主要包括以下几个方面。

---

① 在各大报纸上相关报道众多，如（开原）《各校开学无期》，载《盛京时报》，第 5 版，宣统三年正月二十五日；（辽阳）《学堂暂不开学》，载《盛京时报》，第 5 版，宣统三年二月初二；等等。

② 《通饬学校注重防疫》，载《大公报》，第 2 版，辛亥二月初二。

③ 《函告种浆》，载《大公报》，第 6 版，辛亥正月十九日。

④ 《防患未然》，载《大公报》，第 7 版，辛亥二月十五日。

⑤ 《防疫局检验师范学堂》，载《盛京时报》，第 5 版，宣统三年三月初一。

⑥ 《民政司饬防疫局加意严查》，载《盛京时报》，第 5 版，宣统三年三月初七。

⑦ 《对于营业上不洁之措置》，见《东三省疫事报告书》，下册，第 2 编第 9 章，1 页，1912，辽宁省图书馆馆藏本。

一是对营业场所的清洁消毒要求：戏园内每日扫除，禁止随地大小便，包厢以5人为限，大厅座位也要相隔一定距离，园内茶壶、手巾等洗涤干净，卖票、卖食物的服务人员，各自穿固定服装，挂肩章以示区别，园内桌椅盖白布并经常换洗，各戏园自备消毒药水随时喷洒消毒。河北省城临时防疫会拟定的《防疫会取缔戏园之规则》要求注意戏园的清洁卫生，每天打扫戏园内外与前后台，潮湿处铺洒石灰，尤其注意厕所清洁，挂厚帘与外面隔绝，燃烧苍术、大黄以避恶气，用新布随时擦洗桌凳壶碗等用具。① 妓院的房屋和器具每天扫除擦洗并用石炭酸水或石灰水进行药物消毒，供给客人的饮食要新鲜洁净，对妓女的被褥进行日光消毒。澡堂的浴池每天换水2次，用石灰擦洗消毒，每更换1个客人用石灰擦洗1遍，并洒升汞水或硼砂消毒，手巾、桌椅等物品经常消毒，并要流通空气，注意室内温度不要过高。理发店给每个客人洗头都要新换水，手巾、桌椅、刀剪、梳子、刷子等器具随时清洗消毒，扫除后洒石灰或石炭酸水消毒，经常开窗户流通空气。饭店注意清洁消毒，器具经常洗涤，房屋打扫清洁并洒石灰或石炭酸水消毒，延吉下令养猫捕鼠以遏制疫源。客房伙房注意清洁消毒和流通空气，养猫或设捕鼠器捕鼠以遏制疫源。

二是对从业人员的健康要求：延吉对妓女进行定期和随时的健康检查。各地的车辆不准载病人，查出载疫病患者的车辆立即消毒或烧毁，车夫马上隔离。

三是对客人的健康要求：奉天的戏园卖票和入场时都要注意检查观众健康情况，禁止穿着不干净和有病容的人进入戏园。河北的戏园不准卖票给病人，遇有病人立即报告。妓院不得留有病客人，发现有病客人报告防疫所检验。澡堂要阻止有病状的客人洗浴，发现病人立即报告所属管区检验。客店的住客经防疫队检验后才能留住，久住之客每隔5天检验1次，无病的住客由防疫局发给执照，发现病人时未经医官诊治禁止病人和同店住客外出。有病的客人不得留住，贫苦不洁者送到庇养所，断绝交通期不准再留生客，住客不得过多，每炕以4人为限。对住客姓名、年龄、籍贯、职业与来自何处等详细登记并报告该管分区，发现病人时，无论是否疫病，立刻报告听候检验。

四是对经营产品的卫生要求：饭店注意食物的卫生，用新鲜肉类，残剩食物不准掺杂再用，用器具收藏食物或用白布掩盖食物以防止被污染。屠兽场和菜市的器具注意清洁消毒，出售有屠兽场验印的肉类，查

---

① 《防疫会取缔戏园之规则》，载《大公报》，第1版，辛亥正月十八日。

有卖病死兽肉者给予处罚，牲畜死者立即焚埋。禁止运输和售卖腐烂的鱼肉蔬果，禁设汤锅，焚烧腐烂食物，疫情严重时禁止屠宰，违章者按违警律处分。旧货商停当衣服和被褥，疫病流行时停止估衣铺交易，禁止地摊卖旧货。从疫区运来的旧衣、皮毛等，满7天才能售卖或转运他处，腐朽不堪的旧货勒令焚毁。黑龙江警务公所防疫章程，还附有买卖衣服章程："凡开卖衣庄者，不许收买杂人衣服，凡卖衣者，均送警署蒸过盖警署方图章准出卖"①。

五是在疫病流行时期和地区实施的停业规定：有疫病流行的地方戏园停演，疫情解除后再解禁；无疫病流行的地方不停演，由巡警随时检查并清洁消毒。关于妓院，新民、辽阳禁止妓院营业，奉天禁止四等妓院在疫情严重时营业，延吉妓女患普通病时停止个人营业，患疫病时妓院立刻封闭。吉林规定，先禁下等土娼，疫情蔓延时一律禁止妓院营业。疫区禁止饭店营业。有疫病发生的客店一律封禁，疫病流行时期小店和下等不干净的客店禁止营业。浆洗房、硝皮厂、粪行等在鼠疫流行期暂时停业。②

颁布防疫法规后，官府切实调查各经营场所的执行情况。在奉天，巡警"将各区澡塘极力调查，令将所洗之水随时更换以保清洁而重卫生"③，"凡妓馆娼窑若遇有不洁，而即速发封，免致时疫传播"④，并严查食品铺，"如遇有食品不洁之铺，当即行查封歇业，以重卫生云"。⑤在铁岭，"凡戏园、妓馆、澡塘、伙房、客栈及薙头、棺材、屠宰各铺，均分别取缔或禁止，暂且休业或勒令净于洒扫，每日必派警兵检查数次云"。⑥在疫情严重时甚至禁止其营业。戏园、妓院、当铺、说书场、粮米铺等处屡屡因防疫而被停业。然而，停业日久，势必造成其营业人员的生存危机，于是他们屡次向官府提出开业的要求，但是出于防疫的需要，官府从大局着想，拒绝了这些请求。可见，当时防疫政策的执行是相当严厉的，没有法外施仁。只有具备如此坚定的防疫决心，才能保证防疫法规不会成为一纸空文，从而最终消灭鼠疫。

---

① 《会议防疫章程》，载《盛京时报》，第5版，宣统二年十一月十四日、十五日、十六日。
② 《对于营业上不洁之措置》，见《东三省疫事报告书》，下册，第2编第9章，1～10页，1912年，辽宁省图书馆藏本。
③ 《洁净澡塘以防时疫》，载《盛京时报》，第5版，宣统二年十二月十五日。
④ 《谕饬严查不洁之妓馆娼窑》，载《盛京时报》，第5版，宣统二年十二月二十五日。
⑤ 《谕饬严查食品铺户》，载《盛京时报》，第5版，宣统二年十二月二十六日。
⑥ 《因防疫取缔各营业》，载《盛京时报》，第5版，宣统二年十二月二十五日。

六、针对交通行业的防疫规定

此次鼠疫沿铁路线迅速蔓延，因此，在交通上实行防疫、检疫的措施是切断疫源的必要途径，并且是迫在眉睫的。然而，当政府认识到这一点时，鼠疫已沿着铁路线蔓延到很多地区了，直到 1911 年 1 月中旬清政府才开始实行隔断交通的措施。1911 年 1 月 13 日，清政府当局下令在山海关一带设卡严防。1 月 14 日，停售京奉火车二三等车票。1 月 15 日，陆军部派军队驻扎山海关，阻止入关客货。1 月 16 日，在山海关沟帮子查有病人就地截留。1 月 20 日，邮传部电令停止由奉天至山海关的头等车。1 月 21 日，清政府下令"将京津火车一律停止，免致蔓延"①，关内外的铁路交通完全断绝。但是，如果由俄、日控制的东清、南满两铁路不同时隔断，就难以达到扼制鼠疫扩散的目的，为此与俄、日有关方面交涉也成了重要的防疫工作。经过交涉，日本控制的南满铁路于 1911 年 1 月 14 日停驶，俄国控制的东清铁路于 1911 年 1 月 19 日对二三等车停票，其头等车采取检疫办法。至此，阻断交通的目的基本达到。

除了铁路，各地区在疫情严重时也实施了紧急的隔断交通措施。黑龙江的呼兰、绥化等处发生疫情后，为避免蔓延他处，黑龙江实行断绝交通的办法，以半个月为限，如到期疫气减灭即取消，并颁布了相关章程，主要内容有：设关卡阻拦行人；运送粮食果品的商贩可以放行，如果商贩有染疫情形由官包运；布匹或其他用品截留 1 日并消毒，紧要信件交卡转递，禁运带瘟牛羊、冻鸡、冻猪及不洁食物。② 黑龙江省城防疫会禁止货物输入城内，禁止行人出入城门，并于各城门外 30 里之地方设置陆军、巡警若干名，隔断货物及行旅之交通。③

长春"商埠及城内外各城门及商埠冲要之处，均设有专员及陆军十数名、消毒队数名驻守，实行遮断交通，凡无通行证者概不放行，有证者亦须消毒，如验有病状即送入院"，对于出入的行人、车辆和货物等，做出了如下限制："颜面污垢衣服褴褛者，虽持有通行证，亦不准入城；污秽车辆不准出入城门，即东洋车马车必蒙有白布套，该车或坐客领有防疫局发给通行证，方准放行，其柴草粮石大车脚行车辆，一律禁止出入；脸带病容之人，当留报就近分局医官诊验核办；陈烂衣类及纸片、

---

① 《宣统政纪》，卷 47，841 页，见《清实录》，第 60 册，北京，中华书局，1987。

② 《因防疫断绝交通》，载《盛京时报》，第 5 版，宣统三年正月二十八日。

③ 《黑省防疫之汇志》，载《盛京时报》，第 5 版，宣统三年二月初八。

旧絮、皮革等类，一概不准入城；腐败菜蔬、鱼肉及不洁净之一切食物，除不准放行外，当扣交就近警区送局核办；四乡拉运粮石柴草赴满铁附属地者，须由城外行走，不准穿关经过，城外检疫军警不得拦阻；城内粮栈运粮出行北门运赴车站者，亦必领有通行证方准出入；凡由鼠疫流行地方运来之各种货物，概不准其入城"①。

奉天的北路防疫分局六路营队对于隔断交通的办法如下：各路设卡拦截行人，并派马队巡视小路以防偷越，"遮断之处皆打木栅栏，遮断路口皆出简明告示"，"其遮断之前边数十里，皆派马队传告行人、车马勿再前行，以免拥挤一处"。同时对于驻守军队也有要求，"各卡军队住处悉按平日军规，不准有犯秋毫，违者重惩"，各卡"拦住行人车马，咸以剀切申明和平对待为宗旨"，"盘查行人不得藉故勒索，犯者悉照军法惩办"②。

新民府隔断城乡交通办法如下：由陆军和巡警共同驻守城乡出入要道，除了运粮车辆、穿制服的陆军与巡警和官府的公差人员外，一律禁止出入。此外对设岗驻守的办法做出了 12 条详细规定③。铁岭警局"谕饬北分区巡警，凡有法库来铁之人，一律不准放行，以免传染"。④开原王大令特出示禁绝交通的晓谕，说明鼠疫传染"推原其故皆由外来者所传播，若不严厉遮断，恐一旦势成燎原，不可收拾"，因此，"不能不限制人民交通自由，暂将西门往来行人车辆一律禁止，庶几康者不至外来之传染，已染者自不能传染他人，彼此各有利益"，劝令人民配合防疫。⑤ 营口实施了省里下发的隔断交通办法："各处要道均派兵截断交通，更应传谕所属乡地不可远出亲串，至于北来与外处之人，应不准入村，各乡村彼此严守，杜绝往来"。⑥

然而，隔断交通并非长久之法，实施交通卫生检疫与留验，才是防止传染病通过交通工具及其乘运的人员、物资传播的有效途径。正如东三省总督锡良对此问题的认识："过往交通如人身之血脉，一或壅滞百

---

① 《遮断交通之措置》，见《东三省疫事报告书》，下册，第 2 编第 4 章，18～19 页，1912，辽宁省图书馆馆藏本。

② 《遮断交通之措置》，见《东三省疫事报告书》，下册，第 2 编第 4 章，11 页，1912，辽宁省图书馆馆藏本。

③ 《遮断交通之措置》，见《东三省疫事报告书》，下册，第 2 编第 4 章，12～13 页，1912，辽宁省图书馆馆藏本。

④ 《隔断法库交通》，载《盛京时报》，第 5 版，宣统二年十二月二十六日。

⑤ 《禁绝交通示谕照录》，载《盛京时报》，第 5 版，宣统三年正月十六日。

⑥ 《防疫要札》，载《盛京时报》，第 5 版，宣统三年二月十七日。

病丛生，故有电拟请建筑留验所，为早日开车计划"。① 因而他致电外务部、邮传部陈述了隔断交通的种种弊病，并要求尽快建立起交通检疫与留验制度，以使交通和防疫两不耽误。这体现了当时对切断疫源办法的认识不断深入的过程。

交通卫生检疫包括陆上检疫和水上检疫。陆上检疫规定，有铁路检疫办法以及对行人、车辆、货物等的检验方法。宣统二年十二月十六日（1911 年 1 月 16 日）天津卫生局颁布的《火车防疫章程》全文 15 条，对火车上查验疫病的办法做出了具体的规定。主要内容有：由奉天至山海关仅开头等上行客车，停止二三等客车；在山海关车站附近设临时病院和留验所，在关内火车查有病人及与病人同车者，均送入山海关临时病院，在关外火车查出者，由京奉局派专车送回奉天病院，由沈阳到山海关的乘客，在山海关留住 5 天，发现病者或疑似病者，送山海关临时病院医治。疫病患者坐过的车由医官消毒后，再交还铁路局。由关外运进的货物经医官检验后，准许卸载运输，皮货、破烂、棺木等类禁止入关。铁路巡警协助医官沿途分段查验，防疫电报由铁路局免费代发，查车医官、巡捕等免收车费。②

在京奉铁道，由邮传部拟定了关内外通车检疫办法，并于 1911 年 4 月 3 日颁行。其主要内容如下：在沈阳、沟帮子和山海关分设留验所，无论官差商民均留验 7 日；留验后直放入关；随车医生发现疫病者，就近交地方官、防疫所处理；在关外各站沿途下车不入关者，由车上医生验明无病，随时放行；每日限定售票数量，先开放头等车，乘客留验后，发给执照，不用再验；车上发现疫病者时，除了将病者另车安置外，同车乘客不准下车，并由车上医生与就近防疫所商量是否隔离；已经留验所留验的乘客，由该所发给凭照，以便随车医生检查；从无疫地方入关的官差持有公文实据者，准查验放行或酌减留验日期；留验日期可由防疫所根据情况随时增减；凡由轮船到营口者，由营口留验后，发给执照放行，用专车安置，沿途不搀入各站他客。③

1911 年 4 月 12 日，北京、天津、保定、沟帮子、营口的防疫医生在奉天开会议定火车检疫办法、运输货物章程和轮船搭客章程等。在新议定的《火车搭客章程》中，取消了留验一项和医生的随车检验，只由

---

① 《锡督电外邮两部请早开京奉车》，载《大公报》，第 2 版，辛亥正月十六日。
② 《火车防疫章程》，载《大公报》，第 5 版，庚戌十二月十六日。
③ 《水陆检疫之措置》，见《东三省疫事报告书》，下册，第 2 编第 8 章，13～14 页，1912，辽宁省图书馆馆藏本。

医生在车站检验并不用发给验照，并将京奉沿途各站以及列车上所挂的防疫章程一律撤去，允许卖食物的商贩到车站售卖，规定该章程的从 4 月 13 日开始实行，以两星期为限，到期即停止。《火车输运货物章程》规定，车辆可运由西医发给准运凭照的灵柩，但仍不准运输獭皮等类。《轮船搭客章程》规定，仍对来往船只检验，验疫日期缩短为 5 天。①

《东三省疫事报告书》详细记载了当时对行人、车辆、货物等检验的种种办法。

第一，关于行人。行人到检疫所挂号，由医生检验并分别处置，鼠疫患者送入疫病院医治，其他病者送入疑似病院或普通病院医治，无病者由医官发给执照填明姓名、职业、出发地点，将其携带的物品送到指定客店留验，5 天以后无病放行。检疫员注意来往行人的服装和健康状况，禁止有病状者通行并详记住址以便隔离消毒，禁止苦工、乞丐进城并将其送往贫民收容所，有发现患者或死者的地点派巡警隔断交通，等检诊队将病人搬入病院或埋葬后由消毒队将该地点完全消毒再放行。

第二，关于车辆。在设检疫所的各地，患者乘坐的车辆由医官立刻消毒，留验人的车辆到检疫所时，盖白色留验圆印，留验期满，再盖红色放行圆印，外来车辆没有白印、红印的押送就近检疫所留验。在未设检疫所的各地另有规定：马车、骡车、洋车等各种车辆，须将车内铺垫物品整理干净，每 5 天到警局对车辆和车夫消毒，消毒后领取 1 面白旗，注明车夫地址、姓名及防疫所查验字样，盖用所中关防。各种车辆都不准载病人，如有在车上发病或死于车上者，车夫立即报告该区巡警，派医查验，如果是疫病，就扣留该车消毒后再载客，拉过病人的车辆到警局报明并交还旗帜，歇业 5 天后由警局严格消毒后再营业，车夫均穿白布罩衣，车垫车围也用白布罩以便消毒，衣罩由防疫所统一制作，车夫到警局购买。根据这些规定，各地警局尤其加强了对人力车的管理。铁岭警局"选择洁净人力车若干给予执照，彼此盖印并将该人车施以消毒药水始准拉客"。② 长春城乡内外之马车及洋车每 5 日到该管警局消毒一次，"并由防疫局颁发旗帜，注明车户住址及车夫姓名，暨防疫证查验字样标置车旁，以为曾经查验之证据"，防疫局用白布统一制作车垫、车围和车夫罩衣后，交由警局向车夫收费发放。③ 奉天警务

---

① 《东三省总督为会议改订防疫章程事给吉林巡抚的咨》，《吉林将军衙门档·J001-37-4787 号》，吉林省档案馆馆藏档案。

② 《发给车夫执照》，载《盛京时报》，第 5 版，宣统二年十二月二十一日。

③ 《惟南门尚可出入》，载《盛京时报》，第 5 版，宣统三年正月二十一日。

局派警查看各人力车厂，"凡所居之院宇，务令打扫洁净，并饬消毒队每日洒泼药水一次，以解疫氛"，① 并在查验车户后给予牌照，"无牌照者，即由岗警随时查验，禁止通行，停业"。②

第三，关于货物。从疫区来的行人所带的衣服、行李和货物由医官立即消毒，如果是患疫病者的衣服、被褥难以消毒的烧毁，在货物集散地注意除鼠，被病毒污染的房屋、仓库、船舶、汽车内的货物要消毒，疫区的杂物烧毁。

当时颁布的水上检疫规定，包括对国内和国际海港的检疫。安东海港于 1911 年 2 月 28 日（宣统三年正月三十日）出台的《水上防疫办法》有：指定大东沟为防疫地点，轮船、帆船等在口外停泊，由海关派人验明自离港日起满 7 日无疫病发生，可以发给凭证放其入口，并在大东沟设隔离所、病院和疑似病院，以备船客的治疗与隔离之需。为了明确船只离港日期，请各州县商会或自治会给船只发出发证明，到大东沟行程满 7 天以上无疫病，可以放行，否则均留验 7 天。③

安东海关于 1911 年 3 月 21 日（宣统三年二月十一日）又颁布了《安东海关取缔船舶规则》，主要内容如下：将山东烟台、龙口、登州等埠定为鼠疫流行地，将天津、秦皇岛、牛庄、大连定为鼠疫流行嫌疑地，从鼠疫流行地来船必须从出发日起满 7 天才能到大东沟停泊靠岸，从鼠疫流行嫌疑地来船在大东沟船舶留验所停泊受医员的检验；在嫌疑地搭载苦工及三等坐客的船舶，须将其坐客送入大东沟隔离所留验，载货轮船及携有已留验 7 日证明的载客轮船只，须查验豁免停船；凡由鼠疫流行地及嫌疑地开来的船舶当驶近大东沟时，必须扬起黄色验疫旗，且在港内须遵守安东港务章程。④

1911 年 3 月 4 日（二月初四日），中日两国合订关于鸭绿江的《水上防疫章程》11 条，包括如下内容："（一）鸭绿江检查出入船只归清国朝鲜海关担任；（二）从发疫地所来船只在多狮岛及大东沟口外停泊以待检验；（三）以上船只由其离港之日起在口外停留七日，然后消毒；（四）已经隔离消毒之船由两国官宪发给放行执照；（五）验看放行执照在龙岩浦及三道浪执行；（六）大东沟检疫归该地税司监督，多狮岛归

---

① 《饬令人力车厂注意防疫》，载《盛京时报》，第 5 版，宣统三年二月十五日。

② 《人力车禀请免捐蒙准》，载《盛京时报》，第 5 版，宣统三年二月十九日。

③ 《水陆检疫之措置》，见《东三省疫事报告书》，下册，第 2 编第 8 章，31 页，1912，辽宁省图书馆馆藏本。

④ 《安东海关取缔船舶规则》，载《大公报》，第 2 版，辛亥二月二十二日。

新义州海关长监督；（七）所有办事人员及医生由两国监督派遣；（八）巡逻海路须乘坐小船或小轮船；（九）消毒船所用人员及费用，事后互相负担；（十）有疫病发见之船，使其停泊中流；（十一）禁止进口之货，以堪为疫病媒介者为限，细目临时协议"①。

在营口海港，锦新道于 3 月 19 日（二月十九日）议定《营口检疫办法》，定天津、大沽、烟台、登州、龙口、秦皇岛为有疫港口，从有疫港口来船均在指定地点停泊等候检验，船客及苦工进入留验所留验 7 天，船上货物消毒放行，船上的人不许登岸，听医官随时上船检验；未设留验所以前，各船暂不装客及苦工；已经过港口检疫并由西医诊验 7 日后发给健康证明的来客，不需要留验，但仍要检验无疫病后可以放行；只装货物的船只不需要留验，消毒后放行，船上的人不许登岸，等医官随时上船检验；从无疫港口来的船可直接进港。② 3 月 30 日（三月一日）又于西河套、鲅鱼圈、望海寨 3 处设留验所，凡烟台来船须于 3 处停泊候验 5 日给照放行，并规定了 15 条具体办法，主要内容有：在西河套、鲅鱼圈、望海寨 3 处海口以外指定地点作为待验所，检验从烟台来的船只，每日按指定时间用船送医官到待验所查验船上的人，烟台来船 5 天之后，仍没有发现疫病的，发给凭照放行，船只离岸去外地时交还凭照，由检疫所缴销，其他地方来船不用留验。每天检验 1 次，渔船在指定地点停泊靠岸以便检验，由管理泊船处的司书、警兵等检查有无检疫所凭照，无凭照不准船上的人登岸，并令其到待验所等候查验。在待验所外设立临时病院 1 处，以收容染疫者，设立隔离所 1 处，以收容与染疫同船居住的人，如果在船上验有染疫者时，除了立刻将该病者送到病院、其同船之人送到隔离所外，立即将该船照章消毒，过 7 日后才可放行。③

1911 年 2 月 22 日，外务部命令总税务司拟定国际海港的检疫办法：从中国海港去俄国的乘客，在上船之前由港口医生检验，无病才能出发。并将此条加入天津、秦皇岛、牛庄、烟台、安东各口的检疫章程之内。根据上述规定从 2 月 28 日开始对去俄国的工人进行检疫。④

---

① 《中日合订水上防疫章程》，载《大公报》，第 6 版，辛亥二月十四日。

② 《水陆检疫之措置》，见《东三省疫事报告书》，下册，第 2 编第 8 章，40～41 页，1912，辽宁省图书馆藏本。

③ 《水陆检疫之措置》，见《东三省疫事报告书》，下册，第 2 编第 8 章，43～44 页，1912，辽宁省图书馆馆藏本。

④ 《水陆检疫之措置》，见《东三省疫事报告书》，下册，第 2 编第 8 章，45 页，1912，辽宁省图书馆馆本。

关于当时的留验制度。各地的检疫所、留验所是实行交通卫生检疫的组织机构，因此，从各所的章程中可以管窥当时的留验制度。

吉林二道岭、九站两处检疫所制定的《吉省检疫所留验章程》19条，主要规定有：在通往吉林省的各道设卡，无论何人进省，都要到检疫所挂号，听候检验，检疫所每日详细呈报检验人数、放行人数及是否发现疫病及其他病症者，并指定数间客店对上等客、女客、车夫、苦力分别留验，店主每日登记投店客人的姓名、职业、出发地方和携带物件等呈送检疫所，由医官每天检查客店，督促其打扫卫生、注意饮食清洁和其他卫生事项。留验期间，验有疫病者立即送入检疫所附设的病室急救，再送入诊疫所医治；有非疫病的其他疾病患者，送入所设疑似病院医治；留验人经验明无病者，由医官发给执照，填清楚姓名、职业、出发地方、携带物件等，医官每日晚间查验留验人1次，于各人所领执照内填明日期并盖戳，留验满5天后，由医官于执照内填明放行日期并盖戳放行。每天由城内派人接递外来的文报和邮件，送去发出的文报和邮件，验明无疫的邮差可不必留验。对疫病患者所乘的车辆和携带的物件立即消毒，并烧毁其衣服、被褥等；来自疫地的留验人无论染病与否，其衣服、行李、车辆及携带物件均须立刻消毒；留验人的车辆到检疫所时盖白色留验圆印，满限放行时再加盖红色放行圆印，仅盖白印未盖红印的是偷越车辆，未盖白印及红印的是未经检疫所查验的车辆，均由巡警押送到检疫所留验。①

1911年3月24日《盛京时报》刊登的《督宪谕乘车工人一体留验告示及章程》要求在奉天对出关的苦工留验，每天由京奉路局根据奉天能容纳的留验人数售票，并制定了乘车出关的苦工应该遵守的留验章程14条。主要规定有：应隔离者按分配的房间入住隔离所，隔离期间不得自由外出，保持清洁，不准随处吐痰、大小便，不得互相往来或擅入他人房间；每日派医官诊察1次，发现非疫病的患者送入患病室，发现疑似病者，立即将患者同室之人全部消毒并隔离，将患者搬入疑似病院，所有住室及室内物品全部消毒；忽有急病发生时，由派在隔离所的巡警飞速报告医官详细诊察；隔离期限暂定3日，如有疑似者再加长，隔离期限满后无疫病者，由医官给与健康诊断券准其离开。住宿隔离所内的住宿费、膳食费、杂费都由防疫总局支付。②

---

① 《吉省检疫所留验章程》，载《大公报》，第2～3版，辛亥正月二十日。

② 《督宪谕乘车工人一体留验告示及章程》，载《盛京时报》，第5版，宣统三年二月二十四日。

奉天京奉车站临时检疫留验所"专为隔离京奉全路往来行旅，预防疫症蔓延，以期扑灭净尽，永杜后患"①。《奉天京奉车站临时检疫留验所开办章程》（1911 年 4 月 11 日）规定了留验所的设置、人员构成、留验办法等。奉省留验所设二三等留验室和洗浴、更衣、存储行李、消毒等室；留验室男女分住，另用女仆伺候以示区别；预备中西各种防疫药品以备不虞；附设调养所，如留验人等遇有染患重症，移居该所调养。留验所分为经理、卫生两部，各部人员负责不同的事务。对留验人的规定有：无论中外官民，留验期限均为 5 天，期满后发给执照放行；京奉火车乘客报明乘车等次后按照安排留验，入所时接受健康诊断，更衣、消毒、沐浴后居住指定留验室，遵守所内卫生规则；留验所免费提供每日 3 餐，不得胡乱饮食，以重卫生；男女分住，不准抽烟；免费提供中西药品。对所内办事人员的规定有：所内设办公室 1 处，每日上午 8 点至 11 点，下午 2 点至 5 点，在此时间之内所长、副所长、各科员司到办公室会同办公，其余时间可在私室办理，但不得出外远离以致误公，如因特别事由请假者不在此列；银钱款项最关重要，责成该管科员认真经理，逐日清洁，每月造报一次，如有特别支付等情非经所长承认许可不得擅发；留验人等必须从优招待，如有服役不守规则、伺候不周或有忤犯情事，该管员司应即随时严加申斥，其情节较重者立予革退；所内各处均应洁净，除由医官等清洁检查外，应归该管员司督率，时常扫除，以重卫生。还有对留验人的宿舍、排泄物、生活用品清洁消毒的具体操作办法：宿舍"房内务必清洁暖和"，"天气佳时务必开窗户以纳空气，使日光射入"；"地板每日用石炭酸净洗一次，痰桶须常有石炭酸或升汞水，留验人室内常备有痰桶，不准乱吐地下，留验所排泄物如大小便、痰沫，务必用药消毒"；"所有痰桶、茶杯、茶壶及一切瓷器每日须用开水消毒法煮沸一次，被盖及一切布毡每日用日光热力消毒或污时须用佛尔麻林薰法消毒"。②

根据上述规定，各地进行着严格的交通卫生检疫与留验。在铁岭，巡警每日至车站检查下车客人，凡新下车者，必须在指定客栈住宿至 3 日后方准进城，并将接客车辆选择洁净者编定号牌方可赴车站接客，③

---

① 《委员张廷英禀送京奉车站留验所开办章程等情函复由及英稽查请领办所经费各情》，《奉天交涉司全宗·JB16-43 号》，辽宁省档案馆馆藏档案。

② 《委员张廷英禀送京奉车站留验所开办章程等情函复由及英稽查请领办所经费各情》，《奉天交涉司全宗·JB16-43 号》，辽宁省档案馆馆藏档案。

③ 《警局防疫之严密》，载《盛京时报》，第 5 版，宣统二年十二月十四日。

凡北来大车、行人，均须检验 7 日后方准放行。① 在锦州，警察详查进城的外乡人民，确无疾病者方准放行，否则即送到卫生所医药调治。② 在奉天，各城门对进城者，均逐一检验诊视有无病症，对车辆所载货物严行检视和消毒。③ 在吉林，凡有来自长春方面之行旅，无论中外人，均须在城外隔离所收容 5 日，若果无恙方准晋城。④ 在安东，大东沟及三道浪头两处设航路隔离所，以备客商隔离 7 日，"经检疫员验明确无疾病，再行发给执照方准通行"。⑤ 太平沟防疫分所对"抵岸帆船所载客货，均须扣足七日方准登岸起卸"。⑥ 在营口，对候搭轮船者进行诊验，"如果无病方准登轮，若匿饰不验不但不能买票搭船，且该客及客栈均须有罚"。⑦ 同时为防止鼠疫传入京城也采取了诸多办法，如京奉车务总局在山海关设立防疫所检察商旅货物，不准滥运入关，总督锡良派兵沿途查禁由官道运输货物者⑧；由东三省晋京之信件货物，在山海关放置 5 天才能通过⑨；东三省停止年供⑩等。

第五节　奖惩制度及其应用

清政府在此次防疫过程中贯彻了"责权清晰，赏罚分明"的原则，建立起严格的奖惩制度，灵活运用各种经济和行政手段，有力地推动了防疫工作的顺利进行。"赏罚分明"的激励机制，有利于鼓舞人们的防疫士气，消除不利于防疫的种种因素，对扑灭鼠疫起到了不可低估的作用。

一、奖励制度的颁布与实施

防疫工作是一项危险的、责任重大的工作，很可能危及防疫人员的生命安全。因此在防疫过程中建立起奖励制度，可以说是对防疫工作的必要激励与促进。各国家的防疫法规中都有关于奖惩的规定，只有奖罚

---

① 《防疫甚严》，载《盛京时报》，第 5 版，宣统二年十二月二十五日。
② 《严防时疫》，载《盛京时报》，第 5 版，宣统三年正月十九日。
③ 《各城门验疫加紧情形》，载《盛京时报》，第 5 版，宣统三年正月二十日。
④ 《吉林亦已死却二百九十名矣》，载《盛京时报》，第 5 版，宣统二年十二月二十八日。
⑤ 《添设航路隔离所》，载《盛京时报》，第 5 版，宣统三年二月初十。
⑥ 《航路防疫之认真》，载《盛京时报》，第 5 版，宣统三年三月初一。
⑦ 《达大夫亲查店客》，载《盛京时报》，第 5 版，宣统三年二月二十九日。
⑧ 《咨请查禁由官道运载货物》，载《盛京时报》，第 5 版，宣统二年十二月二十日。
⑨ 《东省信件货物先在关消疫》，载《盛京时报》，第 5 版，宣统二年十二月二十一日。
⑩ 《电饬东三省停止年供》，载《盛京时报》，第 5 版，宣统二年十二月二十五日。

分明，才能激发防疫人员的工作热情。这方面，当时的清政府及各地方当局在制定防疫法规过程中，也同时包括了奖惩内容。

当时的防疫工作需要大量的医生及其他工作人员，而参与到这场防疫斗争中来，本身就是冒着生命危险的工作，而当时奔赴防疫前线的医生们也确实有大量不幸牺牲了，可惜在防疫之初，清政府并没有建立起严明的奖惩制度。1911 年 1 月中旬，在防疫斗争进行的如火如荼之时，支援哈尔滨防疫前线的法国医生梅聂和中国医生刘某均染疫病故，与此同时，其他随从的工作人员也大量牺牲。这在防疫医生中间引发轩然大波，医生们纷纷产生退却之心，伍连德医生上奏辞差，英国医生吉陛坚决准备回京，军医学生甚至想集体请辞，情况十分危急，经过东三省总督锡良的百般劝慰，才暂时安抚了各位医生继续工作，但是，医生们均提出了关于抚恤款的要求。况且抚恤章程在其他各国都已成为定例，俄国就有对外国医生抚恤 1 万卢布的定例。在如此紧急的情况下，颁布抚恤章程，已势在必行。因此，锡良立即于 1911 年 1 月 16 日呈上奏折，奏请中央在疫情过后"将在事出力人员照异常劳绩保奖"，并"先予立案俾资激劝"。① 在奏折中，锡良讲明了疫区急需医生的情况，在各个疫区，医生已经是极为短缺，如果再纷纷离去，必然使防疫工作无法进行下去。然而防疫人员有畏惧的心理也是情有可原的，"虽医学精深之员，无不畏疫如虎，即从事搜查、防护各员并与染疫之人时时接触，性命亦极危险。实缘疫气所至朝发夕毙，前赴后继，官绅商民，无中外贵贱，日惴惴焉如临大敌。"所以，防疫斗争与抗敌一样，如果不给予特别奖励，就难以鼓舞办事人员的斗争士气，"否则畏死之情，人所同有，强迫之法，官亦难施，疫气日炽，不特三省之民命、财产不能保护，且于国际交涉极有关系也。"既然奖励制度如此重要，锡良便提出了具体的办法："拟请在事官绅、中外医官、医生暨巡警、弁兵等，俟事竣择其尤为出力者，照异常劳绩保奖；其染疫死者，依阵亡例优恤"。② 该奏折言辞恳切，有理有据，使清政府意识到了奖励防疫人员的极端重要性，就马上下发了批文，命令锡良等东三省官员立即着手拟定抚恤章程。

---

① 《疫气蔓延人心危惧请俟事竣保奖出力人员折》，见沈云龙主编：《近代中国史料丛刊续编》，第 11 辑，第 101 册《锡清弼制军奏稿》，第 4 分册第 7 卷，1265～1267 页，台北，文海出版社，1981。

② 《疫气蔓延人心危惧请俟事竣保奖出力人员折》，见沈云龙主编：《近代中国史料丛刊续编》，第 11 辑，第 101 册《锡清弼制军奏稿》，第 4 分册第 7 卷，1265～1267 页，台北，文海出版社，1981。

在此之前，吉林巡抚陈昭常在医官们集体请辞的情况下，已经在哈尔滨临时拟定"防疫捐躯之医生每名给恤银一万两，学生五千两"①，才使防疫工作未受影响，继续进行。在中央政府下令后，陈昭常就命令吉林全省防疫总局官员具体拟定防疫人员和医官的恤金等级清单，明确制定为防疫捐躯人员的抚恤章程，其中详细规定了各等级防疫医生和防疫官员的抚恤金额。防疫医生共分为 4 个等级，抚恤金额从 10000 两至200 两不等，具体规定如下："一等防疫医官，外国人得有医学博士者，中国人留学外国，得有医学博士者，自银一万两以下至七千两以上；二等防疫医官卒业后，在官设机关办事满十年者，得与一等比照，二等防疫医官外国人曾在大学高等专门医学堂毕业，所得学位非博士者，中国人在外国大学高等专门医学堂毕业，所得学位非博士者，自银七千两以下至四千两以上；三等防疫医官，卒业后在官设机关办事满十年者，得与二等比照，满二十年者得与一等医官比照，三等防疫医官，中国人在本国境内外国所设医学堂卒业，及在本国西学医学堂三年以上毕业者，自银四千两以下至二千两以上；四等防疫医官，中国人在本国所设西医学堂未毕业学生，以及各项医学堂学生与各项医生，应归临时酌核，当差情形程度高下，分别给予自银二千两以下至二百两以上"②。防疫官员共分为 5 个等级，与防疫医生比照给予抚恤金："一等防疫人员，二三四品现任人员，比照一等医官给予；二等防疫人员，四品候补候选人员，比照二等医官给予；三等防疫人员，五六七品现任人员，比照三等医官给予；四等防疫人员，五品以下候补候选人员、八品以下现任人员，以及派充重要差使人员，不论官阶有无大小，均比照四等医官给予；五等防疫人员，警兵夫役等，得比照军营阵亡例从优给予，警长、巡长以上警察人员归入四等办理不在此例"。③ 还有对防疫医官按照阵亡例进行抚恤的规定："一等防疫医官，得比照三品官吏阵亡例给予，二等防疫医官，得比照四品官吏阵亡例给予，三等防疫医官，得比照五品官吏阵亡例给予，四等防疫医官，得比照五品及五品以下官吏临时酌核，当差情形程度高下，分别给予。一二等防疫人员，得照阵亡例依本品级给予，三等防疫人员，得照阵亡例依本品级给予，四五等防疫人

　　① 《为疫捐躯者之报酬》，载《盛京时报》，第 5 版，宣统三年正月十七日。
　　② 《东三省总督、吉林、黑龙江巡抚为拟防疫人员医官给恤等级札民政司》，《吉林将军衙门档·J001-37-4702 号》，吉林省档案馆馆藏档案。
　　③ 《东三省总督、吉林、黑龙江巡抚为拟防疫人员医官给恤等级札民政司》，《吉林将军衙门档·J001-37-4702 号》，吉林省档案馆馆藏档案。

员，派当重要差使或官阶过小及无官阶者，得比照五品以下阶级临时酌核，当差情形给予等情"。① 该恤章于 1911 年 2 月 20 日上奏中央，1911年 3 月 6 日下发各地，各地立即遵照执行，如双城府金太守"接奉督抚宪札发东三省奏定防疫人员及医官恤典章程十卷"，"以此项章程与防疫前途大有关系，故遂即发交防疫局以资观感而昭激劝云"。②

此外，清政府对于奖励的合理性也有所考虑。因为医官伍连德致电外部，认为"现奉抚总电开医生及学生身后抚恤新章，与抚总在哈时议定及大部核准之办法大不相同，医官等现时办事勤奋，日见进步，恤章遽改未免令人寒心，如必令实行，恐办事人等将不满意，诸事因而废弛，务祈仍照原定章程办理，否则国家与连德似有食前言之咎"③。所以，奖励问题直接关系到防疫人员的积极性，必须妥善处理。于是，就上述抚恤章程，外务部提出了 3 点应商榷之处：第一，现拟恤银数目较"吉抚原定恤银医官一万两、学生五千两"相差太多，"且四等恤款有减至二百两者"，易使防疫人员"各怀观望，致办事稍形退缩，恐于前途转多窒碍"；第二，各医冒牺牲性命之险前往疫区，"较之地方官有难易劳逸之殊，所有各官员恤款等级，似不宜优于医官"；第三，"他项恤典防疫人员依本品级给予，一等医员仅得比照三品官吏，体察情形对待医官似应略予优异"④。可见，清政府对于防疫医员的奖励是十分重视的，认为医生在防疫工作中的危险性和重要性都高于官员，因此应该重赏防疫医生，这样，才能调动他们的积极性而更加英勇地参加抗疫斗争。这些合理的建议是对奖励制度实施效果的考虑，以免打击防疫人员的积极性反而弄巧成拙。

抚恤章程具体规定了各等级医官及工作人员殉职后应得的抚恤金，数目清晰、合理，激励了防疫人员的斗志，为抚恤防疫殉职人员提供了法律保障。那么，为防疫捐躯人员是否得到了政府的抚恤金？据史料记载，抚恤的实例是不胜枚举的。奉天六区一等巡警高长顺因公疫毙，区官除"备棺妥为葬埋"外，还禀请防疫事务所总办"赏给抚恤银六十两"。⑤ 铁岭二区巡警王国臣因在隔离所看护病人遭传染身死，"县尊赏

---

① 《东三省总督、吉林、黑龙江巡抚为拟抚防疫人员医官给恤等级札民政司》，《吉林将军衙门档·J001-37-4702 号》，吉林省档案馆馆藏档案。
② 《奏定防疫章程颁发到双》，载《盛京时报》，第 5 版，宣统三年二月二十五日。
③ 《外部电商防疫治疫员恤章》，载《申报》，第 5 版，辛亥正月十八日。
④ 《外部电商防疫治疫员恤章》，载《申报》，第 5 版，辛亥正月十八日。
⑤ 《抚恤因公染疫毙命之巡警》，载《盛京时报》，第 5 版，宣统二年十二月二十八日。

给银元三百元"。① 铁岭隔离所某看护夫疫毙，地方官当即"赏给洋八十元以示抚恤"。② 铁岭一区巡警刘仲德因疫殉职，政府"赏给抚恤银一百元"，并"饬其家属领取"。③ 长春对疫死陆军"均给纹银十两，备衣服棺木殓葬，以示体恤"。④ 长春的朱医官染疫身故后，对其"从优赐恤纹银两千两"。⑤ 奉天民政司对殉职医员啜德铭的四岁遗孤啜小酉，"照奏定章程，酌给抚恤银两以资生活"。⑥ 朱炳然因充防疫稽查染病身死，吉林分巡西南路兵备道对其从优抚恤，"由防疫费项下给予百金"。⑦ 因疫而死的外国医生也按照恤章得到了抚恤金。日医守川在新民染疫毙命后，清政府给予其遗属抚恤金 10000 元。⑧ 京奉铁路局英医查兑逊在奉天襄办防疫事宜，染疫逝世后，"锡督特赠吊慰费一万两，以示优恤"。⑨ 这说明，抚恤章程并非一纸空文，而是确实得到贯彻实施的，正因为如此，才激励了防疫医生和工作人员前仆后继奔赴防疫前线，由此保证了防疫队伍的人员构成，这是取得防疫战斗最终胜利的关键因素。倘若医生真的因为没有抚恤保障而集体请辞，后果不堪设想。

不仅如此，通过锡良的奏折也可以看出，抚恤是严格照章执行的。比如，在《东督优恤员医之电奏》中，奏明英医嘉森、日医守川歆显、交涉使练习员毓琛、医生王芝臣、张墨林染疫去世，隔离所长王文光为防疫积劳病故，以上 6 员皆符合恤章的规定，锡良就立即按等级各自给予抚恤金。⑩ 在《绅士鹤鸣因防疫捐躯请照例给恤折》中，黑龙江防疫会副议长鹤鸣染疫去世，"该故员鹤鸣曾任实缺六品站官，嗣保升用同知、补用通判"，符合恤章规定条款之"四等防疫人员，五品以下候选人员，八品以下现任人员，以及派充重要差使人员，不论官阶有无，均比照四等医官给予"和"他项恤典，三、四等防疫人员，得照阵亡例依本品级给予"。于是，除了"比照四等医官给予恤银"外，锡良还奏请"将该故员照阵亡例，依本品级给予恤典"，得到批准，其他防疫人员的

---

① 《优恤防疫身死之巡警》，载《盛京时报》，第 5 版，宣统三年正月十八日。

② 《赏恤看护夫》，载《盛京时报》，第 5 版，宣统三年正月十九日。

③ 《巡警染疫毙命》，载《盛京时报》，第 5 版，宣统三年正月二十三日。

④ 《抚恤死亡之陆军》，载《盛京时报》，第 5 版，宣统三年正月二十八日。

⑤ 《抚恤疫故之医官》，载《盛京时报》，第 5 版，宣统三年三月初十。

⑥ 《孤儿呈请酌给抚恤》，载《盛京时报》，第 5 版，宣统三年三月二十一日。

⑦ 《吉林分巡西南路兵备道署孟为朱炳然因充防疫稽查染病身死从优抚恤等函知交涉司使》，《奉天交涉司全宗·JB16-1357 号》，辽宁省档案馆藏档案。

⑧ 《纪日妇殉夫之义烈》，载《盛京时报》，第 11 版，宣统三年正月十一日。

⑨ 《专电——东京》，载《盛京时报》，第 2 版，宣统三年二月初八。

⑩ 《东督优恤员医之电奏》，载《申报》，第 1 版，辛亥三月十九日。

抚恤也皆是如此办理。①

在整个防疫过程中，清政府一直采用各种奖励措施鼓励防疫人员的斗志。首先就是物质奖励。天津当局对赴疫区参加防疫的人员给予重金，每人"月薪皆三、五百金不等"。② 奉天自正月起，为防疫区官"每月加给津贴银十两，以示奖励"③，并"每月各予加车马费银十两"，五区区官"从优加给车马费银二十两"④。铁岭防疫所认为消毒队身临险境，特禀上级"酌加津贴以资鼓励"并获批准。⑤ 除物质奖励外，政府还给予衔名奖励。奉天民政司和交涉司"在各区各派稽查员一员，以便稽查各该区办理防疫之方法完密与否，倘各区办理有成绩者，定行转请督帅出奏保奖"。⑥ 总督锡良也"饬督率在事人员认真竭力办理，俟善后毕昭军功例优给保奖"。⑦ 辽阳"自办理防疫以来，在事诸员颇能勤奋从事，措施周密，以故不致蔓延"，地方官"以该防疫员处置有方，特将该员等各记大功一次，以示鼓励"。⑧ 襄办奉天防疫的陆军，也一律给奖。⑨

疫情过后，东三省、山东、直隶等各地均上奏折为防疫出力人员请奖。⑩ 正如东三省总督锡良所说："此役在事人员，医生而外，大率不支薪水，或扶伤救死出入疫区，或纯尽义务不辞危险。若不分别给奖，

① 《绅士鹤鸣因防疫捐躯请照例给恤折》，见沈云龙主编：《近代中国史料丛刊续编》，第 11 辑，第 101 册，《锡清弼制军奏稿》，第 4 分册第 7 卷，1320 页，台北，文海出版社，1981。

② 《防疫事汇志》，载《大公报》，第 6 版，辛亥正月二十九日。

③ 《奖励区官》，载《盛京时报》，第 5 版，宣统三年二月十二日。

④ 《请加区官车马费禀蒙照准》，载《盛京时报》，第 5 版，宣统三年二月二十一日。

⑤ 《津贴消毒队》，载《盛京时报》，第 5 版，宣统三年二月十一日。

⑥ 《锡督办理防疫事宜之认真》，载《盛京时报》，第 5 版，宣统二年十二月十五日。

⑦ 《督宪鼓励防疫人员》，载《盛京时报》，第 5 版，宣统二年十二月二十日。

⑧ 《防疫职员记功》，载《盛京时报》，第 5 版，宣统三年二月初十。

⑨ 《襄办防疫陆军一律给奖消息》，载《盛京时报》，第 5 版，宣统三年二月二十二日。

⑩ 中国第一历史档案馆：《清末东北地区爆发鼠疫史料下》，载《历史档案》，《东三省总督锡良等为东三省疫气扑灭请奖出力者事奏折》（宣统三年三月二十八日）、《东三省总督锡良为请奖叙奉省防疫人员事奏折》（宣统三年四月十三日）、《山东巡抚孙宝琦为陈善后事宜择尤保奖并请拨款项事奏折》（宣统三年四月十四日）、《东三省总督锡良为奉天民政使张元奇等员殚精极虑调度得宜请奖事片》（宣统三年四月十七日）、《东三省总督锡良为新民府知府管凤和等员实属异常出力请奖叙片》（宣统三年四月十七日）、《直隶总督陈夔龙为直隶疫气敉平请奖在事出力人员事奏折》（宣统三年四月十八日）、《直隶总督陈夔龙为援例请奖补用道屈永秋医科进士事片》（宣统三年四月十八日）、《东三省总督锡良为黑龙江防疫出力各员择优续奖三十四员事奏折》（宣统三年五月初二）、《直隶总督陈夔龙为陈出力人员事迹请奖事奏折》（宣统三年五月十三日）等，2005（2）。

设将来稍有缓急，何以驱策群才？"① 清政府接纳了这些建议，对防疫
出力人员按功行赏。试署吉林交涉使兼署西北道郭宗熙、总医官伍连德
得到"传旨嘉奖"，其余有功人员亦"升叙有差"。② 奉天民政使张元
奇、交涉使韩国钧、锦新营口道周长龄等均获嘉奖，"赏博多勒噶台亲
王、旗额外副官旗章京王尚忠二品衔"③。奉天防疫人员中的医科进士
民政部主事王若宜、医科举人王麟书等 19 名人员，均按照异常劳绩得
到奖赏，度支部七品小京官郝延钟、医科举人学部候补司务郭钟韶等
73 名人员，均按照寻常劳绩得到奖赏。④ 山东的姚赞元等 20 位官员，
得到嘉奖。⑤ 另外，政府不仅奖励了各省防疫要员，对基层防疫人员，
也一并奖励。吉林省方正县为"防疫出力员书兵警"10 名请奖官衔，
为孙耀庚、王荣、白瑞峰 3 名请奖，给"蓝翎五品顶戴"；为刘殿甲、
焉晋瑛、李文惠 3 名请奖，给"五品顶戴"，为张春霖、刘廷清、张庆
贵、许舜 4 名请奖给"六品顶戴"。⑥ 吉林省滨江厅"区官张殿良、姚
香龄、王武功、卫生队官冯奎武、消防队官马升等五员防疫出力"⑦，
均获封五品官，以示奖励。哈尔滨防疫局请求为"出力较次之员书弁
兵"赏发空白翎札 50 件、五品功牌 80 张、六品功牌 70 张，以示奖励，
得到批准。⑧ 奉天防疫事竣后，特"赏给每城门警洋六十元，以示奖励
云"⑨。与此同时，各地还纷纷上奏为外国防疫人员请奖。吉林为出力
洋员北京协和医院美医官杨怀德、日本满铁病院院长宇山后三、日本医
士广海捨藏、俄国医官库和契林箕、英国医院医官丁滋博、俄驻长正领
事喇甫洛福、俄国警察署长民年遁夫、日本满铁会社防疫员细野喜市等
8 人，请奖宝星；黑龙江为省城防疫医员日本技师稻垣刀利太郎、检疫

① 中国第一历史档案馆：《清末东北地区爆发鼠疫史料下》，载《历史档案》，21 页，
2005（2）。

② 《宣统政纪》，卷 902 页，见《清实录》，第 60 册，北京，中华书局，1987 年影印本。

③ 《宣统政纪》，卷 53921 页，见《清实录》，第 60 册，北京，中华书局，1987 年影印本。

④ 中国第一历史档案馆：《清末东北地区爆发鼠疫史料下》，载《历史档案》，21 页，
2005（2）。

⑤ 《宣统政纪》，卷 57，991 页，见《清实录》，第 60 册，北京，中华书局，1987 年影
印本。

⑥ 《吉林行省为方正县详送防疫出力员绅请奖清册的批》，《吉林将军衙门档·J001-37-
1097 号》，吉林省档案馆藏档案。

⑦ 《吉林行省为滨江厅呈报去岁防疫出力区队官请给奖札的批》，《吉林将军衙门档·
J001-37-1098 号》，吉林省档案馆藏档案。

⑧ 《吉林行省为哈尔滨防疫局呈请赏发功牌奖给员书兵弁的批》，《吉林将军衙门档·
J001-37-0819 号》，吉林省档案馆藏档案。

⑨ 《奖赏门警》，载《盛京时报》，第 3 版，宣统三年四月十二日。

官村松六助、呼兰防疫医员英国医士余克信等 3 员请赏，给三等第三宝星。① 东三省总督赵尔巽等上奏朝廷，为多名防疫洋员请赏给宝星。② 直隶总督陈夔龙为驻津各国领事及医生请奖宝星。庆亲王奕劻为派往东三省各洋员请奖。③ 上述请求均获得中央政府的许可，各地的外国防疫人员都获得了奖励。如英国医官德来格，获赏如意 1 柄；副税务司法国人罗尔瑜，获赏三品衔；英国医生韩济京等 6 员，各获赏宝星 1 枚，等等。④

奖励为防疫捐款的民间组织和个人，也是奖励制度的内容之一。在《吉林全省防疫总局档》中有一件《电复新城刘守商会捐防疫经费候奏请奖》⑤ 电文记载，新城府商会捐赠防疫经费新市钱 10000 吊，折合吉平钱 1400 余两，按照捐助的金额，给该商会"乐善好施字样"以作为奖励。在此之前长春商务总会曾因捐助防疫经费"洋两万元"而获赏匾额一方。⑥ 还有一些绅商、医生等"竭意筹防，不支薪水"，地方官宴请他们以表酬谢。⑦ 防疫是一项全民通力合作的综合治理工程，不仅需要官方的努力，更需要民众的配合，才能取得可喜的效果。政府对为防疫做出贡献的民间组织和个人给予名誉上的奖励，鼓励官民合作防疫，对调动民间防疫的积极性有重要作用。这是物质奖励之外的又一种奖励方式。在防治鼠疫的过程中，扑灭疫源可谓是重要一环，虽然此次鼠疫的疫源经检验认为并非老鼠而是旱獭，但老鼠作为一般鼠疫的疫源体，在此次防疫工作中对老鼠的扑灭工作仍然是作为重点之一来进行的。为鼓励居民捕鼠，各级官府与警局下发了奖励捕鼠的命令，对捕鼠进行物质奖励，尽管奖励金额不尽相同，但是这种奖励确实是行之有效的。

---

① 《吉林卜硅电为防疫案请奖出力洋员宝星功牌事》，《奉天交涉司全宗·JB16-3108号》，辽宁省档案馆藏档案。

② 《东三省总督赵尔巽等奏三省防疫洋员请赏给宝星折》，411 页，见沈云龙主编：《近代中国史料丛刊》，第 62 辑，第 618 册，《清宣统朝中日交涉史料》，台北，文海出版社，1981。

③ 中国第一历史档案馆：《清末东北地区爆发鼠疫史料下》，载《历史档案》，21 页，2005（2）。

④ 中国第一历史档案馆：《清末东北地区爆发鼠疫史料下》，载《历史档案》，21 页，2005（2）。

⑤ 《桦甸县等地为报筹办防疫缮呈规则清则清查的详及防疫局批》，《吉林全省防疫总局档·J029-01-0056 号》，吉林省档案馆藏档案。

⑥ 《上谕》，载《盛京时报》，第 2 版，宣统三年二月初四。

⑦ 见（辽阳）《史州牧宴饮防疫人员》，载《盛京时报》，第 5 版，宣统三年四月十三日；（长春）《绅商报酬防疫人员之劳绩》，载《盛京时报》，第 5 版，宣统三年四月十三日。

二、惩罚制度的颁布与实施

惩罚制度包括以下两个方面：一是惩罚防疫不力的官员；二是惩罚阻碍防疫的民众。经济处罚和刑事处罚相结合，有力地保障了防疫工作的顺利进行。

在此次防疫过程中，大部分官员能够按照中央的指示竭力工作，可是也存在着一些假公济私、贪赃枉法的官员，成为防疫队伍中的害群之马，必须剔除这部分人，以保证整个队伍的纯洁。比如，哈尔滨傅家甸的巡警局长"每日虚报死人数目三五十名，每日即可多由棺木中领出钱二三百元"，还有专管杂务的钟委员购买木材虚报数月，"一次竟入自己私囊一千五百余元之多"。① 可见，防疫工作需要严厉的惩罚制度，这是防疫队伍战斗力的保证。因此，从中央到地方，清政府对于参与防疫工作的人员，都有着十分严格的要求。奉天为防止住户因惧怕隔离而将疫尸移弃道路上，命令各区官、长警等注意搜查，"倘各户有移弃情形，一经查出从严惩办，如巡官巡逻于应管线路内有以上情形不及知觉者，即为防疫不力，照章撤惩"。② 奉天防疫事务所还特派员分往城外各义地调查，如果有埋葬队草率处理疫尸者，"则须处以相当之罚，决不姑宽也"。③

总督锡良鉴于从事检验、消毒的医官和医学生有懈怠的情形，命令奉天防疫事务所总办严行整顿，要求各医官和医学生每日早间"八钟出勤，有迟至十钟者一次记过、二次罚薪、三次撤差惩处"，并责令各区官设立时间簿，据实注明医官和医学生出勤时间，"限定十钟前送事务所由总会办查核盖章，每阅五日呈送来辕以凭考核，此为稽查勤惰而设，本大臣仍派人随时查报以资印证，该办会办及各区区官如敢徇情回护一并严办"。④ 锡良电饬法库厅张丞云"防疫固不能惜费，亦不可稍涉虚糜"，要求该官节约防疫经费，不得铺张浪费。⑤

锡良又因"八门防疫人员屡滋事端致起镣辖，并查连日城关染疫死亡之人，较前增多"，命令"交涉、民政两司督同防疫事务总办妥拟整顿办法，认真从事检察以期毒氛早除，毋使钜款虚糜，倘在事各员如有

---

① 《办理防疫官员肥己》，载《盛京时报》，第5版，宣统三年正月二十日。
② 《注重防疫》，载《盛京时报》，第5版，宣统三年正月二十日。
③ 《调查埋葬死尸之是否合法》，载《盛京时报》，第5版，宣统三年正月二十七日。
④ 《札设医官出勤簿》，载《盛京时报》，第5版，宣统三年二月初八。
⑤ 《训饬防疫糜款人员》，载《大公报》，第2版，辛亥正月十八日。

玩惰不力者，即行呈明撤办并将所拟办法呈送查核以凭核办云"。① 《奉天省城公立卫生防疫会总分所细则》〔宣统三年三月初一日（1911年3月30日）成立〕也明确要求"队兵什长各宜遵守规则"，"如有违反者，按规定之罚则办理"②，并规定惩罚办法有言语申斥、罚金、斥革和送究等。

由于有兵警等借防疫骚扰民众的事情发生，各地强调了兵警检疫的纪律问题。民政部、步军统领衙门、顺天府奉旨出示晓谕："防疫人等务各审慎从事，毋得藉端骚扰其商民人等，亦不得轻听谣言，致滋摇惑"。③ 黑龙江"以瘟疫自发现以来，警区办理查验事宜，每有无知之徒藉端骚扰，甚至夜间亦以查验为名深入闺阃窥视妇女，各户因之对于查验一事异常反对"，民政使张季端出示晓谕："不准兵弁贪夜入室，倘有藉端滋扰，准各户指名禀报，定即从重惩办。各该户如有疏于防范或挟嫌等事，一经查出，亦当照章严惩不稍宽贷。"④

根据上述规定，为数不少的防疫官员因防疫不力而被惩处，上至中央，下至地方，大小办事人员均不例外。民政部卫生司司长唐坚筹办防疫事宜"不甚得法致滋外间口实"被记大过一次，民政部防疫局局长也被上级当面申斥。⑤ 吉林西北路道于驷兴因办理防疫不力而导致哈尔滨鼠疫蔓延，"屡受督抚两宪严责"，"锡督拟俟吉抚查明办理防疫情形以定于道之去留"，⑥ 后终因"防疫因循"而被革职。⑦ 锡督并将此事电发各府厅州县以儆效尤，⑧ 而于驷兴则"自被处分后大加振作，遇事争先"⑨，在傅家甸帮办防疫事宜表现出色。吉林西南路道李澍恩因防疫不力而被撤职后，⑩ "留长协同办理防疫以观后效"，结果，"该道于防疫上十分认真且异常出力"。⑪ 说明对官员奖惩分明于其工作确实是

---

① 《督宪谕饬整顿防疫事宜》，载《盛京时报》，第5版，宣统三年二月初九。

② 《奉天公立卫生防疫会咨送章程一本并开办日期由》，《奉天交涉司全宗·JB16-86号》，辽宁省档案馆藏档案。

③ 《交旨》，载《盛京时报》，第2版，宣统三年二月初七。

④ 《慎重防疫》，载《大公报》，第1版，辛亥三月初一。

⑤ 《北方防疫汇纪》，载《申报》，第4版，辛亥正月十八日。

⑥ 《关道撤任之风说》，载《盛京时报》，第5版，宣统二年十二月十五日。

⑦ 《民政司关于西北路道于驷兴防疫因循暂行革职派吉林交涉使郭宗熙办哈埠防疫事宜的移文》，《吉林全省旗务处档·J049-02-4997号》，吉林省档案馆藏档案。

⑧ 《锡督防疫之电文》，载《盛京时报》，第5版，宣统二年十二月二十五日。

⑨ 《傅家店办理防疫者之情形》，载《盛京时报》，第5版，宣统三年正月二十三日。

⑩ 《吉林行省为撤销试署防疫不力之吉林西南路道李澍恩的咨札》，《吉林将军衙门档·J001-37-1202号》，吉林省档案馆藏档案。

⑪ 《李道有仍复原任消息》，载《盛京时报》，第5版，宣统三年二月二十五日。

一种激励和促进。又"以防疫具报不实，革署黑龙江府知府黄维翰职"①。黑龙江民政使赵渊"因防疫不力"而被解职。② 吉林省"磐石赵令防疫不力是记大过一次"。③ 吉林府太守张瀛因防疫不善被撤任。④ 吉林西关九区区官郝有增由于未查出有一家因匿尸而导致其全家疫毙而被立即撤职。⑤ 吉林防疫检察员孙某、宋某二人藉检验为由"赴女伶邱俊英下处任意滋闹，旋经稽查员某君侦悉报知总局，即行裁撤"。⑥ 奉天防疫事务所检疫委员景霖和孙家珮因"临事畏缩、玩忽要差"，立即被撤差"并停委一年以示惩儆"。⑦ 奉天北关隔离所"刁狡异常，原定可容八十人，兹仅收三十余人，额外不肯安置，因将隔离人往返耽误"⑧，将其所长及卢医官撤差。开原尚阳堡防疫分所赵总办因办理不善被撤职。⑨ 新民公主屯贾区官、黄旗堡张巡官、巨流河曹巡官均因对疫死人数匿不呈报而被立即撤差。⑩ 新民警长"侯君闭户自守恐致传染，当经张太守禀革"。⑪ 开原县属警务巡官左宜之办理防疫纵兵索贿，民政司将其立即撤差惩办之外，还通饬各属"如遇前来投效不准收留录用"⑫，惩罚可谓十分严厉。

防疫涉及的问题很多，惩罚制度也由此涉及方方面面。关于公共卫生防疫制度，东三省对人群聚集的营业场所做出了很多规定，对于违章者有着严厉的惩罚措施。比如吉林，对不遵守章程停演的戏园、违章客店、违章车辆等处以 5 元到 20 元的罚款，违章妓院、违章澡堂多按照违警律处分，违章理发店重罚甚至停止营业，违章饭店勒令停业并处罚经营者。河北省城临时防疫会也拟定了戏园防疫办法 8 条，防疫会"派

① 《宣统政纪》，卷 49，862 页，见《清实录》，第 60 册，北京，中华书局，1987 年影印本。
② 《黑龙江大事志》，卷 4，349 页，台北，成文出版公司，1974 年影印本。
③ 《磐石县详县属染疫遵设防疫局具清折请核及民政司的批示》，《吉林省民政司档·J023-02-0022 号》，吉林省档案馆馆藏档案。
④ 《吉林府张守因防疫不善撤任》，载《盛京时报》，第 5 版，宣统三年二月初一。
⑤ 《区官因失查撤差》，载《盛京时报》，第 5 版，宣统三年二月十二日。
⑥ 《检察员舞弊撤差》，载《盛京时报》，第 5 版，宣统三年二月初五。
⑦ 《督宪札据防疫事务所呈为检疫委员景霖及孙家珮临事畏缩请即撤差等情饬知由》，《奉天交涉司全宗·JB16-1367 号》，辽宁省档案馆馆藏档案。
⑧ 《警务局长禀为北关隔离所刁狡异常已将所长及医官撤差等因函防疫总局由》，《奉天交涉司全宗·JB16-1367 号》，辽宁省档案馆馆藏档案。
⑨ 《匪徒藉防疫肆行索诈》，载《盛京时报》，第 5 版，宣统三年正月二十一日。
⑩ 《巡官撤差》，载《盛京时报》，第 5 版，宣统三年正月十七日。
⑪ 《警务长之升降》，载《盛京时报》，第 5 版，宣统三年正月二十四日。
⑫ 《通饬不准收用已革之巡官》，载《盛京时报》，第 5 版，宣统三年二月十六日。

调查员随时确查，如不遵照办理，即饬停演"①。奉天防疫事务所要求商民注意清洁院宇，特派稽查员与各区巡官按户晓谕，"此次谕后倘再有院宇不洁者定行扭交警局罚办"。② 铁岭发出呼吸囊 10000 余枚，要求人民带呼吸囊出入城门，否则以违警论罪。③

关于报告检疫制度，长春何太守出示晓谕，"自示之后尔等若有受此疫症者即速前赴官医院就医，倘敢隐匿不肯报治，一经查出或被举发，必照章议罚，决不宽宥"④。奉天有人因惧怕"报告疫毙有隔离、封闭、烧弃等种种之累，乃于晚间出资雇人将疫毙尸身撩弃外边"，防疫事务所饬令各区严查，"一被查出定当从严究办"。⑤ 铁岭防疫所出示告诫人民，一经查出有隐匿患疫者或弃尸者，"焚烧屋房亦不给价，并须从重惩办"。⑥ 安东为防止民众隐匿疫情，特出示晓谕讲明惩罚措施："如有毙命者，无论病死疫死，需先报告该管警区或分所检验掩埋，如有隐匿不报者，一经查出，处以百元以下十元以上之罚金。或十个月以下一个月以上之拘留；其左右邻知而不举者，处以三十元以下五元以上之罚金，或三个月以下十五日以上之拘留。如本主未报迳行往报者，赏洋十元。如遇有病之家，无论是疫非疫亦须报告该管警区，如隐匿不报者，处以三十元以下五元以上之罚金，或三个月以下十五日以上之拘留，邻佑不举者，处以十元以下一元以上之罚金，或一个月以下三日以上之拘留"。⑦ 类似的规定各地均有。

关于隔离制度，黑龙江隔离所规定"应行隔离而恃势阻抗者，一律加以相当之处分，以重功令，而免传染"⑧，奉天隔离所更是规定"若有敢图潜脱者，当即击毙，以杜后患"⑨，说明当局为了控制鼠疫进一步扩散，所采用的隔离手段是非常严厉的。

同时，更有一些规定十分全面的惩治法规出台。京师内外城巡警总厅为预防鼠疫传播，除了设立检疫所卫生队随时检察外，为防止居民对鼠疫患者隐匿不报或者抗拒检查，妨碍对鼠疫的预防和治疗，特地颁布

① 《防疫会取缔戏园之规则》，载《大公报》，第 1 版，辛亥正月十八日。
② 《稽查晓谕清洁院宇》，载《盛京时报》，第 11 版，宣统三年正月十一日。
③ 《勒令人民尽带呼吸囊》，载《盛京时报》，第 5 版，宣统三年正月二十一日。
④ 《防疫示谕照录》，载《盛京时报》，第 5 版，宣统二年十二月十一日。
⑤ 《严禁抛弃疫毙尸身》，载《盛京时报》，第 5 版，宣统三年二月初三。
⑥ 《防疫所告示照录》，载《盛京时报》，第 5 版，宣统三年二月二十一日。
⑦ 《道署防疫之示谕》，载《盛京时报》，第 5 版，宣统三年二月初十。
⑧ 《病院及隔离所》，见《东三省疫事报告书》，下册，第 2 编第 5 章，41 页，1912，辽宁省图书馆馆藏本。
⑨ 《隔离所之戒严》，载《盛京时报》，第 5 版，宣统二年十二月十九日。

防疫罚则 9 条，于 1911 年 2 月 6 日开始实行，以保证防疫工作的正常进行。该罚则规定：发现病者立即报告，有隐匿不报或谎报者处以 5 元以上 50 元以下的罚款；擅自埋葬疫死尸体和擅自移动鼠疫病人者，处以 5 元以上 50 元以下的罚款；拒绝对疫死尸体进行卫生处理者，除了由卫生警官强制执行外，再处以 5 元以上 20 元以下的罚款；抵抗卫生警官对染疫房屋和食品进行消毒或销毁者，处以 5 元以上 30 元以下的罚款；擅自出入鼠疫隔离地区者，处以 5 元以上 50 元以下罚款；妨碍或拒绝卫生警官实行清洁或消毒方法者，处以 5 元以上 20 元以下的罚款；在防疫期内，"以瓦砾或秽物及禽兽背投掷道路或投入人家者"，"于私有地界内发见死尸体不报官署或潜移仍所者"，"于厕所外便溺者"，"违背一切官定卫生章程者"，① 按照违警律原有规定，再加重一等或二等处罚；无法交罚款的人，可按照违警律的规定改为拘留等其他刑罚；该罚则的适用日期是在防疫期间。该惩治法规涉及疫情报告制度、清洁消毒制度、隔离制度、公共卫生防疫制度等多个防疫环节，有力地保障了这些防疫法规的顺利实施。

吉林全省防疫总局的《检疫规则》附罚则 10 条，对于违背检疫规则者，按情节轻重，规定了经济处罚和刑事处罚："凡有抵抗检疫员检验者，依违警律加重治罪"②；对于违背该规则的医生、患病人家、有疫死者的人家、学堂、茶园、土娼、澡堂、浴场、客栈、旅店、棺材店、车辆等均处以 5 元至 20 元的罚款；棺材店违背规则出售棺材 1 具罚银 1 元，洗衣房违背规则罚令停业，该规则指定的家畜家禽等"如有流离在户外者，由搜索队捕获或击毙之"③。吉林省东宁厅防疫局简章也规定："地方居民如有不服检疫人员检验及消毒者，得由防疫局禀知本厅强制之；凡有抵抗检疫人员检验及消毒者，依违警律处罚"④。惩罚制度直接附着在防疫法规之中，申明了防疫法规的重要性，从而使人们真正重视并切实遵守这些防疫法规。

根据惩罚制度，各地对于违章者进行了严厉的惩处。营口二区巡警王庆奎同预备巡警谭守山检疫至预备巡警督操官萧福田家时，遭该官抵

① 《京师防疫罚则九条》，载《盛京时报》，第 2 版，宣统三年正月十三日。

② 《吉林全省防疫总局章程及消毒检疫规则》，《吉林将军衙门档·J001-37-4740 号》，吉林省档案馆馆藏档案。

③ 《吉林全省防疫总局章程及消毒检疫规则》，《吉林将军衙门档·J001-37-4740 号》，吉林省档案馆馆藏档案。

④ 《东宁厅为送防疫经费报告册的呈及防疫局批》，《吉林全省防疫总局档·J029-01-0038 号》，吉林省档案馆馆藏档案。

制并被殴打，送到巡警总局后，"该局仍饬警照章检查外，饬萧并呈验文凭及派充督操委札，然后再办其殴警抗检之罪"。① 在奉天，度支司某科员想逃避检疫绕越晋省，为巡警侦知后，"遂将该员及所乘轿车、行李等物一并送至二道岭子留验，一面据情禀请度支司宪知照"。② 又有奉天某观察由东关乘骡车进城，防疫员照例检查时，该观察大怒，令车夫打伤防疫员，督宪得知此事后大怒，"判令罚款二千两充作防疫经费"③。哈尔滨傅家甸不准妓院接客，可是滨江厅禁烟所长尹连元，将宝玉班妓女巧仙等，接至三区某号楼房上饮酒为欢，结果该员被"撤革并枷号游街三日，以示惩儆"。④ 营口严禁私宰牲畜售卖，各区派警竭力严查，"查有常家猪店私宰病猪及李某私宰卖肉，均经获送总局罚办"。⑤ 铁岭防疫分局派员前往昌图实力屯搜埋弃尸、隔断交通，该处教民刘井泉大加阻挠，"肆口谩骂，并诬指消毒夫强抢情事"，"该屯公会将刘井泉缚送府署，笞责一百"。⑥ 长春公升合商号，对21名患鼠疫死的伙计隐匿不报，擅自处理，"经防疫巡警查知，总局议决罚银万两"。⑦ 长春北大街益发栈，对其柜伙因疫毙命，匿不呈报，被防疫巡警查出后，"遂即送局惩罚洋元五百"。⑧ 这说明无论官商军民，任何人都要遵守防疫规则。

此外，政府对以防疫为名趁火打劫者和扰乱社会治安者，也给予了严厉的惩罚。开原尚阳堡防疫分所对路过车辆检验消毒时，"该车户以为已在八棵树缴纳捐款沿途毋阻"，警察前往查获到"藉端索诈之丁回回一名，即时送县究办"。⑨ 有匪人在开原边界对行人"任意威吓并阻拦护送越境从中渔利"，铁岭北山头堡防疫分所，查知拿获匪徒二人，送县究治。⑩ 还有谣传称"外人四处挥洒药水及在井边暗投毒药"导致鼠疫流行，东三省各地官府均下发禁止谣言告示，声明"自示之后，如再有胆敢造谣生事……一经拿获定即严惩"。⑪

---

① 《督操不服检疫》，载《盛京时报》，第5版，宣统二年十二月二十六日。
② 《科员绕道规避留验》，载《盛京时报》，第5版，宣统三年正月二十日。
③ 《罚办某道之殴伤防疫员》，载《大公报》，第5版，辛亥正月二十七日。
④ 《严惩冶游委员》，载《盛京时报》，第5版，宣统三年正月二十六日。
⑤ 《严禁私宰》，载《盛京时报》，第5版，宣统二年十二月十九日。
⑥ 《教民阻挠防疫汇志》，载《盛京时报》，第5版，宣统三年二月十五日。
⑦ 《商号因匿疫不报受罚》，载《盛京时报》，第5版，宣统三年二月十五日。
⑧ 《骡马一同遭劫》，载《盛京时报》，第5版，宣统三年二月十六日。
⑨ 《匪徒藉防疫肆行索诈》，载《盛京时报》，第5版，宣统三年正月二十一日。
⑩ 《借防疫营利者之被获》，载《盛京时报》，第5版，宣统三年三月初三。
⑪ 《锡督禁止谣言告示》，载《大公报》，第5版，辛亥正月十一日。

　　奖惩制度对于有效地控制鼠疫蔓延起到重要作用。奖励制度，保证了防疫队伍的人员构成。尤其是抚恤章程的颁布，为抚恤防疫殉职人员提供了法律依据，使政府办理抚恤事宜有法可依、有章可循。而政府能够依法处理抚恤事宜，则激发了广大防疫人员的斗志，稳定了抗疫前线的军心，从而使其更加英勇地投身到防疫斗争中去。惩罚制度，排除了实施防疫的诸多困难。明确的奖惩制度，将防疫工作纳入法制化轨道，保障了防疫法规的顺利推行，使防疫工作人员勤奋工作，使人民大众积极配合，使各项防疫措施充分发挥其效能，有效地控制了鼠疫蔓延的强大势头，并最终取得了消灭鼠疫的巨大胜利。

第六节　防疫善后法规及其运用

一、防止疫情复发的善后规定

　　前车之鉴，后事之师。疫病得到控制后，若不严加防范，随时有复发的危险。此次鼠疫灾难过后，清政府及时总结了经验教训，筹措了防疫工作的善后办法，这对防止疫病复发是十分必要的。各地官府除了纷纷下令搜寻疫尸和加固疫死者坟墓之外，还做好了防疫工作的善后安排。地方官员也认识到了这一点，铁岭县徐大令在上奏的《预防鼠疫重复发生之条陈》中提议，"各府州县已设之隔离所仍须存置，至于未设地方则须设法一律开设，每县常置消毒夫、埋葬夫各十员，并备置消毒药六百封度及喷雾器六贝"①，为督宪所嘉赏。于是，东三省总督锡良札饬各属办理善后事宜，并提出了几项办法：每府厅州县应设置 1 处临时防疫病院及隔离所，"将来倘或疫病发生，不致茫无头绪"②；每处警署都附设至少 8 人组成的消毒队，平时办理警务，要求消毒队人员有消毒经验，本地没有可从外地调充；每处储备至少 5 个消毒喷雾器以及其他消毒药品；要求各区巡官给巡警认真讲授防疫常识，并对巡警教练开设防疫知识课程。总督派民政司"于两月内派员分路抽查考问，如有并未实行举办者，地方官及警务长均从严予以处分。"③

　　吉林全省防疫总局在扑灭鼠疫之后，为防止鼠疫复发，并总结此

① 《预防鼠疫重复发生之条陈》，载《盛京时报》，第 5 版，宣统三年四月初一。
② 《防疫善后办法之要札》，载《盛京时报》，第 5 版，宣统三年四月十六日。
③ 《防疫善后办法之要札》，载《盛京时报》，第 5 版，宣统三年四月十六日。

次防疫的经验教训，拟就了"吉省防疫善后应办事宜"6 条，主要内容有：一、省城设立卫生局，分设清洁、检验、总务 3 科，管理各项公共卫生事宜；二、设立医学堂，延聘中外医学专科学者充当教职，并按照外国高等医科学堂章程办理，以求"医学日有进步而为生民造福"；三、留设检疫、诊疫机关，拟于卫生局开办后专设医员负责平时检疫，并专门建立传染病院；四、处置贫民，将省城工艺教养所扩充为习艺所、女教养所、养济所 3 部，省城贫民老废者收入养济所留养，年轻者收入习艺所，妇女收入女教养所，分别"课授工艺或服任使役，俾得以自谋生活"，年壮有力者出所自由工作，使贫民自食其力。并拟于工艺教养所内添设育婴所，收养染疫家户的婴幼儿；五、保护疫故人家属财产，对于疫故人家属财产管理的办法妥拟通行章程，调查疫故人家属财产并实行保护管理的方法；六、清查掩埋尸棺。切实派员勘查，将掩埋疫尸场所重新填筑，以免春融冻发、浮土低陷，使尸棺暴露、疫毒复发。①

二、疫亡者的遗产处理规定

关于在灾难中死亡者的遗产处理规定，"在法律完备及慈善事业组织发达之国平时已有所布置，临事即易于处理，而在我国于抚养家属、处分财产事项讫无法律上之规定，欲求处置合宜，甚非易事"②。此次鼠疫灾难促使人们认识到，关于疫亡者的遗产处理规定应该在平时就有所布置，否则会措手不及，这是法律应该完善的一个方面。因此，吉林全省防疫总局在疫情过后，及时制定了《疫故人家属财产善后章程》19条，明确地规定了疫故人家属财产的善后处理办法。该章程要求疫区的地方官调查疫故人的家属与财产状况，包括家属与疫故人的关系、疫故人财产的种类和数目以及债务情况等。调查后，对无自主生活能力的家属责成其亲属抚恤或进行公共抚恤，为疫故人选定并监督财产管理人，如发现其有不法行为，由地方官随时斥退或处罚管理人，对疫故人房屋被烧毁者给予补偿费，帮疫故人清理债务，处理疫故人的财产继承问题等。③

---

① 《吉林全省防疫总局为报防疫善后办法请核示呈督宪、抚宪》，《吉林全省防疫总局档·J029-01-0039 号》，吉林省档案馆馆藏档案。
② 《吉林全省防疫总局为报防疫善后办法请核示呈督宪、抚宪》，《吉林全省防疫总局档·J029-01-0039 号》，吉林省档案馆馆藏档案。
③ 《吉林全省防疫总局为报防疫善后办法请核示呈督宪、抚宪》，《吉林全省防疫总局档·J029-01-0039 号》，吉林省档案馆馆藏档案。

可见，经过此次鼠疫灾难的惨痛教训，官府积累了一定的经验，注重疫情过后的善后处理工作，这对防止传染病复发是十分必要的。

三、疫灾损失之赔偿规定

鼠疫灾害使很多人失去了生命。同时，为开展防疫工作，又不可避免地使部分民众遭受损失。因此，能否对于那些因配合防疫而遭受损失的民众进行赔偿，直接关系到整个社会防疫的积极性问题。若能对其给予适当的补偿，就能最大限度地减少防疫阻力，保证防疫工作顺利进行。

当时的清政府对这一点有所认识，并及时地做好了对受损失者的补偿工作。很多地方出于防疫的需要，对一些房屋实行清洗或烧毁消毒，都给予这些房主一定的经济补偿。上海中国公立医院"查明有患核子疫者其房屋所住之人须暂时让出，如必需者，由卫生处给每房二元之赔款后，将房屋熏洗"①。奉天防疫总局"将小西关西城根马家馆宝兴园前因染疫死亡查封各户共十三家，均一律用火烧毁"，"每间房屋由官家给价二十元"。② 辽阳收买西关所有破屋一律焚毁。③ 铁岭祖越寺房屋"作为隔离病院死亡甚多"，烧毁后"按照上等民房给价，以备重修"。④ 黑龙江砖城西门外路东迤北二区地方的 6 间砖平房的租户染疫身死，警务公所将该房烧毁，"由防疫会照上等价给钱二千四百吊，作为官家赔偿费"。⑤

对征用民房付给租金，对损失物品给予赔偿，也是补偿制度的内容。吉林省磐石县的防疫所除了设在官署中的不用发给房租外，"其检疫、庇寒、隔离、禁卡各分所共记九间，每间每月租钱八吊，每月计钱七十二吊。"⑥ 铁岭出洋 1500 元征用龙首山海乐居饭馆作为隔离所。⑦ 奉天省安奉铁路石桥子防疫所经费报告册中，有房租一项的开支："房租共沈平银四十一两七钱一分二厘。各所原租房屋三十七间，每间每月

---

① 《公立医院防疫办法》，载《大公报》，第 2 版，辛亥二月初一。
② 《烧毁染疫之房屋》，载《盛京时报》，第 5 版，宣统二年十二月十九日。
③ 《收买破房实行焚毁》，载《盛京时报》，第 5 版，宣统三年正月二十一日。
④ 《焚烧隔离病院》，载《盛京时报》，第 5 版，宣统三年二月二十九日。
⑤ 《烧房给赔》，载《大公报》，第 1 版，辛亥三月十四日。
⑥ 《磐石县详县属染疫遵设防疫局具清折请核及民政司的批示》，《吉林省民政司档·J023-02-0022 号》，吉林省档案馆馆藏档案。
⑦ 《添设隔离所》，载《盛京时报》，第 5 版，宣统三年正月十二日。

租银一两二钱六分四厘,内有四间议事会情愿报效,不收租金,计三十三间,共银四十一两七钱一分二厘。"①,也说明为防疫征用民房给予补偿。奉天的山西会馆被用作防疫病院,防疫总局在给房屋估价之后下发赔偿款,按照"一等每间一百二十两、二等一百两、三等八十两、四等六十两、其余不列等者自五十两以下至十两、五两"定价,"连同井树共估计银四千四百零七两。"② 奉天交涉司向德国领事借房屋作隔离所,结果事后原屋物品有所遗失,为此赔偿了182元7角2分。③

疫情过后,各处防疫机构集中办理了这些补偿事宜。铁岭防疫局将先后烧毁的30余间民房"逐一榜示,分上中下三等发给官价",由自治会按户发给银两。④ 新民防疫事务所"计烧去土房二十六间、砖房十八间",定价"土平房每间三十元、砖房每间五十元"。⑤ 奉天防疫事务所命令各区,在表格中将因疫焚烧房屋的价值、房主姓名、住址等填写清楚后呈送到所,以备照数发价。⑥ 开原按照"每瓦房一间洋三十元、草房一间洋二十五元"对被焚房屋给予补偿。⑦

四、灾民安置与救济规定

政府采取的防疫措施,有些会影响到民众的正常生活,因此,对疫区灾民的安置与救济是必不可少的,能够起到稳定民心、保证防疫措施顺利推行的重要作用。所以,清政府及各地方当局对救济办法做出了相关规定,形成了当时的救济制度。

奉天规定的救济办法有:"接济柴米分两处路口发放,所有办公房屋由四五两区于路口左近地方各租赁一处以便办公;两区隔断交通各户发放柴米及日用洋划分两段,每日每区各放一段,以期简捷而免混乱";"预发各户米、日用洋、联票、执照由各该区填写口数分给,以期详细,每日各该户持票请领时,由所验明登簿,盖用骑缝戳后始行发放,

---

① 《石桥子防疫所收支清册》,《奉天交涉司全宗·JB16-324 号》,辽宁省档案馆藏档案。

② 《咸元会等商号禀为山西会馆房屋被防疫病院占用请发价等情函防疫事务所由》,《奉天交涉司全宗·JB16-613 号》,辽宁省档案馆藏档案。

③ 《为前借瑞记洋行房屋所存物件遗失甚多函警局照单赔偿》,《奉天交涉司全宗·JB16-3688 号》,辽宁省档案馆藏档案。

④ 《防疫局发给焚毁房价》,载《盛京时报》,第 5 版,宣统三年二月二十九日。

⑤ 《估值染疫焚烧之房价》,载《盛京时报》,第 5 版,宣统三年三月初六。

⑥ 《饬令因疫焚烧房屋价值之先声》,载《盛京时报》,第 5 版,宣统三年三月十一日。

⑦ 《发给染疫焚毁房价》,载《盛京时报》,第 5 版,宣统三年三月二十二日。

以杜冒领而免遗漏；由所代备领讫凭条一纸，各户持照验明登簿盖戳后交与该户，至发放处领取毕即凭条交与发放之人以凭存查，倘发放人有不公允之处，准该户持条不交，迳向该管员声诉；柴米票据，按每日先期换给新票，惟领洋票据按月换给，以免日久污毁；发放各户柴米等项，均按户口次序来领，以免拥挤；每日发放各柴米，暨按月日用洋数目并通行时间随时列表报告；每大口每日应发给米半升、秫秸二捆，小口折半（十二岁以下为小口），概不收价；每大口每月发给日用洋一元，小口折半发放，票据按照柴米票办法，惟每次预发半月数目；发放柴米每一次按一日数日发给"①。

吉林在省城设 2 处庇寒所"收养耄老残废、游民乞丐及外来之流徙贫民与夫本城被停之下等营业，派委员医司事办理"，并规定了办法：（一）入所办法：每人入所即给棉衣裤各一具，早晚用饭两次，其有由委员挑执杂役者，并酌给以赏钱，若所内规律则起居沐浴及室外散步，以至一切卫生清洁皆有定则；（二）出所办法：庇寒所裁撤后相关人员分别收入工厂养济院或听自择生业。② 各属也设庇寒所，依照省城办法共设庇寒所 96 处，仅双城就设 31 处，伊通设 12 处。③ 说明当时的救济制度有了实施的组织保障。

黑龙江对救济因俄境防疫被逐回的华侨，规定了 29 条具体办法，并为了安置大批由俄回国的华侨，黑龙江督抚"电奏请拨银五百万安插由俄回华侨民并为防疫经费"，但是"度支部以款项奇绌难以应付"④，经济上残破的晚清政府却无力解决回国人员的生存问题。

各地均认识到"此次染疫贫民为多，则留养之事非惟慈善之道，亦防疫之要着，况交通既断，此辈无所得食，亦救济宜尔也"⑤，当时能够认识到救济贫民是防疫政策的重要方面，着力对贫民进行安置，这是难能可贵的。事实上，对贫民的救济有些就是直接的防疫工作。比如，营口为避免贫民饮水不洁致生疾病，禁止贫民饮用井水，并与自来水公

---

①　《遮断交通之措置》，见《东三省疫事报告书》，下册，第 2 编第 4 章，29～31 页，1912，辽宁省图书馆馆藏本。

②　《遮断交通之措置》，见《东三省疫事报告书》，下册，第 2 编第 4 章，31～32 页，1912，辽宁省图书馆馆藏本。

③　《遮断交通之措置》，见《东三省疫事报告书》，下册，第 2 编第 4 章，32 页，1912，辽宁省图书馆馆藏本。

④　《专电》，载《申报》，第 4 版，辛亥二月初六。

⑤　《遮断交通之措置》，见《东三省疫事报告书》，下册，第 2 编第 4 章，31 页，1912，辽宁省图书馆馆藏本。

司商议了贫民用水的优惠政策："贫户水价减让一半，极贫户收价四分之一"①，这既保证了居民的日常生活，又起到了防疫的作用。另外，对因防疫而使工作受到影响的人员进行赈恤，使之维持基本生活。如戏园"停演期内为体恤优伶起见，奉吉各属多举行赈恤，每人每日给银钱多寡不等"，奉天"妓家男女于停业期内，每日每人酌给钱米，以免冻馁"②。

第七节　防疫法规的评价

一、此次鼠疫催生了防疫法规建设高潮

中国近代防疫事业起步源于对西方的学习。鸦片战争以后，中外交往增多，医学传教事业兴起，西方的近代防疫思想和手段逐渐传入中国社会。尤其是殖民地和租界地区，是中国人认识西方防疫制度的窗口。19 世纪 90 年代，当鼠疫在广州、香港、牛庄和日本等地流行以后，港英当局实施的防疫举措中有《香港治疫章程》③，包含了西方防疫成法中的隔离治疗、疫尸处理、清洁消毒和公共卫生等方面的内容。上海租界也采取严格的检疫和防卫措施。比如，上海海关规定，"对所有来自这些口岸的旅客进行体格检查，并要他们先行提交免疫通行证，然后才允许他们入境和工作。"④ 逐渐将西方防疫法规植入中国社会。

1901 年到 1911 年清末新政期间，中国开始全面向西方学习，近代防疫亦随之兴起。1905 年，清政府于巡警部警保司内设卫生科，是我国近代卫生事业开始创办的标志。1906 年，巡警部改为民政部，下设卫生司中有保健、检疫、方术三科。1907 年，各省增设巡警道，"巡警道应就所治地方，设立警务公所……公所分四课如下：一、总务课；二、行动课；三、司法课；四、卫生课"，卫生课"掌卫生警察之事。凡清道、防疫、检查食物、屠宰考验、医务、医科及官立医院各事项皆

---

① 《禁止汲取塘井水》，载《盛京时报》，第 5 版，宣统三年二月初四。

② 《对于营业上不洁之措置》，见《东三省疫事报告书》，下册，第 2 编第 9 章，2～3 页，1912，辽宁省图书馆馆藏本。

③ 《香港治疫章程》，载《申报》，1894-05-22。

④ 徐雪筠等译编、张仲礼校订：《上海近代社会经济发展概况（1882—1931）——海关十年报告译编》，87 页，上海，上海社会科学院出版社，1985。转引自何小莲：《论中国公共卫生事业近代化之滥觞》，载《学术月刊》，2003（2）。

属之。"① 清政府开始正式将"防疫"确立为一项国家职能，这对推动中国近代卫生防疫事业的发展有着非常重要的意义。在此期间，地方性公共卫生法规也频频出台，主要有：《天津卫生总局现行章程》《天津扫除科章程》《大沽查船验疫章程》《查防营口鼠瘟铁路沿途设立医院防疫章程》《天津口防护病症章程》《江海关道吴淞防疫告示并章程（附录）》②《预防传染病章程》（直隶警务处拟定）③ 等。但是，直至 1910 年东北鼠疫之前，都没有专门设置独立的防疫机构，也没有采取公共防疫措施，上述各防疫法规只是在应对局部地区的瘟疫中发挥有限的作用，并未形成全国统一的防疫法规。公共卫生防疫缺乏实际行动，致使人们对突如其来的鼠疫灾难不知所措。东北鼠疫流行促使防疫立法问题受到重视，大量防疫法规如雨后春笋般涌现出来。

　　1910 年的东北鼠疫灾难给当时的社会生活带来了严重的危害。然而在鼠疫流行的早期，清政府对此却重视不够，防疫不力，"官方除将病人隔离，规定死亡后，酌给埋葬费外，并无具体防治办法"④，从而使疫情迅速向南蔓延。残酷的现实迫使清中央当局及地方官吏认识到"防则生不防则死"的道理，一场真正采取近代防疫手段的应对防疫战争才拉开帷幕。

　　在各种近代防疫手段中，清政府及各地方当局充分认识到防疫立法的重要性，"窃查各国防疫办法，国家颁定临时遵守之各种法律，平时注意卫生行政，全国一致，无一息之懈忽。是以一有疫病发见，但遮断其一小部分之交通，便足以遏其传播之机。即不幸而境内蔓延，疫病所至地方厉行断绝往来，扑灭亦易于为力。"⑤ 因此，对制定各种规范防疫行为的规则异常重视，防疫立法的步伐大大加快，大量实用、全面、有近代意识和全民国家观念内容的防疫法规应运而生。其间产生的防疫法规列表如下。

---

① 《大清光绪宣统新法令》，第 1 函第 4 册，第 2 类《官制》。转引自曹丽娟：《试论清末卫生行政机构》，载《中华医史杂志》，2001（2）。

② 甘厚慈辑：《北洋公牍类纂》，第 25 卷，1825～1842 页，台北，文海出版社，1997。

③ 《清末直隶警务处拟定客店戏场及预防传染病章程》，载《历史档案》，1998（4）。

④ 姚崧龄：《"抗疫医生"——伍连德》，载《传记文学》，1968，13（6）。

⑤ 《章奏》，见《东三省疫事报告书》，上册，10 页，1912，辽宁省图书馆馆藏本。

1910—1911 年防疫法规一览表

类　型	规章名称	颁布机构
综合	《民政部拟定防疫章程》	民政部
卫生行政	《民政部拟订京师防疫局章程》	民政部
	《吉林全省防疫总局章程》	吉林全省防疫总局
	《榆树厅防疫局暂行简章》	吉林省榆树厅防疫局
	《东宁厅防疫局简章》	吉林省东宁厅防疫局
	《议定防疫会之简章》	长春防疫会
	《奉天临时防疫所办事规》	奉天临时防疫所
	《奉天防疫会草章》	奉天防疫会
	《奉天省城防疫事务所修改八关检疫分所暂行规则》	奉天省城防疫事务所
	《奉天防疫事务所规定隔离所章程》	奉天防疫事务所
	《奉天省城公立卫生防疫会简章细则》	奉天省城公立卫生防疫会
	《哈埠监察卫生局之定章》	哈埠监察卫生局
	《中日防疫会规则》	中日防疫会
防疫治疫	《天津卫生局紧急告示》	天津卫生局
	《检疫章程》	黑龙江警务公所
	《奉天省城警务局关于防疾之告示》	奉天省城警务局
	《奉省各区防疫规章》	奉天省城警务局
	《清洁法》	奉天省城警务局
	《消毒法》	奉天省城警务局
	《消毒队服务规则》	奉天省城警务局
	《尸体措置法》	奉天省城警务局
	《奉天省城悬赏购鼠法》	奉天省城警务局
	《奉天省城巡警各区执行购鼠规程》	奉天省城警务局
	《奉天病人户口检查巡兵消毒章程》	奉天省城警务局
	《奉天警务局拟订通饬巡警各分区办理防疫规则》	奉天省城警务局
	《临时疫病院章程》	奉天临时疫病院
	《消毒规则》	吉林全省防疫总局
	《检疫规则》	吉林全省防疫总局
	《洵贝勒公立临时防疫所施种防疫血浆章程》	洵贝勒公立临时防疫所

续　表

类　型	规章名称	颁布机构
综合	《民政部拟定防疫章程》	民政部
行业规章	《陆军部暂行防疫简明要则》 《本司署内防疫简章》 《关于防疫示谕照录》 《学务公所传单（预防黑死病注意条件）》 《通饬学校注重防疫》 《防疫会取缔戏园之规则》 《对于营业上不洁之措置》 《遮断交通之措置》 《禁绝交通示谕照录》 《防疫要札》 《火车防疫章程》 《关内外通车检疫办法》 《火车搭客章程》 《火车输运货物章程》 《轮船搭客章程》 《海上检疫办法》 《水上防疫办法》 《安东海关取缔船舶规则》 《水上防疫章程》 《营口检疫办法》 《国际海港的检疫办法》 《吉省检疫所留验章程》 《督宪谕乘车工人一体留验告示及章程》 《奉天京奉车站临时检疫留验所开办章程》	陆军部 奉天交涉司 吉林交涉司 天津学务公所 民政部 河北省城临时防疫会 东三省各地 东三省各地 开原府 营口 天津卫生局 邮传部 1911 年 4 月 12 日医生会议 1911 年 4 月 12 日医生会议 1911 年 4 月 12 日医生会议 1911 年 4 月 12 日医生会议 安东海关 安东海关 中日两国合订 锦新道 总税务司 吉林二道岭、九站检疫所 东三省督宪 奉天京奉车站检疫留验所
奖惩条例	《为疫捐躯者之报酬》 《民政部饬下扑鼠令》 《收买老鼠》 《示谕收买老鼠》 《令下捕鼠》 《严防时疫奖励捕鼠》 《巡警总局蓄猫示谕》 《奖励捕鼠》	清中央政府 民政部 天津 辽阳警务局 安东 岫岩警务局 奉天巡警总局 铁岭

续　表

类　型	规章名称	颁布机构
综合	《民政部拟定防疫章程》	民政部
奖惩条例	《札设医官出勤簿》	东三省督宪
	《严禁抛弃疫毙尸身》	奉天防疫事务所
	《防疫所告示照录》	铁岭防疫所
	《道署防疫之示谕》	安东
	《京师防疫罚则九条》	京师内外城巡警总厅
	《检疫规则附后罚则》	吉林全省防疫总局
善后章程	《防疫善后办法之要札》	东三省督宪
	《吉林全省防疫总局防疫善后办法》	吉林全省防疫总局
	《疫故人家属财产善后章程》	吉林全省防疫总局
防疫示谕	《民政部临时防疫局示》	民政部
	《关于防疫之示谕两则》	北京巡警厅
	《警厅防疫之示文》	北京巡警厅
	《出示防疫》	天津府
	《交涉民政二司防疫之示谕》	奉天交涉司、民政司
	《道署防疫之示谕》	安东府
	《防疫所告示照录》	铁岭防疫所
	《防疫会之禁令》	长春防疫会
	《防疫会四言告示照录》	长春防疫会
	《防疫院示谕照录》	长春防疫院
	《锡督通饬协力防疫之札文》	东三省督宪
	《通饬禁止泰山进香》	保定府
	《保定临时防疫事务局白告示》	保定府
	《锡督禁止谣言告示》	东三省督宪
	《民政司禁止谣言告示》	奉天民政司
	《为转饬各学堂约束学生勿信谣言有碍防疫而维公安》	吉林省

　　注释：此表来源于《东三省疫事报告书》《盛京时报》《大公报》《申报》等文献资料以及辽宁省和吉林省档案馆所藏档案资料，大致可反映 1910－1911 年清中央及地方当局颁布的各类防疫法规情况。此外，还有大量零散的法律规定，不便收录于此。可见，此次防疫期间颁布的防疫法规是中国历史上规模最大、最集中、最完备的一次，史无前例。表中所列法规名称乃作者根据文献、报纸、档案等原始资料命名，若有欠准确之处，敬请指正。

二、诞生了中国近代第一部全国性防疫法规

在众多防疫法规之中，最引人注目的是民政部拟定的《防疫章程》，堪称中国近代第一部全国性防疫法规。它由清中央民政部拟定，下发通行各省，吉林省档案馆藏《吉林将军衙门档》中有《民政部为钦奉事本部会同外务部、邮传部具奏遵旨会陈拟订防疫章程缮单具陈一折》为"钦遵恭录谕旨钞粘原奏咨行贵抚遵照"①，即说明该章程于 1911 年 4 月 22 日（宣统三年三月二十四日）下达吉林，由此推测各省也皆是如此。可见，《防疫章程》下发到各省并贯彻实施，成为通行全国的防疫法规。这个《防疫章程》包括 6 章 18 条，内容如下：

第一章　总则

第一条　本章程关于鼠疫发现及预防传染时得施行之。

第二条　本章程在京师由巡警总厅执行，各省由民政司巡警道督率地方官办理。

第三条　为预防鼠疫传染，得设防疫局、隔离舍、养病室、留验所。

第二章　报告诊验

第四条　鼠疫发现及预防传染时无论患何病症或故者须速报本管官厅派医官往验。

第五条　旅店、会馆、工场等一切公众聚集处所逐日由医官诊断健康。

第六条　无论何项病故之人，均须医官检验始准殓葬，不得因其宗教异同之故藉词抗拒。

第七条　患鼠疫病或疑似染疫之人及其同居者经医官诊验后分别送入隔离舍、养病室。

第三章　遮断交通

第八条　患鼠疫病及疑似染疫或故者之家及其邻近得定期遮断交通。

第九条　遮断交通之处须派巡警守视并由医官随时施行健康诊断。

第十条　遮断之范围或广至数十家，或少至某房之一间，须以无虞病毒传播为率，得由医官随处酌定陈明该管官厅办理。

第四章　清洁消毒

---

① 《民政部为遵旨拟订防疫章程的咨文》，《吉林将军衙门档·J001-37-4898 号》，吉林省档案馆馆藏档案。

第十一条　患鼠疫病或故者之家厉行消毒后将尘芥及不洁之物扫除烧化，其近邻及与病人往来之家亦须施行消毒方法。

第十二条　患鼠疫病故者非经医官检验消毒后不得棺殓移于他处。

第十三条　患鼠疫病者所用之物非消毒后不得洗涤使用卖买赠与或遗弃之。

第十四条　患鼠疫病故者经医官检验消毒后即于距离城市较远处所掩埋，非经过三年不得改葬，火葬者不在此限。

第十五条　各街巷之沟渠、厕所、溺池及尘芥容置场须厉行清洁。

第十六条　预防传染疫病时得施行左之事项：

一、传播疫菌鼠为最易，亟须严行搜捕，蝇蚊蚤虱亦能传染，均应一律设法驱除；

二、破烂衣服、纸屑及其他可传播病毒之物得禁止其售卖；

三、陈腐及易于含受毒菌饮食物或病死禽兽等肉一律禁止贩卖。

第五章　经费

第十七条　防疫经费应令地方自筹，不足由官补助之：

一、关于防鼠疫所用医官及从事人员之津贴、恤金并预防必需之器具、药品等费；

二、关于防疫局、留验所、隔离舍、养病室诸费；

三、关于交通遮断诸费及因交通遮断或被隔离者一时失其营业实系不能自活者之生活费；

四、关于清洁夫役及消毒与收买鼠只诸费。

第六章　罚则

第十八条　违背本章程第四条、第六条、第十一条、第十二条、第十三条、第十四条者处五元以上十元以下之罚金。

该《防疫章程》的诞生源于东三省总督锡良的奏折。1911 年 3 月 14 日（宣统三年二月十四日），军机处代锡良上奏中央的《奏请订定往来验疫章程并防疫各种临时规则电》中，锡良首先讲了对防疫立法的认识，认为发达国家都是常备防疫法规才能在疫情突然来临时有章可循，所以应该在平时就完善传染病预防法律，这在当时是十分先进的观念。此次鼠疫流行事发突然，造成严重的后果，"幸而自去腊以来各属铁道及陆路所通处处禁止交通往来，疫势日渐轻减"，经过竭力防范才控制了疫情发展，可是"近日由直隶来奉之苦工数百人概未照章留验，虽邮传部已限制有疫之滦州、昌黎、北戴河暂不卖票，而有疫地方之人不难绕越附近之车站登车，山东有疫地方尚多，更难保不绕赴津门趁车出关"，这样下去疫情有复发的危险，于是，请求中央下令外务部和邮传部议定往来留验章程："凡出关者概于榆关留验七日，入关者由沈阳、沟帮子两处留验，沟站以西并由榆关留验，无论往者来者必西医出具验明无疫之证明书，而后许其通行"。这样做虽然一时繁琐，但于长久来讲是有利的，"疫氛早一日息灭，地方商务及小民生计与邮传营业即少受一分损失"。同时，"至于防疫各种临时规则亦请饬下民政部速行订定，颁发通行各省以资遵守"。该建议得到中央的认可，立即下令外务部、民政部、邮传部照办。

民政部接到谕旨后，认为"此次东三省督臣锡良奏请，饬下臣部订定防疫各种临时规则，通行各省，诚为统一办法起见"，于是，开始"就现在预防鼠疫各种事件"着手拟定统一章程。东三省、直隶、山东等省将各种防疫规则以报告表式上交到民政部，民政部将各地防疫规则详细查阅后认为，"均系因地制宜尚属切实"，就根据这些防疫规则于1911年4月17日拟定了《防疫章程》下发各省，"嗣后遇有防疫事件即行一体遵照，其各种规则，应由各该省督抚体察地方情形，临时斟酌办理"。①

可见，《防疫章程》直接理论来源是各省防疫工作的实际经验，间接理论来源是当时日本和西方国家的防疫成法。因为，此次清政府为抗击鼠疫而成立的各级防疫组织及其所采取的措施，主要是以西医理论为指导并吸收了当时世界上先进国家的防疫成例而形成的。清政府大量参考借鉴日本和西方国家的防疫成法，更直接套用了一些防疫法规，如当时奉天省政府下发各地的《消毒施行顺序》②、《关于配司脱预防注意》③等就是日本提供的防疫法规，同时下发《英国使馆医官德来格著鼠疫论》命令各地"参酌办理"④。这使《防疫章程》得以依据防疫过程中最重要的几个方面而制定，报告诊验、隔断交通、清洁消毒等基本防疫原则均体现其中，具有了科学性和实用性。

虽然《防疫章程》只是针对鼠疫的单项法规，内容也不够完善，但是作为"中国近代第一部全国性防疫法规"，不失其开辟先河的历史意义。它具有如下特点。

第一，框架清晰。全文6章18条，按照总则、报告诊验、遮断交

① 《章奏》，见《东三省疫事报告书》，上册，11～17页，1912，辽宁省图书馆馆藏本。
② 《奉天省长公署档·JC10-049号》，辽宁省档案馆藏档案。
③ 《奉天省长公署档·JC10-049号》，辽宁省档案馆藏档案。
④ 《日领事照为刘房子驿三等车上有华人患疫身死请为预防等因分行由》，《奉天交涉司全宗·JB16-287号》，辽宁省档案馆藏档案。

通、清洁消毒、经费、罚则的顺序划分内容，形成有序而完整的法规结构，符合法律规范在逻辑上的假定、处理和制裁三个部分。"假定，指适用该项法律规范的条件和情况；处理，指法规中行为规范本身的要求，它指明该项法律规范允许做什么，要求做什么，必须做什么，禁止做什么，表现为权利和义务的关系，这是法律规范的核心内容；制裁，指违反该项法律规范所导致的法律后果。"① 法律规范的这三个部分密切联系、不可缺少，在该《防疫章程》里有机地组织起来。总则中"本章程关于鼠疫发现及预防传染时得施行之"，就是《防疫章程》的"假定"部分。报告诊验、遮断交通、清洁消毒、经费四个章节即是《防疫章程》的"处理"部分。而罚则一章，显然是《防疫章程》的"制裁"部分。清晰的理论框架，为今后的防疫法规制定树立了榜样，起到了良好的示范作用。

第二，内容具体。简洁的框架下又不失具体的内容，可操作性比较强。关于报告诊验、遮断交通、清洁消毒、经费使用等方面的规定，是对东北鼠疫防治实践的经验总结，是当时可知的最直接、最有效的防治鼠疫要点，它们环环相扣，为防疫工作的开展奠定了法规基础。同时，它规范了官府、医生、民众在防疫中应各自承担的责任和义务，这样，一旦疫情暴发，社会各方可以协调一致、各司其职，有条不紊地进行防疫活动。

第三，罚则明确。罚则一章规定："违背本章程第四条、第六条、第十一条、第十二条、第十三条、第十四条者处五元以上十元以下之罚金"，② 讲明了处罚适用条件和罚金具体数目，表明了法规的严肃性，是保证法规实现的强制措施，也是该《防疫章程》成为法律规范的一个重要标志。而此前直隶警务处拟定的《预防传染病章程》中仅仅规定："违反本章程者，应按照违警律第三十八条，酌量轻重处断之"。③ 与之相比，此次规定显然更清晰、更明确，说明经过东北鼠疫灾难，防疫立法有了极大的进步，政府已经越来越善于利用法律手段管理防疫事业了。

中国近代第一部全国性防疫法规在 1911 年东北鼠疫防治中应运而生，它是依据各省防疫立法的宝贵经验总结而成，不仅在当时起到了疫

---

① 杜培荣、屠云人主编：《卫生防疫事业管理》，155～156 页，成都，四川科学技术出版社，1991。

② 《章奏》，见《东三省疫事报告书》，上册，11～17 页，1912，辽宁省图书馆藏本。

③ 《清末直隶警务处拟定客店戏场及预防传染病章程》，载《历史档案》，1998（4）。

情综合治理、防止鼠疫复发的重大作用，而且为后来的防疫立法提供了法规素材和理论来源。然而时处清末，封建社会已步入绝境，即使有了这样的统一防疫法规，在当时的历史条件下也难以发挥其作用，它更随着清王朝一起淹没到辛亥革命的浪潮里，不幸地被人们忽视了。

三、东北三省鼠疫期间防疫法规的特点

1. 源流的泊来性

防疫法规源流的泊来性，是指清政府为抗击鼠疫而颁布的各项防疫法规并非合部源自中国本土，而是套用与借鉴当时世界上先进国家的防疫成法而形成的，并以效仿日本为主。

1910 年至 1911 年东北鼠疫流行期间，新闻媒体大量介绍和刊载西方和日本的防疫办法，不仅为国内防疫法规的出台提供了理论借鉴，而且对国人形成先进的防疫理念起到促进作用。《百斯笃疫预防说略》（日本绵贯与三郎述）介绍了鼠疫的名称、流行历史、病原体、传播途径、预防方法等，并提出了一种全民性的防疫理念：即传染病并非个人之事，而是影响全社会之大事，个人发现患病若不及早医治，"恐不特个人之生命不可保，其毒且将流布于全社会也"①。《盛京时报》刊译的日本家庭丛书《鼠疫之话》通过回顾鼠疫流行的历史，得出"消毒法完全即可免流行"的结论，② 提出了"预防为主"的先进防疫理念，并且指出应该防微杜渐、及早预防。③ 译自《北京英文日报》的《今古瘟疫考略》告诫中国人不可讳疾忌医，而应该将"疫气流行之真相与夫染疫死亡之人数，详细宣布，俾众周知，以便相机而动，好作隄防"，方法是"按日逐渐登入新闻纸上，以供众览"，正如"西谚有之曰，防病胜于医病"。④《日本齐藤学士演说词（再续）》认为，疫情报告应该及时，否则会导致疫病蔓延。⑤ 彭光祐辑译的《防疫概论》中指出，中国人由于不明鼠疫的危害而有抵抗防疫的心理，政府和公共团体在疫病流行时，就应竭力承担启发民智、"预防扑灭"的义务，又指出，对鼠疫患者"匿而不报则其家人之性命既不可保，而其祸毒且延及于全社会，此蔑视公德之徒，其罪恶实为法律及道德所不许也"，⑥ 将防疫提升到法律

① 《百斯笃疫预防说略》，载《盛京时报》，第 3 版，宣统二年十月十九日。
② 《鼠疫之话》，载《盛京时报》，第 3 版，宣统三年正月二十日。
③ 《鼠疫之话（续）》，载《盛京时报》，第 3 版，宣统三年正月二十一日。
④ 《今古瘟疫考略》，载《盛京时报》，第 2 版，宣统三年二月初二。
⑤ 《日本齐藤学士演说词（再续）》，载《盛京时报》，第 3 版，宣统三年三月初二。
⑥ 《防疫概论》，载《盛京时报》，第 3 版，宣统三年二月二十五日。

高度，强调了其严肃性。这些文章普及了防疫常识，使国人从对鼠疫茫然无知到逐渐熟悉，有利于消除广大民众因无知而产生的极度恐惧感，避免因疫病流行而造成的社会混乱无序。尤其是这些文章中渗透的近代防疫理念，使中国人逐渐形成了全民防疫、整体防疫、配合政府的观念，不仅在此次抗击鼠疫斗争中发挥了积极作用，而且对于整个中华民族来说也是一次国家观念与国民意识的大提升。

在媒体舆论鼓动下，清政府大量参考借鉴西方和日本的防疫成法，更直接套用了一些防疫法规，如当时奉天省政府下发各地的《消毒施行顺序》①、《关于配司脱预防注意》② 等就是日本提供的防疫法规，同时下发《英国使馆医官德来格著鼠疫论》命令各地"参酌办理"③。

另外，由于外国列强对中国虎视眈眈，想借防疫干涉中国内政，他们对于中国的防疫工作也时有意见和建议，这种将西方和日本既有的防疫经验强加于中国的行为，主观上是想夺取中国的防疫主权，客观上却促使清政府的防疫措施更加有效和科学。比如，鼠疫流行期间，日本使馆警察署长到附属地附近及十间房患病之家考察后，"见各家消毒方法固不完全，屋外所置之木桶等类内均堆有尘芥、高粱杆末、木片，污水皆已冻结，且散有食物之残渣，又屋内之衣服、卧具姑勿论，即什器、门窗、庭柱、顶棚等亦不见有消毒之形迹，且患病之家受交通遮断或将患病者之屋充作健康者之隔离所，其中虽有克守命令无巡查之监视而在室隔离者，然所饮之水及所食之物，由他家运搬供给时，不先照法消毒，难免有病毒传播之虞，甚至门户上贴有遮断交通之纸条，而家中之人不在宅者，不但七区为然，各区殆皆如此"，认为是"一般执行官吏不知消毒方法及交通遮断隔离方法等趣旨之结果"。于是，日总领事小池张造给奉天交涉司发信函，指出缺点并"将消毒方法及其应用清洁方法并消毒方法、清洁方法施行手续一册送上，请贵使译解后交与各区警察、官吏及防疫之人，俾使于消毒方法、交通遮断方法格外明白也"④。结果，奉天交涉司立即写信给警务局、防疫事务处追究责任，"虽经王医官等订定各项章程，而实行之事责任在巡警，该局素有卫生科，兹因疫势日甚又复组织搜疫队隶于防疫事务所，凡有病死或染病之家，必须

<hr />

① 《奉天省长公署档·JC10-049 号》，辽宁省档案馆馆藏档案。
② 《奉天省长公署档·JC10-049 号》，辽宁省档案馆馆藏档案。
③ 《日领事照为刘房子驿车三等车上有华人患疫身死请为预防等因分行由》，《奉天交涉司全宗·JB16-3287 号》，辽宁省档案馆馆藏档案。
④ 《日领事照为刘房子驿车三等车上有华人患疫身死请为预防等因分行由》，《奉天交涉司全宗·JB16-3287 号》，辽宁省档案馆馆藏档案。

遵照章程实行隔离消毒诸法，乃本城自开办防疫以来，所有病死之家，多半未实行消毒，兹据日领事来文指摘该局所司何事实属不合，除函知事务处外合亟抄单札饬札到该局立将该区警长严加申斥，嗣后再有此事并惟该局长是问。"并且对防疫工作存在的问题进行了反思，"查防疫一事重在实行，历经面告乃订章虽属详细，而实行仍属敷衍，致使外人指摘，实属汗颜，除札行警局外，合将原文抄送贵处即饬认真办理，毋得再蹈覆辙，是为至要"①。可见，外国的干涉激发了清政府当局的防疫紧迫感，使防疫上升为关系国家生死存亡的大事，这对防疫工作确实是一种促进。

2. 制定的应急性

防疫法规制定的应急性是指在防疫过程中颁布的防疫法规，多是就当时的灾难情况随时随地应急而生的，具有较强的针对性，也比较实用和有效。因为中国在此前防疫卫生行政极不健全，关于传染病防治的法规只有少数的几个，在抗击如此巨大的鼠疫灾难时根本不足以发挥作用，所以，此次所进行的防疫法规建设，完全是一个创造性的建设过程。缺乏基础的建设，就需要根据实际情况来不断地探索和完善，于是，清政府所颁布的防疫法规，其制定基本都是出于应急的目的。比如，军队、官府、监狱、学校以及营业场所等处人群聚集，一旦疫情暴发，容易传染蔓延，造成疫情扩散，清政府认识到这些地方的特殊性之后，相继颁布针对不同地方的防疫应急办法，将个人防疫与公共防疫结合起来，将日常清洁卫生与疫情发现时的紧急处理结合起来，以避免出现因个体染疫而引发的群体灾难，而达到控制疫情的目的。针对交通的流动性特点和鼠疫沿着铁路线迅速蔓延的危急局势，清政府根据陆路和水路运输的不同需要分别制定检疫规章以切断疫源，遏制鼠疫发展蔓延，成效颇为显著。另外，针对流动人口与固定居民、健康人群与疫病患者、普通病死者与疫病死者等都各有防疫办法。这些防疫法规，都是以前未曾有过的，它们的颁布实施都是出于防疫过程中的实际需要。

3. 执行的强制性

防疫法规执行的强制性是指当时清政府对防疫法规的执行是严格、规范的，具有强制实施的态度。"现代医疗制度的一个重要特征是国家介入地方组织进行统一规划，使之形成一种社会动员式的运作方式，特别是面对疫病流行的场合时，'防疫'作为卫生行政的应急措施启动后，

---

① 《日领事照为刘房子驿三等车上有华人患疫身死请为预防等因分行由》，《奉天交涉司全宗·JB16-3287号》，辽宁省档案馆馆藏档案。

其强制程度更为明显，如强迫隔离、注射疫苗、强行疏散人口和集中消毒等行为，无不与中国地方社会温情脉脉的救济原则和传统医疗模式相冲突，甚至会导致相当普遍的心理恐慌。"① 因此，晚清政府在推行防疫措施时，造成民众的恐慌在所难免。有的发现疫情隐匿不报，有的逃避检疫与隔离，有的不服从火葬的安排，等等，造成了诸多防疫工作的阻碍。比如，天津侯家后县某妇人因疫致死后，其家属因抗拒消毒和对疫尸进行卫生处理而与防疫人员大起冲突，"县署派差将杨姓父子四人镣铐在案"。② 在北京，民政部发交外警厅规则数条，命令"各街巷剃头棚房屋一律裱糊洁净，地下均垫石灰，所有铺内伙友衣服、搭布、手帕每日更新三次，其老弱伙计不准容留做活"③。结果在外警厅传谕后，"该铺等抗不遵谕，全行歇业，十九日上午十钟，瓷器口一带剃头棚掌柜伙计约四千余人齐赴外左二区将警官长警肆意殴打，受伤者甚多，后经他区长及本区未受重伤之长警，将首先起闹各犯一并拿获，送厅究办。"④ 可见实施防疫法规的阻力甚多，必须强制施行。而令人欣慰的是，清政府已经认识到这些问题必须依靠防疫法规的强制性来解决，所以，对阻碍防疫者的严厉惩罚势在必行。东三省总督锡良就表明了此次强制防疫的决心："本部堂平日遇事，无不曲顺民情，独对于兹事抱定雷厉风行主义，期于疫患早日捐除，保地方之安谧。各界团体各有身家性命，慎毋稍存膜视妄生疑阻，是为至要。"⑤

另外，尽管晚清政府在外交上极为软弱，但是就此次防疫来讲，能够厉行防疫法规，对中外一视同仁，还是值得肯定的。比如，有两名日本领事馆人员路过荒山咀子检疫所时拒绝照章留验并强行通过，由于涉及到对日交涉，吉林全省防疫总局照会日本领事馆申明遵守防疫法规的重要性："查防疫事务，本带有国际的性质，其关系内外国人生命至为重大。本局所布防疫法令，日本领事应如何尊重始称其东方文明国之代表。相应移会贵司，请烦查照，照会日本领事以后应饬该管人员毋得蔑视防疫法令，以重民生而顾体面"。⑥《申报》上的《北京防疫记》也记

---

① 杨念群：《防疫行为与空间政治》，载《读书》，2003（7）。

② 《防疫事汇志》，载《大公报》，第 6 版，辛亥正月十四日。

③ 《北方防疫汇纪》，载《申报》，第 2 版，辛亥二月初一。

④ 《北方防疫汇纪》，载《申报》，第 2 版，辛亥二月初一。

⑤ 《劝业道为疫病流行官绅农商各界必须团结一气并心协力早日捐除疫病的札文》。吉林省档案馆编：《抗击非典与你同行》，载《吉林档案史料》总第 8 期，2003（7）。

⑥ 《吉林全省防疫总局为日领事车辆不认留验的移及交涉司移复》，《吉林全省防疫总局档·J029-01-0016 号》，吉林省档案馆馆藏档案。

载，在京外交团就在山海关设局检查自东三省入关过客一事，认为"该局定章凡入关旅客无论中外上下，均须一律检查并须在该检查所滞留五日，由医生验明实无患疫情事始准放行"于外人交往不便，要求遇有外国人行过该处通融办理。该局总办屈永秋声明："鼠疫传染不分中外，若外国人可以通融办理，难保疫气不辗转发生，且各国通例凡疫症发生之处，所有往来孔道不论何国人士均须一律照章检查，从无对外人可以通融之理。况关外鼠疫延蔓殊甚，职局职司检查，不能独宽外人，各该公使文称各节按之万国防疫通例碍难照办"，据理力争，坚持了对中外人士一律留验检疫的防疫规则。① 由此可见，当时对防疫法规的执行是严格、规范的。

防疫法规的强制性特点，将防疫工作纳入法制化轨道，保障了防疫措施的顺利推行，使各项防疫措施充分发挥了其效能。正是由于如此有组织的工作和颇具强制性的实施态度，才塑造了防疫法规的严肃性，使其在此次抗击鼠疫的斗争中真正发挥作用，而免于成为一纸空文，这是防疫斗争取得胜利的关键因素。

4. 内容的灵活性

防疫法规内容的灵活性是指当时的防疫法规并非一成不变，而是根据实际情况适时地做出相应的调整。比如，营口规定外来车马、行人均须留验，但是关系民生的载粮大车也留验7天就会造成诸多窒碍，因此决定"粮车到卡随送查验，无疫即便放行"②，这样，既可以减轻隔断交通对人民生活的负面影响，又不耽误防疫。尤其是随着疫情减轻，防疫章程不断地发生着变化。安东在鼠疫消减开放汽车交通后改订新章："凡北来之客，如已经鸡冠山隔离七日给有放行券者，即行放行，如未经隔离或隔离不足七日者，仍到该所隔离，期满放行"。③ 京奉火车在疫气减轻后订立通融办法："凡由欧洲西比利亚并由上海或自日本经过，有照者准其直接进关，无庸在关留验"。④ 同时，京奉路局从4月5日起免征头二等坐客的坐车执照，头等坐客"在榆关废止留验事例"，二等坐客"在榆关必须留验七日"，而三等坐客则仍不准在奉搭车，到沟帮子大隔离所落成再准其搭载。⑤ 这说明当时的防疫法规是灵活变通

---

① 《北京防疫记》，载《申报》，第5版，辛亥正月初五。
② 《留验粮车之办法》，载《盛京时报》，第5版，宣统三年正月十八日。
③ 《隔离所改立新章》，载《盛京时报》，第5版，宣统三年二月十六日。
④ 《京奉火车验疫之情形》，载《盛京时报》，第5版，宣统三年三月初二。
⑤ 《京奉车改定现行事例》，载《盛京时报》，第5版，宣统三年三月初七。

的，不断地适应着疫情变化的需要。

四、防疫法规的作用及启示

1. 防疫法规的作用

清政府为应对鼠疫灾难而掀起的大规模防疫法规建设，不仅对当时的疫情综合治理、防止鼠疫复发起到了重大的现实作用，而且对后世的防疫法规建设产生了深远的历史影响。宣统防疫法规最直接的作用就是保证了防疫工作的顺利进行。

颁布防疫法规的目的，就是从法律上保证防疫措施的实施和防疫政策的贯彻执行。结果证明，防疫法规的确在防范此次鼠疫灾难的过程中发挥了巨大的作用，内容广泛的法令、法规严格规范、合理可行，把防疫工作纳入法制轨道，保证了防疫工作有条不紊地顺利进行。经过严格、科学的管理和防治，终于取得了在不到 4 个月的时间里基本缓解疫情的可喜效果。

促使此次防疫工作成功的因素有很多，其中对防疫法规的严格遵守可谓至关重要，任何人都没有例外。比如，北京陆军速成学堂学生"具禀公署请发给执照，以便赴堂并请咨行榆关车站免验，以免阻碍"，督宪批准发给执照，但是，"山海关检验羁留系为防疫起见，未便于该生独异，所请放行之处，碍难照准"。① 吉林的日本领事照会交涉司请发给侨居吉林之日商通行执照，以便前往内省贩货，"交涉司使以疫气虽见大减，仍未扑灭，碍难照办"。② 一艘载客 1300 余名的日本轮船到营口后，经防疫医官登轮检验，"多有未曾在津查验者，且有患呕晕者十余人，当将全船来客一齐送入日本隔离所隔离，并将该轮罚停五日"。③ 辽阳注重隔断交通，有一辆粮米车由北屯运载入城，立即被检疫巡警阻止折回，该警务长以沿途巡警遗漏检验，将其巡官、巡长一律撤差。④ 辽阳杨林子村有一患疫毙命者，巡警立刻隔断该村交通，严行看守不许行人往来。⑤ 只有如此严厉地执行防疫法规，才能充分发挥法律管理方法在整个防疫工作中的作用。

然而，对于走到封建时代尽头的清王朝来说，在以法律手段推行防

① 《禀请咨行免验放行未准》，载《盛京时报》，第 5 版，宣统三年正月二十七日。
② 《日领事请发通行执照未果》，载《盛京时报》，第 5 版，宣统三年三月初六。
③ 《轮船来客均入隔离所》，载《盛京时报》，第 5 版，宣统三年三月初十。
④ 《警务长注意防疫》，载《盛京时报》，第 5 版，宣统三年正月十七日。
⑤ 《杨林子封锁》，载《盛京时报》，第 5 版，宣统三年正月二十五日。

疫措施的过程中，必然会存在诸多问题。有些官员丧心病狂，妄想借鼠疫流行之机大发国难财，造成防疫经费无端损失却毫无成效；有些官员为求邀功，对当地疫死人数漏报、少报或隐匿不报，耽误了防疫政策的及时调整；有些官员愚昧腐败，对疫情漠然置之，致使鼠疫蔓延扩散；有些官员阳奉阴违，不能切实执行防疫法规，导致防疫、检疫流于形式。当然，此番种种，并不能抹煞此次防疫工作的巨大成绩，其间颁布的防疫法规，采取的有效措施，为以后的防疫工作积累了宝贵的经验，提供了可供参考的范本。"自宣统以后，国家开始采用西方防疫之法来防治鼠疫。宣统年间清政府对东北鼠疫的防治被公认为中国开始建立现代防疫制度的标志。"①

1911 年 4 月，疫情基本平息，民政部为防备鼠疫再发，特将"奉直各处临时防范办法及万国鼠疫研究会研究所得，并参酌各国防疫章程，修订防疫丛考专书，颁发各省随时参考，以重卫生"。② 这些防疫法规不仅对遏制疫病起到了积极作用，还赢得了国际社会的认可，出席万国鼠疫研究会的各国医官一致认为："各项防疫章程颇足为后来师法"。③《外务部发出鼠疫研究会通告》中也肯定了此次防疫章程发挥的巨大作用："疫症传染之所以能消灭者，大抵以防护章程施用得法或由采取医学成规或由人民力求自卫所致，但非因疫虫之毒力消减而疫症始能消灭。"④ 疫病不会自取灭亡，需要采取积极的防疫措施才能控制并消除疫病。万国鼠疫研究会将此次鼠疫流行过程中订立的隔离、报告检疫、交通检疫与留验、清洁消毒、火葬等制度确立下来，成为日后抗击鼠疫的常备法规。因此，大量的防疫法规为民国时期防疫法规的制定和颁布提供了法规素材和理论来源，催生了中国本土的防疫法。

辛亥革命推翻了 2000 多年的封建制度，建立起民主共和制度，防疫建设也随之步入新时代。南京临时国民政府成立之初就开始关注防疫，公布了一些卫生防疫法规：《传染病预防规则》《陆军传染病预防上消毒法》《大总统咨参议院请议决内务部呈暂行传染病预防法草案文》《内务部卫生司暂行职掌规则》《陆军部陆军卫生材料厂暂行职掌规则》《陆军部队附卫生部员服务规则》《内务部批复赵恩溥等呈请设立私立花柳检查医院

---

① 李玉尚：《近代中国的鼠疫应对机制——以云南、广东和福建为例》，载《历史研究》，2002（1）。

② 《民政部拟修订时疫丛书》，载《大公报》，第 2 版，辛亥四月初二。

③ 杜山佳：《万国防疫会记》，载《东方杂志》，第 8 卷第 3 号。

④ 《外务部发出鼠疫研究会通告》，载《盛京时报》，第 3 版，宣统三年四月十三日。

文》《内务部令南京巡警总监取缔私立花柳检查医院及私人假用公产文》《内务部批中华民国药学会请设立案文》《教育部批中华民国药学会请立案》《江西都督咨陆军部改良军医办法电文》《陆军部咨复江西都督整顿军队卫生机关电文》及《陆军部令各军队速种牛痘由》等。但这些法规由于社会动荡、政权存在时间短没有得到具体贯彻执行。

1912年4月，北京国民政府建立，将防疫作为政府的一项基本职能加以实施，在防疫立法方面取得不少成绩。1913年12月31日，北京国民政府修正公布了《陆军传染病预防规则》33条，和《陆军传染病预防消毒方法》相辅相成，对遏制疫病蔓延有重要作用。[①] 1916年3月12日，内务部公布《传染病预防条例》，共25条，把霍乱、赤痢、伤寒、天花、斑疹伤寒、猩红热、白喉、鼠疫8种列为严加防治的传染病，"有认为应依本条例施行预防方法之必要者得由内务部临时指定之"。[②] 从条例的内容上看，包括检疫制度、隔离制度、清洁消毒制度、疫病报告制度、交通检疫制度、尸体埋葬方法、违章处罚办法等，都是对东北鼠疫流行期间颁布的防疫法规的延续和总结，为政府应对瘟疫奠定了法规基础。

此后，在1917—1918年绥远、山西的肺鼠疫流行期间，政府依照《传染病预防条例》颁布了《检疫委员设置规则》《火车检疫规则》《清洁方法消毒方法》和《防疫人员奖惩及恤金条例》等，各部门、省（区）又依此制定了本部门及辖区的规章，如《军人检疫办法》《京汉铁路检疫暂行细则》《北洋临时防疫处章程》等，逐步使防疫法规完善化、具体化，奠定了政府应对瘟疫的法规基础，并成为后来政府应对传染病的准则。[③] 其中，《清洁方法消毒方法》中的"消毒方法"，除个别字句改动外，与《东三省疫事报告书》下册第2编第7章《清洁及消毒》中的"消毒之方法"完全相同。[④] 其余各法规也均可从清末东北鼠疫流行期间颁布的防疫法规溯其根源。因此，民国初年鼠疫应对基本上是沿用东北防疫的方法。

2. 防疫法规的历史启示

在古代社会，由于预防与诊治传染病的能力相对低下，传染病给人

---

①　谷永清：《中国近代防疫述论》，山东师范大学硕士学位论文，2005。

②　张在同、咸日金编：《民国医药卫生法规选编（1912—1948）》，10～14页，济南，山东大学出版社，1990。

③　张照青：《1917—1918年鼠疫流行与民国政府的反应》，载《历史教学》，2004（1）。

④　《清洁及消毒》，见《东三省疫事报告书》，下册，第2编第7章，14～23页，1912，辽宁省图书馆馆藏本。

类带来的危害也最为严重。加强对传染病的研究与防治，一直是关系到人类生存的大事。"清代的历史已经证明，瘟疫控制的程度和时间长短往往与社会和政治应对策略的有效性成正比关系，而不完全取决于医疗对个体病患者的实际治愈水平。或者也可以说，不同的政治与社会组织的应对策略决定着防疫的成效和水平。"① 因此，同传染病做斗争，不仅需要医学的针对性研究和医疗水平的提高，而且需要依靠政府的力量组织防治，政府应该起到主导的作用。

1911 年东北鼠疫防治依据现代科学而施行，取得了前所未有的显著成绩，是中国近代第一次最具科学性的卫生举措，被公认为是"中国举办防疫的起点"②。在此期间，专门设置独立的防疫机构，颁布大量的防疫法规，召开中国第一次国际科学研究会，都是政府在疫病防治中突显其作用的表现。③ 研究当时的防疫举措，对于今天的防疫工作有着深远的意义。就防疫立法来说，我们可以得到如下几点启示：

第一，中国古代及外国的防疫立法经验是防疫法规的宝贵源泉，要认真分析与研究。任何事物都不能隔断与历史和外界的联系而独立成长，清末防疫法规即是总结了中国历史上相关的防疫规则和参照了国外的防疫成法制定实行的，这是制定防疫法规的捷径，也是十分必要的途径。不论中外古今，一切有益的东西都要学习。比如，法国政府很重视卫生立法，拥有公共卫生法、劳动法、妇幼保健法、传染病管理法、国境卫生检疫法、食品卫生立法、医院管理法、开业医师法等完备的法律体系，把一切卫生工作都建立在法律的基础上，人人必须执行，卫生部门也在卫生立法范围内进行领导和管理，卫生工作就能顺利开展。④ 还有日本，卫生立法也非常健全，到 20 世纪 90 年代初，就拥有《传染病预防法》《预防接种法》《沙眼预防法》《上水道法》《下水道法》《废弃物处理法》《食品卫生法》《学校保健法》《学校供餐法》《妇幼保健法》和《老年保健法》等 110 多种卫生防疫法规，同时还制定许多卫生标准及统一的监测检验方法。⑤ 非典疫情没有在日本蔓延和扩散，正是得益于日本传染病防治法律的健全。而日

① 杨念群：《防疫行为与空间政治》，载《读书》，2003（7）。
② 陈邦贤：《中国医学史》，208 页，北京，团结出版社，2006。
③ 焦润明：《1910—1911 年的东北鼠疫及朝野应对措施》，载《代史研究》，2006（3）。
④ 姚家祥主编：《新中国预防医学历史经验》附卷《国外预防医学历史经验资料选编》，73 页，北京，人民卫生出版社，1991。
⑤ 姚家祥主编：《新中国预防医学历史经验》附卷《国外预防医学历史经验资料选编》，175 页，北京，人民卫生出版社，1991。

本卫生防疫事业也是因为先效仿德国模式、后效仿美国模式得到了飞跃的发展。可见，要做好今天的防疫立法工作，必须追溯历史、放眼世界。

第二，要不断完善相关措施，保证法律切实执行。法贵在于行，即使有再完备的法律，不切实执行，也只是一纸空文，起不到任何作用。清政府在防治鼠疫的过程中，就采取了有效的办法保障防疫法规的实施。防疫法规能够发挥如此巨大的作用，与官府严密的监督管理是分不开的。一方面，各防疫组织有专人负责监督管理防疫法规的贯彻实施。长春防疫会的会员"均有监察之权，其有不合法者均得直接纠正之"，"对于办理不合法之医官巡士随时告知府署与巡警局可要求予以相当之处分"，"对于商民之不遵会章，随时得会同巡警以强制行之"①。（宣统二年十一月十二日《盛京时报》，1910 年 12 月 13 日）奉天省城公立卫生防疫会设总稽查董事对防疫进行监督管理，其职务有："甲、稽查总所一切事宜；乙、稽查分所及分驻所职员任务事宜；丙、稽查各队是否尽职；丁、右列各事得随时随地地稽查并须随时报告"②，同时设调查员，调查"各所队兵是否尽职、各所队兵有无滋扰情形、各所消毒是否合法、各分驻所正副队官是否办理得法、城厢关于卫生事件有无发生特别情形"并"逐日报告"③。分所也设稽查董事，其职务有："甲、稽查内部整饬事宜；乙、稽查卫生队任事之勤惰；丙、每日卫生队到所后即由稽查董事指赴各户实行检查；丁、卫生队每日检查毕仍至分所，用言语报告稽查董事，就其报告情形得考；戊、关于卫生防疫事宜如有意见，得其说帖，提出于本会，以谋进步；己、每日督同卫生队随时随地稽查并报告总所，遇总所稽查到所时，亦可随时报告"④。（宣统三年三月初七日，1911 年 4 月 5 日）另一方面，上级官府经常派人明查暗访，督促地方防疫工作认真进行。奉天民政、交涉两司"在各区各派稽查员一员以便稽查各该区办理防疫之方法完密与否"⑤。省城派员到铁岭四

---

① 《议定防疫会之简章》，载《盛京时报》，第 5 版，宣统二年十一月十二日。

② 《奉天公立卫生防疫会咨送章程一本并开办日期由》，《奉天交涉司全宗·JB16-86号》，辽宁省档案馆藏档案。

③ 《奉天公立卫生防疫会咨送章程一本并开办日期由》，《奉天交涉司全宗·JB16-86号》，辽宁省档案馆藏档案。

④ 《奉天公立卫生防疫会咨送章程一本并开办日期由》，《奉天交涉司全宗·JB16-86号》，辽宁省档案馆藏档案。

⑤ 《锡督办理防疫事宜之认真》，载《盛京时报》，第 5 版，宣统二年十二月十五日。

处暗查。① 铁岭徐大令携同医员及防疫队屡次巡视北路防疫事宜，② 在巡视开原时发现其"消毒夫役皆系佣雇贫民未曾谙练消毒各法者"，立即从铁岭防疫所拨派 20 名消毒队员赴开原帮助防疫。③ 奉天防疫事务所特派员分往城外各义地调查，如果有埋葬队草率处理疫尸者"则须处以相当之罚，决不姑宽也"。④ 奉天防疫所总办因恐城北二台子及大南门外南塔旁两处贫民收容所"操办未能完善，且不免浮冒情弊"，"特派员往该所切实调查以期倍臻完善"。⑤ 奉天交涉司、民政司"将省城所定防疫章程札发各属遵照办理"后，恐怕"各属阳奉阴违，办理不善"，特派"王杨等各委员分赴辽阳、海城、新民、辽中、铁开、抚顺、兴京等处分别稽察所办防疫事宜是否认真，有无成效，倘有不合，务令从速改良以收实效"。⑥ 这表明了当时的官府对防疫效果的重视。在这样的重视下，各项防疫法规得以切实执行。这种基层专人负责制与上级明查暗访制相互配合，将防疫法规层层落实而避免流于形式，是直到今天仍然值得借鉴的做法。

第三，注重卫生防疫的宣传教育，扩大防疫法规的影响力。立法之后，应该充分发挥卫生防疫机构和媒体的作用，加强舆论宣传，采取形式多样的教育方法，使全社会每一个人知法、懂法，进而守法。对于这一点，我们已饱受教训。我国在 1989 年就已出台了《传染病防治法》，1991 年出台了实施办法，但是并未得到有效的宣传，除了少数专家和学者以外，大多数人对此知之甚少，甚至很多人根本不知道存在这样的法律，结果造成非典突然袭来时虽有法律却难以执行的局面。比如，有些人认为强制隔离是对人身自由权利的侵犯，有些人明知自己感染非典还大摇大摆地出入公共场所，他们没有意识到，某些平时是合法的行为，在特殊时期就是违法的。这是将法律束之高阁、没有充分对人们宣传教育所导致的悲剧。而在清末东北鼠疫流行期间，拥有较大发行量的《申报》《盛京时报》和《大公报》等南北报纸就已经大量刊登防疫法规和预防方法，进行了防疫宣传教育的初步尝试，为我们提供了良好的经验。

---

① 《暗查到铁》，载《盛京时报》，第 5 版，宣统三年正月十六日。

② 《徐大令巡视北路》，载《盛京时报》，第 5 版，宣统三年正月二十日；《县尊出境查疫》，第 5 版，宣统三年二月初八。

③ 《消毒队拨派至开》，载《盛京时报》，第 5 版，宣统三年二月初五。

④ 《调查埋葬死尸之是否合法》，载《盛京时报》，第 5 版，宣统三年正月二十七日。

⑤ 《派员调查贫民收容所》，载《盛京时报》，第 5 版，宣统三年二月二十六日。

⑥ 《派员稽察各属防疫事宜》，载《盛京时报》，第 5 版，宣统三年二月十二日。

　　瘟疫流行威胁的对象是全社会，防疫工作是一项综合治理工程，社会各方都应该在这没有硝烟的斗争中承担起应负的责任。只有政府主导、群众配合，长期不懈地坚持"预防为主"的方针，不断完善防疫法规体系与配套设施建设，做到有法可依，才能在危急时刻临事不乱、有章可循，不断击退疫病的侵袭。

第五章
应对鼠疫灾难的习俗改良

　　社会风俗习惯，是特定民族千百年来适应生存环境、不断回应各种挑战过程中逐渐形成的。并带有世代传承性特点。随着环境的变迁，社会风俗习惯也相应发生着缓慢的变化。然而，只有当生存环境发生重大改变，或遭遇重大灾难性突发事变之时，人们为了生存或出于规避灾难的目的，不得不放弃或者改变传统生活习惯，才有可能导致传统生活习惯的迅速改变，从而引发传统生活方式和社会习惯的整体变革。导致旧有社会习惯变迁的因素很多，其中，突发性自然灾害，则是引发旧有社会习惯强制性改革的重要因素。此次东北鼠疫灾难给传统生活习俗带来了深远的影响，人们在应对鼠疫灾难的过程中引发了某些传统陋习的改良。

第一节　传统习俗助长鼠疫蔓延

　　此次东北大鼠疫的迅速蔓延，除了因交通的发达助长外，还与中国传统民俗习惯及落后的生活方式有关。即社会陋习助长了鼠疫灾难的蔓延。关于此次东北鼠疫流行与旧有习俗的关系，《东三省疫事报告书》"绪言"中有一段论述最为准确："此次疫事起……衡情而论，无论发生于大乌拉发生于满洲里，以俄国后贝加尔州固里雅克通古斯鄂伦春等部人民之习惯与我黑龙江西北部满蒙人之习俗衡之，均足为酿彼之媒介。"① 西方学者也认为，"病毒之发生地，本起于中俄交界之满洲里境内。该病所以如斯蔓延迅速之原因，则人民之暗愚与迷信实职其由。"② 这里所说的"习惯""暗愚与迷信"主要指东北各民族的生活方式，还有就是吃野生动物等习惯。此次鼠疫的引发就是因为当时的猎人吃了有鼠疫病源的旱獭肉所致。同时某些旧有的社会风俗习惯不仅无益于鼠疫的防控反而加速了鼠疫的传播和蔓延，如迷信鬼神、不信西医、停棺不葬，或不遵守隔离制度、强行为疫毙亲人送葬等。

在封建时代，由于科学不发达及教育程度低下，中国百姓普遍迷信鬼神，相信天命，认为死生有命。对于突如其来的瘟疫，普遍缺乏科学的防疫知识。迷信鬼神的结果，"有求仙方医治者，有持斋祷祀坐以待愈者"，勿需求医勿需隔离。其结果不仅不能免此灾祸，反而造成了更大范围的流行。

一、春节回乡过年习俗加速了鼠疫传播

东北鼠疫流行亦与中国的年节风俗有关，即每当春节将至，离家之人不管路途多么遥远，必要返乡。此次鼠疫流行正值年终岁尾，在外做工经商的人们，纷纷回乡过年，由此更加速了鼠疫的流行，所以京奉铁路首当其冲。从北部中国各地鼠疫流行的时间上看，呈现出明显的由北向南的传播态势。流行方向和路线大多是沿着铁路交通线呈爆发状流行。从满洲里而哈尔滨而长春而吉林省城吉林。"凡延近铁路区域，逐渐波及"。此次鼠疫主要发生在铁路两侧就是明证。此外，由于清政府及东北地方当局缺乏应付突如其来的大规模鼠疫灾难的防疫手段以及相应的应急措施，所以在鼠疫流行初期，控制不力，这也是不能回避的。

二、旧有习俗及落后的生活方式加重了鼠疫疫情

东北当地旧有习俗非常多，总结起来有传统的封建迷信、固有的生活习惯、忌讳医疗、深厚的乡土观念和封建伦理道德等。首先，东北三省当时存在许多宗教，有伊斯兰教、天主教等，但是其势力在传统的中国本土宗教的影响下显得势单力薄。老百姓对民间的天命说、鬼神说深信不疑，其结果就是无人愿意在鼠疫泛滥后就医，而是利用祈祷、拜神求仙方的办法来防治鼠疫，这阻碍了东北初期的鼠疫防治工作。东北人民对西医也是相当的排斥，他们拒绝看西医、吃西药，认为这会毒

① 奉天防疫总局：《东三省疫事报告书》，绪言，3～4 页，1912，辽宁省图书馆馆藏本。
② 波里：《满洲鼠疫谈》，载《盛京时报》，宣统三年二月二十日。

害其身心。

一个民族的衣食住行状况往往与这个民族的生产力发展水平和经济条件相适应，也是一个民族社会风尚和精神面貌的外在体现。在传统社会，下层人民受生活条件所限，衣食不讲，住处简陋，是普遍现象。在晚清时代的东北，人民居住的房屋多低矮窄小，内设火坑占屋内大半，每坑睡三四人，多者睡五六人。生活、起居饮食皆在屋中。冬季为避寒冷，窗户用纸密糊。这种情况，空气不流通，卫生亦难保障。"而支那人（中国人）之内室常多人杂居亦使此病毒得以蔓延之原因。"① 因此鼠疫流行期间，全家毙命者不在少数。在饮食方面，由于生活贫困，"无论腐鱼败肉及病死之獭肉遂以传疫其一例也。"② 中国百姓"昧于卫生之常识，于饮食未暇加意，故病菌得因以为缘职之故耳。"③ 还有人对中国传统生活中的某些陋习十分忧虑："乃起视吾民房屋之污秽如故，饮食之疏忽如故，一若行所无事者，既不知个人卫生之道，则所谓公众卫生者，更无论已。"④ 东北人民固有的生活习惯也阻碍东北鼠疫的防治。东北人民习惯于吃饭、睡觉在一处，没有很好的卫生习惯。这也是导致鼠疫迅速流行蔓延的原因之一。

三、传统的殡葬风俗不利于鼠疫的防控

中国数千年传承下来的殡葬风俗亦不利于鼠疫的防控。我国对于死者的丧葬之礼，向来隆重。"子孙之对于尊长，尊长之对于子弟，病则日夜调护，死则围守哭泣，葬则仪文烦缛。由病至死由死至葬，有至数年如一日者。"⑤ "丧葬之礼，皆视为大事，但以家境不同，遂视贫富以为厚薄。自父母疾革时，子孙为易新衣舁置床上，环立守之俟。"⑥ "当疾革时设床于室，子孙环视，净面盥手足。……至三日内尸于棺"，"安葬日大约在三七五七之间。"⑦

"人死次日盛殓，三日送行，戚友咸至。……有停枢七日或三七五七百日始葬者。亦有久厝俟卜窀穸者，盖惑于风水也。"⑧

① 波里：《满洲鼠疫谈》，载《盛京时报》，宣统三年二月二十日。
② 奉天防疫总局：《东三省疫事报告书》，第四章，2~33页，1912，辽宁省图书馆馆藏本。
③ 汪翔：《满洲鼠疫谈》，载《盛京时报》，宣统三年二月十四日。
④ 梦幻：《对于天津防疫之感言》，载《大公报》，庚戌十二月十九日。
⑤ 奉天防疫总局：《东三省疫事报告书》，绪言，7页，1912，辽宁省图书馆馆藏本。
⑥ 《开原县志》，卷8，礼俗。
⑦ 《铁岭县志》，卷12，礼俗。
⑧ 《昌图县志》（二），第24编，志礼俗。

东北人民在直系亲属病故的时候，长亲或是晚辈对于故人要办大葬，往往停尸、祭祀，这样的送葬方法使得鼠疫直接传染到其家人，加速了鼠疫的扩散。这种种不利的习俗使鼠疫在东北呈大面积蔓延之势。据《榆树文史资料》载"宣统二年（1910 年）腊月末，大岭区大岭村前红石砬屯郭老十，在大岭街开"魁升元"旅店，有两名哈尔滨来的客商死于店内。紧接着一名店员病死。郭老十回家过年，除夕病死，停尸 5 天，致使全家 53 口人，死亡 32 口，随后殃及全屯。老胡家 7 口人病死 6 口，全屯死亡近百人，至正月二十日终熄"。①

总之，丧葬习俗与防止鼠疫扩散之间产生强烈冲突：疫毙的尸体宜迅速埋葬，但丧家却要停棺不葬；为防疫宜深埋，而丧家则不讲掩土消毒方法；火葬最宜于防疫，然而却有丧家为避火葬盗走尸体者。凡此种种皆不能使病人与健康人之间形成"隔离"，违反了基本的防疫原则，加速了鼠疫的传播。鼠疫流行期间出现的许多绝户情况，大都是由于因袭旧俗，不知防疫造成的。所以鼠疫之后，当事者谈及此事时仍伤感万分："习俗之影响于疫事者，言之滋痛"，由于人们狃于旧有习惯，未能全面遵从隔离及断绝交通等政策，结果加速了鼠疫的蔓延。

此外，由于清政府及东北地方当局缺乏应付突如其来的大规模鼠疫灾难的防疫手段以及相应的应急措施，所以在鼠疫流行初期，控制不力，这也是不能回避的。

第二节　鼠疫灾难引发对不良习俗的反思

此次鼠疫灾害来势凶猛，促不及防，造成了大量人民生命财产的损失。它即引发了人民的恐惧，导致人们对于鼠疫本身以及因何传播的了解欲望，更导致了人们对于社会既有习惯的反思，也导致了当时舆论界对于建设公共防疫制度的讨论。

一、报纸刊发大量防控鼠疫的文章

此次鼠疫来势汹猛，危害极大，因此了解鼠疫发生的机理及其规避方法，自然成为当时人们的迫切需要。由于鼠疫蔓延的灾难性影响，以及在当时科学技术和医疗手段还不能充分有效地根治鼠疫的情况下，了解鼠疫发生的机理及其规避方法，自然成为当时人们的迫切需要。于是乎在东北鼠疫流行期间大量探讨鼠疫相关理论的文章应时

---

① 　榆树县政协文史资料委员会编：《榆树文史资料第 2 辑》，105 页，1988。

而出。通过提倡健康的生活方式来规避鼠疫灾难的防疫宣传教育，成为此次鼠疫流行期间民间应对的一个亮点。《盛京时报》《大公报》《申报》等当时著名报刊都曾开辟专栏或连续刊载预防鼠疫方面的内容，普及预防鼠疫的相关知识，所连载的日本家庭卫生丛书，其内容不仅介绍了鼠疫流行的历史和对人类的威胁，而且通过问答的形式，介绍了鼠疫的致病原因、传播途径、预防措施以及根治办法等①。还有专家撰文重点分析了鼠疫的病因传染方式、及症状特征。作者根据鼠疫致病症状，将其分为"腺肿百斯笃""皮肤百斯笃""原发性肺百斯笃""血液百斯笃"等类型。文中对于鼠疫流行的原因、发病特征、死亡率、防控及治疗方法等等都进行了探讨。认为该传染病死亡率极高，此病潜伏期为 3 到 5 日，一旦染上，死亡在"百分之七十至九十之多"，但由于当时对于鼠疫"尚无特效之疗法"，因此规避鼠疫最有效的方法是，速将室内什物及死鼠之处进行消毒，讲究卫生等。② 还有人通过浅近的口语化的文字，论述了鼠疫的危害，反复强调了防疫的重要性，"这种病，虽说比刀兵水火烈害，要是人人知道防疫，又可以保得平安无事。所以鄙人近来常常对朋友们谈论这件事，反复的比喻，无非盼望我们人民，全照着卫生局的告示、防疫会的传单，所劝诫的那些道理，实行才好。"③

二、引发了改良社会生活陋习的呼声

由于中国某些传统生活习俗及不良生活习惯，在一定程度上助长了此次鼠疫的肆虐，从而引发了有识之士对落后生活习惯的忧虑，从积极方面也触发了有识之士对于改良社会生活陋习的呼声："乃起视吾民房屋之污秽如故，饮食之疏忽如故……既不知个人卫生之道，则所谓公众卫生者，更无论已。"④ 正是由于人民平日不讲卫生，所以"一遇疾疫发生，非坐视死亡，即张皇（慌）失措。"因此如何从生活习惯改良的角度，去规避鼠疫的流行，这是当时有识之士重点思考的问题。有的认为中国最不重视饮食卫生，更无公共卫生检查制度，而且中国百姓"昧于卫生之常识，于饮食未暇加意，故病菌得因以为缘职之故耳。……霍乱、赤痢、肠窒、扶斯等病类由消化器侵入，其病菌常寄生于饮食物

① 辛亥正月二十九日《大公报》第 2 版，正月三十日《大公报》第 2 版分两次刊登了日本医学博士北里的讲演《防疫须知》。

② 丁福保：《鼠疫病因疗法论》，载《盛京时报》，第 3 版，宣统三年正月十一日。

③ "耐久"：《爱己身爱众人的请看》，载《大公报》，第 3 版，辛亥正月十四日。

④ 梦幻：《对于天津防疫之感言》，载《大公报》，庚戌十二月十九日。

中，若胡乱入口，则通胃侵肠，致发是等剧烈之危症。不可不深注意也。"① 以往疾病的流行多与饮食上不讲卫生有关，"罕讲求预防之道"，因此，对于鼠疫等传播性瘟疫灾害的防控制，首先就要从改良中国传统不良饮食习惯入手。

三、敦促清政府迅速建立公共卫生防疫制度

在鼠疫流行初期，当时舆论界除了对当时对鼠疫防控不力给予批评以外，还积极建议清政府加快公共防疫制度的建设。丁义华在《今古瘟疫考略》一文中认为，这次在中国东北流行的鼠疫与历史上在欧洲或印度流行的鼠疫大同小异，因此有可资借鉴的防疫方法。为此，他敦促清政府迅速建立起公共防疫制度。② 《盛京时报》发表的没有署名的社论《论卫生行政之亟宜扩张》中，也提出了清政府没有建立起近代化的公共卫生行政的问题，指出："卫生行政，我国以前盖未闻也"，所以"一但疠疫猝发，其不穷于应付也者几希"，明确表达了发展近代公共卫生事业的观点。文章说："东省此次之毙于疫者，已不啻万人，因防疫而耗失之经费，又不下数百万。设也我国以前已措意于卫生行政，而各个人又均知卫生之必要，则死亡之数，固必大减。因防疫而耗失之经费，虽不能保其必无，而亦不至如今日之浪掷。我国今日不特无精于检验者，抑且无普通之消毒药品。言之可为愤懑。嗟乎！因学术之不如人，遂至无事不求人，无物不仰给于人，耗财固也，即其不能自立之耻，虽挽西江之水，曾何足以浣之！"③ 由于中国卫生行政或公共卫生不健全，结果导致了在东北鼠疫流行期间防控的不力和人力、财力的浪费。作者认为，这次鼠疫留下的教训实在是太大了，"我国上下，经此一蹉跌，自必当注意于卫生事宜"，而且"医师之培养，药物学之研究，则尤为刻不容缓之举"。适时总结这次鼠疫留给我们的教训，加快公共卫生防疫制度的建设，是摆在中国面前的当务之急，"宜竭其全力，扩张卫生行政事宜，但使卫生行政日益发达，不啻已得防疫之要领，且无疫时既已设备，有疫时可少费周章，斯固患之上策也。"文章还认为，"公共卫生与个人卫生合，而其效乃神"，所以只要做到使卫生原理家喻户晓，卫生行政才会"致密而无罅漏之可指"。④

① 汪翔：《满洲鼠疫谈》，载《盛京时报》，宣统三年二月十四日。
② 丁义华：《今古瘟疫考略》，载《盛京时报》，宣统三年二月初二。
③ "社论"：《论卫生行政之亟宜扩张》，载《盛京时报》，宣统三年二月初七。
④ "社论"：《论卫生行政之亟宜扩张》，载《盛京时报》，宣统三年二月初七。

还有人强调"防疫行政，则尤为防疫治乱之所系"，要求当道官员要制订严密的防疫计划，诱导防维，热忱用事。① 社论《防疫之善后》也敦促清政府加快公共卫生防疫制度的建设，强调为了避免日后再出现东北这样的大瘟疫，"凡有关系于防疫事件，固当特别注意"。该文建议：第一，应进行全民公共卫生知识教育，"防备之善法，莫要于人知卫生，而欲卫生智识之一律普及，则非设法以诱导之不为功也。"人民已经饱尝了这次瘟疫之害，适时进行劝导，易事半功倍；第二，宜从爱国主义的高度认识公共卫生防疫制度建设的重要性。如果不能控制瘟疫，不仅妨碍国力，防疫权也恐被人攘夺。所以国家应奖励防疫用具各项工艺，免致临时缺乏，"能自造，则财不外溢"。还应选派中西医专家分赴各国高等医学院校学习深造，研究病菌学，并实地练习；第三，可发动社会民间办理公共卫生事业，"至若沟渠街道，及其他之一切公共卫生，则可由自治团体，及监督官厅，监督而料理之"。②

有的文章还把公共卫生事务作为地方自治的最重要内容加以强调。③ 更有强调发动社会力量，长期从事卫生工作的主张。④ 还有文章从鼠疫防控中存在的问题入手，对传统医学旧体制的反思。主张改良中国的医学教育研究制度，加快导入西方医学理论及相关技术，大力兴办医学教育，鼓励从事医学的发明研究，许以版权，奖以荣誉，使医学人才辈出，医学事业日益发达。从此以往，"生者免疾痛之缠磨，死者无非命之遗恨。"使祖国强盛，人民受福无疆。⑤ 还有作者预言：只要中国向西方学习，扎实稳步地进行防疫制度建设，那么"一二年后，将有自制普通消毒药品出现；三五年后，将有精于检验之自国医师出现。尔时疫症固必早已净尽，即偶有发生者，亦讵足为大害也。"⑥ 勾画了中国未来公共卫生行政建设的美好前景。

从当时上述言论可以看出，当一个民族在自然灾难的威胁面前，自然而然地爆发出前所未有的自卫能力。因此从民族生存的高度主张改造传统陋习，探讨建立全社会层面的防疫制度，也就超越了制度之争和言论禁锢的藩篱，成为晚清社会建设近代公共防疫制度的舆论先导。

---

① 社论：《东三省之悲观》，载《盛京时报》，宣统三年正月二十一日。
② 社论：《防疫之善后》，载《盛京时报》，宣统三年二月二十四日。
③ 丁福保：《敬告各省地方自治会议员》，载《大公报》，辛亥正月十三、十四日。
④ 《"丛录"鼠类与瘟疫之关系》，载《盛京时报》，宣统二年十二月十五日。
⑤ 《盛京时报》，宣统三年正月二十八日。
⑥ "社论"：《论卫生行政之亟宜扩张》，载《盛京时报》，宣统三年二月初七。

第三节　实施强制性的公共防疫措施改革陋习

　　一场突如其来的灾难，不仅引发了人们对于旧有生活习惯的反思、对在整个社会层面建设公共防疫制度的思考，而且还促成清朝中央及各地方政府强制地推行了对某些社会旧有社会习惯的改革以及适应近代化趋势的新制度的实行。

一、制定并实施公共防疫措施

　　各地区各部门在应对鼠疫的过程中纷纷制定了适合本地区本部门的防疫法规，同时以此为依据采取了强制性的隔断交通、对病人及疑似病人实施隔离等公共防疫措施。此次鼠疫发生后，清政府及各地方当局对制定各种规范防疫行为的规则异常重视。疫发不久，为了防止通过交通工具传播，天津卫生局还专门于 1911 年初拟定的《查验火车章程十五条》。① 清陆军部即迅速制定《陆军部暂行防疫简明要则十条》并将其与防疫总局译印的"东西各种防疫成法"分送各部参照执行。据奉天省长公署档案载："连日哈尔滨鼠疫盛行，延及奉省津保一带，恐将传播各军驻扎之地，亟宜先事严行防范，以免传染。"材料中还提到了"按此项疫症二十年前粤省及香港两处受其荼毒"并描述了鼠疫的酷烈"尤为险恶"，为此将"简明防疫要则十条颁发各军队、学堂等处，以资遵守"文件并附有《奉天防疫事务处订定临时防疫规则》和《百斯笃预防及消毒法》等两个非常完备的重要法规。《奉天防疫事务处订定临时防疫规则》其要目有"临时疫病院""隔离所""防疫委员消毒所规则""病人户口调查队""检诊队""消毒队之组织""死体埋葬队"等；《百斯笃预防及消毒法》要目有"百斯笃预防须知"20 条，"除鼠的消毒方法及清洁方法施行手续"8 条 30 项，"消毒方法"7 条 29 项。② 通过这两个法规，可以管窥当时对鼠疫的认识程度以及防疫水平。《盛京时报》也于宣统三年正月十六日（1911 年 2 月 14 日）公布了《奉天省城防疫事物所修改八关检疫分所暂行规则》；宣统三年正月十七日（1911 年 2 月 15 日）公布了奉天《临时疫病院章程》；宣统三年正月十八、十九、二十三（1911 年 2 月 16、17、21 日）发布了《奉天防疫事物所规定隔

---

① 《查验火车章程十五条》，载《申报》，庚戌十二月二十五日。
② 《陆军部暂行防疫简明要则十条》，载《奉天省长公署档·3049 号》，辽宁省档案馆馆藏档案。

离所章程》；宣统三年正月二十一日（1911 年 2 月 23 日）发布了《长春中日隔断交通之章程》等。除上述外，东北各地方也根据防疫要求制定了各自的地方性或部门性防疫法规，当时吉林省防疫总局就颁发了《吉林省防疫总局章程》《吉林各府州县防疫暂行简明规则》《消毒规则》《检疫规则》《检疫所留验章程》等。延边各府县也照此制定了防疫局暂行章程和临时防疫所通则八条。1911 年 2 月 24 日延吉府防疫局也颁发了《澡堂防疫规则》（10 条）、《客栈防疫规则》（13 条）、《酒席馆防疫规则》（11 条）、《妓馆规则》（11 条）等，对此当时的报纸皆进行了相应报道。① 清中央政府还有专门召集有关部门讨论事关国家层面的各种防疫法规的动议。② 为了应对鼠疫灾难，清政府及各地方当局颁布了一系列防疫法规，其所规定内容广泛，涉及防疫的整个过程。为防疫工作提供了强有力的制度保证。

在上述组织及制度保证下，清政府及地方当局适时采取了隔断交通、对病人及疑似病人实施隔离对疫区严格消毒等措施。如停开列车，实施对旅客分流隔离及查验等措施。制定制定严格的疫情报告制度和查验隔离制度。制定严格的疫情报告制度和查验隔离制度。东三省总督锡良电饬沿铁路各州县，要求将每天鼠疫在各地的流行情况及时用电报进行汇报，而且"所有关于防疫电报一律免费"。③ 奉天省要求有关部门，"无论何等病症，一经查出即时报告该管医官诊断"，④ 吉林省要求各检疫所必须逐日详细呈报"检验人数、放行人数"，有没有发现"疫病及他项病症"。⑤ 这些说明当时的报告制度委实是规范的。隔离制度在当时也已确立，就连负责东北防疫工作的伍连德医生因公事想离开疫区哈

————————

　　① 其中由《盛京时报》刊载的防疫法规就有《奉天省城防疫事物所修改八关检疫分所暂行规则》（宣统三年正月十六日），《临时疫病院章程》（宣统三年正月十七日），《奉天防疫事务所规定隔离所章程》（分别于宣统三年正月十八日、正月十九日、正月二十三日连续刊载），《长春中日隔断交通之章程》（宣统三年正月二十一日），海清译辑的《百斯笃预防法》（《盛京时报》宣统三年二月二十四日、二月二十五日连载），《奉天临时防疫所办事规则》（宣统二年十二月初十日），《奉天防疫规则》（宣统二年十二月十二日），《长春防疫会之禁令》（宣统二年十二月十日）等。《大公报》也于辛亥正月十六日、十七日、十八日、十九日、二十日、二十一日、二十二日、二十四日、二十五日，分八次连续刊登《防疫新法报告书》，较为详尽地介绍了从个人到社会各个层面的防疫方法。

　　② 《清实录》，第 60 册，《宣统政纪》，卷 49，北京，中华书局，1987 年影印本。

　　③ 《东省防疫记》，载《申报》，第 5 版，辛亥正月十二日。

　　④ 奉天防疫总局：《东三省疫事报告书》，下册，第 2 编第 2 章，3 页，1912，辽宁省图书馆馆藏本。

　　⑤ 《吉省检疫所留验章程》，载《大公报》，第 2 版，辛亥正月二十日。

尔滨时，也必须隔离 14 天①；郑孝胥从东北赴北京时，也被要求在山海关停留 5 日，进行医学观察。② 在制度保证的前提下，东北各地方纷纷成立了临时病院或隔离所。在奉天（沈阳市），于小西边门外皇寺设立临时病院，有病房 100 余间，内中设备齐全，"凡患鼠疫者均可送入该院调治，以免再有传染之虞"。③ 在铁岭，县令任防疫专员，实行挨户检查，隔断交通等措施，"在城外设防疫所检查行人，禁止入境"，并将辖区内"病者与疑似者"全部移入隔离所实施隔离。④ 从规模看，仅奉天省即设有隔离所 45 处之多。⑤ 而且所有隔离所都采取了严格的防护措施，如奉天隔离所即规定"若有敢图潜脱者当即击毙以杜后患"，说明当局为了控制鼠疫进一步扩散，采用的手段是非常严厉的。⑥

上述这些公共防疫法规的颁布及防疫措施的强制实施，尽管给当时的社会生活秩序带来了冲击，干扰了社会生活之常态，然而，它毕竟在一定程度上加速了中国近代公共防疫卫生和防疫规制的建设。

二、在东北地区推行火葬措施

火葬措施对于数千年传承下来的殡葬风俗是一个严峻挑战。然而，火葬最宜于防疫。在鼠疫流行期间，为了防止瘟疫的进一步扩散，火葬方式被强制执行。哈尔滨为重疫区，疫死众多，来不及掩埋，于是以伍连德为首的五名医生致电东北当局要求将数千具尸体火化，"哈埠武医官致电外部云，该处抛弃未葬之柩，罗列三千具之多，材木脆薄，恶气熏蒸，非掘坑汇集火葬，流毒不可胜言"。该建议得到批准。⑦ 东三省总督锡良还为此致电吉、黑二省督抚，"势不能不亟为设法。斟酌再三，恐非从权暂准火葬，别无应急之法。并希迅饬地方官，剀切晓谕，免滋谣惑。"⑧，要求东北各地把实行火葬作为防疫的一项应急措施。于是，

---

① "初八日，外务部接伍医官来电云，据吉医士函告，伊从今日起，自行照章留验七天，预备遄返北京业已停不办事。并经该医自向钧部既吉抚禀明，希电饬该医再留哈埠十四天，以期疫气消灭。"《北方防疫汇记》，载《申报》，第 4 版，辛亥正月十八日。

② 中国历史博物院编、劳祖德整理：《郑孝胥日记》，第 3 册，1303 页，中华书局，1993。

③ 《临时病院成立》，载《盛京时报》，第 5 版，宣统三年正月十九日。

④ 《铁岭县志》（四），卷 18，1266 页。

⑤ 奉天防疫总局：《东三省疫事报告书》，下册，第 2 编第 5 章，13～20 页，1912，辽宁省图书馆馆藏本。

⑥ 《隔离所之戒严》，载《盛京时报》，第 5 版，宣统二年十二月十九日。

⑦ 《京津防阻鼠疫南下续纪》，载《申报》，第 5 版，庚戌十二月二十五日。

⑧ 《东省防疫记》，载《申报》，第 5 版，辛亥正月十二日。

火葬作为处理遗体的主要方式，在全东北强制执行。

在双城，开始大规模焚化病死者尸体，"去冬及今正初旬，本郡人民染疫死相继，无主之尸计不下二百余名"，于是本地官员为了防止瘟疫扩散，开始将这些尸体进行焚烧。① 在黑龙江，"近自防疫会成立后，筹备一切防疫方法不遗余力。日前则将野外抛弃无主尸躯一律用火焚化，并于沿江验疫所内仿照日本焚尸方法修造化尸场，焚烧瘟毙积尸，以敛疫迹。"② 在长春，为此还建成火葬场，"道宪自奉准火葬疫死以来，修筑极大火葬场一处，招工兴筑。兹闻该场工程已竣，所有疫死者，定二十一日起一律运至该场实行焚烧矣。"③ 客观上，这项措施对于习惯于土葬的中国人来说，的确起到了移风易俗的作用。

三、改革不良饮食卫生习惯

讲究良好的饮食卫生习惯，成为人们在防疫中的共识。有人在强调食物安全时说："猪牛兔鸡鸭鹅鸽，最易染此病，必察其颜色有无不正，并须久煮。一切食物均宜盖藏，勿使鼠蝇过食。"即不吃腐败变质的东西，并要吃熟食并防止污染；在谈到"预防"时说："院庭扫除洁净，勿积秽物，厕所盖覆灰渣。客店、茶寮、酒肆游戏之场，凡与病者邻近往来之人，勿与交接。"④ 其实讲究饮食卫生的方法非常简单，那就是"举凡饮食物悉熟煮而后用，其有害卫生之虞者绝不入口，与夫贮藏饮食物之器具，时行煮沸消毒，其金属有毒质者，皆屏而弗用。殆即保全健康之第一要着乎!"⑤

还有人编成"防疫歌"进行宣传："防疫意有如防大敌"，"天人一气相通联，食息当有节，服用尤须洁；广庭时步行，空气宜鲜新；满腔春意盎然足，和风甘雨弥胸衿；造物与人何怨毒，祝福皆由人自作。"⑥ 明确表达了通过讲究饮食卫生，经常锻炼身体，来达到预防目的的思想。还有人强调个人卫生与饮食卫生的重要性，说："身体之健全，个人之须注意者也。宜常保持清洁，勤沐浴，手足指爪须常剪短。轻微之创伤、目力所不能见者，微菌皆能侵入，有创伤者，宜即行治。……衣

① 《焚化尸体》，载《盛京时报》，第5版，宣统三年正月十九日。
② 《防疫会之纪事》，载《盛京时报》，第5版，宣统三年正月二十日。
③ 《火葬场工程告竣》，载《盛京时报》，第5版，宣统三年正月二十一日。
④ "北洋验疫医官王传钧海涛"：《鼠疫病因防法论》，载《大公报》，第二张辛亥正月初十。
⑤ 汪翔：《满洲鼠疫谈》，载《盛京时报》，宣统三年二月十四日。
⑥ 汪翔：《防疫歌》，载《盛京时报》，宣统三年二月十四日。

服亦须清洁，污垢之衣服不可服用。手巾手套趁领趁袖等宜勤洗，一切家具寝具旧衣等宜常晒晾。食物之洁净尤为必要，所食之物必须煮熟，存储之饮食必封盖，不容鼠蝇接触。如混有鼠粪或鼠齿迹之食物，万勿入口。至于厨下用器亦须特别注意于鼠之接触。"① 比较详细地介绍了个人卫生所涉及的内容。以广告形式表达的《卫生讲话》，更具有对大众的启蒙意义。其开篇即讲"不知卫生者，为国家社会之大贼。"接着又说："非权力金力所能防护者，疾病是也。非权力金力之所能购得者，身体之健壮是也。……然则，防护疾病维持强健，其道何在？吾人敢断言之，曰唯自重卫生之人为能得道。……卫生之事，不但保全各个人之生命，于保持国家社会之安宁尤为紧要。"② 强调了个人卫生与公共卫生的密切关系，强调了重视健康与重视个人生命的重要性，这些有益见解对于改良中国传统生活方式以及树立科学的卫生观念，意义重大。

在吉林省，"各关检疫分所于城瓮内设机器药水，见人消毒。"③ 在铁岭，屠宰行业每日必须消毒一次，内脏必须当场清洗干净，装在专用的板箱内，不准暴露在外。工作人员必须穿白色服装。④ 在天津，卫生局发布了紧急告示，列出预防措施10条，如喝开水、吃熟食、注意生活卫生等。⑤ 在北京，公共卫生防疫方面也采取了许多有效措施，"令各街巷剃头棚房屋一律裱糊干净，地下均垫石灰，所有铺内伙友，衣服、搭布、手帕每日更新三次。"⑥，同时还建立了严厉的罚款制度，对私自通行于断绝交通之处及随地便溺不遵守公共卫生者，处以5元至30元不等的罚款。⑦ 上述措施立即取得预期效果，"公共卫生已较前进步。"⑧ 在黑龙江，自防疫会成立后，便与巡警协同"按户清查，凡有房屋不洁之家，勒令即时打扫，以清污秽。并调查各户男女共有几人，有无染疫形迹，注册备查。"⑨ 在铁岭，政府向当地民众发送10000多只"呼吸囊"，"勒令人民尽带呼吸囊"，出城入城都必须配戴，"由巡警

---

① 铁成：《论鼠疫之原理及预防法》，载《大公报》，辛亥正月二十五日。
② 《"卫生讲话"广告》，载《盛京时报》，宣统三年二月二十八日。
③ 《北方防疫汇纪》，载《申报》，第2版，辛亥二月初一。
④ 《徐大令在北路调查防疫之近闻》，载《盛京时报》，第5版，宣统三年正月十一日。
⑤ "要件"：《天津卫生局紧急告示》，载《大公报》，第3版，庚戌十二月十六日。
⑥ 《北方防疫汇纪》，载《申报》，第2版，辛亥二月初一。
⑦ 《北京·颁布防疫罚章》，载《大公报》，第1版，辛亥正月十二日；《京师防疫罚则九条》，载《盛京时报》，第3版，宣统三年正月十三日。
⑧ 《北方防疫汇纪》，载《申报》，第2版，辛亥二月初一。
⑨ 《防疫会之纪事》，载《盛京时报》，第5版，宣统三年正月二十日。

随时稽查，如有不遵守者，即以违警论罪云。"① 说明许多地方当局为了防止鼠疫的进一步蔓延，都积极地强化当地的卫生防疫工作。

在天津，天津卫生局发布了紧急告示，列出预防措施十条，如喝开水，吃熟食、注意生活卫生等。② 天津临时防疫会还免费"施种防疫浆"，"每日往种者络绎不绝，而学生尤居多数。"③ 同时"该（民政）部卫生司唐司长日昨建议请将京城内外所有旧沟一律修溶，以便排泄秽水；又以戏园、酒馆、妓院、客栈等，最易发生及传染疫症，拟另订规则，严行取缔。俾免传染疫灾。"④ 在北京，为了能彻底地贯彻公共防疫措施，还颁布了九条罚章。凡在断绝交通的地方私自出行者以及随处便溺不遵守公共卫生者，都实行罚款，罚款在 5 元至 30 元不等。⑤ 北京在公共卫生防疫方面的进步也在当时的时评中有所反映："故日来公共卫生已较前进步。……令各街巷剃头棚房屋一律裱糊干净，地下均垫石灰，所有铺内伙友，衣服、搭布、手帕每日更新三次。"⑥ 公共卫生防疫措施的制定也得到了清朝各级政府当局的重视。天津卫生局在报纸上发出"劝种避瘟浆"告示，反复强调了预防的好处，称鼠疫厉害"总得想个法子，叫它不能传染才好，然而可没有别的法子，就是个人在左胳膊上种避瘟浆，最为妥当。种过之后，亦不用忌口，不用吃发腥，准能保险"，"准于正月十二日早晨九点钟起施种，无论贫富，不取分文，本总办以身作则，自己已经种了，局内同人并巡捕们亦都种了。为此用白话告示劝谕，盼望城里关外，你们大家老老少少，劝告赶紧快种避瘟浆，以防瘟疫传染。"⑦

说明许多地方当局或民间团体为了防止鼠疫的进一步蔓延，都积极地强化当地的卫生防疫工作。并通过强制方式使人民在短时间内改变旧的习惯和旧的生活方式。应该说这些措施在此次鼠疫流行期间对于延缓并阻断其恶性蔓延是见了实效的。

社会风俗习惯是人们在日积月累的过程中长期形成的。而它一旦形成就具有相对稳定性。且有滞后性。即使人们认识到某种制度有些不合时宜，有些落后于时代，但是由于历史惯性，社会风俗习惯这一客观存

① 《勒令人民尽带呼带囊》，载《盛京时报》，第 5 版，宣统三年正月二十一日。
② 《要件·天津卫生局紧急告示》，载《大公报》，庚戌十二月十六日。
③ 《防疫会纪事》，载《大公报》，宣统三年二月二十三日。
④ 《京师防疫片片（北京）》，载《申报》，第 6 版，辛亥正月二十五日。
⑤ 《颁布罚章》，载《大公报》，辛亥正月十二日；载《盛京时报》，宣统三年正月十三日。
⑥ 《北方防疫汇集》，载《申报》，第 2 版，辛亥二月初一。
⑦ 《天津卫生局劝种避瘟浆告示》，载《大公报》，第 3 版，辛亥正月十六日。

在仍会按照它原来的历史轨迹延续下去。一般来说，若没有大规模的外来文化的冲击以及社会发生了巨大的不可预见的对于人类或特定的民族生存产生致命影响的自然灾难，它的改变是件很难的事情。

某一特定社会风俗习惯的大规模改变，一定是受到了某些不可抗拒的外力的激发和刺激，如外族大规模入侵、一个民族被另一个民族所征服，亦或是突发的大规模瘟疫等自然灾害。当某一特定的民族被另一民族所征服之时，其原有的生活习惯必然会随着统治民族的好恶而改变。这里面又包括了两种情况：一种是当征服民族的文化较为先进之时，那么被征服民族的传统风俗习惯将会遇到致命的冲击，必然会引发传统民俗的大规模改变；另一种情况相好相反，统治民族会大规模吸收被统治民族的习惯文化，但被统治民族的习俗文化中也不可避免地受其影响。与上述这些略有不同的是，人类应对自然灾害则要复杂得多。一种社会习惯的大规模改变，一定是起源于一连串的突发性事件，当某种突发性的自然灾害如瘟疫等发生，并给人们的生命财产带来致命威胁之时，而传统的应对方式又无法解决这一难题时，一定会产生新的应对方式，这一应对方式即包括风俗习惯的改变，也包括社会制度上的某些改革。这一点从晚清东北大鼠疫的应对与防控的整个过程，我们就可以很清楚地看到这一点。

此次鼠疫发生在清王朝行将灭亡的 20 世纪初年，东西方文化的冲突与融合，已引发了中国社会的变迁浪潮。近代西方的科学民主理念、新的西式的生产生活方式与传统的封建思想和守旧落后的生产生活方式共生并存。这一背景也投射到东北鼠疫的规避与防控中。一方面，旧有的社会观念和落后生活方式无助于规避灾难，另一方面科学的防疫知识和防疫措施的大量采用，其有效性则得以显现。例如当时报纸上大量刊发基于国民意识的防疫理论和科学的卫生知识，就是一个明显的例子。此外，清政府为抗击鼠疫而成立的各级防疫组织及其所采取的措施，就已吸收当时世界上主要国家的防疫成例，并在防控鼠疫过程中发挥了很好的作用。

尽管晚清社会风俗习惯中逐渐融入西方因素，并开始了缓慢的变迁历程，但主导社会生活的仍是传统习惯力量，它还在按自己的轨迹进行延续。只有当社会发生大的变动时，传统的生活轨迹才有可能被中断。政权的强力介入和整合，在一定程度上加速了社会风俗习惯的变革。在晚清东北鼠疫的防控过程中，清政府出于扼制鼠疫蔓延目的而采取的种种防疫措施，在客观上加速了社会风俗习惯的进步。也就是说，只有当着生存环境发生重大改变，或遭遇重大灾难性突发事变，人们为了生存或出于规避灾难的目的，便不得不放弃或者改变传统生活习惯之时，才有可能导致传统生活习惯的迅速改变，从而引发传统生活方式和社会习惯的整体变革。当然也可能出现另一种情况，即随着事件的平息和灾难逝去，传统生活习惯一切又复归如常。但是新的要素契入到旧体系中去却是不可避免的了。晚清东北鼠疫所引发的社会风俗习惯的改良既是一个极好的例子。

第六章

鼠疫期间的中外防疫交涉

　　关于晚清涉外关系的研究，历来受到学者们的普遍关注。中外关系的范畴十分宽广，包括中国与各国之间的政治、经济、军事、思想文化关系等多方面的内容，学界的相关论述也较多①。然而，尚缺少从鼠疫防控过程中的中外交涉事宜来探讨中外关系的文章。

　　鼠疫流行期间，清政府在一次给民政部以及东三省、直隶、山东各督抚加速扑灭时疫的谕令中指出："综计此次鼠疫发现以来，吾国所损

---

　　① 相关著作有：刘培华：《近代中外关系史》（北京大学出版社，1986 年），顾明义：《中国近代外交史略》（吉林文史出版社，1987 年），杨公素：《晚清外交史》（北京大学出版社，1991 年），唐培吉主编：《中国近现代对外关系史》（高等教育出版社，1994 年），夏良才：《近代中外关系研究概览》（天津教育出版社，1991 年），关捷：《甲午中日陆战史》（黑龙江人民出版社，1984 年）等。相关论述有：从国别上说，对俄（苏）、日、美、英四国关系的研究进展尤为明显，如汪熙：《略论中美关系史上的几个问题》（《世界历史》，1979 年第 3期）、李廷江：《戊戌维新前后的中日关系——日本军事顾问与清末军事改革》（《历史研究》，1999 年第 2 期）。关于清朝近代以来外交体制与外交策略转变的研究，如陈潮：《19 世纪后期晚清外交体制的重要特点》（《学术月刊》，2002 年第 7 期）、张小路：《中国对"门户开放"政策的反应》（《社会科学战线》，1998 年第 2 期）。关于中外代表性的人物在涉外事务上影响的研究，如朱卫斌：《西奥多·罗斯福与中美粤汉路租让权交涉》（《中山大学学报》（社会科学版），1999 年第 1 期）。专题性研究，这也是目前清代涉外关系研究中成果最多，也最为复杂的一个部分，涉及到了边界、条约、特权、关税、路权、航运权、租界、商埠等等及一系列的相关问题的研究，如孙春日：《清末中朝日"间岛问题"交涉之原委》（《中国边疆史地研究》，2002 年第 4 期）、李爱丽：《中美历史上的一次关税交涉——1853—1854 年美商欠税偿还案》（《中国社会经济史研究》，2001 年第 3 期）等。

失者，盖有四端……以疫而受邻国之诘责，甚至被侵压，是政权上之损失。"① 明确提出了东三省鼠疫给清政府带来的种种损失，尤其是列强对中国防疫主权侵害所造成的主权伤害。

宣统年间东北鼠疫防控，面临着极其复杂的国际背景。从疫发的主要地区——东北三省来看，当时，东北三省正处在各种势力的夹缝之中。尤其是日俄，不断地向东北地区渗透，到 1904 年日俄战争后，形成了 20 世纪初日本与俄国在中国东北的势力格局。面对如此严重的疫情，各国在其租界和势力范围之内是不可能坐视不管的。各列强不但尽最大的可能去防控鼠疫，而且，还以此次疫事为借口，扩张在华权益，干涉中国防疫事宜，甚至侵犯中国主权。中外双方在防疫中虽然也进行了广泛的合作，取得了相当的成效。但事实上，这些合作是斗争中的合作，合作的过程中，充分地体现了中外在防疫中的互相制约与互相利用的一面。此外，我们也可以从这些合作与斗争中看出当时清政府的主权状况及清政府在主权受到挑衅的时候所采取的应对政策的得失。

第一节　中外防疫交涉的背景原由

鼠疫发生之时，东北三省正处于各种势力的夹缝之中。一方面，1904 年日俄战争后，日俄平分了东北三省的既存事实；另一方面，在华各国不满东三省的这种现状而积极活动，参与东北三省事务的强烈欲望得不到满足。而晚清政府在尽力维护主权的同时，又因能力有限而力不从心。总之，中外防疫交涉是面临着极其复杂的历史背景的。

一、东北三省鼠疫防疫攸关各方利益

近代以来，列强一次又一次地发动侵华战争的根本目的便是为原始资本积累而寻找原料掠夺地以及商品倾销市场。在清政府逐步沦丧各项主权的同时，列强则通过各种名义的不平等条约的签订，获得各种政治、经济、军事、文化上的特权。仅就鼠疫发生地东三省而言，"清末，随着内地移民的大量涌入和富庶资源的迅速开发，东北成为各国列强争夺的焦点。"② 日俄战争后，日俄两国开始努力经营各自区域内的一切

---

① 李振华辑：《近代中国史料丛刊续编》，第 67 辑，第 663 册，2063 页，台北，文海出版社，1981。原引文中标点均为句号。

② 姚永超：《1906—1931 年日俄经济势力在东北地区的空间推移——以港口、铁路、货物运销范围的变化为视角》，载《中国历史地理论丛》，2005（1）。

事务,并通过占地、铺设铁路、移民等政策不断扩展自己的势力圈。虽然当时,清廷对于整个东北三省的统辖权已是有名无实,但一直以来清政府也是小心维持着东北三省趋于"平衡"的政治局面。然而,列强的这种强烈的扩张欲是永无止境的,"在疫情发生后不久,日俄便纷纷以保护侨民为由……企图绕开清政府,独揽东北的防疫大权。"①

日俄战争的爆发,本就是英、美等国因不满庚子之役②后俄国独占东北的局面而支持日本争夺东北地区利益的结果。然而战后,日、俄不仅平分了东北,日本还"在'南满'实行关门政策,依靠军事政治手段,有计划地排斥和根除日本以外的各国企业和贸易,这不仅使美国的如意算盘完全落空,而且连原有的经济利益也因此受损。"③ "《纽约时报》苦恼地抱怨:"美国对满洲的出口额自 1905 年至 1909 年由 60% 下降到 35%,同时日本的贸易却以同样比例上升。罗斯福寄希望于战后日本开放满洲门户的愿望落了空。"④ 对此美国极不甘心,为插手东北事务,先后于 1905 年、1909 年提出收买南满铁路的"哈里曼计划"和关于东北铁路中立化的"诺克斯计划",但均以失败告终。各国之间的这种矛盾在鼠疫发生期间也鲜明的表现出来,明争暗斗的利益争夺,双方都想拉拢清政府来向对方施压。因此,如何应对鼠疫灾难,并协调与各列强的关系,对晚清政府又是一项重要的政治难题。总之,东北三省已成为日、俄的势力范围,而鼠疫防疫确实攸关各方面的各种利益,这使中外防疫交涉面临着极其复杂的历史背景。

二、日、俄为防疫交涉的主要国家

在华各国在同清政府就具体防疫事宜进行交涉的过程中,在处理态度上有着明显的差异,在防疫中所扮演的角色也不同,这是由多种因素共同作用的结果。

首先,这与瘟疫的破坏性有关。疫发的中心地区——东三省,主要处于日、俄的控制之下,因此瘟疫在此处发生,对日俄造成的危害自然要比对其他国家造成的危害要大得多。无论是日、俄侨民在此定居的规模,还是两国的投资数额,都是任何其他国家无法相比的。疫发之后,

① 安贵臣、杜才平:《1911 年国际防疫会议背景分析》,载《台州师专学报》,2000 (4)。

② 即八国联军侵华战争。

③ 石楠:《关于第一次日俄密约》,夏良才主编:《近代中国对外关系》,成都,四川人民出版社,1985。

④ 陆云:《浅析 20 世纪初美国与日本东北之争失利的原因》,载《中国青年政治学院学报》,第 22 卷第 6 期,2003-11。

日、俄侨民亦有不少染疫而亡的。因为关系到切身的利益，日俄防控鼠疫不可能不比其他国家更为严厉。而同时，中国百姓旧有的一些习俗，于各国看来，对防疫百害而无一利。比如中国人喜爱热闹，爱聚群；比较懒散，不服管束；不注意打扫卫生，保持环境清洁等，这些都有碍防疫的进行。再加上，清政府平时就疏于对本国百姓在这类事情上的约束，姑息放纵。故各国以此为借口，以种种手段迫使清政府力行防疫措施，迅速控制瘟疫蔓延。

在各国发给中方的公函的措辞中，最能体现出各国对中国防疫态度的差别。英、美、法、德、奥等国言语较为缓和，多为建议或提醒性质。如法国领事因该馆东北民人草房甚多，每天都有数人死亡，系属重疫地点。于是，照会中方，指出该地"甚为可虑，请即设法。"① 日俄态度则较为强悍，动辄以越权干涉相逼。哈尔滨傅家甸地区疫亡人数众多，俄国为此责"我国官家搜查之不严，任其传染⋯⋯致使瘟疫流于租界"，如若防疫仍如此不力，"定行越界干预"②。清政府立刻电饬锡良总督严饬各地认真办理，勿使俄人借口干预。日人亦曾借鼠疫为口实，"谓我国办理防疫未善，必欲将东三省防疫之事由该国关东都督自行派员办理。"③

其次，这是由于各国文化背景的差异性造成的。欧美各国素来标榜"民主、平等、博爱"等资产阶级道德观，即使是为了谋取利益，这些国家也会采取相对较为缓和的手段，这也可以看做何英美法德在各列强与中国的战争中经常以调停者的身份出现的原因之一。他们会以最小的损失来换取最大的利益，作长线的投资。而日俄两国则相反，两国均是较为崇尚武力的国家，注重实实在在的利益，为此经常大动干戈，这也是中国近代史上日俄成为与中国冲突最为激烈的两个国家的原因之一。文化决定了一个民族的民族性，决定了一个国家的政治原则。不同的文化背景，成为各国在处理中国防疫事宜方法上存在差异的主要原因。当然，这与欧美国家同日、俄在东北地区的利益冲突不无关系。日、俄独占东北局面形成后，各国均有所不满，尤以英、美、德等国为烈。故在相当长的一段时间内，英美等国都对清政府采用了拉拢、亲和的政策。如英美均曾想拉中国进入他们自己理想的同盟圈内。而在此次防疫

① 《奉天府禀为派员到七区详查日人拟烧染疫房间九处列表请酌定价资等情函复由》，《奉天交涉司全宗·JB16-3282》，辽宁省档案馆藏档案。
② 《哈尔滨鼠疫之可畏》，载《大公报》，第2版，宣统二年十二月十六日。
③ 《满蒙事真不可问》，载《申报》，第5版，辛亥三月十三日。

中也不例外，各国除有绝对必要之时，态度较为强硬，平时均向清政府表示了极为友好的关系。这也是各国为抵制日、俄在东北进一步扩大权益的一种政策取向。

仅就因烧毁染疫房屋一事，中外发生的交涉来看，各国的行为差别就很大。天津奥租界领事官曾向当地政府提议，要烧毁该界患疫者的房屋。对此，该界绅士季遇安、苏朵生、朱亦韩等与天津临时防疫会，商酌挽救办法，并函告天津交涉使司交涉使王克敏详情。王克敏得到消息后，"力疾与奥领事谈判"，"惟该领事以患疫之家屋内甚不洁净，非全行烧毁不足以消毒"为由，拒绝中方要求。虽然奥界领事提出了要"凭心相估赔偿"，但该界人民对这一要求仍异常悲愤，"大有暴动之势。"① "复经防疫会与交涉司极力与奥领事磋商，议定不烧房间惟将房内之家具焚烧。"② 驻奉美领事官伏设耳，亦曾函致韩国钧，谓皇寺后面的英美烟草公司住宅附近"居民有患疫者四人"，"惟当此疫症最烈之际若不加意防范，势必波及外，应请可否派员从严消毒或将该患疫之房焚毁以期净绝根本。"③ 韩国钧回函曰"当即派员查明，函请防疫事务所焚毁矣。"④

可见，对于烧毁染疫房屋一事，各国均是先和清政府商议，经中方允许才将房屋烧毁，并适时作出赔偿，若中方坚决不同意，则作罢。但是俄国的状况却有所不同。据《大公报》载，满洲里、哈尔滨等处，染疫甚烈，"染疫死者不下数千人，一切财产均被俄人付之一炬。"⑤ 清政府就此事与俄方进行交涉，但俄方，不但不准备对华人进行赔偿，反而谓"俄人以满洲里瘟疫发现以来，若非满站俄员防范严密，则华人更不知死亡几许。所需经费计有数十万卢布，应由中国分摊。"⑥ 俄国不但未经中方允许就进行烧毁房屋的举动，而且事后还不予以赔偿，可见其对华强权。日俄不少过激的防疫举动是与其扩大在华权益的欲望有着因果关系的。

正是基于以上原因，清政府针对东北政局的特殊局面，采取了利用

---

① 《防疫事汇志》，载《大公报》，第 6 版，宣统三年正月初九。

② 《天津奥界烧房之议作罢》，载《盛京时报》，第 2 版，宣统三年正月十三日。

③ 《奉天府禀为派员到七区详查日人拟烧染疫房间九处列表请酌定价资等情函复由》，《奉天交涉司全宗·JB16-3282》，辽宁省档案馆馆藏档案。

④ 《奉天府禀为派员到七区详查日人拟烧染疫房间九处列表请酌定价资等情函复由》，《奉天交涉司全宗·JB16-3282》，辽宁省档案馆馆藏档案。

⑤ 《关心民瘼》，载《大公报》，第 1 版，宣统三年正月十五日。

⑥ 《京津防阻鼠疫南下续纪》，载《申报》，第 5 版，庚戌十二月二十五日。

各国之间利益矛盾冲突达到相互制约目的的外交政策，借由英、美、法、德等国向日、俄施压，以限制日、俄在东北势力的进一步扩张。

三、清王朝政治衰弱，卫生事业落后

在古代中国，历朝历代都发生过多次大大小小规模不同的疫情。仅就清代而言，就曾经发生过多达"300 余次"[①]的疫情。这次鼠疫也不是在东三省发生的第一场鼠疫，自光绪十四年（1889 年）至光绪三十三年（1907 年）仅东三省地区就曾发生过 4 次鼠疫，但每次疫亡人数并不多，第一次发生于 1889 年，疫死 11 人；第二次发生于 1905 年，死亡 9 人；第三次发生于 1906 年，死亡 13 人；第四次发生于 1907 年，死亡 1 人[②]。然而，宣统年间在东北发生的鼠疫灾难，其规模之大，疫亡人数之多，在中国近代历史上绝无仅有[③]。

清政府当时的公共卫生事业十分落后。"城市卫生方面的管理体制只是初创阶段。"即使是在北京，直到"1905 年才在巡警总厅下设卫生处管理城市的卫生事务。北京全部的卫生设施，只有两家设备简陋的官医院和七八家规模不大的外国人开办的医院。其他省市的医疗卫生状况更加简陋。"而且，"当时中国通晓西医的人才极为稀少。"[④] 由于缺少应对大规模鼠疫灾难的经验，加之公共卫生发展的滞后，致使清廷在鼠疫初现之时，应对屡有失误，没能及时控制疫情的扩散。

同时，清政府面临着日益严重的政治、经济危机。近代以来，中国就一直处于复杂多变的国际环境之下。特别是在 19 世纪末 20 世纪初，帝国主义国家掀起了一场瓜分中国领土的狂潮，并迫使清廷允许其在各自的租界及势力范围内享有各项特权。在鼠疫发生之时，东北三省业已完全处于日、俄两国的控制之下，边境冲突不断，满蒙局势异常紧张。清政府对东北三省的各项主权（包括领土主权、行政领导权、管辖权、警备权等）不论是在行使范围，亦或是在权力效应上都明显下降。清廷无权干涉各国在华势力范围内之一切事务，当然也包括对鼠疫的防控。在财政上，清政府已经是捉襟见肘。"实行预算之时，动用分文，皆须

---

① 欣正人：《瘟疫与文明》，5 页，太原，山西人民出版社，2004。

② 《绪言》，见《东三省疫事报告书》，上册，3 页，1912，辽宁省图书馆馆藏本。

③ 1910 年冬季至 1911 年春季，我国东北地区发生的鼠疫灾难，是清政府灭亡前爆发的最后一次大规模的疫情。其从满洲里爆发，以东三省为主要疫区，并蔓延到山东、河北等地，甚至波及天津、北京乃至上海。无论从其波及范围亦或是伤亡人数来看，这场鼠疫都是近代东三省鼠疫灾难史之最。

④ 袁熹：《近代中国最早的防疫工作》，载《天津科技》，2003（3）。

经议事机关议决，行政上之经常费尚无法支应，临时费之有关巨款者更无从筹措。疫事之起如星火，款项之费如泥沙，而在防卫上各项品物之糜费随时领购，随时消化……事前之款不易措……事后之款不易销"。在整个疫事中，无论中央亦或地方的行政官绅，均为防疫经费而"疲于奔命，穷于应付。"[①]

鼠疫发生之时，清政府除了面对突如其来的疫情，更要面对日益严重的政治经济危机，这无疑是给毫无经验与能力的清政府的防疫工作带来了前所未有的挑战。同时，东三省被瓜分的既存事实，也使得清廷要统领防疫大权成为极为不现实的想法。各国广泛地参与到此次疫情的防控工作之中，便是在上述这种极为复杂的背景之下出现的结果。其间，中外各国围绕着防疫工作的开展进行了广泛的交涉。这些交涉对于此次鼠疫的防控乃至清政府的政局都造成了深远影响。

四、外国自私的防疫行为严重伤害了中国人民

中外合作防疫本来是疫情迅速扑灭的重要因素，但是，在防疫过程中，围绕防疫斗争而展开的一系列交涉，不仅在一定程度上分散了清政府对防疫工作的注意力，而且还进一步伤害了中国人的民族感情，使本应良好的合作局面始终存在着不合谐因素。

1. 为防疫而驱逐华人

影响最为恶劣的就是各国以防疫为借口而进行的大规模的驱逐华人浪潮。仅俄国先后驱逐华工之人数就达数万人之多。驱逐华工的行为，无论对防疫亦或是对清政府而言，后果都是十分严重的。如果当时各国对所驱逐的华工及时的检疫、隔离的话，也就不会使疫气在东三省迅速蔓延，造成几万人的死亡及上亿元的损失。俄国五路车站中之"东路各小站，近有华工多名，因冬寒停工，纷纷谋归"。然而，该站各"站长因本站无人检验，恐其中有染疫者，竟不准登车。因此流落无归者，有数百人。"[②]"多数无业之人，集于一处，如不设法安置，易生事端，其祸不堪设想。"[③] 无疑，这些都给当时的社会带来了巨大的不稳定因素；而清政府为安置这些"游民"，不得不在本已枯竭的财政上，多支出更多的银两，使得清政府的财政状况雪上加霜。即使是这样，也不能完全

---

① 《绪言》，见《东三省疫事报告书》，上册，6页，1912，辽宁省图书馆馆藏本。

② 李振华辑、沈云龙主编：《近代中国史料丛刊续辑》，第 67 集，第 663 册，2011 页，台北，文海出版社，1981。原文标点均为句号。

③ 《电请拨给留养防疫费》，载《盛京时报》，第 5 版，宣统三年二月十六日。

解决所有的华工，不少华工露宿街头，被冻死者饿死者颇多。最为要者，东三省之所以会鼠疫泛滥，与俄国在发现鼠疫之初，便将三百余气色可疑的华人遣送出境的举动关系甚大，而且，俄属下的东清铁路并没有及时的关闭，致使瘟疫沿铁路线迅速南下，错失防疫良机。此外，俄国"在中俄国界一带严防华人之出入，并严重取缔旅居俄属之华人或驱逐华工各节，均惹起一般俄人之注视"，俄国民众"以该办法为不但为防疫起见，必另有特别之关系，或为中俄帮交不免决裂之朕兆，因之人心尤形动摇"。①

2. 为防疫而虐待华人

宣统二年十一月十三日（1911 年 12 月 13 日）《申报》载，清政府外务部各大臣"近与驻京俄公使交涉，以哈尔滨地方传染瘟疫该处俄兵队借除疫为名竟枪毙华人数十名"，清政府方面要求除了惩处该兵外，"并须重偿赔款"，但是听闻"俄使竟无允意。"② 俄人严防鼠疫的表现，还不仅仅于此。哈尔滨马家沟地区的华人木屋，只因俄人谓其已染疫，竟"将其放火焚毁"。租界内八道街五凤楼的情况更是惨烈，该地"中居华人二百六十八名，中有一人疫死，俄人竟行封闭，将此二百六十八人尽锁楼内"。若非当地"商会施送食物，济此闭锁华人，否则必悉成枯槁矣。"③ 虐待疫病华人的举动，无疑降低了民众对防疫工作人员的信任度，从而使疫病患者脱逃事件屡屡发生，为防疫工作增加了巨大的社会隐患。

3. 外国的防疫行动加深了民众的恐惧

防疫期间，有传言说，日人"活埋病疫之人"，经调查后，"系属传闻之误"。但这不是空穴来风。因"南满铁道附属地内某屋，有患百斯笃病者一人，经防疫事务所派人往看，症虽垂危，尚能言语行动"，但是当地"日本警察部某即到防疫所请将该病人收埋"，中方没有答应其请求，此人竟先后到部十余次，"勒令从速掩埋"，中方"严辞驳覆，谓病人未及气断，遽即收埋，我国向无此例，于人道上殊难如此，夕贵国办疫之方法，则非我国所敢知，我国则断难施此辣手。"④ 该员闻后，无言而退。自此始有日人活埋病人之说。这种谣言产生后，对防疫影响

---

① 《专电》，载《盛京时报》，第 2 版，宣统三年二月二十二日。

② 《京师近事》，载《申报》，第 6 版，庚戌十一月十三日。

③ 李振华辑、沈云龙主编：《近代中国史料丛刊续辑》，第 67 辑，第 663 册，2010 页，台北，文海出版社，1981。原文标点均为句号。

④ 《奉天防疫纪事》，载《申报》，第 5 版，辛亥正月廿三日。

极坏。由于对瘟疫本身的惧怕，再加上严厉的防疫措施，已使广大民众有如惊弓之鸟，而这种谣言，无疑会加深民众对鼠疫的恐惧感，不但不能够积极配合防疫，反而使隐匿不报等现象越来越严重。防疫要取得好的效果，必须是广大官民集体努力的结果，没有民众的配合，是根本不可能实现的。

五、当事各国对中国防疫主权的侵犯

自近代以来，中国就一直处于复杂多变的国际环境之下，特别是甲午战争之后，更是成为列强们角逐的对象，故有"欧洲政治后院"之称。各国强行租地划界，建立各自势力范围圈，并在其内享有行政、司法、警备等权力。清政府不但无权干涉各国范围内之事件，而且在其势力范围之外，也时时处于被干涉的状态，这在此次防疫中均有明显的表现。

在此次防疫过程中，各国对中国防疫事务"指手画脚"，使清政府防疫处处受到监视与控制。在华各国对中国防疫事宜，自始至终保持着一种监视和控制的状态。俄国曾仅就大直沽村有一家因鼠疫而全家皆亡的疫事发生后和天津当局之间往来书函数封。大直沽村处于天津俄国租界附近，故俄国在得知该地出现疫情后，便函致天津巡警道询问该地区防疫情形。中方回复，已派医前往该村查验。俄国在接到中方的回复当日，便派员亲往该村巡视，因未见有消毒的迹象，遂又函与天津卫生总局，谓"该家屋内未洒有药水白灰等物，其同居一处之人并未送检疫所隔别拘验"，而且在该巡官询问详细情形之时，围观之人多有身穿考服的人，"据警兵声称此乃亡人亲丁，而该亲丁亦杂立人丛，设其受疫必染多人"①，遂对中方的防疫提出质疑。中方回函，该巡官所见情形，"想系在医官未到之先"，因为此事，虽经由俄工部局已函知中方巡警道，但由巡警道再转知天津卫生总局，卫生总局再选派医士前往查验，"辗转周折时间已未免稽迟也"。俄国则转而回函，"此等疫气传染剧烈，刻不容缓"，而且，此村该家发生疫症是去年年底二十六七日的事，而俄国询问此事时已是第二年正月初九日（1911 年 2 月 7 日），故在收到中方函称已经派医前往后，亲赴该地查看，竟未见有防疫之事，"甚为惊惧"，请天津卫生总局慎重处理。② 我们可以看出，各国对中国防疫的细节及动向可谓了如指掌，他们都以交涉的形式，来控制中国防疫，

① 《来函》，载《大公报》，第 4 版，宣统三年正月十二日。
② 《来函》，载《大公报》，第 4 版，宣统三年正月十七日。

以维护自身的利益。

防疫期间，清政府的各项主权也受到了严重的侵犯。

第一，中国的管辖主权受到侵犯。俄阿穆尔总督"因北满瘟疫盛行，拟定在阿穆尔与华境接连之处设立查验所"，并规定，"由哈尔滨乘车至北满一带，由东清铁路公司派员检查，如由江省赴各地之华人须由驻省领事发给执照，否则不准放行"。这无疑是在宣称，北满一带是俄国的势力范围，而黑龙江省内的华人，则尽归俄国管理。黑龙江巡抚周树模"因以上各项办法，侵我主权实非浅鲜，当即电覆碍难照准"。①

第二，中国的警备主权受到侵犯。日领小池张造，曾多次"借口我国防疫办理不善拟自由设医派警办埋"，这种对我警务主权的公然侵犯，我方当然没有允许。然而，小池又联络驻奉各国领事一起照会交涉使韩国钧，并转呈锡良总督，谓"本城瘟疫日炽，各国驻奉之人过多，恐有传染，请督署迅速派医员防范，以免蔓延。如贵国无防疫之人，各领事拟即自由遴员严防"。对此，锡良一面"饬各司使作速派人预防，一面照覆各领事请勿越俎代谋。"②

第三，中国的航运主权受到侵犯。俄使曾因黑龙江积尸情形照会清外务部，称呼兰地方，"有数处地方每将已故尸身抛弃河东之上"，"中国地方官防范显系不足"，此事，极为危险，"自应设各项方法，保护俄境"，故俄人拟在江河开冻之际，检查黑龙江所有船只，"中国船只于华境码头往来亦在此例，至松花江亦欲由本国设此项检查"。这是对中国航运主权的严重侵犯。清外务部一方面知照税务处，转饬总税务司，"一俟开冻后，即在松花江黑龙江等处凡属我国境内，均令实行防疫检验章程"，"毋令其藉词干预"，另一方面，发电锡良转饬该地方官，"派马队梭巡，赶速将呼兰等处积死尸，立即火化掩埋，禁止抛弃，以免后患。"③

第四，中国的领土主权受到侵犯。各国在各自附属地内，建立防疫机构，无可厚非。但是在附属地之外，随意建立占用土地、建立防疫机构，就有损于中国领土主权，不可轻易允许。俄国以防疫为借口，多次拟在黑龙江右岸设立验疫所，侵犯我领土主权。《大公报》宣统三年二月初一（1911 年 3 月 1 日）载，"俄国伊尔库次克防疫会议决议如中国

---

① 《满洲鼠疫记》，载《申报》，第 2 版，辛亥十二月廿日。
② 《东省防疫与主权之关系》，载《申报》，第 2 版，辛亥十二月廿六日。
③ 《外人干涉防疫种种》，载《申报》，第 4 版，辛亥正月廿日。

允认，即在黑龙江右岸各站设立验疫所。"① 又二月十二日（1911年3月12日）载，黑河地区发现疫情后，当地"商民甚形慌恐，地方官……正筹划预防之法，免至酿成巨祸"，但"闻俄人深恐华官办理不善，拟在右岸设立检疫所。"② 二月二十一日（1911年3月21日），俄方来函称"兹准本国政府电覆内开所拟检验所设立于中国境内系属本使馆照会内所开各俄境隔江附近之区本国境内将来拟设立各检验所中国医官亦可协同办理等语"。对此清政府的原则是"华境华办、俄境俄办"。外务部回复俄使云："查……此次贵国政府指称俄境隔江附近各处，究系在中国境内，中国政府自应注意酌量设立检验处所"，当然，在有需要的时候，"并无不愿俄医协助"，而俄国若有需要时，"中国医官亦甚愿前往协助"。在防疫的过程中，"不失各清界限之意"，并希望俄国不应再提议在中国境内设立检疫所之举。③ 上海，英美工部局自发现鼠疫之后，"每日令小工在界内挨户派送捕鼠器械，捕获之鼠翌晨由该小工等收去交于医生检验。如验出某路某段之鼠含有疫气，即往该处施以种种销毒防疫之法"。然而却有"小工数人越至华界川虹路新闸桥路等处分送捕鼠器械，……此事有关主权，未便任人干预"，当地巡官遂就此事"用电话禀知总局请示核夺。"④

日、俄均屡次以防控鼠疫，来侵犯我各项主权，使清政府在应对鼠疫的同时，还要时刻堤防各国对其主权的侵夺，疲于应付各国所制造的交涉之中。

第二节 中外防疫交涉的内容

宣统二年九月二十三日（1910年10月25日），满洲里爆发第一例疫症后，在很短的时间内，鼠疫迅速蔓延。清王朝及在东北有利益关系的其他国家纷纷投入到应对鼠疫蔓延的防疫工作之中。由于东北地区为日俄势力范围，在具体的防疫方式方面必然产生交涉问题。中外防疫交涉表现在方方面面，并始终贯穿于整个防疫过程之中。

---

① 《电报》，载《大公报》，第3版，宣统三年二月初一。
② 《黑河亦有鼠疫》，载《大公报》，第5版，宣统三年二月十二日。
③ 《外部覆俄使廓黑龙江右岸检验所应归中国自办照会》，王彦威辑：《清季外交史料》，35～36页，台北，文海出版社，中华民国二十二年。
④ 《卫生重钦主权重钦》，载《申报》，第2版，宣统二年庚戌十月初十。

一、阻断交通方面的交涉

自从人类诞生以来，瘟疫就相伴而行。但在古代社会，瘟疫却从来没有像今天这样大的破坏力，这与人类文明的进程有关。远古时代，由于各地区的联系很少，所以即使一个地区或部落发生瘟疫，传播给周边的机率也相对较少，传播到其他国家的可能性就更小了。但随着现代交通工具的发明与运用，各国各地区之间的联系加深，从而也为瘟疫的传播创造了条件。

1. 阻断陆上交通的交涉

这次暴发的鼠疫，并不是在东三省发生的第一场鼠疫，自光绪十四年（1889 年）至光绪三十三年（1907 年）仅东三省地区就曾发生过四次鼠疫。然而每次疫亡人数并不多，而且这几次鼠疫的疫源地，均与此次东三省爆发的鼠疫的疫源地相同，都是"俄境之后贝加尔州"[①] 一带。但为何以往发生的鼠疫，都没有造成如此之多的人员伤亡呢？这与东北铁路发展的进程有着极大的关系。首先我们来考察一下当时东三省的主要铁路及其归属状况。

表 6.1 东三省主要铁路分布简表[②]

铁路名称	归属国	长　度	起点—终点	备　注
东清铁路	俄国	1700 公里	满洲里—长春	1903 年全线通车。
南满铁路	日本	800 公里	长春—大连	原为中东铁路之一部分，日俄战争后划给日本。
安奉铁路	日本	206 公里	安东—苏家屯	日俄战争期间日本借口战时军运的需要，强筑的轻便铁路。1904 年动工，1905 年竣工。
京奉铁路	中国	425 公里	北京——沈阳	原称关内外铁路，1907 年 8 月改称京奉铁路。

当时在东北，铁路交通已极为发达，遗憾的是，东三省的绝大部分铁路是在日、俄掌控之下。

此外，我们再来看看各地疫情的首发时间：满洲里地区首例疫情发生时间为宣统二年九月二十三日（1910 年 10 月 25 日），哈尔滨则为宣

---

① 《绪言》，见《东三省疫事报告书》，上册，3 页，1912，辽宁省图书馆馆藏本。

② 参照上海市档案馆馆藏 . REPORT ON THE SEPITICAMIC AND PNEUMONIC PLAGUEOUTBREAD IN MANCHURIA AND SHOUTH CHINA. 上海公共租界工部局卫生处关于国际鼠疫会议之剪报、学术著作等文件 • U1-16-2632。1 英里＝1.6093 公里。

统二年十月十八日（1910 年 11 月 19 日），长春为宣统二年十二月三日
（1911 年 1 月 3 日），奉天为宣统二年十二月二日（1911 年 1 月 2 日）①。
可见，这次疫情的传播线路与以乘火车旅行的最快的路线重合，而疫情
的严重区域也都集中在铁路附近。疫事发生在冬春之交，正是中国外出
苦工回家过年的时候，于是苦工便把瘟疫从满洲里沿东清铁路、南满铁
路带到了哈尔滨、长春、奉天等地。所以，在防疫过程中，阻断交通是
必不可少的措施。而清政府要及时阻断交通，就不得不与控制东北三省
绝大部分铁路的日、俄进行交涉。

疫事首先是在俄国控制的满洲里地区爆发，俄国便最早做出了相应
的应对措施。东清铁路公司编订了华工坐车章程借以限制华人苦工搭乘
火车，其中指出：华人之为苦工"若有赴后贝加尔州者，必须在满洲里
车站受验疫之后五日，方能起身"；"若有赴海参威（崴——笔者注）埠
方面者，准其乘坐东清火车，但不得超过穆棱车站而前往各地"；"各华
商得在各站接收货物，惟须得有验疫之证凭。"但是，这时，并没有完
全停开火车，"凡在满洲里、札赉诺尔、布哈图、札兰屯等各车站验症，
认为健康者，准乘东清车。"②

哈尔滨傅家甸地区疫情日益严重之时，各界反应极其强烈。特别是
当报界报道法籍医官梅尼氏在哈尔滨死于鼠疫之时，人们开始意识到了
此次疫症的厉害，于是便有人提议仿照西伯利亚火车停止南下，"将京
榆火车暂行停止数日，俾免此症传入内地，是亦防患未然之一法。"③
十二月十三日（1911 年 1 月 13 日），京奉铁路及南满铁路均拟于十四
日（1911 年 1 月 14 日）停止二三等火车，"惟东清铁路尚未停驶"，于
是外务部"电饬吉林东北路兵备道，速商停止能将二等并停为妥。"东
北路兵备道王瑚遂与东清铁路公司进行商议此事，但是因"俄国新年，
停办公事，未便会议"，便转晤俄员达聂尔，其准备将此事禀报"俄官
霍总办再议。"十四日（1911 年 1 月 14 日），京奉二三等火车按预计停
车，"南满三等车已停，二等车亦由南满铁路中村总裁电饬大连本社定
期停止。"④ 故当日在东督锡良给外务部的电报中指出，此时"惟东清

---

① 关于各地首例疫情发生时间，记述略有不同。本文借用焦润明编著的《近代东北社
会诸问题研究》（中国社会科学出版社，2004）中《1910 年前后东北的鼠疫灾难》一文的记
述。奉天即今日的沈阳。

② 《限制华工坐车章程之新编制》，载《盛京时报》，第 5 版，宣统二年十一月初五。

③ 《梅医士病故》，载《大公报》，第 6 版，宣统二年十二月十四日。

④ 《遮断交通之措置》，见《东三省疫事报告书》，下册，第 2 编第 4 章，5 页，1912，
辽宁省图书馆馆藏本。

火车由哈埠仍然开行"，希望外务部饬令吉林巡抚陈昭常在哈尔滨与东清公司商议，"将二三等客车即日一律停止"①，否则，"将来长春糜烂，必与哈埠无异，恐危险更甚。"东北兵备道"当与俄官霍总办一再磋商，并以事关紧急，催其先定二三等火车，暂停卖票，霍允暂将三等车票停卖，其二等车议照留验办法。"② 此时，京奉铁路火车因"鼠疫蔓延迅速，虽禁载二三等坐客，恐不足以资预防，即将所有客车及货车于十五日起一律禁止搭运，以免贻误。"③ 十七日（1911 年 1 月 17 日），南满铁道会社亦开会磋商防疫办法，规定："暂停北方华工之搭车"；"在各车站修设大检疫所，收容华工检验有无毒病，俟确认无毒后始准放行"。但是由于这两种方法都存在着弊端，如停开火车，那么华工便会选择徒步回家，而使防疫更为棘手，另一方面若在各车站设大检疫所，所耗经费巨大。所以，这两条办法并没有及时予以实施。④

另一方面，俄国虽已答应停开火车，但并没有立刻付诸行动。十七日（1911 年 1 月 17 日），锡良再次电外务部：奉天方面现在"疫症发见，已死亡六十七人"，其中十之七八是从北方来的，"隔断交通为文明各国防疫第一要义"，已势在必行，"俄使即允饬停，务请催令即日实行。"⑤ 同时邮传部也因鼠疫的流行，请求各国公使"停止各有瘟疫地方之往来火车，以免传染。"⑥ 但由于一旦停开火车，经济的损失甚大，故没有达成共识，还在等外务部与各国公使的进一步交涉。此时，京师也已开始实行防疫办法，于前门火车站严行消毒，避免瘟疫传入京师。十九日（1911 年 1 月 19 日），吉林东北路兵备道，电禀"哈尔滨往来长春五站满洲里三四等车均于十九日一律停票，其头二等非经官场及铁路公司介绍不载华人"，并开列了俄国霍尔瓦特总督开列的五条办法："（一）南路长春、哈尔滨间往来邮政车请照常售卖头二等票，其华工三等票暂不附挂邮政车开行；（二）西路满洲里、哈尔滨间往来邮政车请照常售卖头二等票，华工三等票暂不附挂邮政车开行；（三）东路哈尔

①　《电外务部为哈埠病疫蔓延请与俄使商定停止东清铁路客车》，《奉天交涉司全宗·JB16-2405》，辽宁省档案馆馆藏档案。

②　《遮断交通之措置》，见《东三省疫事报告书》，下册，第 2 编第 4 章，5 页，1912，辽宁省图书馆馆藏本。

③　《关于防疫事宜之种种报告》，载《盛京时报》，第 2 版，宣统二年十二月十七日。

④　《关东刻亦防疫矣》，载《大公报》，第 2 版，庚戌十二月十七日。

⑤　《电外务部为哈埠病疫蔓延请与俄使商定停止东清铁路客车》，《奉天交涉司全宗·JB16-2405》，辽宁省档案馆馆藏档案。

⑥　《译件》，载《大公报》，第 6 版，宣统二年十二月十八日。

滨五站间往来邮政车，亦请照常售卖头二等票，其至站以东俄属地方者可在五站设立验疫所，由医生验明无病，即准其乘车出境；（四）凡遇中国官员有要公赴东路俄属地方，可在哈买票时由，敝总办与贵总办商明后发给特别执照，五站免验；（五）东清华工三等票，亦暂不附挂邮政车开行。"① 十二月二十三日（1911 年 1 月 23 日）外务部电驻日本大臣汪大燮，指出："现在办理防疫，京奉已停车，安奉尚照常开车"，安东地区已有多人被传染，而与安东接壤的新义州也已禁阻搭客，"安奉并未停车，与安东防疫办法显有窒碍。"② 故外务部希望驻日本大使汪大燮与日本政府磋商，停开安奉铁路的二三等火车。

各处铁路及时隔断，对于防控鼠疫至关重要。然而，"苦工等因不能坐车，均沿铁路徒步南行"③，不设法阻止，后果亦不堪设想。故在各地，亦需派军驻守关卡，严厉实行断绝交通的政策。日本方面"与清朝政府官员进行交涉，要求阻止劳工南下"，并"在铁路附属地及居住地和清政府管辖区域内及重要的地区适当地设置数个监视所，……以阻断其交通。"④ "各国领事因严防疫气传染起见，议决租界杜绝交通"，不过"此项杜绝交通办法，虽已准备，然如租界外无疫症发生，即不实行。"⑤

2. 阻断水上交通的交涉

铁路、各地关卡的断绝，只是阻断交通中的一个方面。"鼠疫从北蒙古开始，沿着向东和向南的清晰明确的路线传播，它的传播主要是靠运输路线，特别是铁路、公路和水路。"⑥ 水上交通的隔断，对陆路交通来说，是一种必要的补充。

就地理位置而言，东三省"东控沿海州以出日本海，南拊朝鲜半岛之背以瞰日本；北扼黑龙江以阻俄人东下之路。"⑦ 若鼠疫越过黑龙江（中俄边界）、鸭绿江（中朝边界），那么受灾地区将扩大到朝鲜、日本、俄国，乃至整个欧洲。而东三省除南临渤海外，其内部主要河流有，黑

---

① 《遮断交通之措置》，《东三省疫事报告书》，下册，第 2 编第 4 章，6～7 页，1912，辽宁省图书馆馆藏本。

② 《发驻日本大臣汪大燮电》，见沈云龙主编：《近代中国史料丛刊》，第 62 辑，第 618 册，台北，文海出版社，1981。

③ 《北方鼠疫记》，载《申报》，第 5 版，辛亥正月初六。

④ 伊藤武一郎：《满洲十年史》，612～613 页，满洲十年史刊行会，1916。

⑤ 《租界杜绝交通之视疫如何》，载《盛京时报》，第 2 版，宣统二年十二月二十七日。

⑥ 《委员会的暂时性结论的摘要》，《上海公共租界工部局卫生处关于国际鼠疫会议文件·U1-16-2631》，上海市档案馆馆藏档案。

⑦ 徐曦：《东三省纪略》，1 页，北京，商务印书馆，中华民国四年。

龙江（长 3380 余里）、松花江（长 2400 余里）、乌苏里江（长 1700 里）、嫩江（长 1400 余里）、呼兰河（长 400 里）、牡丹江（长 800 余里），此外还有穆陵河、陶尔河、辽河、伊通河等。又东三省口岸较多，而分布也比较广泛。如：北部的哈尔滨，东部的安东、延吉，沿海的营口、旅顺、大连等。丰富的水资源，众多的口岸，本来是东三省政治经济发展的一个得天独厚的资源优势，但是在面对鼠疫侵袭的威胁之下，却也给鼠疫的防控提出了难题。若携带鼠疫的苦工，通过水陆一路南下，则传播速度绝不会比陆路的途径慢。在疫情发生之后，各国均对水上交通亦进行了果断的隔断。

早在宣统二年十一月十九日（1910 年 12 月 20 日），清政府便已令"吉林东北路兵备道王瑚，暂禁民人渡往江左一带并入俄境"，二十二日（1910 年 12 月 23 日）又"饬黑龙江爱珲道姚福升暂禁民人渡江。"① 十二月二十七日（1911 年 1 月 27 日），清政府在发给京奉铁路车务总管福来的电文中，饬令福来"请日本铁路公司告知搭客自奉天至榆关等处客车一律暂停开行"的同时，也请日本铁路公司规定"凡由东省各海口及大连出口船支到上海时，亦须照章停候查疫。"② 宣统三年正月初六日（1911 年 2 月 4 日），俄国西伯利总督，为防范瘟疫传入俄境，就要求清政府，"除头等搭客外，不准华人由瘟疫流行各处经海路前赴俄境。"③ 随即，清外务部于正月二十四日（1911 年 2 月 22 日）表示："时值春令，北省各海口乘轮出口工人甚多，须在出口之先查验以免传染"，故特"照会英国驻京使臣朱大臣、俄国廓大臣"，"检验华工由中国经海路前往俄国海滨省一节，本部本拟凡自中国北省海口乘轮出口之三等舱位置统舱搭客于未上船之先及船未开行之先，应由本口卫生医官检验，果系无病之人方准出口，……并将此节加入天津（秦皇岛）牛庄、烟台、安东各口现行检疫章程之内。"④ 后俄西伯利总督谕令，"由华岸过江之人必须在检验所查验，至少以五日为度。"⑤ 日本在大连埠

---

① 《遮断交通之措置》，见《东三省疫事报告书》，下册，第 2 编第 4 章，22～23 页，1912，辽宁省图书馆馆藏本。

② 见沈云龙主编：《近代中国史料丛刊》，第 62 辑，第 618 册，387 页，台北，文海出版社，1981。

③ 《遮断交通之措置》，见《东三省疫事报告书》，下册，第 2 编第 4 章，7 页，1912，辽宁省图书馆馆藏本。

④ 《水陆检疫之措置》，见《东三省疫事报告书》，下册，第 2 编第 8 章，45 页，1912，辽宁省图书馆馆藏本。

⑤ 《遮断交通之措置》，见《东三省疫事报告书》，下册，第 2 编第 4 章，8 页，1912，辽宁省图书馆馆藏本。

防疫不遗余力，使疫病得到有效的控制，但"鲁省苦工或由沙船私自窜入"而传播瘟疫，致使陆路防疫方法再完备，也无济于事。有鉴于"关东州沿线和州外各港之间的交通往来越来越频繁，于是，在沿线要地数十处设置了船舶监视所。"① 大连民政署署长吉村于宣统三年二月初二日禀请日本防疫本部"凡在关东州沿海，如老虎滩、柳树屯、小平岛、貔子窝、旅顺、营城子、双岛湾、六湾，一律严禁淀泊沙船，且所有水手座客等均不得在大连以外满港湾随便上岸。"② 二月初五日（1911年3月5日），关东都督府为了阻遏鼠疫，制定了《关东州取缔船舶规则》，其中规定："凡船舶由认为鼠疫流行地开驶抵关东州者，不准将其搭客上岸（惟大连埠不在此列），除所辖民政署长允准地点外，蓁各地概行禁止其停泊及卸货；凡船舶在前条允准地点停泊至一星期之久者，或经警察官吏所承认者，得将其搭客在各该地点上岸；船员在大连埠须由当地官宪承认之后，在第一条允准地点停泊至一星期之久者，方得上岸"，而违反规定者将"处以二百圆以下之罚款，或拘留科料之刑。"③日本关于"关东州"阻断水上交通的措施，主要是单方面的防疫举措。

遮断水上交通是必要之举，可以说，正是水上交通及时有效的断绝，才使得鼠疫的防控在更可操作的范围之内进行。

二、筹设防疫行政机关方面的交涉

防疫行政机关，是为预防瘟疫传染，在防疫过程中建立起来的，领导各级防疫工作人员，以及各级从事检疫、消毒、隔离、收容、接济和研究疗治之法等工作的防疫部门的机构。具体包括防疫局、检疫所、隔离所、病院、收容所、接济所等。④ 防疫行政机关，在整个防疫过程中有着重要职责。"百斯笃疫，异乎他项疫症之由可设法以治疗。故发见有罹斯疫者，非迅为隔离不可。不隔离，则病毒飞散，势将遍及。"⑤当时，从满洲里来的苦工甚多，若不设法将其聚集在一处，而放任自流，会使疫气迅速扩散，无法控制。所以，建立隔离所、病院等防疫机构是防控鼠疫必不可少的措施之一。在这些防疫机构中，有清政府独办

---

① 伊藤武一郎：《满洲十年史》，614 页，满洲十年史刊行会，1916。

② 《严防疫祸禁阻沙船》，载《盛京时报》，第 5 版，宣统三年二月初二。

③ 《关东州取缔船舶规则》，载《盛京时报》，第 5 版，宣统三年二月初八。

④ 各地所设的防疫机关名称各不相同，如检疫所，又有称其为防遏所、留验所或检疫分卡的；庇寒所实与留养所、收容所为一类性质；疫症院、施医处、诊疗所、留诊所、诊疫病院亦均为一类。但就其机关性质而言，主要仍为文中列举的几大类。

⑤ 《论防疫必宜隔离》，载《盛京时报》，第 2 版，宣统二年十二月十七日。

的，有中外合办的，更有在华各国独办的。

清政府仅在奉天省便建立了相关防疫机关895处①。清政府在哈尔滨疫情越发严重之后，于宣统二年十二月十四日（1911年1月14日），在奉天设立防疫总局，"附奉天行省公署，内以民政交涉两司总其大纲，一面电商吉黑两省以资联络协同扑灭，一面严饬奉天各属堵截疫线，勿使滋蔓，为奉天防疫行政之总机关。"② 当奉天发现疫情后，清政府民政部也拟在北京设立卫生局，并聘外洋医士20员、华医数员，以防疫气传染。

日本关东都督府为预防鼠疫起见，在大连开设防疫总局，并在奉天、长春等处派委员办埋防疫事宜。但是长春、奉天的疫情十分猖獗，该局觉得在大连办理事务有"鞭长莫及"的感觉，而且也与中方协同防疫上有诸多不便。于是，便于宣统二年十二月二十五日（1911年1月25日）将该防疫总局迁移至奉天。③ 南满铁道会社在铁道附属地内，"新修防疫隔离所地基共七十六坪，分筑大房六座，兴工甫两日而竣，计新旧隔离所八座，共可收容三千人以外。"④ 日本驻奉总领事小池章造遣派警员4名到新民租借房屋设立防疫所一处，"专查居留日人"，至此中外在新民府地区已设立3处防疫所。⑤ 在长春，鼠疫盛行之际，"俄人在二道沟设立隔离室一处，日人在头道沟设立隔离室一处"，对来往车辆进行检查，"如有患者即送入隔离室调治，不使互相传染。"⑥ 保定定关车站官厅内，亦有美国医士路君设立的检疫所，用以"检验往来行人，以防疫气传染"。⑦

由于突如其来的疫情，并没有充分的时间去建立足够的防治机构，所以，无论是对中国还是外国来讲，临时征购土地、借用房屋用作防疫机构是在所难免的。奉天省小西边门外商埠界内马路房屋，原来是用来

---

① 《三省防疫行政机关》，见《东三省疫事报告书》，下册，第2编第1章，27页，1912，辽宁省图书馆馆藏本。书中只是列举了各地主要的防疫机关，所以这个数字，要比真实存在的检疫机关数目偏少一些。

② 《三省防疫行政机关》，见《东三省疫事报告书》，下册，第2编第1章，2页，1912，辽宁省图书馆馆藏本。

③ 《大连防疫总局移设于奉天》，载《盛京时报》，第5版，宣统二年十二月二十七日。

④ 《满洲鼠疫记》，载《申报》，第2版，辛亥十二月廿一日。

⑤ "去岁时疫行，张太守即派专员设立防疫事务所一处，嗣经商民公议又禀设防疫所一处，近来日领事虑防疫之不周，亦另设立防疫所，专查居留日人。故本郡防疫，所现已鼎立为三矣。"《防疫所鼎立为三》，载《盛京时报》，第5版，宣统三年二月十五日。

⑥ 《日俄防疫之慎重》，载《盛京时报》，第5版，宣统二年十二月十九日。

⑦ 《保府车站设所检疫》，载《大公报》，第1版，宣统三年正月初九。

招商、开辟商场的，但因奉天省疫气流行，"历经防疫事务所及日本奉天防疫本部先后借用，上下楼房共计二十一间、大小一二等平房共计九十八间"，等到疫事结束后归还。宣统二年十二月十九日，奉天省交涉司交涉使韩国钧向驻奉德领事发函，请求借用房屋，"查三庆公司前以附近中国车站之处房屋一所抵偿德商瑞记洋行账下，现该屋空悬未有人住，殊堪暂借为防疫隔离之所"。此意见正与德领事韩根斯不谋而合。清政府派人前往面商时，瑞记洋行方面予以热心支持，于是德国便将此房借与中国用于防疫隔离之所。当时，英美烟草公司也曾提出愿将公司栈房出借用为防疫。韩国钧在给英美烟草公司公办哈君的回函中指出："本司查该处房屋现在尚无适当之用，将来或须借用，当即随时通告"，并对英美烟草公司的善意，表示感谢。①

由于防疫规模巨大，占地、借房事件时有发生。但是所占土地、所借房屋，其在地点选择上必须以防疫为重。如"疫病院与隔离所之位置必与居民隔绝稍远，房间之区画，亦以适于防疗之布置为宜。"② 选择隔离场所，要有一定的条件，不能在人多或交通枢纽地段，否则，不但不利于控制鼠疫，反而有利其传播。奉天公所本曾欲在铁道附属地内建一隔离所，但韩国钧去函说"此地在附属地内，因系接近铁道，颇有危险"，于是重新拟定适当地点，并绘图送回日方。经过交涉，十二月二十五日（1911年1月25日），奉天公所镰田弥助回函表示，"本司派员会同包工之贵国人天庆组前往，照来图另定地点。"③

防疫机关的组建，是防疫过程中不可或缺的一部分，为防疫工作的顺利开展提供了组织上的保障。中外双方以防疫为出发点在防疫机关的交涉中，多有合作，但是也发生了外人借建立防疫机关为由，侵犯我主权的情形。

三、涉及防疫经费方面的交涉

在奉天防疫总局，设立会计科，"专司防疫经费，出纳、报销各事

---

① 《德领事函为派员来商借用瑞记洋行房屋暂作隔离所正合本领之意等因函复电》，《奉天交涉司全宗·JB16-3688》，辽宁省档案馆馆藏档案。

② 《病院及隔离所》，见《东三省疫事报告书》，下册，第2编第5章，1页，1912，辽宁省图书馆藏本。

③ 《德领事函为派员来商借用瑞记洋行房屋暂作隔离所正合本领之意等因函复电》，《奉天交涉司全宗·JB16-3688》，辽宁省档案馆馆藏档案。

项。"① 整个防疫过程，耗资巨大，需要支出经费的地方比比皆是，"但就恤款一项计之需费，已属不资，此外一切用项，如觅购医药，建设院所，制备衣粮，均属刻不容缓。即未经染疫处所，凡系铁道附近交通便利之处，亦须先事一一预备以为之防，糜费之繁不知如何结束。又因时届年终，行旅苦工络绎于途，节节截留，动以数千百计，皆恃官为安抚方免流离，"② "疫势之来，飘忽无定，以某区为无疫暂可不防，而疫势偏乘其隙以肆毒必待烂额焦头，始讲徙薪之策，金钱生命之糜烂，已百倍于初。故有疫地不可不防，无疫地尤不可不防。疫盛时救济之款不能惜，疫衰时善后之款尤不能惜。"③

宣统二年十二月间（1911 年 1 月），清外务部宣布"不惜款项以保民生"的训令，"并奏请度支部准拨关税以济急"。于是各地官员开始"严督各属官绅大举防疫"，然而，"用款之难尤难于筹款。"④ 清政府在给度支部及税务处的呈文中规定，"所有购办药物一切需用之款，已札饬哈尔道由满绥两关税项下提拨以便应付。"⑤ 清政府亦两次应东督锡良之请，先后由关税中拨款共计 60 万，而此后，已无力再续拨款项。据宣统三年正月十四日（1911 年 2 月 12 日）的《申报》上报导，"自鼠疫发见后，我国失耗已及千余万计。东三省报告防疫经费，共用去四百余万，京津两处，已用去五六十万，京奉路失耗约在五六百万。当此公私交困之际，更遭此厄，何以堪此。"⑥ 清政府出于无奈，取消了原德国皇储的出访中国的安排，并"将预备欢迎德国皇储之经费七十五万两，拨作防疫之费。"⑦ 此次东三省防疫损耗颇巨，其所耗"四百七十余万两"经费，"除由税关协拨外，尚亏款三百余万。"⑧ 因此，清政府不得不允许借用外债，来弥补财政上的空虚的状况。

在华各国也在各自的势力范围内进行防疫，所以耗资亦不少。特别是占据东三省的俄、日两国，都为防疫投入了大笔的经费。据黑河方面的消息，俄国政府曾发给俄国阿穆尔地区的防疫局 527500 余卢布，作

---

① 《三省防疫行政机关》，见《东三省疫事报告书》，下册，第 2 编第 1 章，2 页，1912，辽宁省图书馆馆藏本。

② 《绪言》，见《东三省疫事报告书》，上册，5～6 页，1912，辽宁省图书馆馆藏本。

③ 《绪言》，见《东三省疫事报告书》，上册，6 页，1912，辽宁省图书馆馆藏本。

④ 《绪言》，见《东三省疫事报告书》，上册，6 页，1912，辽宁省图书馆馆藏本。

⑤ 《疫情与购置防疫药物田款卷》，《黑龙江行省公署·21-3-214》，黑龙江省档案馆馆藏档案。

⑥ 《北方防疫汇纪》，载《申报》，第 5 版，辛亥正月十四日。

⑦ 《电报》，载《大公报》，第 3 版，宣统三年正月十六日。

⑧ 《防疫亏款协拨到奉》，载《盛京时报》，第 5 版，宣统三年五月五日。

为防疫经费。而东清铁路公司又于海拉尔、扎兰屯、齐齐哈尔、安达、布恰图各站，设立卫生检疫机构，"每局预备羌洋五百圆充作费用。"①在哈尔滨地区，"从鼠疫爆发直到 1 月 20 日为止，总花费为 125000 卢布。"② 此外，"俄民政部以满洲瘟疫，实由后贝加尔发起，若不设法严防，"后果严重。为避免疫症反复发生，"已饬下议院，拨款两兆卢卜（布——笔者注）以资应用。"③ 日本方面，南满铁道公社（暨关东都督府）自从鼠疫发生以来，"悉心预防""不遗余力"。宣统三年正月初六（1911 年 2 月 4 日），日本政府向议会提交满洲防疫经费 100 万元的追加预算案。其中"六十万圆由公司认筹，余四十万元则由都督府支拨。"④二月二十八日（1911 年 3 月 28 日），"日本政府又拟提议满洲防疫费约计一百万圆之追回预算案。"⑤ 先后共拨付了 200 万元。

中外间因防疫经费，亦有不少纠纷发生。宣统二年十二月（1911年 1 月），黑龙江省巡抚周树模电告外务部，"俄人在北满一带防疫违约，请向俄使交涉"，对此，俄使避而不谈，反而提出"满洲里瘟疫发现以来，若非满站俄员防范严密，则华人更不知死亡几许，所需经费计有数十万卢布，应由中国分摊。"⑥ 事实上，此次疫事发生后，若不是俄人驱逐华工，迫使华工南下满洲，而是及时的组织隔离及其他相应措施，也就不会引起如此大规模的疫情。围绕俄国政府的强硬要求，中俄进行交涉，并最终决定"按三股均摊，铁路工司、自治会、中国交涉局各摊一股"。但是当东三省总督锡良与俄员会议"满街商号、店栈、货物、器具，焚烧已尽，商民实不聊生，可否酌量赔偿"事时，起初，俄员尚未拒绝，但是当被焚的十余家的小经营者来找交涉局要求俄国赔偿时，俄国"恐赔不胜，徒增口舌，一概不允。"⑦ 此外，在哈尔滨地方，瘟疫猖獗，"俄兵队藉除疫为名，竟枪毙华人数十名"，外部各王大臣与驻京俄公使交涉此事，并要求惩治该兵，同时"重偿赔款"，然而"俄使竟无允意。"⑧

① 《满洲里亦有鼠疫耶》，载《申报》，第 5 版，宣统二年庚戌十月十五日。
② 《关于满洲及中国南部爆发败血症和肺疫的报告书》，《上海公共租界工部局卫生处关于国际鼠疫会议之剪报、学术著作等文件·U1-16-2632》，上海市档案馆馆藏档案。
③ 《俄人亦虚耗如许巨款》，载《盛京时报》，第 5 版，宣统三年三月二十日。
④ 《在东日本人之防疫费》，载《大公报》，第 5 版，宣统三年正月初十。
⑤ 《专电》，载《盛京时报》，第 2 版，宣统三年二月十八日。
⑥ 《京津防阻鼠疫南下续记》，载《申报》，第 5 版，辛亥十二月廿五日。
⑦ 《东三省通信》，载《申报》，第 5 版，辛亥正月十六日。
⑧ 《京师近事》，载《申报》，第 6 版，庚戌十一月十三日。

　　中外防疫经费的交涉，还包括从外国购买防疫药品的价格及运费方面的交涉、聘请外国医士的薪金方面的交涉，建筑防疫机构材料价格方面的交涉等。

　　由于疫情的惨烈，疫病患者较多，而所需药品亦甚多，清政府不得不大举从各国购买防疫药品。宣统二年十二月十八日（1911 年 1 月 18 日），在清政府发给日本驻奉总领事官小池张造的公函中说，中日会议决定，"向贵国（日本——笔者注）代购防疫一切需用药品。"然而，"此项药品关于公众利益所需，尚望贵总领事转达贵政府，药价务请格外从廉，并照单购定后，即请分期速运。共需价银若干，一经告知，即当转交正金银行如数汇寄。"二十二日（1911 年 1 月 22 日），交涉司使韩国钧又函日总领事云"关于防疫所需用之药品器具等项，前承贵总领事允向贵国代为购买，业经本司开单函请代购，兹尚不敷所用，特再开单，函恳并希分神电购，药价仍请从廉"。后清政府接到日本大使馆的回电称"该项药价日昂，如果全购，所需颇巨"，于是，"另行开单，均折减一半。"由于，这是清廷从外国购来之药物，需经日本控制的大连埠进口，故而韩国钧给日本驻奉总领事小池张造去函，请求"贵开发中心向该税关妥商"，以免除关税。同时，韩国钧也向大连税务司立花君发出了同样内容的公函。二十八日（1911 年 1 月 28 日），大连税务司已经"电复照办"，答应了清廷方面的要求。翌年正月初十日（1911 年 2 月 8 日），防疫总局收到了日总领事小池发来的运费清单，"委购防疫药品器具等由大连起岸及起岸后经南满火车运至奉天，一切运送各费，计日洋三百五十七元六十八钱。"（这其中，并没有包括药品的价钱及由日本运至大连的运费在内。）并请防疫总局查照"如数送司转给"。[①] 清廷将一切费用转交正金银行如数汇寄后，方领取到了所订购的药品。此外，清政府还曾从法国经越南购办药品，以期价格优廉。

　　"鼠疫至险，凡往者均置生命不顾，故报酬似宜加厚。"[②] 1911 年 1 月 13 日，在哈埠从事防疫工作的法国医生梅尼染疫病故，"各医缘此寒心，伍医生连德上禀辞差，英国医生吉陛坚欲回京，军医学生全体乞退。"对此，锡良等官员，"往返电商，多方劝慰，现暂照旧办事，维要

　　① 《为函日领事代购防疫一切药品需价若干何日运到一并云知由》，《奉天交涉司全宗·JB16-1586》，辽宁省档案馆馆藏档案。

　　② 沈云龙主编：《近代中国史料丛刊》，第 62 辑，第 618 册，386 页，台北，文海出版社，1981。

求抚恤之款，按照俄国定例，每名外国医生至一万卢布。"① 这是正式的、大规模的中外交涉雇用外国医生薪金的开端。此后，中国若再聘定医生，双方在所订立合同之中，必事先注明医生薪水，以及如因染疫病故的抚恤薪金各需多少。如在新民府聘任日医齐藤谦次"为临时防疫医官使办理防疫及检验治疗事宜"时，日方提出"关于齐藤医师之待遇拟照奉天聘请之医师一律每月薪水给日洋四百五十圆，来回旅费四百圆，如因职务死亡时给以十个月薪水。"中日就这一点达成了一致意见，并在双方订立的聘任合同中有所体现，合同中规定"一月薪日洋四百五十圆于每月十五日付给；二来往旅费四百圆中先付给一半（二百圆）；……四如因职务死亡时当给以十个月之薪水。"② 并且，双方就所聘外国医士的来往川资也进行了交涉。黑龙江省在聘用日医稻垣刀利太郎及村松六助两员时，"薪赀一切照奉省先例所订合同"，"唯来往旅费一条，该医师以江省程途较远，川资较巨，请求酌量增加。当经面商民政司，以该医师之请求尚属实情，应准各加给洋三百圆共七百圆。"③

防疫机构的修建费用的交涉也是中外交涉的内容之一。奉天天庆组曾在奉天交涉司的允许下承包西关隔离所工程。但是，在"该处动工时，忽遭大雪……损失甚多，然竟能勉强告成"。事后，该组来函奉天交涉司，"现闻贵司有数处须动工建筑，敝组力虽微薄，然已蒙满铁会社及其他各处信用，近年于各项材料及专门技师并其他工匠均已十分守备，无论如何时贵司如嘱包工程，总当谒诚迅速办理也。"交涉司交涉使韩国钧在回函中表示，"具悉，一是西关隔离所工程现经告成，费神甚感，至他项工程因事关紧要，已均另行包妥，此后如另有建筑当即酌量知会。惟价值一切总须格外从廉，方可有成耳。"④

四、有关防疫冲突事件的交涉

由于当时中国处于被各国瓜分的事实，造成在宣统年间中国东北地区发生鼠疫期间，参加防疫工作的国家极多。虽然中外双方在防疫中进

---

① 沈云龙主编：《近代中国史料丛刊续编》，第 11 辑，第 101 册，《锡清弼制军奏稿》，第 7 卷第 4 分册，1266 页，台北，文海出版社，1981。

② 《关于新民发生疫病及防范事项与日领事等之来往公文》，《奉天交涉司全宗·JB16-3283》，辽宁省档案馆藏档案。

③ 《防疫会关于疫势及死亡率的报告和请用日医及该会单程》，《黑龙江行省公署·21-3-50》，黑龙江省档案馆藏档案。

④ 《德领事函为派员来商借用瑞记洋行房屋暂作隔离所正合本领之意等因函复电》，《奉天交涉司全宗·JB16-3688》，辽宁省档案馆藏档案。

行了广泛的交流与合作，取得了相当的成效，但由于参与防疫国家之多，防疫事务又极为繁杂，致使在防疫过程中，防疫冲突事件屡有发生。

1. 外人防疫严苛所造成的冲突与交涉

鼠疫破坏性极强，必须极早从严防范，"然若杯弓蛇影、妄自惊疑，疫气尚未传染，路政已绝交通，则其影响于商埠者甚大，最易激成意外之风潮。"① 在此次疫事发生期间，由于各国在各自租界内防疫举措过于严苛，而且与中国的传统习俗迥异，中国人时常不能理解，故而时时有冲突事件发生，如被隔离的苦工屡屡发生逃脱事件，还有民众集体反对建立隔离所的事件等，其间，在各地还发生了几次大规模的防疫风波。

在防疫初期，人民阻挠防疫的事件屡屡发生。首先表现在苦工脱逃事件上。早在宣统二年十一月十一日（1910 年 12 月 12 日），满洲里铁路交涉分局呈送的公文中就曾称"医院告知在火车养病华人昨夜乘间走去数人，请查拿追回以免传染。"② 十二月十九日（1911 年 1 月 19 日）《盛京时报》也报导了这样一则消息：长春"第二隔离所内苦力近时陆续毙命，其余隔离人"，便因此于十二月"六日晚间潜行逃脱，计十四名"。收容苦工潜逃，"其流毒之所播，实甚于放虎于市，故居民嚣嚣"，认为是当局不慎所致，"颇动公愤"。③ 哈尔滨"租界防疫会董及俄医"为制止这类情事发生，特规定"如有患疫死者，同居之人走逃，则每人悬赏二十元缉拿。获则罚苦力二年，且将房屋封禁一年。"④ 中国人民阻挠防疫，还表现在反对隔离所的建立上。宣统三年二月初一日（1911 年 3 月 1 日），《盛京时报》报导吉林"自治筹办处日前会议防疫事宜"，经广大官绅议定后，决议在"各乡镇设立隔离所数十处"，"每处派防疫官绅各一员，并防疫队十五名或二十名"。然而，乡民们得知此事后，"均不认可"，并于一月三十一日"集三百余人"，齐赴"筹办处争论。"⑤

① 《各租界防疫加紧》，载《大公报》，第 5 版，宣统二年十二月十九日。

② 《筹练陆军处呈为遵札通行铁路附近各营查缉满站医院脱逃犯人刘德成等由》，《黑龙江省公署·21-1-155》，黑龙江省档案馆馆藏档案。

③ 《收容之苦力屡屡脱逃》，载《盛京时报》，第 5 版，宣统二年十二月十九日。

④ 李振华辑、沈云龙主编：《近代中国史料丛刊续辑》，第 67 集，第 663 册，2011 页，台北，文海出版社，1981。

⑤ 《人民反对防疫之现象》，载《盛京时报》，第 5 版，宣统三年二月初一。

鼠疫在奉天出现后不久，民间就有传言"日人有雇人撒药情事。"①对此，某日员表示，"日人使华工撒药井内，毒毙人命等事，余不但在奉闻之，长春等处亦有此种谣言风行，以余观之则荒诞无稽，不值一噱，若华人疑为真有此事，则先须将其井水化验分析或以其尸解剖审验，自然水落石出。然华人计不出此，以讹传讹，徒为蜚语所惑，其愚拙洵不易及也矣。"②民政司、交涉司对民众出示晓谕："夫疫症为害最烈，中外莫不畏惧。日人亦居奉天，岂独不怕传染乎？"并饬令所有商民仍认真防疫，不要轻信谣言。并宣言，"倘有造谣言生事，一经拿获，定行重惩不贷。"③另一方面，政府派警员迅速查获造谣之人。后经查明，犯人，"系因骗卖小北关菜行周福成芝麻，形色慌张，被巡警查获。该犯恐骗卖芝麻罪发，信口妄供。"④而日人在井撒药之事，实际上是为了卸罪而捏造的。民政部亦再次出示晓谕，表示"查此种疫症传染最速，戕害生命亦最惨酷。"哈尔滨的法国医生梅尼、奉天的英国医生杰克逊、新民府的日本医生守川，都是我国聘请来办理防疫事务的，却因染疫而死。此外，"哈尔滨一带，俄人亦多疫毙，岂皆死于毒药耶？"且奉天省地处交通枢纽，"各国均有居留之民，若一国散布毒药，他国不起而干涉耶？"⑤日本总领事，也曾因谣言四起恐酿成祸端，面谒交涉司使韩国钧表示："民间种种谣传，日久恐起仇视外人之心，再蹈庚子之覆辙，急宜设法禁止，以杜后患。"⑥这种谣言，不辩自明，但由于人民对瘟疫的恐惧，谣言始终还是没能消失。⑦

在上海，"因查得租界内有鼠疫发现，当遣西医率同所用华人，分别查验。"而最早的防疫风波便发生在这里。上海公共租界内设有英美工部局，主管此次防疫工作。"当其查验时，遇有面黄而带病容者，即指为染患疫症，迫使入西人所设医院。又孩童有未种痘者，亦令往医院布种。"对此，居民们十分恐惧，认为被检验就是要受大祸。同时，有"无赖之徒，串同无业西人，伪充查验瘟疫人员，擅入民宅，拘促平

① 《二司使示禁谣言》，载《盛京时报》，第5版，宣统二年十二月二十七日。
② 《某员对于东省报载之一夕谈》，载《盛京时报》，第5版，宣统二年十二月二十五日。
③ 《二司使示禁谣言》，载《盛京时报》，第5版，宣统二年十二月二十七日。
④ 《锡督禁止谣言告示》，载《大公报》，第5版，宣统三年正月十一日。
⑤ 《民政司禁止谣言告示》，载《大公报》，第2版，宣统三年正月十一日。
⑥ 《日领事请交涉司禁止谣传》，载《盛京时报》，第5版，宣统三年二月初五。
⑦ 关于此谣言，另一说，是因为长春地区黄天教教人因假称有治疫能力，而被识破后，制造的传言。见《谣言出于俄国之可奇》，载《申报》，第5版，辛亥二月初七。后文中亦有详细记述。

人。"这样更使民心浮动。死亡固然可怕，但更可怕的是对死亡的恐惧。英美工部局查验鼠疫的过于严厉，激起居民的反抗。居民"咸相率迁入南市居住。其籍隶宁波者，咸携眷回籍。"更有甚者捏造谣言，殴打检疫人员，使广大民众对于防疫产生诸多误会。"至十月初十日（1910 年11 月 11 日），与查疫人员为难之事，遂一日数起。"① 初十日（1910 年11 月 11 日）上午，工部局的药水车路过武昌路转角处时，"忽有流氓多人捏造谣言，谓车系装运小孩者，一时哄集数百人将车夫唐阿狗等四人揪住肆殴，唐受重伤，车被击损。"各处店铺，"惊怕异常，一律闭市。"② 静安寺捕房 121 号西探及华探钟星源到都路锦华丝厂，要拘提包车夫阿二。当时各女工误会为检疫，纷纷停工逃出。该探又突至阿二家掩捕，岂料，"附近一带无知妇女，仍轻信谣传，携抱子女，纷纷逃窜"。

　　面对这种情况，各界人士都相继对英美工部局提出了相应的忠告和建议。洋布公会众商民函致工部局云，"近来，贵局卫生处因租界发见鼠疫四出检查，具见慎重生命之美意。惜办法操切，反觉扰乱。因贵局先时未经宣布，霎时挨户搜查，妇孺无知，能无惊恐。且有莠民，借端煽惑，难免妄动。"为此，洋布公会的商董们提出了一些具体办法，其中第 1 条便是暂停搜查，"搜查……所用非人……狐假虎威，百般骚扰，"竟使居民因害怕而"相率迁徙者"，如再如此严厉检疫的话，"恐不酿成事端，败坏商业不止。"③ 此外，上海各商董，还"拟集资五千金，聘请精明中西医理之华员数人"，创设临时医院，"租界华民，任其自行投院验视。如果有疫，留院医治，无病者给以验单，以后工部局西医再往查验，即出验单民观可以免验。"④

　　上海议员也对英美工部局查疫提出了一些意见，指出工部局"在上海租界查验鼠疫，诚恐……华人心性浮动，易于煽惑，一轰百和，举市若狂"，恐怕会因此酿成巨祸。并提出了一个解决办法，即先向民众晓示鼠疫是怎么一回事，要如何查验等，"使租界居民不致悮（误——笔者注）会。"⑤ 当地巡官请沪道刘观察与英美领事商议，"各捕房嗣后毋许探捕擅入华界，以免居民误会致生事故。"同时还发出简明告示以安

---

① 李振华辑、沈云龙主编：《近代中国史料丛刊续辑》，第 67 辑，第 663 册，1942 页，台北，文海出版社，1981。

② 《租界查验鼠疫之大风潮》，载《申报》，第 2 版，宣统二年庚戌十月十一日。

③ 《再志租界查验鼠疫之大风潮》，载《申报》，第 2 版，宣统二年庚戌十月十二日。

④ 《三志租界查验鼠疫之大风潮》，载《申报》，第 2 版，宣统二年庚戌十月十三日。

⑤ 《宝议员对于查验鼠疫之忠告》，载《申报》，第 2 版，宣统二年庚戌十月初十。

人心，"工部局业已暂停查验，并经邀集华商领袖董事与警员，当众会议，查明妥善办法。……自示之后，务各立即散归安分营生，毋再造谣惊扰，如有造言生事，一经查出，立予拿案究办。"①

上海检疫风波，经中西官极力调停之后，已渐平息。而刘观察在和英总领事霍君磋商防疫办法时，提出"英美租界检疫风波，虽由匪徒造谣，愚民误会所致，然亦未始非检查员所用华人过于强迫之故，""工部局之意，本欲保卫公安，乃因检查疫症过于严厉，反致破坏治安，中外商民均有不利"，霍君把刘观察的意见转告给工部局，"各西董亦深以为然。"② 十三日、十四日（1910 年 11 月 14、15 日），工部局邀集各国官商，商议防疫章程。工部局曾经议决的检疫章程中，第一条规定"凡租界内医生稳婆，遇有应诊时。疑其症为天花、虎列拉、肠热、虚热、喉症、红症、肺痨、痈疽、痰麻、疯狗癫、黄肿，及一切传染病者，无论何时，必须函告工部局卫生处。"第四条规定"凡六个月以上之幼童，或男妇，均须种牛痘，以防天花。"会议上，福开森起而反对，礼和大班罗纯邦、南洋正法律官担文律师等都纷纷支持福开森，表示"鼠疫自应照办，如将各种疾病，包括在内，殊属不必"。十七日，工部局出示晓谕，"所有规例，专指鼠疫一病而言"，"并允不强迫孩童种痘。"③

天津地区亦有风波发生。天津英法德各国领事官曾于十二月十七日（1911 年 1 月 17 日）晚会议提出"各该租界，不准华人出入"④ 的提议，但因有各银行"出而抗阻，未克实行。"⑤ 十八日（1911 年 1 月 18日）在英国工部局又续议此事，督宪陈制军到场极力劝阻，并保证"自任竭力设法防制疫气传染"⑥，此议始息。若要用军事警戒线来划出外国租界的作法，没有足够数量的警察是不行的。在天津，租界的范围非常之大，"江北依次是日本、法国、英国和德国人的租界……在那里中国人相当之多，至少有上万人在日本租界，几千在法国、英国和德国租界。江的南岸是奥地利、意大利、俄国、比利时的租界……在这里，中国人口也十分庞大，超过四万人在奥地利，一万八千人在意大利，几千在俄国和比利时的租界。""仅仅是法、英、德居民就至少需要 1000 人

① 《租界查验鼠疫之大风潮》，载《申报》，第 3 版，宣统二年庚戌十月十一日。

② 《再志租界查验鼠疫之大风潮》，载《申报》，第 2 版，宣统二年庚戌十月十二日。

③ 李振华辑、沈云龙主编：《近代中国史料丛刊续辑》，第 67 辑，第 663 册，1942～1944 页，台北，文海出版社，1981。

④ 《津埠租界之防疫》，载《盛京时报》，第 2 版，宣统二年十二月廿二日。

⑤ 《各租界防疫加紧》，载《大公报》，第 5 版，宣统二年十二月十九日。

⑥ 《津埠租界之防疫》，载《盛京时报》，第 2 版，宣统二年十二月廿二日。

来建立警戒线。""大量具有影响力的中国人参加会议，表示，警戒线的建立"① 将引起极大的商业交流的损失，有可能断绝提供食物。同时天津商民对于此事则表示"各国租界若有绝对实行此计划之一日，则居住租界之华人须一律迁出永远不回"②，以示抗议。于是各国领事们决定，直到疫情发展到完全必要之时，再采取这一行动。

本来，各地中外人民杂处，就时有冲突事件发生，因防疫而使冲突事件更加层出不穷。二月初十（1911 年 3 月 10 日），抚顺下属千金寨地方，因防疫隔绝交通事宜，而发生中日巡警互哄事件。单就这一事件，中方和日方的报道不尽相同。宣统三年二月十四日（1911 年 3 月 14 日），在锡良给外务部的电文中云，"日居留民三人"强欲通过封锁，并砍伤中方警员。有华工因此事愤怒，殴打日人神谷茂三郎，致其死亡。旋即"有日居民与守备队警察等包围我警署，该居留民追逐我警何福臣，枪刀齐施，当被击死。"③ 但是在《盛京时报》上的报道却变为，在抚顺居住的日本人，为了阻遏鼠疫，在租界上设岗，初十（1911 年 3 月 10 日），"有华人一名，强欲进入，旋被日监视人阻挠"，后有"中国巡警计三十余名，各持枪械，一哄来袭，大埗（肆）暴虐，竟将监视人神谷茂三郎一刺毙之"。在旅顺的日本侨民闻讯异常愤怒，"请日巡官等前往华巡警局要求交付行凶之巡警，因此遂复与该局巡警冲突斗争⋯⋯以致华巡警一名受伤身亡。"④

针对外国时常有所报不实的情况，清政府也与之进行了交涉。十二月十八日（1911 年 1 月 18 日）《盛京时报》上报道奉天省十七日（1911 年 1 月 17 日）死者已达 100 名之多，十九日（1911 年 1 月 19 日）又报道说"城中已死三百余人之传说"，而实际上，当时"据防疫事务所报告死亡地点悉在西城以外，城内尚未有闻，且每日死亡人数均经该所据实报告贵馆，其十八十九两日死者并无如此之多。"为此，清政府函日总领事云："登载不实，最足以摇动人心，使我官民及办事诸人更加掣肘，应请贵总领事饬将已载有不符之处即日更正，并饬此后不得轻信谣

----

① 《关于满洲及中国南部爆发败血症和肺疫的报告书》，《上海公共租界工部局卫生处关于国际鼠疫会议之剪报、学术著作等文件·U1-16-2632》，上海市档案馆藏档案。
② 《专电》，载《盛京时报》，第 2 版，宣统二年十二月二十八日。
③ 《东三省总督锡良致外务部电》，见沈云龙主编：《近代中国史料丛刊》，第 62 辑，第 618 册，399 页，台北，文海出版社，1981。
④ 《抚顺中日巡警互哄警闻》，载《盛京时报》，第 5 版，宣统三年二月十四日。

言。"① 从英京方面发来的电文表示，东清铁路总裁霍尔瓦特对于鼠疫蔓延中国各地的原因声称，"系俄国前向华官要求隔离哈埠傅家甸严行防疫事宜，而北京政府竟不见允许之所致。"② 这是与事实完全相反的。东三省之所以会鼠疫泛滥，与俄国在发现鼠疫之初，便将300余气色可疑的华人遣送出境的举动关系甚大，而且，俄属下的东清铁路并没有及时的关闭，致使瘟疫沿铁路线迅速传播。另一方面，清政府从发现鼠疫之日起，便不遗余力进行防疫，虽然初始时的防疫不见成效，但是说"北京政府竟不见允许"隔离傅家甸，确与事实不符。

2. 各国歧视华人所造成之冲突与交涉

瘟疫暴发后，各国均以防疫为借口驱逐华人。具体表现在禁止华工、华商入境，辞退华工，遣送华人出境等方面。

最先驱逐华工的是俄国。据宣统二年十月十五日《申报》载，满洲发现鼠疫后，俄国"特派医生将华人挨次察验，其有气色可疑者约三百余人，一律用火车转送出境。"③ 十月二十二日（1910 年 11 月 23 日）《大公报》报道，俄国"公然因满洲霍乱疫气流行，故禁止华工于东西比利亚入境。"④ 东清铁路因瘟疫流行，恐怕传染，竟将一千五百余名华工一律辞退。⑤ 俄国还禁止华商入境，据爱珲道姚观察电禀，于正月二十八日（1911 年 2 月 26 日）开始，"俄人因防疫限制旅俄华商，每铺止准留五人，其余一概逼令出境。"⑥ 沙俄大规模驱逐华人，除预防鼠疫的需要外，是否还有其他原因呢？宣统三年二月十九日（1911 年 3 月 19 日）《盛京时报》载，阿穆尔地方俄国行政长官达基，在其上任之前曾条陈俄政府，谓"阿穆尔沿边移住之华人已达六万五千之谱，至沿海洲亦有六万九千余人，……查俄人之移入该省较之华人相去远甚，倘一朝遇有事变又将何以对待。"⑦ 这不能不说是大规模驱逐华人的原因之一。另外，在海参崴地区俄国海陆各军总镇官曾提议，"将海参崴华人，偕同韩人，均别迁区域"，俄人的这一举动，美其名曰是为了防疫，

———————————

① 《日领事照为刘房子驿三等车上有华人患疫身死请为预防等因分行由》，《奉天交涉司全宗·JB16-3287》，辽宁省档案馆馆藏档案。

② 《专电》，载《盛京时报》，第 2 版，宣统三年正月十二日。

③ 《满满里亦有鼠疫耶》，载《申报》，第 5 版，宣统二年庚戌十月十五日。

④ 《电报》，载《大公报》，第 3 版，宣统二年十月二十二日。

⑤ 《电报》，载《大公报》，第 4 版，宣统三年正月初六。

⑥ 《遮断交通之措置》，见《东三省疫事报告书》，下册，第 2 编第 4 章，25 页，1912，辽宁省图书馆藏本。

⑦ 《俄驱逐华侨之原因》，载《盛京时报》，第 5 版，宣统三年二月十九日。

"实则欲将华人所占中心市移出以予俄人，为遏抑中国商业之计耳。"①
虽然，其他国家如意大利等国也都发生过驱逐华工、华侨事件，但都没
有俄国的举动大，沙俄所驱逐的华人"不下数万人。"② 面对如此大规
模的排华浪潮，清政府自当为之与各国进行严正交涉，但结果自是不言
而喻。在此期间，各地官员多次向清政府发出要求拨款恤民的公函，但
由于当时清政府的能力有限，虽尽力筹办，亦无法安置数万人员。

在华各国始终都没有同等地看待中外民众。我国在山海关设立检验
局，"检查自东三省入关过客，"并制定章程规定，"凡入关旅客无论中
外上下均须一律检查，并须在该检查所滞留五日，由医生验明实无患疫
情事，始准放行。"对此在京外交团发给清外务部的公文表示，"查此次
定章，即称不论中外均须滞留五日，殊于外人交往不便，"请该局以后
如果遇有外国人通行此处通融办理。外务部遂就此事询问该局总办屈永
秋，"屈道申称，鼠疫传染不分中外，若外国人可以通融，难保疫气不
辗转发生"，"且各国通例，凡疫症发生之处……不论何国人士均须一
律照章检查，从无对外人可通融之理，况关外鼠疫延蔓殊甚……不能独宽
外人。"故各国公使所提的要求"碍难照办"。③

俄国方面在防疫中还出现了虐待华人的现象。在满洲里地区，自瘟
疫流行以来，俄国人便在当地设立了卫生局和医院。一旦发现有染病
者，不论是否是瘟疫患者，全部拖入瓦罐车④内。宣统二年十月二十四
日（1910年11月25日），俄国就因防疫起见，圈禁了华民3000余人。
当时"交涉局锡守往商，许以五日放回"，但过了半个月后仍没有放回，
锡守又前往交涉，"据云，须过两星期，始可释放。"⑤ 华民在瓦罐车内
遭到了非人的待遇。被圈禁的华人，到了车站后，"解衣验病，裸立荒
野，至晚十钟始毕，仍赶入瓦罐车，当日冻毙者四人……妇女赤体惧
羞，多以手自掩，俄兵举枪暴打，祇得垂手僵立（后俄员发给白布一条
准围下体）。"⑥ 每辆瓦罐车内有19到20名华人，最多30名。"每名日
给白面一甫子半，（即十八两）白米四两。然俄兵管车之头目，竟常将
面米扣留十分之三，以致人苦不饱"，甚至有饿死者。俄商会之十八家

---

① 李振华辑、沈云龙主编：《近代中国史料丛刊续辑》，第67集，第663册，2013页，
台北，文海出版社，1981。
② 《俄驱逐华侨之原因》，载《盛京时报》，第5版，宣统三年二月十九日。
③ 《北京防疫记》，载《申报》，第4版，辛亥正月初五。
④ 因防疫缺少隔离所，俄人借出的空车。
⑤ 《东三省通信》，载《申报》，第5～6版，庚戌十一月十三日。
⑥ 《哀哉满洲里罹疫之华人》，载《申报》，第2版，庚戌十一月十七日。

中国商号，"鉴此情形，特开会议，谓华人窘辱至此，而官不闻问，三千余同胞，非尽死不止。"于是请俄员派人到站查看，并许诺"应用食物，由华人设法供给，所费若干，全市均摊。"① 俄官接受了中国商民的建议，并从十一月十六日（1910 年 12 月 17 日）起已经开始实行了。此外，华商还以闭市相逼，要求俄国释放本埠八道市小本营业商人，但俄人未允。同样残忍的对待中国民众的手段，俄国在哈尔滨等各地也曾经使用过。②

五、防疫善后事宜的交涉

防疫善后，是防疫工作中的重要一环，善后事宜处理的是否得当，也关系到防疫的整体效果。宣统三年二月末三月初（1911 年 3 月末 4 月初），各地不断呈报的疫情报告显示，鼠疫已经基本肃清。宣统三年二月十五日（1911 年 3 月 15 日）山东巡抚孙宝琦致外务部电称，有奉天南满地方煤厂日人"在烟台招小工，闻须千人，已有百余前往南满"，日人开始像往年一样招用华工，更是"疫症渐消"的佐证。③ 东三省总督锡良等亦电奏清廷，"陈明三省疫已肃清，并拟宣布中外周知。"④ 于是防疫善后工作开始提上日程。中外各国围绕防疫善后事宜，也进行诸多交涉，主要包括防疫机关的裁撤、交通的重新开放、防疫工作人员的奖惩、所聘外国医士的去留问题等方面。

1. 裁撤防疫机构及重新开放交通的交涉

进入宣统三年二、三月（1911 年 3、4 月）份以来，每日疫毙人数逐渐减少，说明此次疫情已接近尾声，故各地区也开始着手裁撤防疫机构、重新开放交通。

据《盛京时报》载，东三省总督锡良在公文中指出：东三省的鼠疫"各属报告已大见消灭"，但是，由于"此次疫事起于仓卒，平日机关未具"，故一时之间，在各地区，中外各国均建立了不少防疫机构，"自始疫以来，所费之资已属不少，"现在各地"既有疫气净尽之区，一切设

---

① 李振华辑、沈云龙主编：《近代中国史料丛刊续辑》，第 67 集，第 663 册，2008～2009 页，台北，文海出版社，1981。

② 《东三省通信》，载《申报》，第 2 版，庚戌十二月十八日。

③ 《山东巡抚孙宝琦致外务部电》，见沈云龙主编：《近代中国史料丛刊》，第 62 辑，第 618 册，396 页，台北，文海出版社，1981。

④ 沈云龙主编：《近代中国史料丛刊》三编，第 18 辑，第 180 册，887 页，台北，文海出版社，1986。

备自应量为裁撤，以节经费。"① 于是锡良"谕饬防疫总局，通饬各府
厅州县，将所设之防疫分局、临时病院以及隔离所，逐一酌加裁撤"。
据闻新民、铁岭等处已于三月初十日（1911 年 4 月 8 日）"裁撤防疫局
所，开放交通矣。"② 在辽阳地区，"当防疫严紧之时，设立留验所两
处，近以全境鼠疫业已消灭"，也将于近日开放交通，"并将留验所一律
撤去。"③ 宣统三年二月十二日（1911 年 4 月 20 日），吉林地方防疫局，
因见"鼠疫稍杀"，"移入隔离所者日减一日"，便拟将各级收容所"归
并一处，以节经费。"④ 大规模的裁撤防疫机关的活动，是三月（1911
年 4 月）中后旬开始的。"中日两国均在牛家屯设有防疫事务所"，"现
在外埠疫气日渐消灭，该防疫事务所已定于本月（即三月——笔者注）
二十二日（1911 年 4 月 20 日）一律裁撤。"⑤

中日防疫会议是日方鉴于"即使在我关东州及州外铁道附属地内苦
于进行预防鼠疫，但与之相接邻的清朝辖区内缺少预防措施，很难达到
其预防的目的。"⑥ 于是在日方的建议下中日共同召开的筹商防疫事宜
的会议。"自正月三十日（1911 年 2 月 28 日）起至三月十六日（1911
年 4 月 14 日）止，"共开会 8 次，"所议均在权限范围以内，尚无借端
干涉之事，日员亦毫无间言"。在防疫过程中，所起作用颇多。中日双
方鉴于"现在疫势稍减，彼此声明撤会"。⑦ 另一方面，"关东都督府前
因东省鼠疫渐形猖獗，将其检疫部办公处"由大连迁移至奉天"警务署
内，改称防疫本部"，以"督饬沿铁路一带之日官民竭力防疫，并联络
中国防疫总局，协力备防，不遗劳瘁"，进入三月后，东三省鼠疫"已
即扑灭"，各地交通业已开放，"故该防疫本部决计定于月之二十二日
（1911 年 4 月 20 日）撤回旅顺。"⑧ 日本曾"派遣防疫队在新郡（新民

---

① 《督宪饬裁撤防疫分卡》，载《盛京时报》，第 5 版，宣统三年三月十五日。
② 《裁撤防疫局之通饬》，载《盛京时报》，第 5 版，宣统三年三月十五日。
③ 《留验所关键设备地裁撤》，载《盛京时报》，第 5 版，宣统三年三月十四日。
④ 《隔离所归并之先声》，载《盛京时报》，第 5 版，宣统三年二月十二日。
⑤ 《牛屯检疫所定期裁撤》，载《盛京时报》，第 5 版，宣统三年三月二十二日。
⑥ 南满洲铁道株式会议地方部卫生课编：《满洲十年志》，19 页，大正十二年三月，辽
宁省档案馆馆藏档案。
⑦ 《开缺东三省总督锡良致军机处请代奏电》，见沈云龙主编：《近代中国史料丛刊》，
第 62 辑，第 618 册，409 页，台北，文海出版社，1981。
⑧ 《日本防疫本部定期撤回旅顺》，载《盛京时报》，第 5 版，宣统三年三月十八日。据
《盛京时报》宣统三年三月初六日报道，"关东都督府因疫气消灭拟于阳历四月十五日再将防
疫本部由奉天撤回旅顺"。关于撤回防疫本部的时间，与文中不同，本文采用了时间最新的一
则新闻。

府——笔者注）设立防疫所检查居留日人"，现在疫气已经消灭，"该所于二十四日裁撤。"①

此外，中外各国在防疫过程中临时征购土地、租借房屋充用防疫所的情况较为频繁，租用结束后，自当及时归还。三月（1911 年 4 月）初，奉天防疫事务所为先前借用开埠局房屋一事函开埠局，"奉天省城防疫事务所……前经开埠局借用房屋共一百一十八间"，并附上清单，请开埠局接收。开埠局在接收无误后，"亟应妥为整理，"按原计划"招商承租"。然而期间也发生了没有完璧归赵的情况。瑞记洋行，"前因京奉车站截留北来苦工四百余人，其中有患疫死者，恐滋传染，由前英国嘉大夫拟在车站附近觅房设法隔离，当经本司（奉天交涉司——笔者注）派员向德领事借用三庆公司前所抵偿德商瑞记洋行空房一所应用，"中方对此深表感谢。当时"所有该房内原有各项对象均归入另屋四间分另储存，经由该行销闭，并请贵局加封，以资保存讵俟"。然而在用毕后"派员点交瑞记洋行接收，惟查验有另屋内封锁储存之各项物件遗失"。经查，其前门封锁如故，系为"被人破窗窃取"。对此，清政府"殊深抱歉"，并饬令当地警务人员，按照该洋行开具的失单予以追查，同时允诺"如果无获，必当照数赔偿"。四月初八日（1911 年 5 月 6日），清政府在给德国的照会中言明，此事"为时已久，未据警局破获"，于是应先前之允诺，"查照瑞记行所开各物原价共计一百八十二元七角二分行函送即，"请德国领事查收并转发瑞记洋行，"以为赔偿之费。"②

鼠疫发生后，交通阻断，极为不便，于是在疫情得到初步控制之后，各地便着手开放交通。陆路交通方面，最早开放交通的是津浦铁路（1911 年 2 月 23 日开通），正月二十七日（1911 年 2 月 25 日），山东铁路亦开，"但鼠疫盛行地方之车站，仍不准三等旅客坐车"，"各站防疫尤极严厉"③。南满铁路也于二月初一（1911 年 3 月 1 日）"驰解禁令（安奉线不包括在内），无论头等二等三等准予乘坐，惟必须在奉天隔离所留验七日方可放行，且特备一车以供华客之乘坐，与其他坐客严为区别。"④ 同时，京奉铁路也因"已聘到日医，购到防疫材料，拟一面实

---

① 《日本防疫事务所裁撤》，载《盛京时报》，第 5 版，宣统三年三月二十九日。

② 《德领事函为派员来商借用瑞记洋行房屋暂作隔离所正合本领之意等因函复电》，《奉天交涉司全宗·JB16-3688》，辽宁省档案馆馆藏档案。

③ 《专电》，载《盛京时报》，第 2 版，宣统三年正月三十日。

④ 《南满车驰禁开驶》，载《盛京时报》，第 5 版，宣统三年二月初二。

行完全防疫，一面便将京奉火车开通，以补路亏。"① 在辽阳地区，"因交通遮断……商民均受莫大影响，现在本邑当道以鼠疫业已消灭，交通自应开放，以便民利，"故当地交通已于三月十四日（1911 年 4 月 12日）"一律开放矣。"② 水上交通方面，正月二十四日（1911 年 2 月 22日）《盛京时报》报道：青岛总督"因大连鼠疫全已息灭，对于由大连抵该埠之船舶特弛检疫之严令。"③

由于此时疫气尚未完全扑灭，所以在已开放交通的地方，仍严厉防疫。宣统三年三月（1911 年 4 月）东三省总督锡良饬令新民府"谓现在疫症沮灭多日，势可不致再有复发之虞"，应"将防疫各所裁去，开放交通"，"唯戏园妓馆典质所请复业仍宜饬令警局严加取缔，以昭慎重。"④ 京奉铁路也是于三月二十三日（1911 年 4 月 21 日）起才"开卖三等车票。"⑤ 俄国东清铁路于三月末召开会议，商议铁路是否可照常搭载华人事宜。在会议上，总督霍尔瓦特指出："现在以调查各处瘟疫之报告判之，凡瘟疫最盛之区，业已消灭矣。……自可照常开行。南路瘟疫消灭之时期最早如双城堡在俄历二月七号已经消灭，宽城子、铁岭、抚顺、法库门、奉天各处亦相继消灭；西路除齐齐哈尔一处于三月十三日（1911 年 3 月 11 日）号有搭车华人染疫外，近亦无闻；"而东路较他处也"尚称美善"。据此，"搭载华人之车自可照常开行，""然欲入俄境者，仍须在满洲里站或五站照章检验。"⑥ 又驻津日领事"请将营口、安东两埠抵津船只亦照旅大两埠，凡搭客携有登船留验执照者，抵沽口时，但由该口检照官查验放行，不再停船留验"。经"电询营、安东两关，接准复电金称，该两埠确无疫患，日领所请似可照准。"⑦又三月十五日（1911 年 4 月 13 日）直隶总督陈夔龙在致外务部电文中称，"查旅大、营口即系无疫，然东三省未报肃清，倘有附近疫地行客由该埠登船，竟于出口时概不检查，亦不足以照慎重。"⑧ 可见，各国开放交通的决定，均是经过审慎考虑的。

---

① 《京奉火车之将开》，载《盛京时报》，第 5 版，宣统三年二月初一。

② 《交通开放》，载《盛京时报》，第 5 版，宣统三年三月十四日。

③ 《专电》，载《盛京时报》，第 2 版，宣统三年正月二十四日。

④ 《札饬新民府遵办防疫善后事宜》，载《盛京时报》，第 5 版，宣统三年三月十五日。

⑤ 《京奉车已售三等车票》，载《盛京时报》，第 5 版，宣统三年三月二十五日。

⑥ 《会议火车照常搭载华人》，载《盛京时报》，第 5 版，宣统三年三月二十九日。

⑦ 《直隶总督陈夔龙致外务部电》，见沈云龙主编：《近代中国史料丛刊》，第 62 辑，第618 册，397 页，台北，文海出版社，1981。

⑧ 《直隶总督陈夔龙致外务部电》，沈云龙主编：《近代中国史料丛刊》，第 62 辑，第618 册，404 页，台北，文海出版社，1981。

就此来看，中外在裁撤防疫机构和开放交通等善后事宜交涉上，进行得均较为顺利。这是由于各国在防疫上投入颇多，如前文所述，故一旦疫事结束，各国便尽快停止各项运作，以节省经费。同时，长期隔断交通，对商业破坏极大。故在疫情消减之时，俄商便急于开放交通。宣统三年正月二十五日（1911 年 2 月 23 日）"派员来双（双城）查看时疫情形，以便定期交通。"① 且由于防疫阻断交通，致使数万苦工壅积各地，有酿成事变的隐患。于是各国都采取了积极主动的态度和行动。

2. 奖励外籍出力人员及外国医士去留问题的交涉

中外官民在防疫过程中，不遗余力，使瘟疫得以迅速扑灭。在疫事结束后，自然要对有功人员进行奖赏。

早在宣统二年十二月十六日（1911 年 1 月 16 日），东三省总督锡良就曾上了一道《疫气蔓延人心危惧请俟事竣保奖出力人员折》，其中写道"医生检验疫病，虽医学精深之员无不畏疫如虎，即以事搜查防护各员并与染疫之人时时接触，性命亦极危险，实缘疫气所至，朝发夕毙，前仆后继，官绅商民，无中外贵贱，日惴惴焉如临大敌"，锡良等经再三思量，"拟请在事官绅、中外医官、医生暨巡警、弁兵等，俟事竣择其尤为出力者，照异常工劳绩保奖；其染疫死者，依阵亡例优恤，"并"应恳天恩，俯念疫势蔓延，办理万分棘手，惟予所请，立案以资策励。"② 二十三日（1911 年 1 月 23 日），奉到朱批，"允如所讲。"③ 于是在各地防疫初见成效后，褒奖的奏折便纷至沓来。在辽阳地区，"鼠疫势甚猛烈，幸经防疫诸员冒险扑灭，人民得享幸福"，故"将防疫出力人员，开单呈请督宪奏请奖励。"④ 三年三月二十八日（1911 年 4 月 16 日），锡良曾一度条陈请奖人员名单，但由于"列保人数过多，请奖官阶过优"被驳回，"饬令切实删减。"⑤ 清民政部步军统领衙门，本来"拟保奖防疫人员"，虽然"该两署因东三省鼠疫之烈较京师为甚"，但是听闻"此次锡督开奖尚被饬回，核减该两署人员出力之处，较东省人员为逊，故会商拟将所定保案一律取销，俾免被驳。"⑥ 可见清政府对

<hr />

① 《俄员来双之原因》，载《盛京时报》，第 5 版，宣统三年二月初一。
② 《疫气蔓延人心危惧请俟事竣保奖出力人员折》，见锡良：《近代中国史料丛刊续编》，第 11 辑，第 101 册，1266 页，台北，文海出版社，1981。
③ 《疫气蔓延人心危惧请俟事竣保奖出力人员折》，见锡良：《近代中国史料丛刊续编》，第 11 辑，第 101 册，1267 页，台北，文海出版社，1981。
④ 《呈保防疫出力人员》，载《盛京时报》，第 5 版，宣统三年三月十四日。
⑤ 《防疫保案第二次出奏》，载《盛京时报》，第 5 版，宣统三年四月二十六日。
⑥ 《库伦之与鼠疫》宣统三年四月二十三日，第二版，第十九辑，98 页。

于奖励事宜十分慎重。不过，"以办理防疫出力，奉天民政使张元奇、交涉使韩国钧，锦新营口道周长龄等，传旨嘉奖。"①

本来，清政府为感谢各国协助清政府进行防疫工作的相关人员，就拟对出力洋员予以奖励。但由于在此次疫事刚刚结束后，锡良便提出辞呈，因此奖励出力洋员一事，"锡督宪既未及赶办，而赵（尔巽）督新来接受百事纷繁，奏请颁给各国人员宝星之事必致稍稽时日，"至于到底要奖励哪些人，只能"俟督宪核准后"再上报清廷。不过在此期间，日、俄等国均函至当地交涉局，请奖励本国出力人员宝星功勋。宣统三年四月二十五日（1911 年 5 月 23 日），公主岭交涉员上呈给防疫总局的公文中奏称，当地"日书记官深泽交来清单一纸，请奏给办理防疫本邦人宝星"。交涉员指出"本局办理防疫事宜早已完竣"，对于"在事出力医员、翻译，自应呈请汇案保奖以示鼓励"。公文中指出"南满病院院长柳濑才藏，于去腊初办防疫时，助理本局诊检消毒，颇尽勤劳"；"日医神吉秀次郎，任事三月，劳苦不辞"；"日人武藤百智向充本局翻译，维时疫症流行之际横生交涉，委员每与日人谈判该翻译甚属出力"。对于以上 3 人，公主岭交涉员请示接受日方提出的要求，"请宪台查核汇案请奖宝星，以示鼓励。"② 吉林省长春孟道在电文中列举了在吉林省防疫出力洋员 8 人："北京协和医院美医官杨怀德、日本满铁病院院长宇山后三、日本医士广海舍藏、俄国医官库和契林箕、英国医院医官丁滋博、俄驻长正领事喇甫洛福、俄国警察署长民年遛夫、日本满铁会社防疫员细野喜市"，这些人"均未得过宝星"。且据郭司使称："在哈查疫俄员甚多，聂达尔要求奏给宝星，并请给功牌"，"能否允如所求"，请赵尔巽总督予以指示。黑龙江省亦因"请奖洋员宝星事"发电给赵尔巽总督称，"省城防疫医员日本技师稻垣刀利太郎、检疫官村松六助、呼兰防疫医员英国医士余克信三员"，在防疫中"均甚得力，拟请赏给三等第三宝星。"③

宣统三年六月二十七日（1911 年 7 月 22 日），东三省总督越尔巽④、吉林巡抚陈昭常、黑龙江巡抚周树模联名奏请"为三省防疫洋

① 沈云龙主编：《近代中国史料丛刊》三编，第 18 辑，第 180 册，第 921 页，台北，文海出版社，1986。

② 《为日书记官深泽交来清单一纸请奏给办理防疫本邦人宝星等因函各领事由》，《奉天交涉司全宗·JB16-1588》，辽宁省档案馆馆藏档案。

③ 《吉林卜硅电为防疫案请奖出力洋员宝星功牌事》，《奉天交涉司全宗·JB16-3108》，辽宁省档案馆馆藏档案。

④ 继锡良后，第三任东三省总督为赵尔巽。

员恳请赏给宝星，以酬劳勋"。奏折中云："自上年冬间三省疫气发现以来，……迭经前督臣锡良，会同臣昭常，臣树模，订聘东西各国医士襄办疫事。而驻在三省之各洋员，亦均热心赞助，或躬冒难险，或甘尽义务，卒能使疫气早日扑灭"①，功劳显著。并开具名单，其中包括日本（50 人）、英国（10 人）、美国（2 人）、丹麦（1 人）、法国（1 人）等的领事、医官、翻译等，均赏以二等第一宝星、三等第一宝星、三等第二宝星、二等第三宝星、三等第三星等。对此清政府予以批准。

在此次防疫过程中，无论是清中央还是地方政府，均聘任了大量的外国医士。在疫情结束后，外国医士的去留问题便亟待解决。在中日防疫会第六次会议上，日人提出"现在百斯脱将近消灭，难保不再发生，希望续订现聘日医酌置于奉天、长春以防万一，贵国如表同意，请于聘期未满以前先行知照"。当日，中方委员表示禀明后再予以回复。经过磋商，第七次会议上，中方指出"松王氏拟再续聘三个月，久保氏不再继续，新民齐藤氏继聘与否俟禀商再覆。"② 后齐藤氏因"嫌薪太少"而"不能挽留"。四月二十日（1911 年 5 月 18 日），新民府上了一道辞去日医的公文。新民府城乡议事会"于四月初十日（1911 年 5 月 8 日）有各界中人及多数议员齐集来会，咸以卫生医院为自治范围中事，万不宜令外掺入，侵我主权。伏以请卫生为地方公益之举，预备防疫亦近今难缓之图，一旦假乎于人，殊为失策"，并查"新郡经前任沈尊接办卫生局之初，即日人主持医院，既糜款之多端，复人员之屡易，种种窒碍，不能缕述，以至就诊者，多裹足不前，竟至一败不堪收拾，幸经前督管极力，整顿取缔医官，并以未事应得之薪水偿还，日人辗轕始清，嗣改中人研究西学家，俾益地方颇收效果"。而且，"□大夫派充院长管理院中一切事务，技术精良，尤能深符众望，成绩早已昭昭在人耳目，就其襄助防疫而论，深为得法，即令再有疬氛复炽不难奏效。"同时还在公文中列举了聘用外医的不利之处：第一，"无端而添用日人酬报从优在所不免"；第二，"现在该院所需药品，欧西药居多，若以日人为医，则药品亦必随日医为转移，果纯用东药，多事更张其势不堪拟料"；第三，"清医经手

———————

① 《东三省总督赵尔巽等奏三省防疫洋员请赏给宝星折》，见沈云龙主编：《近代中国史料丛刊》，第 62 辑，第 618 册，411 页，台北，文海出版社，1981。

② 《三省防疫行政机关》，见《东三省疫事报告书》，下册，第二编第一章，19 页，1912，辽宁省图书馆馆藏本。

之病症，日医断不能诊视，而日医经手之病症，清医亦断不能参杂，用药悬殊，治法至异，两相耽搁，病者何堪设想"；第四，语言不通，还须另聘翻译以及为其奔走之人；第五，"日人作事发短心长，乘隙抵微，由渐而入，一朝太阿之柄为人所秉，狡焉思逞其安能伏就藩篱"。而且，鼠疫在我国难保不会再次发生"此次催用日医原为预防临时困难起见"①，故呈请退却该医。

防疫善后事宜除上述外，壅积各地苦工的安置与收容，中外协同剿灭旱獭等后续防疫合作等都是交涉善后事宜的重要组成部分。

第三节　防疫交涉：维护国家主权的另一种努力

一、地方官商成为中外防疫交涉中的重要力量

1. 以督抚为代表的地方官吏个人作用突出

鼠疫发生后，各疫区的地方官吏，从国家和百姓的利益出发，与在华各国对华人的不公正待遇及干预中国内部行政的行为，进行了有力的交涉，在一定程度上维护了民族利益。从清政府角度来看，清政府将地方权力下放，使得地方督抚势力突显，这为他们能够有所作为创造了一定的先决条件。

有清一代，督抚是省级最高行政长官，"其执掌地方之行政、司法、监察，并拥有一定的军事指挥权"，但是，"在用人、财政、司法、军事等方面"又都受制于中央，"同时省级学政与布按两司（布政使、按察使）对督抚权力也有一定的牵制、监督。"② 然而，太平天国运动的爆发，迫使清政府不得不依靠地方汉族的武装力量来平乱，自此地方督抚势力开始抬头。仅就东北地方而言，"盛京作为清朝的留都，在满清入关后，设有盛京内务府，并设户、兵、礼、工、刑五部，各掌其事。"后又在奉天、吉林、黑龙江等地设立将军"管辖一方军事民政。"③ 东北地区，一直是八旗制度与州县制度并存，两种制度的最高负责人将军与府尹互相并不统摄。这就造成二者相互掣肘的情况，同时"八旗体制

① 《关于新民发生疫病及防范事项与日领事等之来往公文》，《奉天交涉司全宗·JB16-3283》，辽宁省档案馆藏档案。
② 王霞：《地方督抚与清末法制变革》，载《人文杂志》，2001（4）。
③ 李治亭主编：《东北通史》，607页，郑州，中州古籍出版社，2003。

本身也日渐腐朽，吏治废弛，各地人民起义不断，社会动荡。"① 甲午中日战争之后，"东三省地位日益阽危"，特别是在日、俄战争后，清政府在东三省的统治地位受到严重威胁。为加强对东北地方的管辖权，清政府于 1907 年在东三省地区实行改革，改旗人将军制度为督抚制度，在东三省设总督一名兼理奉天省巡抚，黑龙江省、吉林省巡抚则归总督节制，这种制度，"使东北地区的行政权统一于东三省总督的管理之下。"②

东三省发生鼠疫时，正是第二任总督锡良执掌东三省政权时期，黑龙江巡抚周树模、吉林巡抚陈昭常归其统率。锡良在与外国交涉中所采取的态度和办事方法直接影响着其他两省处理中外纠纷事宜的原则。奉天地区商会，曾经为辅助国家警察办理检疫事宜，杜绝"外人干涉地方政务"，而组织地方卫生警察队，有队员共一千名。但某国领事谒见东三省总督锡良反应此事，称"东省人民素有排外思想，为中国官吏计，亟宜勒令解散，以弭后患"。锡良则以为，"中国行将立宪，行政官决不能再轻视人民，况本省办事各绅商皆极有程度之人，决不至有不法的行为，请勿过虑"，该使无功而返。③ 锡良面对外人不卑不亢，给其他官吏树立了榜样。

从主观因素来看，当时东三省各地有许多思想进步的官员。他们与时俱进的精神、勤政爱民的态度，成为其在防疫过程中突显个人作用的前提条件。

1906 年清政府宣布预备立宪后，立宪派先后领导了三次国会请愿运动，而其中东三省便是积极倡导立宪运动的主要力量之一。东三省地区的各级官员，曾先后多次联名上书中央，要求尽快实行宪政。言词恳切，利弊要害明了，可见就整体东三省的官吏而言具有较为先进的思想。同时，出于抵制外人侵略的需要，清政府在选派东三省官吏时，多是任用在官场磨炼多年，能够独当一面的杰出官吏。以上因素，使得他们在面临外强内弱的局面下仍能不失天朝尊严，为维护主权，据理力争。在鼠疫发生时，时任奉天交涉司交涉使的韩国钧已经是"五十出头的人了"，此时的他只是希望"在有生之年，为国家和百姓多做一些事"④，具有强烈的忧国忧民意识。鼠疫爆发后，韩国钧对当时的局势

① 李治亭主编：《东北通史》，608 页，郑州，中州古籍出版社，2003。
② 刘培华：《近代中外关系史》，下册，227 页，北京，北京大学出版社，1986。
③ 《日俄两国终不忘满蒙》，载《申报》，第 4～5 版，辛亥三月十二日。
④ 谢静：《从晚清名臣到抗日楷模：韩国钧生涯》，149 页，上海，上海人民出版社，2002。

进行冷静的分析，预见了日本"无所慑于我"，必将藉防疫，对中国内政加以干涉。果然，日本不久便以保护侨民为由，向当地政府提出"要派日本警察封锁从旅大往东北方向的铁路和车站"。虽然南满铁路当时业已处于日本控制之下，但如此大规模动用警力封锁铁路和车站的举动，宛如在向世人声称这里才是日本的国境，这对中国的国防主权是一次无情的践踏。对此韩国钧主动接受了由日方首倡的召开中日防疫委员会的提议，以期使中日站在同一个平台上单就此次鼠疫进行平等对话。并提出"在防疫会，'中日委员不妨公派，若执行则必由两国行政官员各负其责，盖意见可以交换，权限不可混淆'，'警察权仍以国境为限，不相侵越。惟彼此查有漏略之处，不妨互相指明'"。这使得在会议召开期间，所议之事始终没有侵越权限的事情发生。在万国鼠疫大会召开期间，韩国钧将其"组织绘制的《东三省防疫图》一一呈送……各国医员，受到大家高度的赞赏"，使得外国人士亦不得不承认"中华不乏有识之士。"①

直接参加到此次防疫交涉中的中方地方官员还有很多，如奉天民政司民政使张元奇、锦新营口兵备道周长龄、吉林交涉使郭宗熙、直隶总督陈夔龙、交涉使王克敏等多人，他们在中外交涉中所进行的努力，功不可没。

2. 绅商和商会维护防疫主权贡献巨大

所谓绅商②，是指在中国近代以来特殊的历史环境下成长起来的一批亦绅亦商的社会阶层，其产生和发展对于晚清的社会乃至政局都带来了深刻的影响。中外防疫交涉中，中国的商会及绅商团体成为一支必不可少的力量。

首先，从全国范围讲，近代以来，中国商业发展，绅商地位有明显提高。中国自古就是一个重本抑末的国家，相应地，中国商人的地位，几千年来也一直处于社会结构的下层。然而这种局面随着西方资本主义

---

① 本段主要参考谢静编著：《从晚清名臣到抗日楷模：韩国钧生涯》，146～149 页，上海，上海人民出版社，2002。其中该书言设立"中日防疫委员会"是韩国钧提出，笔者参考当时的档案资料，认为系日本首倡此议。并"万国鼠疫大会"即书中"万国防疫会"。

② "晚清历史文献中的'绅商'存在分指性和单指性两种情况。在分指性意义上，系'绅士和商人'的合称；在单指性意义上，则反映着绅士和商人之间的融合，以至结合为一体。'绅商'名词的出现和流变提示了近代社会阶层结构演化的历史大趋势，即"商"之地位上升和"绅"之地位下降……"参见马敏：《"绅商"词义及其内涵的几点讨论》（《历史研究》，2001 年第 2 期）或谢放：《"绅商"词义考析》（《历史研究》，2001 年第 2 期）。笔者在这里指代的是"商"之地位大于"绅"之地位的商人。

国家的入侵而被打破了。鸦片战争后，外国资本主义的入侵在阻碍中国社会经济正常发展轨道的同时，也为中国资本主义的产生和发展创造了一定的客观条件。19 世纪六七十年代展开的洋务运动，促进了中国民族工业的产生和发展。中日甲午战争后，《马关条约》的签订迫使清政府放松了民间设厂的限制。有识之士大倡"实业救国"，在中国掀起了一次民族工商业发展的高潮。此外，清政府更在清末"新政"中鼓励私人投资设厂。经济实力不断增强，使得商人的地位有所抬升。"这就为近代绅商结合成为一股社会力量……奠定了客观物质基础。"①

其次，就东北地方而言，以东北地区经济发展，特别是商业的发展为基础，绅商阶层在东北地区日益壮大。清兵入关后，"为保持其'龙兴之地'的原貌，严禁内地汉民出关，对东北实行了全面封禁政策。"②清政府在甲午战败后，一方面由于巨额战争赔款，而陷入财政危机之中；另一方面，"日俄两国加紧对东北的侵略，边疆危机日益严重"。为解决这种状况，清政府逐步解除了东北封禁，实行移民实边政策，"东北的土地开发进入飞跃发展时期。"③ 1861 年营口开埠后，"外国资本主义经济势力开始向东北渗透"，"近代先进的生产技术和经营理念也随之传入东北，促使东北传统手工业开始了近代化的历程。"④ "光绪末年，徐世昌主政东北，与清廷推行"新政"相配合，在东北力倡实业，奖励工商，在客观上刺激、推动、促进了民族资本主义工商业的发展。因此，在 19 世纪末 20 世纪初，东北的民族资本企业数量不断增加，质量也大有提高。"⑤ 至宣统年间，"东北地区作为中国以大豆和小麦为主导产品的商品粮基地的地位得以奠定"，并"以农产品加工业为中心，形成了东北三大支柱产业——榨油业、面粉业和酿酒业。"东北铁路交通发达，在"为帝国主义掠夺东北丰富的资源提供了条件"的同时，"在客观上也为东北区域内外经济联系提供了便利，促进了区域商贸市场的发育。""区域性的商会组织"也相应适时出现。"1906 年 3 月，奉天省设立商务局"，下属商会"50 余处"。"1907 年吉林省、长春府成立商务总会。黑龙江省商务总会亦于 1907 年成立。"商会，"把涣散的本地商人组织起来，既便于官府的管理，也有利于华商共同对外，抵御外商势

---

① 任学丽：《浅析近代绅商的城市服务功能》，载《人文杂志》，2000（6）。
② 李治亭主编：《东北通史》，613 页，郑州，中州古籍出版社，2003。
③ 李治亭主编：《东北通史》，616 页，郑州，中州古籍出版社，2003。
④ 衣保中：《论清末东北经济区的形成》，载《长白学刊》，2001（5）。
⑤ 李治亭主编：《东北通史》，621 页，郑州，中州古籍出版社，2003。

力的压迫。"①

在东北鼠疫灾难中，各地绅商以及相关商会组织，"积极捐赈救济，为控制和缩小疾疫危害面倾心尽力。"② 同时，由于其特殊的政治经济地位，使其成为中外防疫交涉中一支重要的辅助力量。不少中外冲突事件，由中方政府出面交涉，可能不会达到理想的效果，反而商界的施压，却能让外人作出不少让步，达到在中外冲突事件中缓解紧张氛围的效果，同时，也尽可能的维护广大中国民众的利益。清政府也意识到在防疫过程中，绅商会起到的不可替代的作用，所以积极作出了联合鼓励商界参与防疫的决策。劝业道曾发一札文指出，"要知救疫如救焚，官绅农商各界，必须团结一气、并心协力、互相补助，俾得众志成城，坚为防范，庶不至更蹈融合过宽覆辙。"③

再次，鼠疫对商业的破坏力极强，也迫使绅商团结一致，应对鼠疫。在各地疫事初发之时，由于防疫方法中禁绝交通等项规定，严重损害了商民的利益，所以确曾发生过商民阻碍防疫的事件，但是当绅商们意识到不尽快扑灭疫情，他们损失的就不仅仅是金钱，而是生命时，反而是积极投入到了防疫之中。如长春地方商会组织的地方卫生警察队便是一个很好的证明。绅商还积极参加各地的防疫会的筹备，并为防疫献计献策。如奉天卫生防疫会，便是由"资议局教育总会、商务总会、农务会、自治会"④，各团体共同建立的。长春防疫会在此期间，共举行了六次会议，每次都有众多绅商到场，反应意见，提出建议。吉林省城防疫局是"由本城慈善会董事会员组织而成"⑤ 的。当上海检疫出现风波时，洋布公会众商民便提出向英美工部局提出了"暂停搜查"⑥ 的建议。上海绅商，还欲集资聘请中西医员数人，自行检疫事宜。此外，绅商还为防疫捐资捐物，宣统三年正月三十日（1911 年 2 月 28 日），因长春商务总会"捐助防疫经费……赏给……御书匾额一方以示奖励。"⑦ 在奉天十间房地区，染疫颇多，该处日侨"遂向中国总商会交涉要求，

---

① 衣保中：《论清末东北经济区的形成》，载《长白学刊》，2001（5）。

② 任学丽：《浅析近代绅商的城市服务功能》，载《人文杂志》，2000（6）。

③ 《劝业道为疫病流行官绅农商各界必须团结一气并心协力早日捐除疫病的札文》，载《吉林档案史料》，2003 年 7 月，总第 8 期。

④ 《三省防疫行政机关》，见《东三省疫事报告书》，下册，第 2 编第 1 章，20 页，1912，辽宁省图书馆馆藏本。

⑤ 《三省防疫行政机关》，见《东三省疫事报告书》，下册，第 2 编第 1 章，48 页，1912，辽宁省图书馆馆藏本。

⑥ 《再志租界查验鼠疫之大风潮》，载《申报》，第 2 版，宣统二年庚戌十月十二日。

⑦ 《谕旨》，见《东三省疫事报告书》，上册，3 页，1912，辽宁省图书馆馆藏本。

将该处酿疫之民房一并焚毁……先事折价备款赔偿。"①

正是由于中方官吏有力的正面交涉与各绅商在侧面辅助的功能的结合，才使得中国在此次防疫中的损失尽可能的降低，绅商不仅为防疫事业作出了突出的贡献，而且也成为中外防疫交涉过程中的一支重要的辅助力量。

二、清政府维护主权的努力及其结果

早在疫情初现之时，清政府就已经意识到在华各国可能会利用鼠疫混乱之机，进一步侵犯中国主权，扩大在华权益。外务部在发给东三省总督锡良的一次电文中指出，中日双方"如应商之件尽可协商，……互相讨论，弗侵越办事权限，最为扼要，此事所亟，应处处防范者，祇在他国藉端干涉致生后患耳。"② 民政部亦曾"屡次电致鲁抚调查该省防疫情形，并谆嘱认真办理，切毋少有疏忽，致令外人借口干涉。"③ 二月初七日（1911 年 3 月 7 日），军机处、外务部、民政部在"肃邸特开临时会议约一小时之久"，会议的内容就是外人"干涉防疫交涉应如何设法禁阻，以保主权。"④

在防疫过程中，清政府为维护自身主权，做了巨大的努力。

首先，防疫工作不遗余力，尽可能地减少外人干涉借口。在鼠疫流行期间，常有各国因中方，防疫不力而出言指责中方甚至越权干涉中国防疫事宜的事件发生，这是对中国主权的一种侵犯。而从另一方面而言，也促使清政府为维护自身权益，不得不全力投入到防疫中去。驻京外交团曾经照会外务部，"关于防疫一事若按中国官宪之法办理，外人势必干涉。"⑤ 对此，清政府除一方面广聘中西医士前往各疫地施行防疫事宜，另特饬令防疫局，"将每日关于防疫之报告，按照呈部式样，逐日缮送各国使馆一份"，这样使各国"对于京师防疫办法洞悉种种情形，不致再生疑虑。"⑥ 清政府此举，使中国的防疫在程序上完全透明化，国际化。民政部各堂宪提议，"拟将内外城所有官医院一律附设西

---

① 《满洲鼠疫记》，载《申报》，第 2 版，辛亥一月二十一日。

② 《发东三三总督锡良电》，沈云龙主编：《近代中国史料丛刊》，第 62 辑，第 618 册，392 页，台北，文海出版社，1981。

③ 《电饬鲁省认真防疫》，载《大公报》，第 1 版，宣统三年正月二十五日。

④ 《政务处密议东省防疫交涉》，载《大公报》，第 1 版，宣统三年二月十一日。

⑤ 《译件》，载《大公报》，第 7 版，宣统三年正月十六日。

⑥ 《关于防疫之通告》，载《大公报》，第 4 版，宣统三年正月二十四日。

医传习所，以期泰西医家学识，渐次灌输于卫生，大有裨益。"① 宣统三年二月（1911 年 3 月）下旬，日本北里博士"赴京系探会务内容，并商盛宫保欲在京办一中央虫医校等事"，对此外务部右丞施肇基至颜股长电表示，"会务我必抱定研学宗旨，会章正在预备会前不可宣布，至医校自应由我办"，而且我方有伍连德能胜任此责，"若由日办非特于理不顺，各国必有违言，万难照允。"② 外务部鉴于"前已邀请各国医生于三月初五（1911 年 4 月 3 日）在奉天省开会研究此事为各国所系必须办理，确有成效，方免外人口实"，于是电示道厅各署"希严饬各地方官迅速经理，务于开会以前，将各处疫气一律肃清，尤为得宜。"③

清政府早已意识到各国可能会借口中国防疫不力进而予以干涉的情况会发生，故对防疫事宜始终保持着高度审慎的态度。监国和隆裕皇太后都多次对防疫事宜表示关心。监国因见各地"传染肺疫死者甚众，事关小民生命"，特饬令"太医院妥筹驱除该疫方法，以重民命"④，并电谕东三省将"鼠疫情形详细奏报"⑤，还表示，因"此次东省疫症猝发，关系甚重，锡督措置周密，一切办法煞费苦心，朝廷殊深嘉慰，所有该督奏请拨款一节应即照准。"⑥ 此外，隆裕皇太后也多次表示对疫事的关心，曾"特传监国进宁寿宫垂询一切详情，当谕速筹巨款……如有不敷可奏由内帑酌量拨用，以资接济"⑦，并要求"逐日将防疫情形奏报。"⑧ 地方官员更是不敢稍有松懈。当哈尔滨一带鼠疫流行之际，锡良总督意识到瘟疫可能会"因铁路交通甚便故传染极易"，饬令当地"卫生医院设法查验"。当在奉天发现首例疫症时，韩国钧便函知英国、日本、法国、德国、美国、德国的驻奉领事官们，谓"督宪已饬民政司督率卫生医院筹设临时病院，以备查验留治，及购办一切消毒药料，并饬巡警认真检查，以防传染"⑨，这样就明确告知各国，中国对于防疫一事，已有所准备，切勿干涉。

---

① 《民政部请求西医之计划》，载《大公报》，第 5 版，宣统三年正月二十九日。
② 《外务部右丞施肇基致颜股长电》，沈云龙主编：《近代中国史料丛刊》，第 62 辑，第 618 册，400 页，台北，文海出版社，1981。
③ 《通饬防疫严励进行》，载《盛京时报》，第 5 版，宣统三年二月十八日。
④ 《监国关怀吉林肺疫》，载《大公报》，第 1 版，宣统二年十一月初九。
⑤ 《监国关心东省鼠疫》，载《大公报》，第 1 版，宣统三年正月初十。
⑥ 《监国注意东省防疫》，载《大公报》，第 5 版，宣统三年二月初五。
⑦ 《皇太后拨发内帑防疫》，载《大公报》，第 5 版，宣统三年正月十一日。
⑧ 《慈宫关心民瘼》，载《大公报》，第 1 版，宣统三年正月二十七日。
⑨ 《日领事照为刘房子屯三等车上有华人患疫身死请为预防等因分行由》，《奉天交涉司全宗·JB16-3287》，辽宁省档案馆馆藏档案。

清政府对于各国的动向,特别是军事动向,也予以非常的关注。驻日本大臣汪大燮曾发电外务部云:"顷闻日本于本月二十四、二十五两日,连开转运船三艘装载兵丁军械粮食,由横滨径往朝鲜,并闻横须贺与大坂等处,同日均有船运兵前往,似系假韩赴奉,乞告东督电饬严密察访。"① 清政府立饬锡良查明此事,锡良回电云:"二十八日电敬悉日本运兵确有其事,惟探系驻满及朝鲜各师团现均期满,应分派交换,未知是否属实。除再严密侦察外,谨先电闻。"② 据长春府署何子璋太守报称,"二月初旬,俄人曾运到枪弹多箱,至抬马沟下车,嗣又续运枪枝一车,子弹一车,从九站下车"。但是,对于这些军火"以后搬运何处及应用详情,不得而知"。故锡良总督特密电,除继续"由军事员详加查报"一切外,"应即札饬各府厅州县,日后遇有外人此等情事,务须就近侦察确切,以重边防"。何太守"当即转饬警局并各区队遵照"办理。③ 滨江府在向上级汇报俄兵车往来情形时,对于运兵车的路线、到站离站时间、数量,运兵的种类及名额均一一详细列出。④ 可见,清对边境局势特别是日、俄动兵情形异常关注。陆军部曾提议派兵赴奉,原因是"东省鼠疫甚炽,深恐好事者借端造谣致生事故,亟宜派兵队前往奉天驻扎以资防卫"。然而,"说者谓此次奏派兵队赴奉,实发源于前次锡督电请重兵驻奉一节,名为防疫,实则别有用意。"⑤ 此间,亦再次提出扩充东三省军政的问题。"扩充东三省军政问题,政府年前屡经提议,惟迄今仍筹定办法",然而,现在东三省的情势危及,"据称东三省兵力极为薄弱,较为某某两国,殊形不及,非大加扩充,不足以御外侮而弭内患"。且闻,"非仅军队之增添,即军需军火等项,亦须一律倍加置备云。"⑥

其次,竭力遏制各种谣言,维护晚清政局稳定。

"当疫症发生之际,俄人捏造流言传播欧美",《申报》将伦敦泰晤士报所接到的俄京方面发来的电报抄录发表出来,言哈尔滨"疫症甚烈,人鬼交哭,尸横遍野,臭气熏天,华人地方尤甚。所有欧人不敢出

---

① 《驻日本大臣汪大燮致外务部电》,沈云龙主编:《近代中国史料丛刊》,第62辑,第618册,400页,台北,文海出版社,1981。

② 《东三省总督锡良致外务部电》,沈云龙主编:《近代中国史料丛刊》,第62辑,第618册,402页,台北,文海出版社,1981。

③ 《札饬慎重边防》,载《盛京时报》,第5版,宣统三年三月二十二日。

④ 《关于滨江等处防疫事宜》,《奉天交涉司全宗·JB16-1346》,辽宁省档案馆馆藏档案。

⑤ 《陆军部奏派兵队赴奉述闻》,载《大公报》,第6版,宣统三年正月十六日。

⑥ 《筹议扩充东三省军政》,载《大公报》,第5版,宣统三年正月十六日。

门，然因采买日用品，亦只得头戴假面具冒死而出"；另一电"华人关于防疫事务一无成效。"[①] 而《申报》也以《谣言出于俄国之可奇》为题，报道了从俄国海参崴处传出的谣言，有"激烈之排外举动，街衢中张有灭尽欧人之揭帖"，且东北地区"拳匪蠢动"，"不日将起拳乱"，甚至说"奉天已起拳乱"，"并谓华人激烈之暴动及殃害外人之恶意，大宜派兵保护外人"。经中方查明，长春地方黄天教极盛，"教中人自称有救治疫症之能力"，妖言惑众，有一日人，"准教中首领之请试以拜神之法医治疫症"，但患者和行法之人相继死去，该教"遂遭斥逐。"而"谓外人以毒药置井故起疫患"的谣言，亦有传闻，是"由该教散播所致。"俄国向欧洲传言，哈尔滨等地疫情严重，中方防疫不严，以及中国有拳乱兴起的谣言，不过是为其增兵中国东北而制造舆论罢了。对于拳乱一事，清政府查明真相后，一方面力饬各方面负责人"严加防范，以杜谣传，而弭后患"，另一方面"通照各国领事电明各政府"，此事想必是由"奸人捏词登载，冀以煽惑人心"，咨请各国勿生误会。[②] 然而，这仍然阻止不了俄国出兵东北的决心。东督锡良表示，东三省自鼠疫流行以来，"因……交通不便，到处马贼乘机抢掠，势极猖獗，外人借口防护，将置重兵，外交上益觉困难，故特电请陆军部，速挑选精锐，移驻东省，扫荡马贼，以维大局。"[③] 而清政府亦因"黑龙江地处极边，与俄仅一江之隔，关防极为重要"，故特"拟设江防兵备道一缺，以资障卫。"[④]

再次，防疫交涉据理力，努力维护主权。

近代以来，清政府几次同列强进行的武力较量，均以失败告终，特别是在庚子之役后，清政府再也不敢正面与列强冲突。列强抓住了清朝统治者的"息事宁人"的心态，一旦欲达到某一目的时，便采取威逼恫吓乃至出兵的手段，迫使清政府委曲求全。在防疫过程中，各国就多次以清政府防疫不力为借口，欲出兵中国东北，进一步侵犯我主权。以俄国为例，据宣统三年二月初九（1911 年 3 月 9 日）《盛京时报》载，驻京俄使因"东省鼠疫盛行，恐防范不严传至俄境，渐及于欧洲"，照会清外务部云，"俄政府特拟在毗连吉江两省之俄境，添驻重兵隔绝交通，

---

① 《俄人捏报疫事之居心何在》，载《申报》，第 2 版，辛亥三月初六。
② 《谣言出于俄国之可奇》，载《申报》，第 5 版，辛亥三月七日。
③ 《请派驻军》，载《盛京时报》，第 5 版，宣统三年二月十四日。
④ 《添设江防兵备道纪闻》，载《盛京时报》，第 5 版，宣统三年三月二十日。

以阻止鼠疫之西渐。"① 《大公报》也作了相关报导，俄国认为"我国防疫不严，深恐传染渐入俄境"，故提出"要求允准俄人加重兵于中俄交界，以资防范"。对此清政府表示"查此项疫症实发源于贵国，因贵国未能严防，遂致传入敝国，正拟开正式交涉，乃贵国忽有此强硬之要求，殊属无理已极，所请驻兵之处碍难依议。"②

宣统三年二月初八（1911 年 3 月 8 日），奉天防疫总局接到日本奉天公所来函，称小西边门外北方隔离所需要用电灯及电话线。对于此事韩国钧表示，"电灯及电话线明知因防疫临时建设，然将来若因此生不测之障害时，于事理上颇有为难之处"，所以制定了三项规定："一、铁道附属地内树立之电柱，专供架设通隔离所电灯电话线之用；二、铁道附属地内树立之电柱，如于会社之施设生障害时，无论何时，当由防疫总局去出费用，迁移他处或撤去之；三、隔离所需用之电灯及电话线，如横断在会社已设之电信及电话线之处，当即其距轨道面二十尺距各电线三尺。"③ 这就限定了此次安装电灯及电话线的范围、用途，为日后若因此事发生纠纷或有损中国主权事宜时的交涉，争取了有利于中方的条件。

然而，由于清政府当时积弱的现实情况，要想对抗列强的挑衅，是不可能的。于是清政府采取了迂回的政策，即利用在华各国之间的利益冲突，形成一种相互制衡的局面，以达到抑制某一国家势力膨胀的效果。如清政府之所以首倡在奉天召开国际鼠疫研究大会，其主要动因便是要借助各国力量，限制日、俄在东北的进一步扩张。这在韩国钧发给外务部的一份电文中有所体现。宣统三年二月初七（1911 年 3 月 7日），奉天交涉使韩国钧致电外务部施肇基，"前奉钧部，照请各国派医在奉开会，昨督宪已将筹备情形电陈在案，钧部于防疫一事时采外交团议论，刻美医已到，日人仍要求随时会商，现在各国既已派医集会，若请在奉各领事一同晤商，既于预防办法可以随时讲求，又可由各领监视使日人不致无端干涉，此事美德法各领已先商允各本国公使，但未接钧部照会，未便由各国发起，可否请钧部密商各公使饬知各领，似于实行开放主义正相符。"④ 在奉天发现疫事后，日本人给锡良施加压力，"要

---

① 《专电》，载《盛京时报》，第 2 版，宣统三年二月初九。

② 《外部果有此驳覆乎》，载《大公报》，第 5 版，宣统三年二月十一日。

③ 《德领事函为派员来商借用瑞记洋行房屋暂作隔离所正合本领之意等因函复电》，《奉天交涉司全宗·JB16-3688》，辽宁省档案馆馆藏档案。

④ 《奉天交涉使致外务部施右丞电》，沈云龙主编：《近代中国史料丛刊》，第 62 辑，第 618 册，394 页，台北，文海出版社，1981。

求批准日本医务人员参加工作，但锡良不信任他们，转而求助于他一直信任的克里斯蒂医生。"① 英国传教士克里斯蒂，"中文名字叫司督阁"，"是爱丁堡大学医学传教士学院的高材生"，"1882 年，28 岁的他，刚刚大学毕业，就毅然携新婚妻子踏上前往中国东北从事医学传教的旅途。"② 鼠疫发生后，锡良任命他为"政府荣誉医学顾问"，对他提出的意见极为重视。

借其他在华各国打击日、俄在东北的气焰，这种外交策略的目标虽然暂时得以实现，但是，也是付出了相当大的代价。清政府为借用美、英等国的力量而制约日、俄势力在东北的进一步扩张，以及解决因防疫而造成的财政枯竭的经济危机，于 1911 年 4 月 15 日，签订了《整顿币制及兴办实业借款合同》。当时清政府就"决计在四国借款东省实用款中，划分一百万元，垫补吉林防疫经费。"③ 这笔借款的第一笔借款，也是唯一一笔借款中就有三十万两用于垫付了东三省防疫经费。但是，合同中第十三条规定："中国政府除因此借款得各国资金以外，对因此合同所企图事业之继续或完备再要借款之时，须先对本银行团商议，当其不能承办之时，可以就其他资本家开商议。"④ "根据这一条，四国银行团等于垄断了今后的同类借款，特别是取得了在东三省投资的优先权。"⑤ 这也使得东北地区经济的发展，从此处于各国的监视与控制之下。

中外关于防疫斗争的交涉，一方面在广大中国官民心中制造了重重的心理障碍，加深了彼此间的隔阂，降低了合作防疫本应达到的良好成效；另一方面，在华各国乘鼠疫泛滥中国之际，进一步侵犯清政府各项主权，扩大自身在华政治、经济权益，而清政府则整日忙于与各国周旋，试图在各种势力的夹缝之中，找到生存的可能。

本已处于风雨飘摇中的清政府，经历了此次疫情之后，除了损失六万余人口外，财政枯竭现象更加严重。同时，在防疫期间，面对列强的种种阻挠与干涉，虽然没有坐以待毙，进行了抗争，但没有切实可以改

---

① ［英］伊泽·英格利斯：《东北西医的传播者——杜格尔德·克里斯蒂》，张士尊译，158 页，沈阳，辽海出版社，2005。

② ［英］伊泽·英格利斯著，张士尊译，《译者序》，1 页，见《东北西医的传播者——杜格尔德·克里斯蒂》，158 页，沈阳，辽海出版社，2005。

③ 《专电》，载《盛京时报》，第 2 版，宣统三年四月二十日。

④ 《四国借款合同全文》，载《盛京时报》，第 3 版，宣统三年四月初七。

⑤ 李丹阳：《司戴德与币制实业借款》，夏良才主编：《近代中国对外关系》，236～244 页，成都，四川人民出版社，1985。

变局面的措施。清政府以自身状况是无力应对列强的挑衅的，利用在华各国间利益冲突而达到相互制衡目的的策略，亦非根本之策。只有从强大自身的角度出发才是维护生存的根本所在。

第七章

应对鼠疫灾难的中外防疫合作

第一节　列强参与防疫动因分析

列强作出与清政府合作防疫的决定是多种因素共同作用的结果，它有着明确的直接目的与深层的利益趋动。

一、保护既得利益维护自身安全

东北三省鼠疫流行之际，不仅中国人对鼠疫极度恐慌，在华居住的各国侨民亦十分恐惧。随着疫情在各地的泛滥，各国侨民迁居避疫事件屡有发生。长春自鼠疫发生后，被疫者日见增多，"一般居住居户，甚为怕恐……尽行搬至头道沟大和屋居住矣。"① 而驻长春之俄领事署也于十二月二十六日（1911 年 1 月 26 日）迁往宽城子，当日，"城内之日侨等移居路界者，已有二十三户计一百余人，正金银行分行亦拟于日内迁居路界。"② 在吉林"疫死者每日计达六十余名之多，住在城内之日侨等闻已悉数迁居城外。"③ 各国侨民的避疫迁居现象，说明了当时鼠疫形势非常严峻，外国人亦对鼠疫这样的瘟疫束手无策。在鼠疫暴发后，各国在各自租界及势力范围内均实行了严厉的防范应对措施。

---

① 《日人畏疫迁居》，载《盛京时报》，第 5 版，宣统二年十二月二十一日。
② 《外人移住之纷纷》，载《盛京时报》，第 5 版，宣统二年十二月二十七日。
③ 《日侨因避疫而迁居》，载《盛京时报》，第 5 版，宣统三年正月二十六日。

在满洲里街外保府屯发现染疫之人后，俄人遂将该处房屋"六七十间"① 尽行焚毁，并"将未有身照及无正当职业之华人速为送出俄境，其有职业华韩人等饬地方官将其迁移于一隅，并饬编定惩罚违犯防疫者之章程。"② 日本方面在接到北满地区有鼠疫发生的报告后，南满铁道会社立即"把大连医院主任医师、医学博士安倍仲雄派遣到哈尔滨，确认鼠疫已经有侵入到当地的势态"，并"着手南满铁道附属地的预防设施。"③ 同时"印刷通俗易懂的预防注意书"，并"把社员分配到铁道附属地的居住区，以此努力唤起民众对传染病的自卫心理"，分发捕鼠器材，"在沿线各地原有的隔离病舍，增加相当的设施，……对原有的建筑物进行临时应急修理，重新兴建，决定使之充用为患者收容所或者隔离所。"④ 日本递信省则因中国东北鼠疫盛行，"通电朝鲜新义州日本邮局，及在牛庄、天津、北京、芝罘、上海、汉口等处日邮政局"，"将由发生鼠疫之各地方邮到邮件，一律实行消毒，以免蔓延。"⑤ 十二月初三日（1911 年 1 月 3 日），一辆"南满火车行至公主岭地面"时，"车中有华人二名染疫而死"，日本方面当即将"染疫者所乘之车带回，其余所有人等俱送入医院调治"。此后，凡"搭座南下人氏，均次先行调验，验后确无病症者，始准南下，稍有形迹可疑者，一概不准"⑥，更在各租界派遣巡警，"每日挨户到处检查"⑦。为方便处理应急事项，还将防疫总局移至奉天。公主岭地区有华人一名染疫而死，该处日本当局遂将附近居民 5 户共 16 人送入收容隔离所。十间房地区，疫情猖獗，当地日侨因恐传染，将疫患房屋"尽行收买，付诸一炬，藉以净绝病根。"⑧ 为防鼠疫起见，在安东地区日本租界的四围"均制栅栏"⑨，禁止随便出入。

在天津，自俄国租界内的惠工客栈内有一苦工染疫死亡后，各租界内异常恐慌。天津租界规定："凡界内有病故之人或有病似瘟疫者，均须禀明查验，否则立予罚办。"⑩ 该界工部局不仅立即查封了相关客栈，

---

① 《俄人验疫之棘手》，载《大公报》，第 4 版，宣统二年十一月十五日。

② 《关于防疫种种办法》，载《盛京时报》，第 5 版，宣统三年三月初二。

③ ［日］伊藤武一郎：《满洲十年史》，610 页，1916 年满洲十年史刊行会。

④ ［日］伊藤武一郎：《满洲十年史》，611 页，1916 年满洲十年史刊行会。

⑤ 《专电》，载《盛京时报》，第 2 版，宣统三年正月十一日。

⑥ 《日界防疫之严密》，载《盛京时报》，第 5 版，宣统二年十二月初八。

⑦ 《日人注意检疫》，载《盛京时报》，第 5 版，宣统二年十二月二十日。

⑧ 《关于防疫事宜之种种》，载《大公报》，第 2 版，宣统二年十二月二十四日。

⑨ 《日租界拦阻行人任便出入》，载《盛京时报》，第 5 版，宣统三年正月二十五日。

⑩ 《各租界防疫汇志》，载《大公报》，第 5 版，庚戌十二月二十日。

还饬令界内"铺户居民，务将屋院打扫洁净，预备防疫药料，以免传染"①，并派医生挨户查验。法国则将租界附近一带冰冻击碎，"禁止行人来往。"② 日本方面则派巡捕数人把守其租界的风神庙、马家口两个渡口，"为防行人带有疫气，"③ 不准出界之人再返回界内。还通令界内所有居民，"如有染患热病者，无论铺户民宅及本主人或火夫等，当即填写姓名住址，从速报知警察署。"④ 天津奥界发生染疫身亡事情后，便"派巡捕将巷口加筑藩篱，不准出入，"⑤ 所有患疫房屋附近居民，均迁徙至别处。且规定："凡界内有病故之人，或有病似瘟症者，均须禀明查验，否则立予罚办。"⑥ 有一居民刘某因染疫身亡，"该界公署除将尸属父母妻子并左右邻人一并……管押外，并将住房查封。"⑦ 意大利方面则令"界内居民设法捕鼠，以免传染。"⑧

在山东，青岛附近的胶济铁路车站出现罹患鼠疫的病人后，"旅居山东之德人，因之异常恐惶"，为防止劳工携带疫气入境，便在所有市街的后方六七里一带，"架设铁条纲派驻军队……又在海岸新设大探海灯四所，搜查民船，不使之自由入埠。"⑨

由此可见，各国在初见疫情后，都在各自租界内实施了严格有效的防疫措施。那么，各国侨民为何反应如此强烈，各国为何会不惜花费巨资来参与防疫呢？笔者认为有以下四个方面的原因。

首先，西欧历史上的黑死病史给人类留下的阴影。瘟疫是一种严重威胁人类生存的破坏性极强的传染性疾病。自从人类诞生之日起，就与瘟疫相伴而行。人类历史上曾经有过三次鼠疫大流行。第一次发生在公元六世纪，持续五六十年，死亡近一亿人。第二次发生于 14 世纪，持续近 300 年，仅在欧洲就造成 2500 万人的死亡。第三次始于 1860 年，至 20 世纪 30 年代达到高峰，波及甚广，死亡达千万人以上⑩。这种残酷的历史，不能不让人类铭记于心。鼠疫对在华各国侨民生命安全造成了极大的威胁。"每当大疫肆虐之际，上至九五之尊的帝王贵胄，下及

---

① 《防患未然》，载《大公报》，第 6 版，宣统二年十二月十七日。
② 《各租界防疫汇志》，载《大公报》，第 5 版，宣统二年十二月二十日。
③ 《各租界防疫加紧》，载《大公报》，第 5 版，宣统二年十二月十九日。
④ 《防疫汇志》，载《大公报》，第 6 版，宣统二年十二月二十二日。
⑤ 《防疫汇志》，载《大公报》，第 6 版，宣统二年十二月二十四日。
⑥ 《各租界防疫汇志》，载《大公报》，第 5 版，宣统二年十二月二十日。
⑦ 《各租界防疫加紧》，载《大公报》，第 5 版，宣统二年十二月十九日。
⑧ 《各租界防疫汇志》，载《大公报》，第 5 版，宣统二年十二月二十日。
⑨ 《东三省通信》，载《申报》，第 5 版，辛亥正月十六日。
⑩ 欣正人编著：《瘟疫与文明》，1 页，太原，山西人民出版社，2004。

草莽林间的布衣百姓，都无法逃脱瘟疫这一灾难"①，这不会因为阶级身份的不同而有所改变，当然也不会因东西方肤色和种族的差异而有所改变。鼠疫毁灭性的破坏力，严重威胁人类最基本的生存权利，它再也不仅仅是疫源地的某一地区、某一国家独自面对的问题。相应地，鼠疫的防控成为维护人类最基本生存权利的全球性的课题，鼠疫则成为人类共同的敌人。

其次，鼠疫使各国侨民生命财产受到威胁。发生鼠疫的几个主要疫区：东三省、山东、上海等地，均是外国侨民居住较多的地区，仅"日人侨居东省者，约计七万"② 之众，各国政府保护侨民生命财产不受侵犯是为必然。当鼠疫的发生严重威胁着各地侨民的生命财产安全之时，故各国必然首先在各自租界内进行严厉的防疫，发放药品，断绝与外界交通等措施。同时还专门为保护侨民制定了相应的措施。驻京各国医士团，为保护侨民起见，召集会议，制定办法 4 条，规定：如果京师发生鼠疫，则将所有侨民"收容使馆地段以内，而将与该地段以外之交通遮断"；要入使馆地段之内者，必须进行 5 日的消毒方可入内；地段之内人们如若外出，必须进行 5 日的检疫，方可再回界内；"由外运到之信件物品等类，亦皆检疫消毒。"③ 法国除派遣"著名医学大家巴斯达安斯朱杜诺普鲁奎君……前赴满洲研究鼠疫"，还"将防疫药剂多量分送驻扎远东各法领事署，以便保护法国军队及侨民。"④

再次，鼠疫对各国商业破坏性极大。各国在东北均有着巨大的经济利益。日本方面，到 1911 年止，其棉布已经占中国东北棉布市场的72％，1909 年至 1914 年的 5 年间，其在中国东北进口贸易额中已占到60％。⑤ 俄国在日俄战争中战后败，全力经营"北满"地区。俄控中东铁路，"西线、南线经过的地域是发达的农产区，素有'粮食谷仓'之称。""黑龙江省的拜泉、海伦、呼兰、青冈、兰西、肇东和肇州等县，每年仅通过对青山车站输出的粮食便达一亿至两亿斤。"在东线"每年

---

① 欣正人编著：《瘟疫与文明》，5 页，太原，山西人民出版社，2004。

② 《中日两国协同防疫之意见》，载《盛京时报》，第 2 版，宣统三年正月十九日。

③ 《京师防疫之严厉》，载《盛京时报》，第 2 版，宣统二年十二月廿一日。

④ 《专电》，载《盛京时报》，第 2 版，宣统三年正月十八日。

⑤ 王连忠：《历史上中国东北地区同日本的特殊贸易关系》，载《现代日本经济》，1997 (4)。

仅海参崴港输出的大豆便在 2000 万普特①以上。"② "美国在中国东北的贸易从 19 世纪 40 年代即已开始，并且中国东北成为美国对华贸易集中地。"③ 然而，鼠疫对商业造成的破坏，给各国在华经济利益造成了严重损失。鼠疫发生后，各国均投入巨资进行防疫姑且不论，阻断交通等防疫举措，更给商业带来了莫大的影响。英国伦敦 "远东货品专卖市场，近因满洲恶疫流行，大受影响，所有各航业家向赖装载白豆赴英，藉获运费，现该商务，亦皆因之不振。"④ 在库伦地区，当时市场已极为热闹，"有戏团及茶馆饮食肆市廛之中，百物咸备，"但鼠疫一发生，使得 "皮货不得售与俄商，而积滞于库伦至值二百万之多，……商务甚疲。"⑤ 在各租界内，有的是因为各国要求关闭各店铺的，还有因恐慌而闭市的。德商秋满洋行在疫症发生之前，曾经购买了一批元豆，"方欲装运，而交通已断"⑥，致使货物长期堆存。阻断交通，也使得各处税关，没有可以收入的货税，"各口岸有传疫性之货，皆禁止出口。"⑦ 而此时各税关还要支拨防疫经费，也是入不敷出。可见，鼠疫对经济的破坏性极大，其造成的间接经济损失，更是无法估量的。

最后，鼠疫通过边境传播扩散的可能性极高。此次鼠疫发生的主要疫区——东北三省，就地理位置而言，东拊朝鲜半岛，北扼沙俄。若不把疫情控制在东三省地区以内，便可能经此二国传至日本、欧洲乃至美洲地区。在疫情刚刚发生后不久，在哈尔滨工作的一名医学博士就曾向俄国政府发电，请求 "即订完全办法，以防满洲疫症，否则恐将传入欧洲。"⑧ 如若果真传播至其他地区，疫死人数又何止 6 万，更不知何时才能扑灭。故日、俄、朝鲜等国均异常重视边境防疫。

俄国方面，因北满一带疫气严重，亡者 "每日不下百余人，哈尔滨有尸四千具，呼兰冰上尸积如山"，遂 "照请中政府转饬各该地方官，禁止在航线左近焚毁死尸，以免流毒无已。"⑨ 俄国阿穆尔省总督亦

---

① 1 普特＝16.3805 公斤。

② 东省铁路经济调查局：《北满与东省铁路》，374 页，哈尔滨，哈尔滨中国印刷局，1927。转引自姚永超：《1906—1931 年日俄经济势力在东北地区的空间推移——以港口、铁路、货物运销范围的变化为视角》，载《中国历史地理论丛》，2005（1）。

③ 杨生茂主编：《美国外交政策史（1775—1989）》，246 页，北京，人民出版社，1991。

④ 《电报》，载《大公报》，第 4 版，宣统三年正月初七。

⑤ 《库伦之与鼠疫》载《盛京时报》，第 2 版，宣统三年四月二十三日。

⑥ 《德商禀请输运元豆》，载《盛京时报》，第 5 版，宣统三年二月十五日。

⑦ 《日本人关东防疫种种》，载《申报》，第 3 版，辛亥正月二十四日。

⑧ 《满洲疫症近闻》，载《申报》，第 3 版，庚戌十一月初三。

⑨ 《俄人限制焚尸之办法》，载《大公报》，第 4 版，宣统三年正月二十四日。

"因满洲百斯笃瘟疫流行，恐有传播情事，特调军队在沿边防守，以免瘟疫之延人。"① 至二月（1911 年 3 月）初天气渐暖，恐"将来各河开航，来往客商可为传染之媒介，是以不得不先事预防"，俄国"水路局有见于此，特在阿穆尔及吉亚两河，筹设防疫办法"，"将该两河分为数段，遇来往轮船内搭客有染疫者，不准其登岸，以免传染"。同时"又在黑河伯力及尼古来各城"，设立检疫所和疫病医院，"遇该城内有染疫者，送人病院医治"，并"设游行检疫船只，以便将船中染疫者载去，并办理消毒之事"。另"谕有船各家，速为聘请医士或医生，在船中监查一切。"② 中俄边境防疫的重点集中在阿穆尔地区。俄国公使曾于正月十二日（1911 年 2 月 18 日）照会清政府外务部，称阿穆尔伯力总督为防止瘟疫侵入俄国，特制定如下规则：禁止华工人入阿穆尔；除头等搭客外亦"不准华人，由瘟疫流行各处，经海路前赴俄境"③；在坡洛达洼、波格拉尼赤那押、春春柴新、巴夫罗非、多罗夫斯喀押、奢勒灭即耶洼等 6 处设立检验所，一切华商必须在该所住留 5 日后，始可放行。外务部收到照会后，马上电饬东三省总督锡良、吉林巡抚陈昭常、黑龙江巡抚周树模以及山东巡抚陈夔龙"转饬商民，遵照办理"④。

朝鲜总督府为预防鼠疫侵入朝鲜起见，拟在边境要路多设检疫所，"将东省赴朝鲜之行旅，无论内外人民，一律隔离三日再行检疫，始能放行。"⑤ 并于十二月十九日（1911 年 1 月 19 日）与告知内外官宪。并于总督府内添置防疫所 1 处，自"二十三日（1911 年 1 月 23 日）起，在车站及各车内严行检查"。同时，还谕饬商民对于易于传播病毒的货物，"一律禁止自东省入境。"⑥ 宣统三年正月（1911 年 2 月），朝鲜总督府"为预防鼠疫起见，通饬所属，凡华人除由中国官宪给照认为无毒者外，其余一律不准入境。"⑦ 并与中国官宪"协商国境防疫办法"，"在中国大东沟及朝鲜龙岩浦两处，开设两国协同防疫所"⑧。中韩边境防疫的重点地区是新义州。⑨ 朝鲜总督府派警视总长明石少将，前往新

① 《阿穆尔派兵防疫》，载《大公报》，第 5 版，宣统三年二月初二。
② 《俄人河路防疫办法》，载《盛京时报》，第 5 版，宣统三年二月十二日。
③ 《俄境防疫之条件》，载《盛京时报》，第 5 版，宣统三年正月十三日。
④ 《俄境防疫之条件》，载《盛京时报》，第 5 版，宣统三年正月十三日。
⑤ 《专电》，载《盛京时报》，第 2 版，宣统二年十二月廿二日。
⑥ 《朝鲜总督府开始防疫》，载《盛京时报》，第 5 版，宣统二年十二月二十六日。
⑦ 《华人入境之阻止》，载《盛京时报》，第 5 版，宣统三年正月二十日。
⑧ 《专电》，载《盛京时报》，第 2 版，宣统三年二月十一日。
⑨ 由于当时朝鲜已被日本合并，故在某种意义上也可称之为中日边境。

义州，主持防疫。其到任后，规定"凡有渡江入境者，须在新义州隔离所收容三日"，并且在沿江一带"密布铁条，……设置警岗，藉以严防苦工之越境窜入"①。即使是在这样的严密防控下，鼠疫还是蔓延到了朝鲜。据宣统三年正月二十日（1911 年 2 月 18 日）《盛京时报》报道，"朝鲜铁路南川站迤西约一日里之处，有一村落，顷日发生瘟疫，计有十人之染疫者，内四人已毙命，其余六人均病势沉重"。明石警务总长当时立即下令"该站一律不准搭载客货，并严行防疫。"② 可见，为防止疫情的进一步扩散，边境防疫是十分必要的。

综上所述，在华各国与清政府合作防疫，是其出于维护自身在华政治、经济利益的需要，而作出的必然选择。

二、攫取防疫主权乘乱扩大在华权益

鼠疫泛滥中国东北期间，列强多次以防控鼠疫为借口，威胁清政府主权，以使清政府做出有利于列强的让步与妥协，主要表现在以下两个方面。

第一，在防疫过程中，各国经常有因中国防疫不力而出言责问甚至恐吓的情况发生，还有越权干涉的举动。宣统二年十二月十三日（1911 年 1 月 13 日），日本驻奉总领事官小池张造照会清政府，谓傅家甸地区，鼠疫异常猖獗，但"贵国官宪之处置，置为缓慢，……请即速电饬地方官，以敏活之手段办理，以达防疫之目的"③。奉天省城内某地，因鼠疫猖獗，"日本防疫本部，曾屡次提议，将该地发生鼠疫之房屋，悉数烧，弃以绝祸根"。中国官方于十二月二十九日（1911 年 1 月 29 日）允诺可以，但是到正月十九日（1911 年 2 月 17 日）一直没有付诸实行。日方指出"该地与各国公署相近，中国官宪若办理不得其宜，则适足贻人以口实耳"。而且，日本方面"早已在其铁路租界内，预备住房，以便收容在系争地之日侨（计二百六十余人），中国官宪今若不按约办理，则日人必起而抗议，恐不免酿成重大交涉，窃为中国所不取也。"④ 日人用可能会造成重大交涉的后果，来迫使清政府立即履行约定，将该地发生鼠疫的房屋尽行焚毁。驻京外交团见奉省疫气流行，向

---

① 《新义州之防疫》，载《盛京时报》，第 5 版，宣统二年十二月二十八日。

② 《专电》，载《盛京时报》，第 2 版，宣统三年正月十二日。

③ 《日领事照为刘房子驿三等车上有华人患疫身死请为预防等因分行由》，《奉天交涉司全宗·JB16-3287》，辽宁省档案馆馆藏档案。

④ 《中日两国协同防疫之意见》，载《盛京时报》，第 2 版，宣统三年正月十九日。

清政府提议，将京城中戏园演戏暂停数日，因戏园地区，"万人群聚，最易传染此病，"并威胁说"如中国官吏瞻徇情面，置人命于不顾，外交团将藉词预防鼠疫，代中国官吏操卫生行政权"①。宣统三年二月初（1911 年 3 月），外务部饬令各地方官员"务须照旧严加防范，以冀实行净绝"②，避免疫情复发。当时各地疫气已见减少，清政府仍饬令严防，据报载，实是因为不久前，驻京英法日俄德各国公使曾经照会，指责政府防疫不严的缘故。俄国防疫会会长亦曾经因哈尔滨铁路交涉局，"有疫死人，蒙蔽不报"之事，照会清政府，并要求"以后如查有此种情事，必以重点圈禁局中大小人员，将仆役兵从等尽行拘去，无论男妇官眷委员必须检验"。韩国钧为此函哈尔滨铁路交涉局，"督总于疫事甚为注意，于哈埠防疫事大有微词"，"尚望……早事筹备，勿为事后之追悔也"③。

第二，各国干预中国防疫的手段仍不断升级，最终表现在出兵干涉防疫上。东三省瘟疫流行，给各国出兵干涉创造了先决条件。十二月二十日（1911 年 1 月 20 日）各国公使曾至清外务部，"谓山海关对于防疫一事未免失之疏懈，拟由各国分派兵队前往，如有不服拦阻强欲入关者，即行开枪。"外务部恐怕酿成事端，"力与争辩，现商定由陆军部派兵前往守御。"④ 在东三省，日俄本就经常藉词东省匪患猖獗，增兵东北，疫事发生后，更是以防疫保侨为借口，多次出兵。俄国"藉词防疫，再添兵队至东清路护车"，而本届期换防的军队已到，而旧军却"犹未撤回。"⑤ 宣统二年十月二十七日（1910 年 11 月 28 日），呼伦道知府派出巡兵回报，"距满洲里二十华里许，有俄喀杂克兵七名驻守。查此处在塔密托罗海山南约有十华里许，实系华界，俄兵驻守实堪诧异，当经知府访明，系由贝加尔湖俄统领乐然四基派去。知府遂即亲往，与该统领会晤诘问。据该统领云，此为防疫。俄兵应在俄界，此处可由知府派兵添岗，以免别项误会。"⑥ 又据《申报》载，"俄人近于内外蒙古增驻兵队颇多，据呼伦贝尔报告，前数日东清火车又由俄境运来

---

① 《北京防疫记》，载《申报》，第 4 版，辛亥正月初五。
② 《外部分咨仍须严防鼠疫》，载《大公报》，第 5 版，宣统三年二月初五。
③ 《关于滨江等处防疫事宜》，《奉天交涉司全宗·JB16-1346》，辽宁省档案馆馆藏档案。
④ 《派兵往山海关防疫》，载《盛京时报》，第 2 版，宣统二年十二月二十九日。
⑤ 《北满俄人增兵之不已》，载《申报》，第 2 版，辛亥正月十五日。
⑥ 《为胪滨府呈拒绝俄人设岗等情分饬》，《黑龙江行省公署·21-1-155》，黑龙江省档案馆馆藏档案。

兵队数百，每车约三十人，共三十余辆"①。对此，当时的各报发表要闻表示，"俄人添驻之兵，实非为防疫起见，闻约于一月之内，当将黑龙江沿边布列整齐，藉以示威，……东三省前途诚不堪设想。"②

此次鼠疫发生期间，在华各国通过外交恐吓、军事威胁等手段，从清政府手中又攫取了不少利益。

宣统二年，《中俄商约》③ 期满。俄国借修约向中国提出了"几乎囊括长城以北一切重要的贸易和投资上的特殊权益"④。主要内容为："一，两国国境各百里内，俄制定之国境税率，不受限制，两国领土内之产物及工商品，皆无税贸易；二，旅中国俄人讼案，全归俄官审理，两国人民讼案，归两国会审；三，蒙古及天山南北两路，俄人得自由居住，为无税贸易；四，俄国于伊犁、塔尔巴哈台、库伦、乌里雅苏台、喀什噶尔、乌鲁木齐、科布多、哈密、古城、张家口等处，得设置依赖官，并有购买土地建筑房屋之权。"⑤ 为达目的，俄政府一面多次向清政府下达通牒，一面在中国边境集结军队，"土耳其斯坦驻军"就曾挺进"伊犁边境"。同时，俄国还借口防止瘟疫流行，"派兵三十万至满洲里一带驻扎。"⑥ 俄国路西亚报纸还"罗举中国有背千八百八十年之约章"来制造舆论，"声称俄属黑河总督各权利，须即实行保护，所有该省各边陲应行堵塞，以防疫气蔓延。"⑦ 报称，俄国之所以采取这种强烈的举动，是因为俄国"拟照千八百八十一年中俄之新协约行事，其新约中有俄在蒙古自由贸易，及各种特别之权利，且于科布地方设立领事馆"⑧。此时边境局势骤然紧张起来。"据深知俄国军情者言"，在日俄战争之后，"俄国即于西比利亚及北满地方预定增加三军团，……目下布置妥贴，""一旦与我国交涉决裂，其侵入方面约分四路"对我进行军事侵略。⑨ 对于俄国不断增兵中国北方，英日亦有所行动。当时英国正与清政府就进驻片马进行交涉，看到俄国出兵中国满蒙地区后，也"进兵屯驻片马"，并云"此次进兵之意，并非有意与吾国肇衅，不过因近

---

①　《日俄两国终不忘满蒙》，载《申报》，第 4～5 版，辛亥二月十二日。

②　《俄人黑省驻兵之传闻》，载《大公报》，第 6 版，宣统三年二月初八。

③　即《改订陆路通商章程》（1881 年签订）。

④　李丹阳：《司戴德与币制实业借款》，见夏良才主编：《近代中国对外关系》，成都，四川人民出版社，1985。

⑤　赵尔巽等撰：《清史稿》，第 16 册，4514 页，北京，中华书局，1976。

⑥　《此即机会均等之流毒》，载《申报》，第 4 版，辛亥二月十二日。

⑦　《电报》，载《大公报》，第 3 版，宣统三年正月十九日。

⑧　《电报》，载《大公报》，第 3 版，宣统三年正月二十一日。

⑨　《日俄两国在东之举动》，载《申报》，第 5 版，辛亥三月十日。

日俄人在西北一带日增军备，其势叵测，故英国亦在该处驻屯军队，以防意外"。日人也因俄国"举动异常"，"亦暗中在南满增兵预防，故近日南满铁路两旁，无处不驻有日本陆军。"①《申报》报道"日本大岛都督此次出查奉吉各处，名为调查防疫事宜，实则暗中查察彼国屯驻各地点之军备布置是否得宜，以故，该都督于日前由长返连时，每至一站必下车，传见陆军人员，秘议一切。"②

正是由于日、俄在东北频频的增兵举动，给中美实现《整顿币制及兴办实业借款合同》打开了"新的局面"。对于此借款合同，中美磋商已久，但因英法德三国的加入及美国始终坚持要清政府任命1名美国人做财政顾问等问题，使得中美谈判陷入了僵局。在东北局势日益紧张之际，美国谈判代表指出"俄国和日本可能会利用发生鼠疫作为借口在东三省制造麻烦，甚至占领这个地区。"③ 如若希望得到各国的帮助，"最好的事，莫过于立即解决借款问题"，这样，中国"将会在实际上获致一种对她主权的国际保证，日俄在满洲所意欲采取的激烈行动也会被预先防止"。美国的想法与当时清政府的外交政策可谓是一拍即合。于是在1911年4月15日，《整顿币制及兴办实业借款合同》正式签字。5月24日，四国银行"向清政府垫付了主要用于东三省防疫救济的第一笔现款40万英镑。在这对清政府的第一笔、也是最后一笔垫款中，四国银行团就利用当天英镑汇率差价，使清政府少收进款2％。"④

国家利益决定着各国在国际事务中的政策取向。近代以来，列强来华的根本目的就是要把幅员辽阔、物产丰富的中国变成为其资本主义国家发展提供原料和倾销产品市场的殖民地。由于多国瓜分中国客观现实的存在，哪一个国家若想"明目张胆"地扩大其在华权益，则是一种甚为"危险"的行为，必定招致各国的责难。因而某一国家若想有任何举动，必须事前先通告与之有利益冲突的各个国家，待未有明显的反对后才能实行，若反对声强烈则做罢。而鼠疫的发生，却为各国扩大在华权益，提供了一个良好的契机。为防控鼠疫，清政府投入巨资，其财政问题日益突显，英美法德的四国银行借款，正可以解决燃眉之急。故美国谈判代表司戴德抓住了时机，促成了长久未决的谈判。日、俄战争后，

① 《此即机会均等之流毒》，载《申报》，第4版，辛亥二月十二日。
② 《满蒙事真不可问》，载《申报》，第5版，辛亥二月十三日。
③ 李丹阳：《司戴德与币制实业借款》，见夏良才主编：《近代中国对外关系》，236页，成都，四川人民出版社，1985。
④ 李丹阳：《司戴德与币制实业借款》，见夏良才主编：《近代中国对外关系》，236～44页，成都，四川人民出版社，1985。

两国将东北分割殆尽，各自在其范围内从事经营活动。他们通过各种方式进一步侵夺了政治、经济特权，直至满洲鼠疫暴发，更是以防控鼠疫，保护侨民为借口，多次出兵满蒙，目的无疑是想借军事威胁，让清政府对其所提出的各种要求做出妥协。

第二节　中外防疫交涉中的合作及其成效

中外合作防疫，顾名思义，是中外双方为达到控制疫情这一共同的目标，"彼此通过协调作用而形成的联合行动。"① 宣统末年东北鼠疫防控期间，中外双方不遗余力，密切配合。此次鼠疫之所以能够如此迅速地扑火，正是中外各国之间广泛交流与合作的结果。

一、清政府自身防疫工作成效

清政府自始至终对此次鼠疫都保持着高度重视的态度。这是因为在中国历朝历代均有鼠疫发生，每次鼠疫发生，不论是对经济、民生还是社会稳定性等方面都带来巨大的冲击。中国历史上还有一个奇怪的历史现象，就是一个王朝在灭亡的前期都会有大型天灾发生，或瘟疫、或水灾、或旱灾、或蝗灾等。所以，每当有重大灾情发生之时，任何一个朝代的当权者都会给予高度的重视。自然在鼠疫发生后，清政府也采取了较为积极的态度和防范措施。

疫事发生后，清政府能够及时选派官员予以处理，甚至不惜耗费巨资，只为尽早控制鼠疫。自从满洲里爆发鼠疫后，清政府"当即严饬胪宾府知府，会同俄国东清铁道社员，历行防疫事"。当疫气侵入到哈尔滨地区时，"即严饬吉林西北路兵备道于驷兴，开办防疫局，所选派中日医员，授以医务上全权……并于三省设防疫总局及防疫会"，又因哈尔滨、长春两地疫气为盛，"特派署吉林交涉司郭宗熙摄吉林西北兵备道驻哈……以促防疫行政之进步。"② 疫事期间，清政府在各地设防疫局、防疫所、检验所、隔离所、病院、收容所、防疫会、接济所各种防疫机构共 1746 处（其中，奉天省 895 处，吉林省 777 处，黑龙江省 74

---

① 《辞海》（上），912 页，上海，上海辞书出版社，1999。
② 《防疫概况》，见《东三省疫事报告书》，上册，第 1 编，1 页，1912 年，辽宁省图书馆馆藏本。

处)①，完善的防疫机构，为应对这场灾难，"提供了强有力的组织保证。"② 同时"仿各国成例，核定防疫及查疫之办法"③，制定颁布了数十种防疫法规，"为防疫工作提供了强有力的制度保证。"④ 此外，清政府及时隔断交通、大力推行火葬等举措，都对防疫起到了积极的作用。"民政部因东三省鼠疫大作，势极猛烈，深恐染及京师"，除了"出示晓谕防卫外"，现"又札饬内外城警厅传知商铺住户等"，"将寓内穴藏之鼠，极力严扑，……总期搜拿净尽，以防传染之害而重生命。"⑤ 为避免民众流离失所的状况给社会稳定造成的隐患，清政府在赈灾工作上付出极大努力。"防疫总局以染疫症死亡之人所住之房屋暨器皿、寝具，均为引疫之媒介"，特饬令警务局，将"前因染疫死亡查封各户共十三家，均一律用火烧毁"，但同时"每间房屋由官家给价二十元，以示体恤。"⑥ 在哈尔滨有"俄人疫症烧毁民房六十余处"之事，吉林巡抚陈简帅特电总督锡良，请示"可否酌赐抚恤，以惠灾黎"。对此锡良"电饬西南路李道、西北路于道等速即设法安置，毋任失所。"⑦

防疫相关官员有很多尽职尽责之人，"督宪并韩司使等，对于此次防疫事宜，力排万难，热诚当事之心事"。东督锡良"公正忠亮，上自下下，均信赖之。……至其关心民命，夙夜忧虑……从事于防疫，殆忘寝食。"⑧ 而交涉使韩国钧，"自到任以来，事必躬亲，日无暇暑，现因办理防疫尤加劳瘁，虽除夕元旦未尝稍安"，且闻其因"积劳成恙，常伴药炉"，尽管如此，仍勉强坚持每日到办公室批阅公文、接待外宾。⑨ 在东北发生疫事期间，能有这样的官员，实为国家和百姓之福。奉天交涉及民政两司，自从督办防疫以来，殚精竭虑，不辞辛劳，"以期早日扑灭，而保民命"。先前，曾将"省城所定防疫章程，札发各属，遵照办理"，事后，恐各地有"阳奉阴违办理不善"的情况发生，于是又派

---

① 《三省防疫行政机关》，见《东三省疫事报告书》，下册，第 2 编第 1 章，27～53 页，辽宁省图书馆馆藏本。

② 《1910 年前后东北的鼠疫灾难》，见焦润明等：《近代东北社会诸问题研究》，15 页，中国社会科学出版社，2004。

③ 《监国注意防疫》，载《大公报》，第 1 版，宣统二年十一月十八日。

④ 《1910 年前后东北的鼠疫灾难》，见焦润明等：《近代东北社会诸问题研究》，16 页，北京，中国社会科学出版社，2004。

⑤ 《京师防疫之严厉》，载《盛京时报》，第 2 版，宣统二年十二月廿一日。

⑥ 《烧毁染疫之房屋》，载《盛京时报》，第 5 版，宣统二年十二月十九日。

⑦ 《电饬抚恤被疫灾民》，载《盛京时报》，第 5 版，宣统二年十二月十五日。

⑧ 《中日两国协同防疫之意见》，载《盛京时报》，第 2 版，宣统三年正月十九日。

⑨ 《交涉司力疾从公》，载《盛京时报》，第 5 版，宣统三年二月十一日。

遣委员到各地"稽查所办防疫事宜，是否认真有无成效，倘有不合务令从速改良以收实效。"①

在防疫过程中，也有玩忽职守，敷衍了事的官员存在，清政府对这些人则予以了严惩。哈尔滨发生疫情后，当地于观察，"因办理防疫不力，屡受督抚两宪严责"，并闻"锡督拟俟吉抚查明办理防疫情形，以定于道之去留"问题。② 清政府因吉林西南道李澍恩防疫不力，"撤销试署"，并派"孟宪彝暂行调署"，李澍恩则"仍留长春帮办防疫事宜，以观后效，不得置身事外。"③ 吉林府张太守亦因防疫不力，而被撤任，"遗缺经民政司委准，补延吉府知府傅疆署理。"④ 吉林西关九区界内有一人染疫毙命后，被"遂匿尸于积雪之中"，由于当地巡警没有察觉到此事，以致疫毙之家属一家"尽行身死"。对此，"警备局长以该管区官郝有增，疏于查察，误公实甚，遂即撤差。"⑤ 奉省有一观察，在乘骡车入城时，受到防疫员的查问，该观察遂大怒，"嗾令车夫用小登打伤其面部，血涔涔下，防疫员当即奉告防疫事务所张总办，登时同赴公署面禀督宪，督宪大怒，闻拟斩决该车夫，并严糸某观察，嗣经某司道出而转圜，判令罚款二千元两充作防疫经费。"⑥

清政府中央及地方在防疫过程中的不懈努力，得到了外国人士的认可。外部曾"派西医某君赴奉调查防疫情形"，该医报告表示"东省防疫事宜成效卓著，疫势可望不日销灭。"⑦ 驻京英德等公使在与外务部会议防疫事宜时，"颇为颂佩京师防疫之办法"，"防疫政策为中国刱举，此次竟能先事预防，未致蔓延，足征中国进步实为外人意料之所不及。"⑧

二、与在华各国防疫合作成效

在华各国广泛参与到中国防疫之中，是疫事迅速扑灭的一个至关重要的因素。各国的广泛参与，为清政府防疫工作带来了诸多积极因素，

① 《派员稽查各属防疫事宜》，载《盛京时报》，第5版，宣统三年二月十二日。

② 《关道撤任之风说》，载《盛京时报》，第5版，宣统二年十二月十五日。

③ 沈云龙主编：《近代中国史料丛刊》三编，第18辑，第180册，台北，文海出版社，1986。

④ 《吉林府张守因防疫不善撤任》，载《盛京时报》，第5版，宣统三年二月初一。

⑤ 《区官因失查撤差》，载《盛京时报》，第5版，宣统三年二月十二日。

⑥ 《罚办某道之殴伤防疫员》，载《大公报》，第5版，宣统三年正月二十七日。

⑦ 《专电》，载《盛京时报》，第2版，宣统三年二月十一日。

⑧ 《外人对于京师防疫之称誉》，载《盛京时报》，第2版，宣统三年二月十八日。

推动了防疫工作的顺利开展，提高了防疫工作的成效。

1. 在华外国广泛参与此次鼠疫的防疫

第一，从防疫经验角度来看，在华各国广泛宣讲防疫常识，为防疫工作在民间的开展创造了良好的前提条件，减少了民众因不了解鼠疫，在恐慌的心态下而造成的防疫冲突事件的发生。同时，各国在各自的租界及势力范围内严防鼠疫的举措，也对清政府的防疫工作起到了示范的作用。

要有效的控制疫情，"莫要于人知卫生，而欲卫生知识之一律普及，则非设法以诱遵之不为功也。"① 因此，清政府聘请各国医士传授防疫方法，演说防疫注意事项。十二月十六日（1911 年 1 月 16 日），日本医学博士村田君在铁岭受到徐大令的邀请，在当地向各界人员演说"现今卑斯笃病之可畏，以及防止之法。"② 长春道宪还特向"驻长日本防疫支部，延聘得日医一员及消毒员十三名"③，并组织中国消毒队向其学习消毒办法。奉天地区的数名商绅，"特请赤十字医院医师某君……演说关于防疫各种事宜。"④ 继守川疫毙后，日医齐藤君前往新民接办防疫事宜，并在当地商会开会"演说鼠疫之原委，并预防之方法。"⑤由于各国意识到中国官民对此种疫情，尚缺乏足够的认识，故在防疫期间，也时常组织防疫演说，介绍瘟疫的历史、特征、及防疫的注意事项。满洲日日新闻社⑥因为满洲地方疫气流行，而"将每日登着关于防疫之论说，辑为论集一卷"，并"译成汉文，印装成册"，驻营口日本领事官将其二十册送给当地道署，"请为转致防疫事务所分别送览，以备考镜。"⑦ 英人德来格，编著了《鼠疫论》一册，送交清外务部。其中认为防疫方法"首重卫生"的见解，得到各方认可。锡督遂饬令交涉司"排印三百本，分散各局所、学堂、工场、会社，及明白事理之住户、店商，以资遵循。"⑧ 此书最终发放达数千本之多。外国医士对瘟疫知识的广泛传播，对防疫起到了积极的促进作用。藉由此举，一定程度上缓解了广大民众对于鼠疫的恐惧心理，同时增强了对医务人员的信任

① 《防疫之善后》，载《盛京时报》，第 5 版，宣统三年二月二十四日。
② 《医学博士至铁》，载《盛京时报》，第 5 版，宣统二年十二月十八日。
③ 《延聘日员教授防疫消毒法》，载《盛京时报》，第 5 版，宣统三年正月二十五日。
④ 《关于防疫事宜之种种报告》，载《盛京时报》，第 2 版，宣统二年十二月十七日。
⑤ 《日医演说疫祸》，载《盛京时报》，第 5 版，宣统三年正月二十四日。
⑥ 满洲《日日新闻》与《盛京时报》一样，都是在日本控制下而创办的报纸。
⑦ 《分送防疫论集》，载《盛京时报》，第 5 版，宣统三年二月十七日。
⑧ 《分送鼠疫论以免传染》，载《盛京时报》，第 5 版，宣统二年十二月十三日。

感，有利于防疫工作的顺利开展。

疫事爆发后，列强在各自租界和铁道附属地内立刻采取了严密的防范措施。日本关东都督大岛爵帅，在主持防疫期间，"亲莅防疫本部，训谕在事日员"，并"巡视沿路各地。新督防疫，可见认真防疫之一斑矣。"同时南满铁路公司，自鼠疫发生以来，本来由于交通上的遮断，损失已巨，"然尚筹拨巨款，各处布置，为防疫之设备。"① 列强的迅速行动，有效地阻止了疫情的进一步扩散，同时也为清政府的防疫工作提供了一个可以借鉴的现成的模式，起到了良好的示范作用。

第二，从行政角度来看，在华各国直接参与到清政府防疫的行政领导层面，与中方磋商防疫办法，帮助制定防疫章程，为防疫有序地进行，提供了组织上的保障。

宣统二年九月二十三日（1910 年 10 月 25 日），满洲里爆发第一例疫症。当疫情初现时，清政府也进行了一定程度上的防疫。但由于清政府没有对此次疫事给予应有的重视，以及对这种疫病了解的不足，并没有在有效的时间和范围内控制住疫情，致使瘟疫在短时间内沿铁路线迅速向南扩展。

当瘟疫在哈尔滨泛滥之际，清政府立即派委员与驻京各国使馆医士会商议消疫办法，并制定了三条应急措施："第一，派在北京洋医二名以及在天津洋医四名，于十六日到哈尔滨埠协助防疫；第二，在山海关设检疫所一处，以杜绝疫气向关内流行；第三，明确指出"关于销疫一切施设，知照外部与外交团，请互相协力筹办。"② 民政部亦曾举办卫生大会，"联合中外人士，研究一切卫生事宜"③，并将所制定的防疫章程，于会上公布，以听取各国意见。在奉天，总督锡良经常与驻奉日领事官小池张造、关东都督大岛爵帅磋商防疫事宜④，且设有中日防疫委员会，在整个防疫中起到了对"战退疫氛……亦与有功。"⑤ 在长春，铁路附属地内有华人染疫毙命后，"日本领事官与西南路道协讷决计，由两国当局互行联络防疫事宜，以期共济"，并建议"由中日官绅中公举防疫委员数人，日内即行办事"。吉林抚陈昭常亦曾亲赴"日领事署

① 《中日两国协同防疫之意见》，载《盛京时报》，第 2 版，宣统三年正月十九日。
② 《中外协商销疫办法》，载《盛京时报》，第 2 版，宣统二年十二月十八日。
③ 《开办卫生会》，载《大公报》，第 2 张第 1 版，宣统三年正月十七日。
④ 《督宪亲访小汉民日总领议商防疫事宜》，载《盛京时报》，第 5 版，宣统二年十二月二十七日。
⑤ 《三省防疫行政机关》，见《东三省疫事报告书》，下册，第 2 编第 1 章，14 页，1912，辽宁省图书馆馆藏本。

与松原领事商议防疫办法，陈抚意见以中日协同办理为然。"① 而中、日、俄三国定于每个星期"准聚会一处共同研究各种防疫事宜。"② 在天津，临时防疫会会长孙仲英观察以及卫生局总办屈永秋观察，与日本领事"商议各租界防疫办法。"③

防疫是一个极其繁杂的过程，包括交通、检疫、消毒、隔离、收容等事宜。这就要求制定相应的防疫章程，便于防疫过程中作为可以遵循的标准。鉴于清政府缺乏应对鼠疫经验的现实状况，在华各国都积极协助清政府制定相应的章程。长春中外防疫会议，曾议定了简要的防疫条件："（一）要遮断交通（二）实行火葬（三）多设隔离所（四）清除街道（五）采访日本消毒法。"④ 中日亦曾联合制定隔断交通的章程五条⑤，中日合办鸭绿江水上防疫规则十一条⑥。驻奉奥领事甚至"特拟定办法六条，照请东督转饬所属采择施行。"⑦

各国直接与清政府磋商防疫办法，帮助制定防疫章程，弥补了清政府因缺乏应对大规模鼠疫经验而造成的防疫工作的无序状态。大量合理意见的提出，以及国外先进防疫法规的借鉴，凡此种种，都使得清政府能够迅速地在有"法"可依地情况下展开防疫工作，自然事半功倍。

第三，从经济角度来看，大笔的经费的投入，以及巨额的捐助疫款，在一定程度上缓解了清政府由于财政枯竭而造成的防疫经费不足问题。

无论是清政府，亦或是日、俄都为防疫投入了大笔的经费。"至1911年3月3日累积投入经费，中国52万3千元，日本1 427 000日元，俄国24万卢布。"⑧ 此外在防疫过程中，日本民间组织曾多次捐助防疫。疫事初现不久，日本正金银行，就向奉天交涉司提出，防疫用款如有需要"深愿接待"。对此，清政府当时一方面并没有意识到疫情会一发不可收拾，另一方面也畏惧外国借借款而再对中国主权有所侵犯，故在给正金银行小野英资的回函中表示，"猥蒙关爱，铭感实多。我督

---

① 《满洲鼠疫记》，载《申报》，第2版，辛亥十二月廿一日。
② 《中日俄三国委员协商防疫事宜》，载《盛京时报》，第5版，宣统三年正月二十五日。
③ 《会议防疫》，载《大公报》，第6版，宣统三年正月初七。
④ 《中外防疫会议订条件》，载《盛京时报》，第5版，宣统三年二月初五。
⑤ 《中日合订隔断交通之章程》，载《盛京时报》，第5版，宣统三年正月二十一日。
⑥ 《中日合订水上防疫章程》，载《大公报》，第6版，辛亥二月十四日。
⑦ 《奥领事关于防疫之热心》，载《大公报》，第1版，宣统三年二月初七。
⑧ 于永敏、刘进、王忠云：《沈阳万国鼠疫研究会始末》，载《中国科技史料》，16卷第4期，1995。

宪于防疫事宜最为注意，业经拨有款应用矣"，"惟此时尚可应付，将来如有急需之时"再行商借。① 随着疫情的不断发展，清政府最终也不得不考虑接受捐款或借用外债。宣统三年正月初四日（1911 年 2 月 2日），东三省总督锡良电致外务部道，日本南满铁道会社总裁中村君"函陈三省疫疠流行……南满会社在贵国有年，食毛践土，忧东与共，特呈日金十五万圆为补助防疫药饵之资。"考虑到朝廷可能存在的对外国捐款的顾虑，锡良还在电文中指出，"查国际往还有救灾睦邻之谊，疫病防范各国，本不分轸域。"而且，南满会社在此次疫事发生以来，在铁道沿线各处"广设医院，疗治中日商民"，花费已经很大。而此时又提出要捐赠药资，"语出至诚，似未便辞谢，拟请旨准予收受，并恳天恩，饬赠该会社防疫经费奉天通用银圆二十万圆，以示投报。"② 第二日，清政府便"准予收受，并着锡良传旨致谢。"③ 同日，外务部电锡良曰"致还赠一节自系为投报起见，惟拨诸情势，似未便太急，应俟将来该国境内遇有灾歉等事，再行酬答。"④ 宣统三年正月二十一日（1911 年 2 月 19 日）《盛京时报》载，日人又"拟出补助金五万圆以充防疫费用，闻昨已送交当地地方官"⑤，但不知此消息是否确切。

第四，从人事角度来看，各国均选派了大量的医士赴东省参加防疫，解决了清政府防疫人员不足的问题。

由于鼠疫如此大规模地在中国爆发尚属首次，中国医官没有防控这种瘟疫的经验，而且"东三省强邻逼处，使用中国旧时防疫办法必不见信外人"，只有"雇用外人，一切办法皆师欧西"⑥ 方可。所以中方主动聘请各国医士，协同防疫，是一种必然的选择。

清政府外务部、邮传部、民政部以及各级官吏，上至督府下至县令，均先后以官方身份向日、俄、英、法、德、英、美、奥等国聘请过多名医生。为控制东省疫气流行，清政府向各国发出咨请，选派谙熟鼠疫的医生前往中国。日本政府先派岐阜县技师军医川久保定三及大坂府

---

① 《日领事照为刘房子驿三等车上有华人患疫身死请为预防等因分行由》，《奉天交涉司全宗·JB16-3287》，辽宁省档案馆馆藏档案。

② 《东三省总督锡良致外务部电》，见沈云龙主编：《近代中国史料丛刊》，第 62 辑，第 618 册，台北，文海出版社，1981。

③ 沈云龙主编：《近代中国史料丛刊》三编，第 18 辑，第 180 册，台北，文海出版社，1986。

④ 《外务部致东三省总督电》，见沈云龙主编：《近代中国史料丛刊》，第 62 辑，第 618 册，台北，文海出版社，1981。

⑤ 《日人补助防疫费之传闻》，载《盛京时报》，第 5 版，宣统三年正月二十一日。

⑥ 《锡督防疫之一斑》，载《大公报》，第 5 版，宣统三年正月十八日。

防疫事务官松王数男两员前往东省，后又派防疫医师铃木野泽等五员前往北京，襄办防疫事宜。① 俄国亦应中国之请，"简派精于瘟疫研究会员，随同萨伯罗茵博士，前赴中国疫地。"② 民政部"以哈尔滨鼠疫盛行，深恐传至京津一带……特聘协和医院英国医士恩君、韩君、山君等驰赴哈尔滨车站。"③ 东督锡良对防疫一事异常慎重，因"中国医生于此项疫症并无经验，若不及时扑灭，恐将来天气渐暖，秽气熏蒸，愈加不堪收拾"④，故先后多次咨请满铁总裁中村君及日本驻奉天总领事官小池张造"代聘谙练鼠疫之日医，以充防疫。"⑤ 黑龙江省巡抚"以江省鼠疫异常剧烈，其原因皆由于防范及疗治未能得法，遂致遗误良多日"，故特请"日政府拣派医士二名来江协助防疫事宜，以重民命。"⑥ 天津卫生总局则"聘定英国名医施大夫，在鼓楼东戒烟局内施种避瘟浆。"⑦ 中方对所聘之医士待遇优厚。凡来中国之医士，初到之时，马车住宿之费均由中方付予，且薪金较高。奉省规定，凡外聘之医薪水"每一个月日洋四百五十圆，来回旅费日洋四百圆……如因职务死亡时给以十个月之薪水。"⑧

在华各国亦主动派遣相应官员主持防疫事宜，并派遣著名医官或参与防疫或组织考察疫情。关东都督大岛爵帅，于宣统三年正月十二日（1911年2月18日），由旅顺抵达奉天。并于当日上午十一点钟在防疫本部召集"大连、旅顺等民政署长，及驻扎奉天、长春、营口、铁岭等各日领事"⑨，并多位医学博士，"谕以竭力防疫，以绝祸患"，且与在会人员会议防疫办法。十三日，又谒见东三省总督锡良，"磋商防疫要政。"⑩ 其间，大岛爵帅曾向锡良提出对付苦工办法五条，锡督"亦略无异词。"⑪ 此后，大岛君又前赴长春、铁岭等处视察防疫情形，"凡有

---

① 《医学博士至铁》，载《盛京时报》，第5版，宣统二年十二月十八日。
② 《电报》，载《大公报》，第3版，宣统三年正月十六日。
③ 《民政部特聘西医赴哈查疫》，载《大公报》，第4版，宣统二年十二月十九日。
④ 《延聘日医检查疫症》，载《盛京时报》，第5版，宣统三年正月十九日。
⑤ 《督帅延聘日医从事防疫》，载《盛京时报》，第5版，宣统二年十二月二十日。
⑥ 《日政府派医协助防疫》，载《大公报》，第1版，宣统三年正月二十七日。
⑦ 《种浆避疫》，载《大公报》，第6版，宣统三年正月十七日。
⑧ 《关于聘请英日德奥等国医师加强防疫及因防疫身亡优赠恤金各事由》，《奉天交涉司全宗·JB16-1585》，辽宁省档案馆馆藏档案。
⑨ 《大岛爵帅对于防疫各员之训词》，载《盛京时报》，第5版，宣统三年正月十六日。
⑩ 《大岛爵帅莅奉纪事》，载《盛京时报》，第5版，宣统三年正月十三日。
⑪ 《大岛爵帅晋谒锡督纪闻》，载《盛京时报》，第5版，宣统三年正月十六日。

日人侨居之地，大岛都督无不亲往检查。"① 后于二十六日（1911 年 2 月 24 日）晚乘汽车回安东，巡视安奉沿线事宜，至三十日（1911 年 2 月 28 日）晚才返回大连。日本政府为考察东省疫情，向清外务部发电，拟 "派该国医学博士北里柴三郎到东。"② 北里博士，对于百斯笃疫症，"研究多年，颇有心得。"③ 经清政府许可后，北里博士于正月初十（1911 年 2 月 8 日）起程来东。清政府特电饬锡良 "加意优待。"④ 英国政府亦曾向清政府咨请，"拟遣派英京行政部医学调查员法烈尔医士，前往满洲"⑤ 考察瘟疫情形，"因该博士前于印度瘟疫阅历甚深之故。"⑥ 法国亦派来医士伯露奎德氏，前往哈埠襄办防疫事宜。⑦ 意大利则遣派那不勒斯医学博士加劳弟氏来东。⑧ 俄国甚至大规模的派出调查瘟疫团，前去哈埠考察疫情。对于各国所派遣来的医士及考察队伍，中方除表示欢迎外，并妥为安置。

在华各国主动地或应清政府之请向东三省派遣了大量的医务工作人员，解决了在防疫上人员不足的问题。而事实上，大部分的防疫工作，也都是在这些外聘医士的指导下进行的。清外务部特因 "各国前因东三省鼠疫流行，皆派有红十字会来华相助施救"，"寄电各国向各该政府致谢。"⑨ 大量外国医士的聘任，使得清政府在防疫工作中可以利用各国最先进的防疫经验，迅速控制疫情的蔓延。

第五，在此次疫事中，各国医士均表现出对公益事业的热情。德国人尼克来贤，年二十九岁，居住在大连，"素于防疫一法，颇有心得"，当奉天省鼠疫流行之际，尼克来贤即表示 "愿籍此救人，且又熟谙中国官话，办事当更形便益"。于是请贵领事转告中国官界，如果 "有用尼某助理防疫者，尼某当应招而至也。"⑩ 不少医士来中国防疫时都已做好了无法再回去的准备，有不少外国医士为此次防疫而献出了生命。法国医士梅尼氏，是最早见于报纸，疫亡于此次疫事中的外国医生。梅尼

---

① 《欢迎大岛都督》，载《盛京时报》，第 5 版，宣统三年正月三十日。

② 《日政府关怀东省疫事》，载《大公报》，第 5 版，宣统三年正月十七日。

③ 《日政府派员来东考察鼠疫》，载《盛京时报》，第 5 版，宣统三年正月二十一日。

④ 《专电》，载《盛京时报》，第 2 版，宣统三年正月十六日。

⑤ 《电报》，载《大公报》，第 4 版，宣统三年正月初七。

⑥ 《英政府关心中国疫患》，载《申报》，第 4 版，辛亥正月十二日。

⑦ 《译件》，载《大公报》，第 4 版，宣统三年二月初八。

⑧ 《电报》，载《大公报》，第 3 版，宣统三年二月初五。

⑨ 《致谢各国关于防疫之热诚》，载《大公报》，第 1 版，宣统三年二月初二。

⑩ 《关于聘请英日德奥等国医师加强防疫及因防疫身亡优赠恤金各事由》，《奉天交涉司全宗·JB16-1585》，辽宁省档案馆馆藏档案。

医士是清政府与日俄当道组织预防鼠疫同盟会后，派往哈尔滨地区施行防疫一切事宜的主要医士之一，但其到任后仅一周时间便疫毙。梅尼医士的疫亡，给当时在哈尔滨从事防疫的人员及中外人民带来的震撼极大，不少人对于防疫甚至失去了信心。梅尼医士在其得到清政府聘任后，曾言"去则去，惟去则必死"，可见其已"预知疫气之猛也，然而，虽死不辞"，令人钦佩。南满洲铁路火车中有日本医士织田君，见当时疫气流行，自觉危险，仍"决意以身攻疫阵"①，并给家人修遗书一封，还拖朋友代为照顾家属，可见其已抱必死之决心。日医守川氏，久居新民，"平时名誉极好"。其于宣统二年（1910 年）夏天发生水灾之时，"实已不辞劳瘁"。在此次防疫期间，更是"畛域不分……热心公益"。在守川医师初办防疫事务之时，我国官宪曾提及薪奉问题，守川君回复说"此时非应计较薪水之时，每月给以洋百元足矣。"② 然而，其在任事后不到一个月的时间内便染疫而亡。在守川君病重期间，其妻"侍坐床侧，日夜看护，盖私衷已决相从于九泉也"③，后其妻果亦染疫而亡。英国医士杰克逊于十二月二十五日（1911 年 1 月 25 日）也因染疫逝世。对这些为公共卫生事业而献身的人，中外都表示了崇高的敬意。梅尼去世后，清政府立即"电致江抚，赶即筹办丧事，并拟将梅君家属从优议恤，以资养赡"④，而安葬的一切花费，闻"均由俄人供给。"⑤ 对于英医杰克逊，锡良总督特赠与其家属慰问费一万元。但其母即将其"一并回赠东督，请拨充奏医务学堂之用"⑥，此举实令中外人士钦佩。

从实际操作角度来看，中外双方始终以交涉的形式保持着密切的联系。这有利于双方在第一时间了解疫情的形势与动向，从而制定出有效的应对措施。同时，中外合同检疫，减少了由于语言、民俗等方面造成的障碍，利于防疫工作的顺利进行。

2. 在华各国为防疫事向清政府积极进行建议

在防疫过程中，各国监督着清政府防控鼠疫工作的每一个细节，一旦有不足之处时，便立即予以提出。而清政府则对各国所提及的状况及时有所应对，使得防疫工作得以较完善落实。

---

① 《闲评二》，载《大公报》，第 1 版，宣统三年正月初八。

② 《关于新民发生疫病及防范事项与日领事等之来往公文》，《奉天交涉司全宗·JB16-3283》，辽宁省档案馆馆藏档案。

③ 《纪日妇殉夫之义烈》，载《盛京时报》，第 11 版，宣统三年正月十一日。

④ 《议恤死于检疫之梅医生》，载《大公报》，第 4 版，宣统二年十二月十六日。

⑤ 《法医士疫毙后之情形》，载《盛京时报》，第 5 版，宣统二年十二月二十一日。

⑥ 《专电》，载《盛京时报》，第 2 版，宣统三年二月初八。

第一，发现疫情后，各国向清政府提出防疫要求。宣统二年十一月三十日（1910 年 12 月 30 日），南满铁道刘房子驿站附近，三等火车上有一中国人患病，疑是百斯笃的病症，不久同车上又有一人患病，二人相继去世。后经检查，"果系配司脱病"。对此，日本驻奉天总领事官小池张造立即照会奉天交涉司交涉使韩国钧，谓感染鼠疫的中国人在病症潜伏期间，不知已经被传染，所以，其南下后才发病者，在所难免。"请对贵国之客栈，并多人会集之地方，设法考察，以保健康。又此病发生时关于预防消毒等之设施，亦请先为相当之准备"。清政府则表示，目前我国"对于预防方法现正极力讲求，准照前因，当经转咨民政司饬令卫生医院先行组织临时病院，并饬警局认真查察"。十二月十五日（1911 年 1 月 15 日），由奉天开往直隶的火车，至山海关时因发现有染疫者被全车遣送回奉，车上共有苦工四百余人，均散处于车站附近的各客栈内。听闻此事后，德领事立即发来照会，云"由京奉车运送回之多数苦力，应统送离间所，优给饮食，以免自由来往，渐滋传染"。韩国钧对德领事"既为地方谋公众之利益，又为小民策生命之安全"的告诫表示感谢，并表示，"离间所急应成立，乃因房屋一时未能觅妥，以致办理不甚完全"，现在正在严饬防疫事务所赶即筹办。① 宣统二年十二月十八日（1911 年 1 月 18 日），日本领事小池张造，为日本民会（日本赤十院病院侧）背后收容的苦力中已经有 17 名患病者，函致奉天交涉使韩国钧，咨请立即"对此等之人，行其完全隔离，及施消毒法"，"即用兵力亦属相当之处置也"。奉天民政司查复后，"已饬赶觅房屋，将无病贫民迁居，另行派医诊察，其死人之屋，设法分别焚烧。"而赤十字社病院长合田声称，有疫病患者的房屋，仅仅烧毁还不能奏效，并开列出相应的办法四条："一应烧毁之发生疫病房屋，当将全部或污染之部分用药液消毒；一应烧毁之房屋周围，当先为杜绝鼠族交通之设备，务速围以铅板，下水口等处，当装铜铁纲等；一应搬出之家具及藜物件，当从严消毒；四至少当于二日间每日配置杀鼠剂及捕鼠器驱除鼠族，用以上之手段后，惹班时并须注意鼠族逃逸，"希望中国防疫人员能照此办法防疫。同时还提出，清政府提出的"另觅房屋，使其迁居一节，请即速与民政司妥商办理"。对此中方表示，"已饬为于西乡僻郊觅

---

① 《日领事照为刘房子驿三等车上有华人患疫身死请为预防等因分行由》，《奉天交涉司全宗·JB16-3287》，辽宁省档案馆馆藏档案。

到房屋",二十一日（1911年1月21日）即可迁往,五日内便可完成。① 不难看出,一旦有在某一地区有疫情发生,各国会在第一时间内知会清政府,并对清政府的检疫、隔离、消毒等工作提出相应的具体要求。

第二,积极提出关于疫尸的处理建议。疫尸处理的好坏,是关系到鼠疫会否蔓延,甚至复发的一道重要的防疫程序。宣统三年正月初八日（1911年2月6日）,驻京日本公使亲到外务部,称其接到奉天总领事的报告。报告指出,呼兰府地区居民疫死甚多,但尸骸并没有完全焚烧,待"将来春暖冰开,尸骸等物若随流而下,则下游一带病势又复蔓延",并请外务部饬令地方官员,"设法火葬,以免将来传染"。翌日,外务部便电锡良总督,转告吉林、黑龙江两巡抚,"转饬该处地方官妥速料理,以免后患。"② 驻奉德领事官韩根斯在一日回署途中,看见几名苦力抬着两具棺木,内放置的染疫毙命的尸体,"未见有警在后监视",该领事便函致韩国钧指出,苦力未必知道鼠疫的厉害,"无警押抬,万一失慎,其细菌必至传播,危险异常"。对此,中方立刻对德领事表示感谢,同时"饬防疫事务所转饬埋葬队,以后格外注意",并望德领事以后再遇此情形"尚希不吝指示。"③

第三,致力于非疫发地区的预防工作。宣统三年正月初十（1911年2月8日）,日领函称海龙一带尚未染疫,"如于此时能实行适当之防疫方法,东方一带……或可免病毒之传播"。韩国钧则回函表明,防疫总局业已"分饬各该地方官查照办理。"④ 驻京德使亦因山东省疫事"迭向外部诘责",正月十七日（1911年2月15日）,德使至外务部云,各处居民向泰山进香者,日见增多,"传染疫气,至为危险,务请设法防范"。外务部当即电饬孙抚,"刻下疫气未减,该使所言不为过虑",希望出示晓谕严禁进香。⑤ 如果能够对鼠疫的发生,提前做好必要的预防措施,自然会缩小疫情的范围,减少损失。

卫生清洁工作,也是预防鼠疫的一重要措施。十二月十二日（1911

---

① 《日领事照为刘房子驿三等车上有华人患疫身死请为预防等因分行由》,《奉天交涉司全宗·JB16-3287》,辽宁省档案馆馆藏档案。

② 《日使又为防疫事谒外部》,载《申报》,第5版,辛亥正月十七日。

③ 《日领事照为刘房子驿三等车上有华人患疫身死请为预防等因分行由》,《奉天交涉司全宗·JB16-3287》,辽宁省档案馆馆藏档案。

④ 《日领事函为海龙一带尚未染疫请饬各地方官先事预防等因函防疫总局由》,《奉天交涉司全宗·JB16-3298》,辽宁省档案馆馆藏档案。

⑤ 《山东疫热蔓延可虑》,载《申报》,第2版,辛亥正月十七日。

年1月12日）日本馆使警察署长到十间房一带有患疫之家进行考察，结果发现当地防疫有所遗漏。"屋外所置之木桶等类，内均堆有尘芥高粱秆末木片，污水皆已冰结，且散有食物之残渣……甚至门户上贴有遮断交通之纸条，而家中之人不在宅者"。对于这种情况，日使认为，"想系一般执行官吏不知消毒方法及交通遮断隔离方法等趣旨之结果"，于是，特将防疫方法施行手册送与交涉使韩国钧，请"交与各区警察官吏及防疫之人，俾使于消毒方法、交通遮断方法，格外明白也"，并请我国"于防疫人员中派遣相当之职员前来"。韩国钧立刻对该区警长严加斥责，并饬日后再有此事，"惟该局长是问。"① 同时，命令将日领事呈送之防疫方法手册翻译后，分发各区。在上海，英美租界"北浙江路福庆里一百念三念四念五号三家，仍均积秽不洁……被工部局卫生处西人查见，以其卫生即饬工役人等，将三家积秽一律搬出，并将楼板地板撬开浇灌药水以防鼠疫为祸。"②

第四，中外有关警务方面的协调。日本驻奉总领事曾接到确切消息称，华界巡警检疫时有徇私舞弊的情况。有居民"向巡警送若干金钱"之事，还有的巡警根本不进行检查，"仅听住民之言即行退去"，这样就不能达到检疫的目的。为此特函致交涉使韩国钧，"请即滋严戒饬贵国巡警局及部各色人等，杜绝此弊"。中方当即饬令防疫事务所严查此事，"如果寔有其事，自当惩办"，期以后不再发生此种事情。③ 又十二月二十一日（1911年1月21日）日总领事小池张造，函奉天交涉使韩国钧称，新民地区已有四名疫亡者，且传染区域渐广，"而巡警甚少，无遮断交通之效力"，请转禀锡良总督，"速由奉天派遣医师，且将应用药品等送去，并用兵力以补巡警之不足"。韩国钧回函云，此事新民府已经禀报，立即"饬将应用药品送去，并由督宪电饬该处陆军协同办理。"④ 驻奉日本总领事小池张造，曾因怀疑"清国雇用防疫三人役及巡警等……有偷窃或擅取石炭酸，私自转卖情事"函告韩国钧，加以注意。本来，中国的防疫药品就极为匮乏，对于偷窃私售防疫药品之事自是不能忽视。经清政府查明，确此有事，在宣统三年正月初十（1911年2

① 《日领事照为刘房子驿三等车上有华人患疫身死请为预防等因分行由》，《奉天交涉司全宗·JB16-3287》，辽宁省档案馆馆藏档案。
② 《华人竟自愿放弃主权乎》，载《申报》，第2版，庚戌十月二十五日。
③ 《日领事照为刘房子驿三等车上有华人患疫身死请为预防等因分行由》，《奉天交涉司全宗·JB16-3287》，辽宁省档案馆馆藏档案。
④ 《关于新民发生疫病及防范事项与日领事等之来往公文》，《奉天交涉司全宗·JB16-3283》，辽宁省档案馆馆藏档案。

月8日）"午后四点三十分时，忽有身穿制服之巡警一名，持石炭酸五磅至城内本帮人药店售卖"，不过"该店疑其非正当之物，不肯收受。"①

在华各国及时迅速的向清政府提出注意事项，对清政府防疫颇有裨益。适时的合理建议的提出，更是弥补了清政府中央及地方防疫工作中存在的缺点与不足。在长春开设的一家防疫医院里，由于"医员以及看护妇等，均依据汉方"处理一切事务，结果华医"十九名悉数染疫，就中十八名"②业已毙命，俄京圣彼得堡发来电文表示"该医院须焚毁。"③日本代理公使向清外交部反映"新任长春道，忽将隔离留验之人悉数放出，以致传染日盛，疫毙骤增数十"，对此外务部立即"电致东督饬查电复。"④中外在防疫过程中的合作与交流，涉及到防疫中的各个方面，如检疫、消毒、处理疫尸、交通、警务等，使得清政府的防疫工作日臻完善。清政府对于各国提出的合理的意见，真心帮助中国防疫的举动，还是表示非常欢迎的。

第五，中外在检疫方面进行大量合作。鉴于清政府缺乏应对鼠疫的经验，而主要疫区东三省又是各国侨民聚集之地，在防疫过程中，难免会产生一些不必要的麻烦与冲突事件，而同时由中外双方进行合作检疫，会减少语言、文化等方面存在的障碍。因而，中外在检疫方面进行了大量的合作，对此各大报刊都有所报道。《盛京时报》宣统二年十二月二十七日（1911年1月27日）报称，铁岭西关地区，寄住了许多日本人，"现因筹办防疫，故由中日两国警察会同稽查"，由两国警察"各催本国人民收拾清净，其他如公共地面，则互派苦力除扫积秽。"⑤又宣统三年二月十八日（1911年3月18日）报道，在奉天鼠疫盛行之地，"检诊患者，暨健康诊断，均关紧要"，故当地"特照请英医鲍思高君为总医官，日常医员数名，分往该两区，按户检诊"，同时"以防民人之或生阻力"，"各派巡官二名。"⑥东清公司亦曾"会同中国防疫队，按各站路线查视一切"。外务部示意，"在界内，则由公司指挥，界外，

---

① 《日领事函为近有防疫人役及巡警偷窃石炭酸售卖等因函防疫总局由》，《奉天交涉司全宗·JB16-2510》，辽宁省档案馆馆藏档案。

② 《隔离所因职员均各染疫已闭矣》，载《盛京时报》，第5版，宣统三年二月初八。

③ 《电报》，载《大公报》，第4版，宣统三年二月十六日。

④ 《日使又为防疫事谒外部》，载《申报》，第5版，辛亥正月十七日。

⑤ 《中日警察协同防疫》，载《盛京时报》，第5版，宣统二年十二月二十七日。

⑥ 《健康诊断》，载《盛京时报》，第5版，宣统三年二月十八日。

则会同地方官办理。"① 长春二道沟俄车站，"中国防疫局搜尸队若干名"会同俄搜尸队"十八名"，"沿东清路线量搜疫死尸具"，"随搜随烧，以期清出余毒。"② 《大公报》十二月十六日（1911 年 1 月 16 日）报道，卫生局总办屈永秋观察，"带同中外医官各一员，并学生巡捕等三十余名，携代防疫药水等物多箱……前往榆关检验疫症。"③ 正月初五日，凤凰厅与日本警备长久木田在鸡冠山会议防疫事宜，两国"拟以草河口至高丽门随处查验，设铁丝网一段……并设有监视处，中日官民昼夜监视。"④ 在华俄两国边境，"为禁止民间传染疫气延及外国"，中方官员特"颁行防疫严章"，并由两国分别在黑龙江两岸"设防疫留难所几处"，"由两国海关经理以资防范。"⑤

第六，从善后角度来看，中外防疫善后交涉事宜处理的得当，为日后清廷防疫卫生事业的进行与发展打下了良好的基础。

在防疫善后事宜中，如何预防鼠疫的复发，成为各方最为注意的问题。宣统三年二月二十四日（1911 年 3 月 24 日），《盛京时报》发表了一篇论说《防疫之善后》，其中指出："东省以前，固无鼠疫也，一朝发生，而疫死者乃至数万人……重复发生，此可怖之恶疫，其流毒更不知若何之远大尔，然则后之防备之必须倍加严重。盖可知已。"文中指出了为防鼠疫再次发生而必须着重进行的两项工作，一是"要于人知卫生"。要做到"卫生知识之一律普及"，关键的就是"设法以诱遵之"。另一项工作就是"覃精医术"。"盖疫祸苟重复蔓延，其有妨碍于国力之伸张者小鲜，不特防疫权之将被人攫夺也"。有了精通医术之人，便可"主持一切，则平时之防备，必可更进致密无疑。疫即发生，亦断不至猖狂如前日耳"。因而，"为以后之办理防疫事宜起见，则选派我国中西医学专家，使再分赴各国高等医院，研究病菌学，实地练习之，固亦当务之急也。"⑥ 防疫一事，不仅关系到民生，更关系到行政主权、财政经济等多项影响到国家前途与命运的大局的因素。以此次疫事为借鉴，中外各国为防止鼠疫的再次发生，进行了一些后续合作。在哈尔滨一带鼠疫日益减灭之际，中俄两国官员均表示"该疫虽行一时全灭，而发生后数年间，届有时期，必有再发之虞，故……预防再发起见，拟在两国

---

① 《俄员要求按站检疫》，载《盛京时报》，第 5 版，宣统三年二月二十九日。
② 《俄国又来搜尸队》，载《盛京时报》，第 5 版，宣统三年三月初四。
③ 《赴榆验疫》，载《大公报》，第 6 版，宣统二年十二月十六日。
④ 《设铁纲以防鼠疫》，载《大公报》，第 2 版，宣统三年正月二十二日。
⑤ 《译件》，载《大公报》，第 7 版，宣统三年正月二十三日。
⑥ 《防疫之善后》，载《盛京时报》，第 5 版，宣统三年二月二十四日。

境界（满洲里、绥芬、珲春、黑河、哈克图等处）建设合办之检疫所。"①

1911年五月至六月间，中俄交界地区鼠疫再度复发。清政府特派员"前往考查一切。"② 同时，俄国派出调查团调查团，"由哈起程……先乘火车至齐齐哈尔，而由齐起赴黑河路径墨尔根"，据当地人民称，该地亦曾发现瘟疫，"共疫死六十三人，今已肃清"。而后，"调查团，即由黑河至阿穆尔上游至漠河又返至下游，至拉哈苏苏由拉哈苏苏始搭松花江轮船回哈"。据"调查团报告，各处瘟疫业已肃清"，而清廷一直"尚未将检验之章程撤销。"③ 据俄国医官报告"在满洲里北境剖验已死旱獭，确含鼠疫恶菌，亟宜先防"，故满洲里华关税司萨帮办，便电请外务部"请允由关拨银六千两，以为考查旱獭发疫经费，免再传染。"④ 六月二十日（1911年7月15日），伍连德抵哈与俄医萨勃懽特尼共商防疫办法，并议定于二十三日（1911年7月18）"同往西伯利亚及满洲里等处考察獭疫。"⑤ 幸好此次鼠疫"旋起即灭"⑥，没有造成太大的损失。事后，中俄两国官员，遣派"数百人""在满洲里附近一带地合剿旱獭，以绝疫源。"⑦ 可见中俄的联合防疫对预防鼠疫的大规模复发及治疗疫病起到了相应积极的效果。

中外关于合作防疫的交涉，从最初的筹措准备，到实际操作中的种种问题，再到烦琐的善后事宜，涵盖了防疫工作的每个细节。《盛京时报》曾报道过这样一则电文："东省关东州及满铁路界，鼠疫殆已熄灭，沿路各地都城，罹疫者，数亦减半，盖系中日两国互相联络，竭力防疫之所致云。"⑧ 这虽然片面夸大了日本政府在此次防疫过程中所起到的作用，但却是中外合作防疫成果的一个佐证。正是中外的这种广泛的交流与合作，才使得行将就木的晚清政府，在它生命的最后一刻，打了一场较为漂亮的战役。宣统三年三月初五（1911年4月3日）至宣统三年三月三十日（1911年4月28日）间，在我国举行的由英、日、俄、德、法、美、比、意、奥等11个国家代表参加的万国鼠疫研究会，是

---

① 《中俄拟在交界议合办检疫所》，载《盛京时报》，第5版，宣统三年二月十八日。
② 《黑省鼠疫旋灭之报告》，载《盛京时报》，第5版，宣统三年五月十五日。
③ 《调查瘟疫团回哈》，载《盛京时报》，第5版，宣统三年五月十五日。
④ 《死旱獭确有鼠疫菌》，载《盛京时报》，第5版，宣统三年六月二十五日。
⑤ 《伍医官考察獭疫》，载《盛京时报》，第5版，宣统三年六月三十日。
⑥ 《黑省鼠疫旋灭之报告》，载《盛京时报》，第5版，宣统三年五月十五日。
⑦ 《满洲特电》，载《盛京时报》，第5版，宣统三年闰六月廿一日。
⑧ 《专电》，载《盛京时报》，第2版，宣统三年二月初四。

此次防疫过程中中外合作的一个高潮，是对清廷防疫工作的一个正面的肯定。大会上各国代表各抒己见，踊跃发言，成果显著。这是近代中国举办的真正意义上的第一次国际学术性会议，在晚清历史上留下了光辉的一页。

第三节　中外防疫交涉的实质——制约与利用

面对此次突发疫情，合作防疫是中外双方必然的选择，然而这种合作并不是建立在平等互利的基础上的。当中国与列强或者在华各国之间利益发生冲突之时，斗争便会上演。合作是斗争中的合作；斗争是合作下的斗争，两者相互利用、相互制约。反映出清末东三省鼠疫期间这一特定时期中外防疫交涉的基本情况。

一、与外国防疫合作中的相互制约

中外各国在采取联合防疫的同时，也都掺杂着一定斗争目的在里面。如：清政府之所以会主动联合在华各国共同防疫，一方面可以借助各国先进的经验来防控鼠疫；另一方面由清政府主动向各国提出合作防疫的请求，"行之有效，则中国之名誉必将大震于世界"，"外人必将加敬，更不虑主权之或损也。"[1] 又如美国方面，在得知中国东北出现疫情后，其"政府官员甚至一些医生在内，首先考虑的并不是防疫的医学意义，而是其政治意义。"[2] "俄日将利用鼠疫的机会制造一个掠夺中国的借口，从而严重损害美国的利益。"有鉴于此，"美国表示，如果东北需要专家，美国将'愿意合作'，不会停止对东北的支持。"[3] 清政府利用各国广泛参与防疫，使各国间互相制衡，来尽可能地维护自身的权益。而列强则是透过清政府来向其他国家施压，以免任何一国的势力无限坐大。

二、与外国防疫交涉中的合作

中外各国在斗争的同时，也没有忘记合作的必要性。如驻奉日领事官小池张造曾于十二月二十四日（1911 年 1 月 24 日）亲赴交涉司公署

---

[1]　中国历史博物馆编，劳祖德整理：《中国近代人物日记丛书》，第 3 册，1302 页，北京，中华书局，1994。

[2]　安贵臣、杜才平：《1911 年国际防疫会议背景分析》，载《台州师专学报》，2000。

[3]　李树田：《美国与中国东北》，179 页，长春，吉林文史出版社，1991。

与韩司使会谈，"谓奉省时疫现在日渐发现"，若仅仅用中国巡警查验，"决难济事"，"此非独于敝国人民之生命有碍，亦于贵国人民之生命有绝大之关系"，故小池君"决意派日医日警，先由日人居住之地及附近之华人按户实地察验，以防传染。"① 韩国钧当即便以于主权有碍而"婉言求免"，但小池此意已决，未容改变。韩国钧于当日晚间又亲赴日领事馆，再三恳求，然而，日本还是作出了同样的决定，并付诸实施。"日人为防疫事，在奉天随地检查各铺户人民"的行为，引起了"群起反对"。东督锡良与日本领事官就此事展开谈判，锡良云"彼此谊属比邻，共相讨论防治方法，则无不可。若检查户口，则固属于领土主权，贵国未便干涉"②，出于民众的压力，日领答应不再就此事进行干预。可见，中外各国在斗争的同时，也没有忘记彼此合作局面的不可破坏性，而相应地作出了适当的"退让"。即使在防疫过程中，中外的斗争也不断上演。但是，双方出于扑灭疫情的共同目的，始终没有打破合作的局面。

不可否认的是，在此次鼠疫中之中外防疫交涉，合作才是主流。然而，对于中外双方来说，合作防疫只不过是鼠疫发生后，双方相互借助力量维护眼前共同利益的一种应急性措施。

---

① 《东省防疫与主权之关系》，载《申报》，第2版，辛亥十二月廿六日。
② 《日人干涉防疫之一斑》，载《申报》，第1版，辛亥正月廿七日。

第八章

奉天万国鼠疫研究会的召开及影响

"奉天万国鼠疫研究会"① 于 1911 年 4 月 3 日在奉天（今沈阳）召开（开会地点在沈阳小河沿惠工公司陈列室），至 4 月 28 日闭会，历时 25 天，共有 11 个国家派代表参加。此次会议召开于东北经历了鼠疫灾难的创痛之后，其宗旨主要是向世界各国学习防疫经验，具体就东北地区流行鼠疫以及世界范围内鼠疫的流行病理学及其防疫等内容进行研讨。此次国际医学会议是近代中外合作的典范，尽管它是由防疫合作体现的，但毕竟是中国融入世界的标志。

第一节　万国鼠疫研究会的筹备

关于此次会议是由哪国倡议召开的，在当时有不同的说法。从记载清政府的往来公文的档案中就可以看出，此次会议是由清政府倡议召开

---

① 关于会议名称说法不一，有称"万国防疫研究会"（见《东方杂志》）第八卷第三号；另见《盛京时报》宣统三年二月初十、二月二十二日等日消息。而清政府公文及奏章多称"万国鼠疫研究会"，故本文延用官方标准说法，采用"万国鼠疫研究会"名称。

的，① 并且整个会议过程皆由清政府方面精心筹划。清中央政府在给东三省总督锡良的电文中指出，"东三省时疫流行，前经外务部照会各国选派医生前往奉天，定于三月初五日开会研究。所有会中筹备接待事宜，甚关紧要，着东三省总督，会同外务部，妥速布置，并派施肇基，届期赴奉莅会。"② 为召开此次国际防疫大会，已经在御前会议专门讨论，并且还派外务部官员施肇基亲自到奉天，与东三省总督锡良讨论国际会的落实方案。而且，清政府各级官员对于办理此次国际会均异常重视，将其看成是中外交往的一件大事，"兹接该督电称，各医此来关系国际，既往我国声明招待，自未便草率行事"③，"复允东三省总督锡良之请，设会于奉天。知照各国政府，遴派医学士与会，研究传疫之由，并筹拟防疗扑灭之方法。……各国得我政府照会后，先后派医到奉。"④会议由中国方面倡议并筹备，这点是肯定的。"万国鼠疫研究会"为在中国召开的第一次真正意义上的国际学术会议，它是由中国中央政府倡议召开、由中国人伍连德博士作为大会主席⑤，并在中国土地上召开的第一次真正意义上的国际性学术会议，并且汉语成为此次大会的会议语言，"万国医学大会向例，各委员惟操英法德三国语言。唯中国委员则

---

① 关于此次会议由哪国倡议召开的，这在当时也有不同说法。《盛京时报》宣统三年正月二十七日（第 5 版）报载《奉天开万国防疫大会志闻》云：闻枢府商议，拟于本年三月初五日（1911 年 4 月 3 日）在奉天省城开万国防疫大会。曾经知照各国请届时特派医学博士代表来华。会议一切宗旨，以研究疫症之性质及各种防御医疗及善后办法。闻英、俄、德、法、美、比、意、奥八国俱已简（商）定代表前来。《议设万国防疫大会》（辛亥正月十四日《申报》，第 6 版。）云："据初七日日本某报载称，昨日某医学博士及议员两人上书国会，请开万国防疫大会，盖因目前仅由一国研究防疫方法殊属难事，故日政府须在上海或东京召集万国防疫大会，以此意见照会中俄英德法诸国，请各派员入会研究除疫方法。并谓为保护中日贸易及博爱主义起见，此会实不可不行云。文汇报载十二日柏林电，德国卫生部现已开会讨论派员参列除疫大会事宜，此会系由中政府倡议举行。（与日本的说法不同）。""吾国政府举行此次会与夫邀请友邦遣派医员分理会务之意，原以肺百斯脱流行，其患最厉，公同研究博考旁征其理乃可彰明。其为效益则中外各国一体均沾。"（《万国鼠疫研究会报告》，《东三省疫事报告书》，第 3 篇第 1 章，1 页。）

② 沈云龙主编：《近代中国史料丛刊》三编，第 18 辑，第 180 册，839 页，台北，文海出版社，1986。

③ 《各国派员在奉开鼠疫研究会及筹设防疫照待各情》，《奉天交涉司全宗·JB16-1587号》，辽宁省档案馆藏档案。

④ 杜山佳：《万国防疫会记》，载《东方杂志》，第八卷第三号。

⑤ 施右丞在介绍时说："今日开此大会，本国特派伍医官连德主席，兹为诸君介绍相见。两月以来伍君亲于疫气最盛之区经理一切，无不悉心研究。伍君昔在英国留学，精求医理，程度超群。法德两国化学研究，彼亦曾亲历有得。诸君在会必有表示而指陈之。彼奉国家之命，职在研求，自当悉心采纳。"（《万国鼠疫研究会开会》，载《盛京时报》，宣统三年三月初八）。

以此次大会开设于中国，故中国语言一宗请置之例内，经各委员商议许之"。① 因此搞清楚这次国际会及相关问题，无论是对于了解晚清东北鼠疫防控的国际合作，还是晚清社会及国际关系现状，都有重要意义。

一、选定国际会议场地和落实经费

现藏辽宁省档案馆的资料显示，清政府相关部门对于筹办国际会议一事相当重视，不仅强调了国际会议的"筹备接待事宜，甚关紧要"，"各医此来关系国际"，还强调"此次开会，研究疫症，事关卫生，是为中外观听之所系。"②

各部在写给政府的奏折中，也特别强调了对此次会议的重视以及涉及相关费用等问题。宣统三年二月初十，外务部的奏折中指出，"各医此来关系国际，既往我国声明招待，自未便草率行事"。然而，"修改屋宇备办供应，此费不赀，东（三）省两次请发防疫经费，业已告罄，请预为筹措等语，臣等窃维此次开会研究疫症事关卫生，是为中外观听之所系，现计会期已近，各国所派医生先后将次到来，……所有接待外宾，供给旅费及购办研究药品一切事宜，费用浩繁，在在需款，……兹拟请饬下度支部现拨银四万两，解送臣部，即交右丞施肇基，随带前往备用，如用不敷，再行续请"。

东北地方政府，各职能部门之间，就召开国际大会的场地等相关问题，已进行了充分的协商。锡良总督在给司督阁（克里斯蒂——Christie）的函文中指出，"以将来西医开会地区定在奉天，拟先觅房屋一所。""西医来者约二十人左右，会晤室、化学房最为重要。"所以对于开会场所的选择，要求"化学房尤当距会晤室相近。""查三月初旬，各国医员来奉开会研究一事，昨蒙台在贵医院，会晤室、化学房二处即在贵医院内设备，不知该室大小若何，能否容二十人用，特函陈，即希查照办理。如果房屋不敷，其在小河沿就近之惠工场房屋似可借用。"回电称："顷接来谕，敬悉一切所言。外务部来函西医开会地区，敝院因疗疫之故，住院病人较少，现有合式（适）之房屋能容二十余（人）会

① 《奉天万国防疫大会三纪》，载《申报》，第2版，辛亥三月初十。"外务部丞堂施植克鉴文密疫症骤发，我政府照请各国派医来奉开会研究。查各国会例本国为主，故议长一席皆本国派员充当。此次会事初议本发自俄，钧部以主权所在，故由我请各国唯议长究由何人充当是否用伍医官抑另派人乞酌示钧十六"。《各国派员在奉开鼠疫研究会及筹设房屋、执行各情由》，《奉天交涉司全宗 JB16-1587号》，辽宁省档案馆馆藏档案。

② 《各国派员在奉开鼠疫研究会及筹设房屋、执行各情由》，《奉天交涉司全宗·JB16-1587号》，辽宁省档案馆馆藏档案。

晤，及考查病原房亦即在敝院设备。"奉天庶务科还致电清政府外务部丞堂施植（施肇基），关于开会地点问题请其定夺。内称："外务部丞堂施植兄鉴，三月初五各医在奉会议，昨与小河沿司大夫商及，司请在彼医院内会晤。其化学室，据云光线亦皆足用，各医住处拟即指定城内两西国饭店，未知尊意如何？"①

清政府为筹办万国鼠疫研究会也用掉了很多费用。"此次各国医官来奉会议疫事，前奉督宪谕令，将小河沿惠工公司作为各医官接待之所，当即派员前往详细勘察，一切修缮工事添办铺垫，料理饮食所费不资。"经政府决议，"各国医员来奉研究疫病所费，自应由防疫总局在防疫经费下开支，即由司督饬所派科员妥为筹备，一切诸待开支，自当先行请领，以济要需。相应备具印领，咨请贵局查照，先行核发二万两，其余添办铺垫一切要款，应再随时核实照领。"② 这条材料主要讲的是经费问题，即申明经费由防疫局在"防疫费"项下开支，当时就立即"先行核发二万两"，"其余添办铺垫一切要款应再随时核实照领"，可见所需费用巨大。③

二、收集防疫中难以解决的技术问题

筹备召开此次万国鼠疫大会，清政府事先已做了充分的准备。清政府为开好此次国际防疫大会，由上自下逐级征集防疫中遇到的困难和难以解决的技术问题。特别对在防疫中遇到的难以解决的技术问题，所调

---

① 《各国派员在奉开鼠疫研究会及筹设房屋、执行各情由》，《奉天交涉司全宗·JB16-1587 号》，辽宁省档案馆馆藏档案。

② 《各国派员在奉开鼠疫研究会及筹设房屋、执行各情由》，《奉天交涉司全宗·JB16-1587 号》，辽宁省档案馆馆藏档案。

③ "为咨送事案准，查奉天万国鼠疫研究会，前经本司委员承办在案，计自开办起至结报之日止，共支沈平银六万七千九百零八两六钱二分五厘八毫七丝五忽，除领第一、第二两项收入沈平银六万一千九百六十九两八钱六分一厘一毫不敷，第三项收入沈平银五千九百三十八两七钱六分四厘七毫七丝五忽系由本司垫发，未经咨领。据该承办委员造具报告册四本呈送前来，相应备文具领咨送贵局，请烦查照核销，并将垫发银两如数拨解过司以便清垫。须至咨者，右咨防疫总局，宣统三年六月二十六日。"交涉司所附清单一纸，统共由防疫局领银，四万零九百三十八两七钱六分四厘七毫七丝五忽。一、汇天津购买食品银，二千零四十五两七钱；二、汇天津交车马租价赔价银，二千九百六十九两三钱六分；三、汇天津交华富饭店购物银，一万六千零六十五两；四、付电灯厂灯费银，五千两。共剩银，一万四千八百五十八两七钱零四厘七毫七丝五忽。于二月初三日照市行共化银二万二千九百二十六元九毛八分，每天合银六钱四分八毫一毫七丝，今按八银五分合银，尚余银四十三两八钱三分二厘二毫二丝五忽。其余款项均是施丞堂交来银洋，合并声明。《各国派员在奉开鼠疫研究会及筹设房屋、执行各情由》，《奉天交涉司全宗·JB16-1587 号》，辽宁省档案馆馆藏档案。

查的范围相当广泛，其目的就是期望通过此次会议更好地解决中国在防疫中遇到的难题。为今后的防疫工作积累经验。上述调查问题系统地见诸"吉林全省防疫总局档案"之中。

吉林全省防疫总局发给桦甸县知县的材料中，就详细登录了调查项目："兹将应行调查项目分条列下。

一、是疫之发生情形病初发时情形若何？有无发热咳嗽吐血起核等情？病发后有无变更，约经若干日始行毙命，疫死者尸身变何颜色，染疫之家是否先见毙鼠？

二、是疫之蔓延状态由何处传染而来？初传之人是何职业？更复传染何处？何处蔓延最甚？同在一蔓延地域何地之人何等人传染最少？并望绘图表示。

三、有疫地之中上下级绅、学、商、工及苦力各等社会，以何社会染疫为多？其染疫各社会中始由何社会渐及于何社会？同一社会中有无特免或减少？其原因若何？

四、有疫地之疗治、看护、葬埋以及一切习俗何如？有无迷信、忌医及各项不适于防疫之习惯？

五、有疫地之卫生，其衣食住处及道路、用水沟渠等适否何如？

六、医症发现后之各种防卫方法，甲：防卫机关如防疫局、检疫所、隔离所、诊病所、庇寒所、防疫会等如何设立？乙：防卫人员如中西医生委员、警队等如何派遣？丙：防卫对象中西各种药料及器具如何购置？丁：防疫办法对于有疫地、无疫地及染疫人与未染疫人按之以上甲乙丙丁四项如何措置？以外又有如何办法？

七、疫毙之人数、年龄、职业、月日、地址，此项要列表。

八、疫症之疗治诸方法，该处医生有何发明？自发疫以来，以何方法救治之为最有效？是否能言其所以然？是否设会研究？设立后之效果如何？"①

该文件还指出，"现在各属报告治愈者甚多，恐非真正疫症，此次务须确切查明，不得稍涉含混。"并要求对"以上各项，仰该县统限于二月初十日以前，即行详细电告及图表并望从早邮来，以便汇造册表呈奉"。电报要求桦甸县当局在"二月初十日以前"上报相关材料，而桦甸县知县也非常重视，表示"札到该县，即须火速派员，分别调查报告……遵经分派委员按照宪札切实调查，明确逐项详细报告，理合缮具

---

① 《详覆桦邑患疫情形并呈清则请查核由》，《吉林全省防疫总局档·K33-17》，吉林省档案馆馆藏档案。

清则，详送仰祈宪台查核汇转。"① 上述这些调查问题与清政府外务部施肇基所提出的十个问题基本吻合。②

三、邀请各国专家参加会议及接待工作

清政府为使此次国际鼠疫研究会顺利召开，向各国驻华使领馆发出邀请函，由他们推荐本国的知名医学家或防疫专家参加大会。③ 有关开会的照会发出不久，马上就得到了各国的响应，纷纷指派本国的著名专家参加会议。"奉本国政府来电，现在东三省倡办防疫研究会，特派本国青岛正军医官马提尼（Martini）博士前往与会，该博士定于本晚由北京动身乘坐京奉汽车前来等因，敬已聆悉仰承雅意关照曷胜感谢。"④ "兹悉日政府已派北里藤浪及柴山三博士届期赴奉参列该会，并闻该博士约于十九日由东京起程。"⑤ "初二日柏林电云，意大利政府将派茄纳哇底（即高寥密——GinoGaleotti）博士前往满洲，充当奉天万国防疫

---

① 《详覆桦邑患疫情形并呈清则请查核由》，《吉林全省防疫总局档·K33-17》，吉林省档案馆馆藏档案。

② 施肇基所提出 10 个问题如下："一、此次疫气因何流行如何流行，暨有如何办理方法？二、此种疫气是否满洲境内某处本土之病，有何最善之法，可向该（何）处施救？三、其产生疫气之虫，所含毒力，是否较核疫虫之毒力为大。以显微镜观之，虫之形类相同。以疫虫之学理验之，亦无少异。而何以在满洲则成肺瘟血瘟，在印度等处，则成核（该）瘟而鲜成肺瘟者？四、检查各医报告，此次疫气，何以仅染及人而未染及鼠？五、肺瘟因何而致，核瘟因何而致，其所以不同之理由何在？六、是否因气候不同所致，抑偶有之事？七、此种疫虫，是否能于人身之外，存活数月之久，果尔，必缘何种情形而能存活如此之久，此关于吾侪之一大问题，盖恐今年冬令，再有复发之事？八、黄豆皮货，为本省出口大宗，遇疫气流行之时，应否照常输运出口，抑应有何限制？九、各城镇乡村，是否应令一律设法施种疫浆？十、据诸君所经历者而言，凡发见疫症之房屋，是否应令焚毁，抑按法消毒，即可无碍？"见杜山佳：《万国防疫会记》，载《东方杂志》，第八卷第三号。

③ "照会各国领士（事）：正月二十四日发为照会事，照得东三省疫病流行，诚恐传染不绝。关于扑灭及预防各方法，必须详细研究。我政府前经敦请各国医师拟于三月初五日在奉省会议，相应照会贵总依赖，查照须至照会者。右照会：日总领事小池、英吴、歟太、俄廓、法领贝、俄领韩"。《各国派员在奉开鼠疫研究会及筹设房屋、执行各情由》，《奉天交涉司全宗·JB16-1587 号》，辽宁省档案馆馆藏档案。"大美国驻奉总领事官伏为，照覆事案准。贵司本年正月二十四日照开，照得东三省疫病流行，诚恐传染不绝，关于扑灭及预防各方法必须详细研究。我政府前经敦请各国医师拟于三月初五日在奉省会议等因，准此本总领事敬悉。除备案外，相应备文照复贵司，请烦查照须至照会者。右照复。钦命二品顶戴赏戴花翎奉天交涉使韩，宣统三年正月二十五日"《各国派员在奉开鼠疫研究会及筹设房屋、执行各情由》，《奉天交涉司全宗·JB16-1587 号》，辽宁省档案馆馆藏档案。

④ 《各国派员在奉开鼠疫研究会及筹设房屋、执行各情由》，《奉天交涉司全宗·JB16-1587 号》，辽宁省档案馆馆藏档案。

⑤ 《东京》，载《盛京时报》，第 2 版，宣统三年二月十六日。

大会之代表。"① "闻日昨墨西哥国所派之鼠疫研究会代表肯在尔斯（即刚萨利——Gonzales）君业已到奉，（……）并有俄国女医生二名于十五日到省，均各入场旁听。"② "俄国防疫员及英法两国医员等一团体，已于阳历二十五日由俄京启程，前赴满洲拟叅列国际防疫研究会。该团体中尚有德尔歌尔夫公爵及女医二员妇人药学员计三员。"③ "义国揑布尔斯大学堂教习喀列乌齐博士，现奉义政府之命，代表该国学界，前赴满洲叅列防疫大会。"④ "日政府拟派北里医学博士及日本传染病研究所医员数名，赴奉参列万国防疫会议。"⑤

在这方面《盛京时报》亦及时做了相关报道："闻英俄德法美比意奥八国俱已简定代表前来。法代表为布罗基氏（C. B. Broquet）已于本月十六日由西比利亚铁路来京，……美国代表为司特朗氏（R. P. Strong）于英三月廿号启程来会。哈尔滨俄医士萨布郎得尼氏（D. Zabolotny）则代表俄国。余德、比、意、奥四国，亦既派定，不日即当发表。闻所派各医士富于经验，为医界巨子。至于会期约二十日至四十日之久为限。"⑥《申报》也及时对万国鼠疫研究会的筹备情况进行了报道，尤其还对参会的重要代表，进行了个人身份和经历的介绍："国际百司笃研究会订于中历三月初五日，在奉天省城开会"。据悉法国特派员布罗基（C. B. Broquet）博士，为殖民地步后联队三等军医，"该士于法国殖民地从事防疫事务，颇富经验，此次来华，特带防染血清一万本，以为旅华法人注射之需"；俄国特派员萨布郎得尼（D. Zabolotny）博士，"在英法两国曾与伍连德医官同学"。英国委员福洛氏（R. Farrar）是内务部研究所医官；美国委员司特朗（R. P. Strong）是"裴利滨医学专门学校教授兼细菌研究所所长"。由于印度地方是百斯笃（鼠疫）屡发地区，"故印度政府特派百斯笃调查会代表彼特利（即裴特里博士——Dr. G. F. Petrie）氏来奉实地调查"。另"德、奥、比、义（意）、日本等国届时亦均派医员与会"。奉天防疫局则"派人修理陈列所为会场，并将惠工公司后院房屋，借作列国委员宿舍。"⑦

---

① 《意派防疫会代表》，载《申报》，第 3 版，辛亥二月初四。
② 《又有参列鼠疫研究会西医莅止》，载《盛京时报》，第 5 版，宣统三年三月十七日。
③ 《英京》，载《盛京时报》，第 2 版，宣统三年二月初一。
④ 《德京》，载《盛京时报》，第 2 版，宣统三年二月初七。
⑤ 《东京》，载《盛京时报》志第 2 版，宣统三年二月初十。
⑥ 《奉天开万国防疫大会志闻》，载《盛京时报》，第 5 版，宣统三年正月二十七日。
⑦ 《国际防疫会亟宜注意》，载《申报》，第 6 版，辛亥二月廿三日。

对于各国专家的到来，各地方当局，特别是奉天地方当局均做了充分的前期接待准备。不仅事先就已把开会地点和住宿宾馆安排好了，"现距会期已近，已在小河沿设备一切作为会议及住所。贵国医师莅奉应请移住该处，除派员招待外相应照会贵总领事查照须至照会者。"①而且还掌握各位代表到奉天（沈阳）的车次，"预备车马往接并请酌定住宿处所"，派译员接站。② 说明大会程序安排得非常周密。

第二节　万国鼠疫研究会所取得的成就

本次国际学术大会从 1911 年 4 月 3 日开始开会至 4 月 28 日闭会，前后共开会 25 天。

参加万国鼠疫研究会的代表一览表③

国　家	姓　名	国　家	姓　名
美国	司特朗（R. P. Strong） 杜格（Oscar Teague）	德国	马提尼（Martini）

① 《各国派员在奉开鼠疫研究会及筹设房屋、执行各情由》，《奉天交涉司全宗·JB16-1587 号》，辽宁省档案馆馆藏档案。

② 《各国派员在奉开鼠疫研究会及筹设房屋、执行各情由》，《奉天交涉司全宗·JB16-1587 号》，辽宁省档案馆馆藏档案。

③ 《万国鼠疫研究会报告》，见《东三省疫事报告书》下册以及《参加国际防疫大会的代表名单》《上海公共租界工部局卫生处关于国际鼠疫会议文件·U1-16-2631》，上海市档案馆馆藏档案。另见《关于万国防疫大会各代表之略历》，宣统三年二月初十日载《盛京时报》，第 5 版。宣统三年二月初十日，该报对参会主要成员介绍如下：一、法国代表布罗基（C. B. Broquet）博士，系法国陆军三等军医，当时在法殖民地步兵联队经理医政。且在该殖民地办理防疫事宜，历有年，所尤富经验。此次来华带防疫浆一万瓶，分赠在华法侨。先拟赴北京、天津等地考察疫疫情形。"闻该博士顷日声明，谓中国政府若不待余以国宾之礼，则不愿公然与议。"二、俄国代表是萨布郎得尼（D. Zabolotny）博士。他曾在德法两大学与中国名医吴廉德相识。其后长住哈尔滨，亦与吴君往来最洽。此次东北发生鼠疫，他为华人设法维护。当东清铁路公司曾拟令所有染疫华人商铺必须将屋内所有器具簿册全部焚毁，以除疫气时，他向该公司进言，称凡商铺簿册关系重大，不可轻于烧毁，可以通过适当消毒加以保存。经该公司准允，避免了重大损失。他与二名军医，四名医生参加会议。三、英国印度政厅代表为彼特利（G. F. Petrie）博士。他在印度研究鼠疫多年，现任印度鼠疫调查会总理。他认为，东北的鼠疫本年消灭，却难保明年不在出现，所以万国防疫大会开得及时。为世界人类计，为科学进步计，这次会开得很有意义。英国代表福洛博士，系英国内务部研究所医员。四、美国代表为司特朗（R. P. Strong）博士。曾任菲律宾医学专门学校教习兼任细菌研究所所长，对于鼠疫很有研究。《关于万国防疫大会各代表之略历》，载《盛京时报》，第 5 版，宣统三年二月初十。

续　表

国　家	姓　名	国　家	姓　名
奥国	吴来禄（Eugenworell）	法国	柏罗格（C. B. Broquet——又译布罗基）
英国	福洛（R. Farrar） 皮特利（G. F. Petrie） 德来格（G. DouglasGray）	意大利	高寥密（GinoGaleotti） 儒拉（DiGiura） 希诺里（ErnestoSignorelli）
荷兰	赫伊威（T. H. hehewerth）	墨西哥	刚萨利（Gonzales）
俄国	萨布郎得尼（D. Zabolotny） 志罗廓尔夫（S. T. Zlatogoroff） 巴特米伍斯慕（L. Padlevsky） 顾列沙（Koulocha） 苏拉来斯喀亚（女） 褚林利那（女）	中国	伍连德（WuLien-the） 全绍清（Ch'uanShaoChing） 方擎（FangChin） 王恩绍（Y. S. Wang） 山大夫（R. A. P. hill） 韩大夫（W. H. GrahamAspland） 司督阁（D. Christie） 师丹列（ArthurStanley） 哈夫金（PaulHaffkine）
日本	北里柴三郎 柴山五郎作 宇山道硕 藤浪鉴 下濑谦太郎		

其他参会人员①

国　家	姓　名	来自部门及地区
中国	吴为雨（WooWai-u） 夏本礼（J. Chabaneix） 王若宜（S. N. Wong）、王麟书（L. S. Wang） 钟穆生（H. S. chung） 王兴安（WangHsing-an） 王培元（B. Y. Wong） 王医士（P. Quincey）	民政部 直隶 奉天 吉林 黑龙江 中国红十字会 上海医院
俄国	廓阔沙罗夫（M. kokcharoff） 倭斯克列星斯基（PaulWoscressensky） 叶星斯基（Iasionski） 巴古斯基	满洲防疫局 哈尔滨 东清铁路 哈尔滨防疫局

---

① 《万国鼠疫研究会报告》，见《东三省疫事报告书》，下册，第3篇第1章，1～3页，1912，辽宁省图书馆馆藏本。

国　家	姓　名	来自部门及地区
日本	上田恭辅 斯铁般洼 泐亚铁洼	——————

一、明确了病源地和病源物

历时 25 天，共有 11 个国家代表参加的奉天万国鼠疫研究会的成功召开，取得了丰硕的成果。清政府希望了解的防疫难题，在此次会议中基本得到了解答。

肆虐于北部中国半年之久，夺去了六万多人宝贵生命的大鼠疫，到底在哪里开始？因何引起？这一问题一直困扰着人们，并且也是需要给予明确解答的重要问题。根据现有的材料可知，这一问题在鼠疫流行期间，就已有不同的争论①。最终该问题在万国鼠疫研究会上经过各国专家们的研讨认定，俄属西伯利亚为疫（病）源地，旱獭为病源物。

在国际会议讨论过程中，大会主席伍连德、中国医生全绍清、日本医学家北里柴三郎、俄罗斯医学家萨布郎得尼（D. Zabolotny）等专家都认为病源物是旱獭，病源地是西伯利亚和蒙古高原一带。

伍连德在大会致辞中，就曾提出："现在吾人已公认旱獭一物为传疫之媒介"。而这种疫症，"近十年来西伯利亚、蒙古、满洲西北部，皆时时发现，住居其地之中俄人民罹此而死者数亦不少"，然而，"染疫而死亡者不过数十人即已自然消灭，不至辗转，传染贻祸无穷也"。"蒙古人固知旱獭一物常有染瘟疫之事，且知其瘟疫传染之险"，为保自身，很少捕捉之。"近年欧美商人多喜贩卖我国所产之獭皮，致山东苦工之

---

① 关于此次鼠疫源发地是在中国境内还是在俄境的问题，曾引发过争论。当时中国政府的文件即认为，此次鼠疫"实由俄境后贝加尔州之大乌拉地方传入"，"据胪宾府知府实地考察，确有证据"，（《黑龙江全省蔓延之疫势》，见《东三省疫事报告书》，上册，第 1 编第 1 章，6 页，1912，辽宁省图书馆馆藏本。）但俄国方面不承认此说，认为"此次之疫实由满洲里以南各地新发生后波及各处，并非由满洲里直接蔓延。"（《黑龙江全省蔓延之疫势》，见《东三省疫事报告书》，上册，第 1 编第 1 章，3 页，1912，辽宁省图书馆馆藏本；《盛京时报》，第 5 版，宣统二年十月初七。《肺卑斯杜疫猖獗汇志》报载："东清铁路总医士查明，该疫之起源初在斯列勤斯克及黑河一带，旋又传至阿穆尔及尼阔里斯克。十月初间，由尼阔里斯克开至玻璃之轮船，其中搭客不免有患病者，是以玻璃始有此症，渐达于海参威。现在极力设法预防，使瘟疫不得入满洲境内。"）此说否认了俄境为疫源地、俄控东清铁路为传播疫源之导线。但德国医生波里则认为"其病源则从北蒙古之高原地而来。"（《满洲鼠疫谈》，载《盛京时报》，第 3 版，宣统三年二月十二日）站在公允的立场上主张此次鼠疫疫源地在俄国境内。

从事于猎取旱獭者年有所增。"① "大量的中国人在夏天的月份里受雇去捕捉旱獭，满洲里车站邻近地区的中国人口正常时大约是 3000 人，在每年的那个季节则扩充到 5000 人。在这些捕捉者中，已经出现了突发病例。"② 而鼠疫传染于人正是由于猎人烹食染疫旱獭肉所致。"猎人之传染者恒聚居于满洲里等处，彼等所居之屋大都尘垢污秽往往二三十人"聚居一斗室，"于是又互相传染"。③ 全绍清博士在大会上发表的论文特别提到了当地人关于捕捉旱獭的习惯和方法，也谈及个人对于疫源地与疫源物的认识。④ 俄国代表萨布郎得尼（D. Zabolotny）更用事实论证认定"旱獭为传疫之源"，承认俄境西伯利亚各地是此次鼠疫的"疫源地"。认为俄境自 1898 年至今，常时发见此疫。肺百斯笃的发生期约在西历 10 月及 11 月间，腺百斯笃的发生期恒在春夏两季。鼠疫过后该博士"在后贝加尔铁路距伯尔加站约三俄里地，力见有染病旱獭一头蹒跚于田间，博士遂命随去医学生伊沙也夫奔去捉获，移时已毙，博士遂解而验之，旱獭之血内隐有棒形毒菌，确系染鼠疫而毙者。"⑤ 这也证明了在后贝加尔地区确实存在鼠疫病源，而疫源物既为旱獭。

其实，人们早已意识到旱獭传染疫病的危险性。据俄国专家记载：在东部西伯利亚和蒙古一带，1907 年秋天发生的鼠疫"当地居民完全认识到危险性并且避免与生病动物有任何接触——只有 1 人例外"，他"完全不关心自己的健康并且非常喜爱细腻的旱獭肉。在此年的 9 月 23 日，他生病了并伴有瘟疫的病症并于 27 日死亡。疾病由他传染给其他人；最后由（有）8 人患病并死亡。所有的病症都是肺炎病的症状"。通过"对两个病例做了验尸，发现这些器官所含的病毒与瘟疫所包含的病毒毫无差异。将从一个脾脏中抽取的（病毒）之一注射到老鼠身上，（老鼠）在 26 小时内就死亡了"。另有"一个哥萨克家庭定居在一个单独的隔绝的地方，那里旱獭特别多。……有一天杀死了一只带有明显病症的土拨鼠。尽管有老辈人们的警告，他们还是给动物剥皮。"由于认为旱獭的肉不能当作食物，便让一个小姑娘"将其带回到田野去并扔

①《万国防疫会伍会长演说词》，载《申报》，第 2 版，辛亥三月十四日。

②《旱獭疾病》，《关于满洲及中国南部爆发败血症和肺疫的报告书》，上海市档案馆藏档案。

③《万国防疫会伍会长演说词》，载《申报》，第 2 版，辛亥三月十四日。

④《国际鼠疫会议，4 月 5 日会议记录》，《上海公共租界工部局卫生处关于国际鼠疫会议文件·U1-16-2631》，上海市档案馆藏档案。

⑤《研究旱獭瘟》，载《盛京时报》，第 3 版，宣统三年六月十二日。

远"。而这位姑娘在回来的第二天，就生病了，"在她左边腹股沟出现了腹股沟淋巴结炎，并且有着鼠疫袭击的所有症状。一些天后她死了，从腹股沟淋巴结，从一个手指头上的脓疮，从其脾脏，其病毒与隔离开的那些鼠疫病毒毫无差异。（将其）注射到老鼠身上，它们在 18 小时内导致死亡"。报告指出，"很明显，这种流行病已经逐渐向东面蔓延，因为在 1910 年 11 月 24 日一份领事馆报告中通知了在 13 日发现的首例突发病例。1910 年 10 月，在满洲里火车站附近的马车队中，据说直到那一天，被感染这种疾病的 300 人中没有一例康复的。"①

大量的医学解剖学实验证明，在此次鼠疫流行期间，老鼠及其他动物、牲畜等都没有成为疫源物，说明唯有旱獭成为此次东北鼠疫的原发疫源物。

在传统医学理论中，普遍认为鼠疫由老鼠传播，所以在当时的几乎所有防疫规章中，都有除灭老鼠这一项。东三省在防疫过程中为达到除灭老鼠的目的，特制定了物质奖励政策，规定每捉一头老鼠"活鼠毙鼠每个铜币七枚。"② 仅奉天城内即捕获老鼠 25374 头。但经过解剖所有在东三省范围内捕捉到的老鼠，没有发现一例带鼠疫菌的老鼠。在初九日大会上，专门就此问题进行了讨论。日本医学家北里柴三博士亦称自己在奉天解剖老鼠三万头，解剖后无一例含有百斯笃（鼠疫）病菌，所以"由此可得今日三省所流行之百斯笃疫，非由鼠族传播之证据。"③但是"俄医萨布郎得尼（D. Zabolotny）君云，哈尔滨有鼠一头实染肺百斯笃。"④ 奉天省城防疫事务所曾发现 1911 年 4 月 12 日由第 440 号王玉清送来的毙鼠中发现有疑似鼠疫病菌；另，防疫队在清除广宁东区八里堡王姓疫毙户疫源时，发现有死鼠数头，未及剖验便消毒埋葬，故无法确认，但很可能"此为奉省鼠染百斯笃之镐矢"。说明此次鼠疫传播的媒介不是老鼠和跳蚤。中国医生伍连德说，在哈尔滨，猪、马、骡等动物死于肺百斯笃者有四五百头之多；英医司督阁（即克里斯蒂——D. Christie）也发现在新民府曾有一人感染鼠疫，他乘坐的骡马也感染

---

① 《旱獭疾病》，《关于满洲及中国南部爆发败血症和肺疫的报告书》，上海市档案馆馆藏档案。

② 《除鼠》，见《东三省疫事报告书》，下册，第 2 编第 6 章，6 页，1912，辽宁省图书馆馆藏本。

③ 《疫病发现法》，见《东三省疫事报告书》，下册，第 2 编第 2 章，37 页，1912，辽宁省图书馆馆藏本。

④ 《万国鼠疫研究会纪事》，载《盛京时报》，第 5 版，宣统三年三月十一日。

鼠疫而死。"然则动物亦无抵抗百斯笃之力，不过不能如人之易于传染。"①

上述材料说明此次鼠疫的直接疫源物是旱獭，尽管牲畜及其他动物也能被传染，但却不是直接的疫源物。"一种有力的推断较为可信，即此种旱獭症与满洲及俄属萨拜克勒省及蒙古东北境所见肺瘟有密切的关系，所以与此次流行症也有关系。……委员会还建议，凡在满洲里境内猎取旱獭者，应设法令其遵守系统的医学检查，尤应注重从事猎取之时的检验，并就此类猎户聚居之处设立隔离所与病院。"② 总之，此次国际会议经过各国代表的讨论和研究，一致得出结论，此次鼠疫的病源物是旱獭，病源地是俄属西伯利亚一带。

二、确定了染疫房屋的消毒及焚毁原则

此次国际会议还解决了房屋的消毒问题，会议一致决议，房屋不用烧毁，仅须施以必要的消毒和日光照射即可。这为大瘟疫后的索赔工作提供了证据。

1. 烧毁染疫房屋是引发中外防疫冲突的重要因由

在鼠疫流行期间，曾围绕着烧毁染疫房屋一事，中外双方发生了诸多交涉与冲突。天津奥租界领事官（馆）曾向当地政府提议，要烧毁该界患疫者的房屋。对此，该界绅士季遇安、苏朵生、朱亦韩等与天津临时防疫会，商酌挽救办法，并函告天津交涉使司交涉使王克敏详情。王克敏得到消息后，"力疾（立即）与奥领事谈判"，"惟该领事以患疫之家屋内甚不洁净，非全行烧毁不足以消毒"为由，拒绝中方要求。虽然奥租界领事提出了要"凭心相估赔偿"，但该界人民对这一要求仍异常悲愤，"大有暴动之势。"③ "复经防疫会与交涉司极力与奥领事磋商，议定不烧房间惟将房内之家具焚烧。"④ 驻奉美领事官伏设耳（Fred. D. Fisher），亦曾函致韩国钧，谓皇寺后面的英美烟草公司住宅附近"居民有患疫者四人"，"惟当此疫症最烈之际若不加意防范，势必波及外，应请可否派员从严消毒或将该患疫之房焚毁以期净绝根本。"⑤ 韩

---

① 《万国鼠疫研究会纪事》，载《盛京时报》，第 5 版，宣统三年三月十一日。

② 委员会关于第一部分的决议草案》，《上海公共租界工部局卫生处关于国际鼠疫会议文件·U1-16-2631》上海市档案馆馆藏档案。

③ 《防疫事汇志》，载《大公报》，第 6 版，宣统三年正月初九。

④ 《天津奥界烧房之议作罢》，载《盛京时报》，第 2 版，宣统三年正月十三日。

⑤ 《奉天府禀为派员到七区详查日人拟烧染疫房间九处列表请酌定价资等情函复由》，《奉天交涉司全宗·JB16-3282》，辽宁省档案馆馆藏档案。

国钧回函曰"当即派员查明，函请防疫事务所焚毁矣。"① 可见，在鼠疫流行期间，外国方面多是主张对于染疫房屋施行烧毁方式，为此与中国方面及中国老百姓产生了冲突。其中最为典型的例子是俄国对待其在东北属地的中国百姓的强制方式，据《大公报》载，满洲里、哈尔滨等处，染疫甚烈，"染疫死者不下数千人，一切财产均被俄人付之一炬"。② 清政府就此事与俄方进行交涉，但俄方，不但不准备对华人进行赔偿，反而谓"俄人以满洲里瘟疫发现以来，若非满站俄员防范严密，则华人更不知死亡几许。所需经费计有数十万卢布，应由中国分摊。"③ 俄国不但未经中方允许就进行烧毁房屋的举动，而且事后还不予以赔偿，同时对于中方的维权行动还百般刁难，甚至还无理要求中国方面补偿其防疫费用，可见其对华强权。满洲里街外保府屯发现染疫之人后，俄人遂将该处房屋"六七十间"尽行焚毁。④ 不仅俄国如此，日本和法国方面也是如此。十间房地区，疫情猖獗，当地日侨因恐传染，将疫患房屋"尽行收买付诸一炬借以净绝病根。"⑤ 驻奉天法国领事派员到提学司面言，"该馆东北面小民草房甚多，日有疫疾，死亡者数人系属重疫地点"，"拟将该处房屋一律焚毁"。对此，中国地方当局采取了折衷的处理办法，"查本司商埠内建筑模范学堂地基旧有民房六十间，均已发给房价，由开埠局接收后，即饬各住户迁移。嗣因学堂未能即时兴筑，各住户禀恳暂时租用并省派人看守。"疫情日甚，"若谓该处房屋地近车站易受传染尚属近情，若谓为疫症丛生地点，恐该地住户未必肯受其咎。"经过调查后，若"该房屋以内并无受有时疫之人"，则不必烧毁，只有"该地点内无论草房、瓦房、平房，凡有染疫死亡者可照消毒办法或烧毁或封闭或隔离，听其主持。"⑥ 尽管采取了负责的态度，但是还是有大批房屋被烧毁了，并且还认为这是防疫所必须的是正常的。

2. 染疫房屋不必烧毁可施以药物消毒

然而，上述有关烧房行为，经过此次国际会议权威医学专家的认定，均是没有必要的行为。在万国鼠疫研究会上，各国专家一致认为，

---

① 《奉天府禀为派员到七区详查日人拟烧染疫房间九处列表请酌定价资等情函复由》，《奉天交涉司全宗·JB16-3282》，辽宁省档案馆馆藏档案。

② 《关心民瘼》，载《大公报》，第1版，宣统三年正月十五日。

③ 《京津防阻鼠疫南下续纪》，载《申报》，第5版，庚戌十二月二十五日。

④ 《俄人验疫之棘手》，载《大公报》，第4版，宣统二年十一月十五日。

⑤ 《关于防疫事宜之种种》，载《大公报》，第2版，宣统二年十二月二十四日。

⑥ 《奉天府禀为派员到七区详查日人拟烧染疫房间九处列表请酌定价资等情函复由》，《奉天交涉司全宗·JB16-3282》，辽宁省档案馆馆藏档案。

此次传染的媒介主要是病人所吐之痰，凡是感染上鼠疫的人，绝大多数都是由于吸入了含有病菌的唾液所致，衣服和商品并不传染，"从来没有必要为了消毒烧毁房屋。"① "没有可靠的证据显示传染病可以通过衣服或商品进行扩散。尽管有些病例已经提到，在排泄物中已发现瘟疫杆菌，但没有其传染性的证据。也没有证据显示传染病从病人到接触者能通过跳蚤传染的"。有建议指出，"当灰尘携带潮湿的或冻结唾液的粒子时候，也能传达传染。……目前没有证据显示除了潮湿或冻结的唾液外，房屋仍然有传染性。"② 排除了上述传染病源，是阻止焚烧房屋和家什器物的重要前提条件，也是恢复有关大豆等粮食类国际贸易的重要条件。

关于衣服、被褥的消毒方法如下："1. 病人的衣服、被褥应该彻底地用蒸汽消毒，煮沸消毒或长时间浸泡在消毒溶液里，如果无效，应该被烧毁。2. 与病人接触者的衣服和被褥应该用蒸汽消毒、煮沸消毒或认真仔细地喷洒消毒剂。用上述方法消毒易被损害的物品可以用甲醛水蒸气（汽）消毒，或用烘烤，再在日光晒三日，须将各面反复晒到。"

关于房屋的消毒方法如下："1. 染疫者或疫毙者一经移出，即将房屋封闭数小时之久。2. 以极亮灯光遍照各处，搜寻有无明显血痰等迹。如其有之应立时消毒或刮下用火焚烧。3. 墙纸应该剥下并焚烧。4. 然后再将房屋用消毒药水喷洒洗刷土地之上，可以石灰水撒遍。若屋内可以封闭不令通气，则用袄毛林熏蒸。5. 车辆消毒可照房屋办理或用蒸汽亦可。"

关于家具的消毒方法如下："1. 一切家具可留在屋内与屋同时消毒或另熏蒸或用日光爆晒均可。2. 痰盂必须消尽毒气，炕席及所有无用之物应当焚烧。"③

三、解决了疫区大豆、粮食及皮货出口的规则

此次国际会议也解决了大豆、粮食以及皮货等商品是否会传染疫病，是否有必要烧毁、是否仍可出口等疑惑问题，为疫后的恢复出口创

---

① 《委员会关于第四部分第二小节（g）的决议案》，《上海公共租界工部局卫生处关于国际鼠疫会议文件·U1-16-2631》，上海市档案馆馆藏档案。

② 《编辑委员备忘录》，《上海公共租界工部局卫生处关于国际鼠疫会议文件·U1-16-2631》，上海市档案馆馆藏档案。

③ 《委员会关于第四部分第二小节（g）的决议案》，《上海公共租界工部局卫生处关于国际鼠疫会议文件·U1-16-2631》，上海市档案馆馆藏档案。

造了条件。

1. 鼠疫流行期间东北的出口业受到沉重打击

鼠疫对各国在东北的商业破坏极大。各国在东北均有着巨大的经济利益。日本方面，到 1911 年止其棉布已经占中国东北棉布市场的72％，1909 年至 1914 年的 5 年间，其在中国东北进口贸易额中已占到60％。① 俄国在日俄战争中战后败，全力经营"北满"地区。俄控中东铁路，"西线、南线经过的地域是发达的农产区，素有'粮食谷仓'之称。""黑龙江省的拜泉、海伦、呼兰、青冈、兰西、肇东和肇州等县，每年仅通过对青山车站输出的粮食便达一亿至两亿斤。"在东线"每年仅海参崴港输出的大豆便在 2000 万普特以上。"② "美国在中国东北的贸易从 19 世纪 40 年代即已开始，并且中国东北成为美国对华贸易集中地。"③ 但是，鼠疫对商业造成的破坏也导致了各国经济利益的严重损失。鼠疫发生后，各国均投入巨资进行防疫且不论，阻断交通等防疫举措，更给商业带来了莫大的影响。英国伦敦"远东货品专卖市场，近因满洲恶疫流行，大受影响，所有各航业家向赖装载白豆赴英藉获运费，现该商务亦皆因之不振。"④ 库伦地区，当时市场已极为热闹，"有戏团及茶馆饮食肆市廛之中，百物咸备"，但鼠疫一发生，使得"皮货不得售与俄商，而积滞于库伦至值二百万之多，……商务甚疲"。⑤ 在各租界内有的是因为各国要求关闭各店铺的，还有因恐慌而闭市的。德商称满洋行在疫症发生之前曾经购买了一批元豆，"方欲装运，而交通已断"⑥，致使货物长期堆存。此外，阻断交通也使得各处税关没有可以收入的货税，"各口岸有传疫性之货皆禁止出口"⑦，而此时各税关还要支拨防疫经费，也是入不敷出。可见，鼠疫对经济的破坏性极大，其造成的间接经济损失是无法估量的。

大豆是东三省出口的重要农产品，有名的大豆三品（大豆、豆油、豆饼）一直行销于各省乃至海外，在国内外享有盛誉。鼠疫的流行，使

① 王连忠：《历史上中国东北地区同日本的特殊贸易关系》，载《现代日本经济》，1997（4）。

② 东省铁路经济调查局：《北满与东省铁路》，374 页，哈尔滨中国印刷局，1927。转引自姚永超：《1906—1931 年日俄经济势力在东北地区的空间推移——以港口、铁路、货物运销范围的变化为视角》，载《中国历史地理论丛》，2005（1）。

③ 杨生茂主编：《美国外交政策史 1775—1989》，240 页，北京，人民出版社，1991。

④ 《电报》，载《大公报》，第 4 版，宣统三年正月初七。

⑤ 《库伦之与鼠疫》载《盛京时报》，第 2 版，宣统三年四月二十三日。

⑥ 《德商禀请输运元豆》，载《盛京时报》，第 5 版，宣统三年二月十五日。

⑦ 《日本人关东防疫种种》，载《申报》，第 3 版，辛亥正月二十四日。

豆业的出口颇受打击。不但豆货每次转运都必须查验，诸多窒碍，糜费时日外，而且"村庄农民等传闻该疫传染之可怖亦裹足不前，以至余豆渐行疲滞。"①　不仅如此，因查验章程严厉，运输困难，为避免争端，奉省还下令该处各豆饼制造厂一律停歇，不得再行生产，就连原来约定的已卖之豆饼也因防疫吃紧，大车不能通行，遭到了外省商人的退货。

　　与大豆关系密切的榨油业也受到牵连，在营口，按例各油坊每年正月十七八日即行开榨，但由于大豆的积存不够，且"自防疫隔断交通后，火车不载而乡屯车辆亦因之日少，近日虽随准上市，但来豆无多，恐接济不济未免停工"②，各油坊均不敢开榨，严重影响了榨油业的发展。粮业在这次鼠疫中也遭受了不小的损失。在锦州，各镇乡所产杂粮户均载赴营口售卖，因时疫流行汽车停运，杂粮价值均各低落；在奉天，小南关天利丰粮米铺因有柜伙染疫毙命，致被查封，不准营业已达月余，大南关下头某粮店还因粮车稀少，生意不佳，竟至每晚间招集赌徒开场聚赌，以希图利；更有某绅拟定防疫条陈若干条，谓"省城所出售面粉多由哈尔滨、长春等处运输至奉天，恐其中含有疫气，人若食之尤为易于传染，请即设法停运"。③　看来，鼠疫对粮业的不利影响也是很大的。北满豆市也受到了影响，因交通不便，时人畏疫恐慌，大豆输出量急剧减少，"各洋商因此颇为焦灼，有的竟带同中国买办深入内地滥行揽买。"④　即使买到了大豆，也因交通隔绝，无法运出。在乌苏里江流域，因防疫禁止交通，"沿江所出之鱼类、菜蔬至腐烂不能运售，而所需日用亦无从购买。"⑤　这次瘟疫还给边境的华工、华商的生命财产造成了重大损失，尤以驻俄边界最为突出。由于鼠疫猖獗，俄国多次禁止华人入境。一些常年在中俄边境进行贸易的华商为了能够进入俄境，不惜铤而走险，费尽心机。凡华商往俄界贸易必向满洲里中俄税关购买护照，至俄关书约方可入境，所谓大票者是也，一张护照费羌洋二元，俄关书约羌洋二元二角，"自鼠疫以来，俄经不许华人前往，即禁止出票，今虽鼠疫消灭，旧章仍未规复，华商欲往俄界贸易颇觉困难，刻有苦工由俄境返满，持有旧票，商界争购以为捷足先登之计，故票价涨至二十余元云。"⑥　由上种种不难看出，鼠疫对于整个东北乃至全国

①　《北满豆市亦受影响》，载《盛京时报》，第5版，宣统二年十月初七。
②　《大豆涨价》，载《盛京时报》，第5版，宣统三年正月二十五日。
③　《是亦防疫之一道也》，载《盛京时报》，第5版，宣统二年十二月十四日。
④　《北满豆市亦受影响》，载《盛京时报》，第5版，宣统二年十月初七。
⑤　《奉天省长公署档·JC10-2338号》，辽宁省档案馆馆藏档案。
⑥　《东三省通信》，载《申报》，第3版，辛亥五月二十九日。

经济的破坏之大，损害之深。

上述情形均表明，此次鼠疫对东北地区正常的经济生活和商业往来产生了灾难性的影响。其症结主要集中在要不要对大豆、毛皮等进行烧毁的问题，以及这次商品的出口会不会传染鼠疫等问题上。

2. 大豆小麦都不用消毒也不影响出口

相关问题也在万国鼠疫研究会上成为讨论的热点，最后经各国医学专家议决，明确指出，大豆小麦都不用消毒，也不影响出口。"据研究会查询各项凭证，谓除旅客行李外，一切货物以及邮件，均无须加以限制。将来若遇鼠疫发见，当设法将鼠类灭绝。"①

日本代表北里博士认为，邮件及豆粮之类不必消毒，因为当大连鼠疫流行之时，大连上述未经消毒的物品进入日本，并未引发日本鼠疫。俄国代表也认为大豆小麦不用消毒，只有当鼠族染疫时必须消毒。还认为对于染疫房屋及相关器用不必焚毁，甚至不用消毒，"仅施以日光消毒则已足矣。"上述防疫办法，得到了很多与会各国代表的赞同，"该议遂由多数委员通过。"②

关于贸易货物的消毒："1. 贸易货物除破布旧衣外无须消毒，除非知其曾沾疫气者则应消毒。2. 可以使用任何适用的消毒方法，或者将物品放置在零度以上的干燥室里三个星期。3. 袋装粮食等货物可以散放在外面。4. 已开封的粮食等可以去除上面一英寸后在阳光下干燥和爆（暴）晒。"关于消毒剂的使用："1. 消痰污之毒应用如播沥酸或参以皂或检即名几苏按几苏药料。2. 此外，如氯化石灰、石灰水、袱毛林、氯气均有消毒之功。3. 在寒冷的气温下喷洒消毒剂。"③

俄国依尔库次克防疫会也承认"放行货品问题已在万国公会提议，其议定各节有约章性质。"是会提议运出皮货问题时，多以为貂皮等无须消毒，即可运往俄国或外洋。此等皮货如由邮政转寄或认为行李由快车载运亦可。"当时承认并无直接或间接传染之物品。惟议定某种物品由染瘟疫地方运出，须经消毒并拟定货品清单。"④ 至于旱獭皮的出口问题，"至今尚未研究此皮能否传染"。到会者声称每年运入欧洲之旱獭皮不下百万张，最后决定向瘟疫地方运送，必须持有本地领事发给放行

---

① 《外务部发出鼠疫研究会通告》，载《盛京时报》，第3版，宣统三年四月十三日。

② 《万国鼠疫研究会纪事》，载《盛京时报》，第5版，宣统三年三月二十四日。

③ 《委员会关于第四部分第二小节（g）的决议案》，《上海公共租界工部局卫生处关于国际鼠疫会议文件·U1-16-2631》上海市档案馆馆藏档案。

④ 《俄国依尔库次克防疫详志》，载《盛京时报》，第5版，宣统三年二月十九日。

执据。"若由瘟疫地方运出必须用药消毒"。关于汇寄物品钱财问题，"据万国交通会定章，凡有瘟疫地方之运出邮件须实行消毒"，钱店也"必须消毒。"①

四、认定了国际通行防疫方法的有效性和权威性

此次万国鼠疫大会的一个重要功绩，就是认定了国际通行防疫方法的有效性和权威性，有利于相关法规在中国的移植。

1. 当时中国的公共防疫制度极不完善

中国当时的公共卫生事业极其落后，"城市卫生方面的管理体制只是初创阶段。"② 即使是作为首都的北京，卫生状况也同样令人担忧。到处可见"全年淤积起来的所有脏物，都堆积在大街上，空气中充满了难闻的气味。"③ 其他地区的情况更是可想而知了。"在中国乡村，尤其是边远少数民族地区，医疗事业十分落后，卫生状况很差。居民生活方式和卫生习惯触目惊心，他们长期不洗脸洗澡，不换洗衣服，盛煮食物的器皿也常常不洗。"④ 近代中国人被称为"东亚病夫"，与这种落后的公共卫生状况不无关系。伍连德感慨道："堪痛惜各国咸谓传染病起于中国，闻之不胜忧愤。"⑤ 在北京"全部的卫生设施，只有两家设备简陋的官医院和七八家规模不大的外国人开办的医院。"而且，"当时中国通晓西医的人才极为稀少。"⑥ 由于缺少应对大规模鼠疫灾难的经验，加之公共卫生发展的滞后，致使清朝政府在鼠疫初现之时，应对屡有失误，没能及时控制住疫情的扩散。

这次鼠疫之所以能够控制，主要是由于"防疫章程施用得法或由采取医学成规或由人民力求自卫所致，但非因疫虫之毒力消灭而疫症始能消恶灭。"⑦ 其经验教训是极其深刻的。大会强调了鼠疫流行风险随时有之以及加强防疫的重要性。

---

① 《俄国依尔库次克防疫详志》，载《盛京时报》，第5版，宣统三年二月二十二日。
② 袁熹：《近代中国最早的防疫工作》，载《天津科技》，2003（3）。
③ 史明正：《走向近代化的北京城——城市建设与社会变革》，109页，北京，北京大学出版社，1995。
④ 郝先中：《西医东渐与中国近代医疗卫生事业的肇始》，载《华东师范大学学报》（哲学社会科学版），2005（1）。
⑤ 伍连德：《论中国当筹防病之方实行卫生之法》，载《中华医学杂志》，1915（1）。
⑥ 袁熹：《近代中国最早的防疫工作》，载《天津科技》，2003（3）。
⑦ 《外务部发出鼠疫研究会通告》，载《盛京时报》，第3版，宣统三年四月十三日。

2. 大会提出了具有针对性的防疫规则

参加此次国际会议的各国医学及防疫专家充分研究并总结了中国的防疫经验教训并结合自己的经验，提出了具有极强针对性的防疫规则。

万国鼠疫研究会研究并通过了国际通用的防疫隔离措施。笔者将此部分大会通过的总结概括如下。①

第一，需要改善整体卫生环境。各城各乡清洁卫生事宜，自应一律改良为是，其居住拥挤一层尤当注意。凡遇死亡之人，应由医士发给验照，凡遇传染病症应由医士发出通告令人周知。此等医士应以西医西药诊治病人。

第二，隔离和带（戴）面具。当遇肺瘟流行尚在未盛之时，应将下开章程立即施行，即（1）凡已染疫病或疑似染疫暨与染疫者接触之人，一律迫令其隔离。已染疫者暨疑似染疫者，应令其带用合宜口鼻罩。（2）死亡通告和死亡验照。挨户检查，若遇人家或街道中有已病或已死之人，应即具报其症之情形，应以考验疫虫法诊断，如能办到更以考验病法诊断，并应妥善将病死情形逐细注册。凡遇死亡之人，应由医士发给验照，凡遇传染病症应由医士发出通告，令人周知。（3）对民众的卫生教育。应用演说或以浅白文字讲解防卫之法，刊印小说单纸广为传播，籍以开导百姓。

第三，设遇疫气盛行，有蔓延之势时，则应照下面的办法办理。

（1）应该建立起卫生防疫线，进行 5 天严格的卫生检查和隔离。（2）关闭戏院等场所。凡学堂、礼拜堂、戏馆、市场等类为人民严聚，最易传染疫症之处，均应一律关闭。其他若客店、茶楼，应留心时时查验。缘此等地方按报册所载，染疫之人最多。凡制造厂，若在厂内或附近地方并无随时检验，所用工人之预备者，亦应一律关闭。（3）阻断交通。轨道公车载客甚杂，传染之力极大，应视为危险，但人力车与骡车不必停止。（4）隔离疫区。设遇某城乡中仅有某区地方染疫或该区较他区疫气更盛，则宜限制该区人民不得前往他区，亦不令人民擅入区之内，如此方可限制广传。设遇疫气流行极盛之时，城或乡分为数区，阻令各区人民往来，并施行留验章程。

第四，设立隔离疫病院。凡染受肺瘟者，必须隔离，为迫不可缓之举，故应预为建造隔离疫病院，以备不时之需。院中应有单间房屋，使住院病人得以各居一室。造屋之法必使鼠类无处出入，且使易于消毒为

---

① 《委员会关于第四部分第二小节（a）到（f）的决议草案》，《上海公共租界工部局卫生处关于国际鼠疫会议文件·U1-16-2631》，上海市档案馆馆藏档案。

妥。床位要多，空气流通，采光宜好。

第五，疑似疫病院。疑似疫病院应与疫病院相近方便，院中隔离之人各居一室最为紧要，使实未染疫之人不致有传染之虞。凡在疑似疫病院查看之人，若非诊出实系染受疫病，不得轻率移送疫病院内。

第六，接触疫病者之留验所与隔离所。接触疫病者之留验所，其建造管理之法务以早能侦察留验者是否染疫为目的，其同往之室以能令各自隔别为妥。

第七，立体隔离结构。鼠疫隔离病院最好是立体隔离结构。

关于水陆交通问题。大会在决议中指出："应该在陆路和水路等交能枢纽控制劳往来。"因为"苦力乘火车是造成疫病传染的诱因之一，……应该制定规则对其防范，要尽最大的可能来防止疫病传染"。"为了防止疫病的流行，应先对疫区城镇、乡村的交通给予阻绝，并检查过路行人，同时也应检查贫民的房屋。行人应该就近送往检验所留验查看。"此外，"由于苦力和行人从陆路和散蓬船到未知口岸行走，而非经停正式口岸，所以应该注意非正式口岸交通枢纽的疫验检验。"并且"应该在水上建立检建所。"①

关于疫尸的处理方法。大会指出："设若查疫死尸身应用粗布单浸透消毒药水，将尸包裹放在有顶棚车内，然后移去埋葬。所用顶棚车厢内应用洋铁镶裹，专为装移疫尸之用。埋葬疫尸工队，应用无尖铁钩钩移疫尸，较为便捷。"此外，主张火葬。国际会议在总结世界各地鼠疫防疫经验特别是中国哈尔滨防疫经验的基础上，一致认为对尸体的消毒和火葬是最可行的防疫方法。"疫死之身存留日久，也能传染疫气，若用火葬，乃为最速最妥而且最省俭之法。火葬着法，宜在距城或乡稍远之处，选择一地挖成大坑，以木柴煤油合并焚之。"②

博古茨基（Bogucki）博士在他的论文讲到，为了阻止疫病的爆发，城市的负责人应该特别关心贫穷家庭的居住条件，通过提供便宜的小屋和夜间庇护所。使他们可以得到食物和医疗帮助的地方，还应有洗浴和消毒的场所。同时，为了有较好卫生条件必须制定一些规则。他还格外强调了在哈尔滨地区以及铁路延（沿）线的防疫事宜。指出："中国在哈尔滨的工人阶层，同住在乡村中的一样，在贸易和工业以及铁路工作，都不可能避免了被传染的危险，除非建立一个有效的医疗监控和提

---

① 《决议》，《上海公共租界工部局卫生处关于国际鼠疫会议文件·U1-16-2631》，上海市档案馆馆藏档案。

② 《鼠疫会议决条陈》，载《盛京时报》，第 3 版，宣统三年七月初二。

供好的住房条件。""由于在铁路区域，瘟疫的第一个病例的症状的科学检测以及正确认识，以及在满洲和远东的瘟疫传染的传染学上的调查，在哈尔滨建立一个细菌学和传染学研究所是非常必要的，当然也要在中国政府同意的情况下。"①

就此，大会以决议的形式敦促清政府完善卫生条件，改良公共卫生环境。主张建立公共卫生防疫系统："应该尽一切努力组织一个中央公共卫生部门，特别是有关管理和关注将来发生的传染病的。"② 并在"各处行政机关应设定卫生局，组织卫生队"。这样一旦遇到流行瘟疫就可以迅速扩充并发挥作用。"所办卫生事宜应由中央政府订定通行章程，使之一律遵守自为更妥。卫生队员住所，宜与居民住处隔离为妥。卫生队员亦应仍于开办防疫之先，都种疫浆。卫生员亦宜令一律带（戴）用同样口鼻罩，并教其如何带用方为合适。应带（戴）手套并披周身遮满之罩衣，每于办事后，各人均应洗澡，其办事时所穿戴之衣服等件，均须在防疫所消毒。卫生员亦每日应听医员查验两次，其身体热度填如（入）表内。"③ "为了促进以上目标的实现，在中国应尽一切努力保证有效的医学的教育。"④

五、加速了西医在中国的引进和普及

在此次防疫过程之中，由于中国传统医术及药物对于鼠疫毫无功效可言，因而当时最为先进的西医、西药则被广泛地引进到中国，并用于防控鼠疫的实践当中。

在此次国际防疫大会上，当时世界上刚刚发明出来的几种最先进的鼠疫疫苗"避瘟浆"及治疗药品都被引进到中国来了。"防疫肺瘟之法以射种药浆为第一层理由。"⑤ 在吉林省，"各关检疫分所于城瓮内设机器药水，见人消毒。"⑥ 在铁岭，政府向当地民众发送 10000 多只"呼吸囊"，"勒令人民尽带呼吸囊"，出城入城都必须配戴，"由巡警随时稽

① 《对博古茨基博士所读论文的总结》，《上海公共租界工部局卫生处关于国际鼠疫会议文件·U1-16-2631》，上海市档案馆馆藏档案。

② 《决议》，《上海公共租界工部局卫生处关于国际鼠疫会议文件·U1-16-2631》，上海市档案馆馆藏档案。

③ 《关于第四部分第二小节（h）到（j）的决议案》，《上海公共租界工部局卫生处关于国际鼠疫会议文件·U1-16-2631》，上海市档案馆馆藏档案。

④ 《决议》，《上海公共租界工部局卫生处关于国际鼠疫会议文件·U1-16-2631》，上海市档案馆馆藏档案。

⑤ 《鼠疫会议决条陈》，载《盛京时报》，第3版，宣统三年七月初二。

⑥ 《北方防疫汇纪》，载《申报》，第2版，辛亥二月初一。

查，如有不遵守者，即以违警论罪云。"① 为预防鼠疫的蔓延，天津学界名流士绅富商积极筹划应对措施，并于1911年1月22日在浙江会馆召开会议，以北洋商学公会为核心，联合各界成立了临时防疫会。② 该防疫会自成立后即积极开展工作，如讨论隔离病房等事，协调与各租界之关系，设法保护租界内的中国公民，购买分发防鼠疫疫苗，告知并督促公民到指定地点注射预防，以及印发白话防疫传单等等。③ 说明许多地方当局为了防止鼠疫的进一步蔓延，都积极地强化当地的卫生防疫工作。

大会的决议指出："义医……嘎雷右迪（GinoGaleotti）所制药浆，此种药浆以之试种于畜类其成效似属美善，其功用与别种药浆相同。此外，尤可以干质存储不失其效用之益，至为方便。"尤其是美国医生司特朗（R. P. Strong），为参加国际会，还专门从德国购买"细菌研究器械三箱"。而运抵奉天的路途颇费周折。④ 而且，他发明的药品也受到国际医学界的普遍重视："美医司特朗制药浆法应当细心考究。曾经以之试种于人身及畜体，所得成效殊觉奇异。亟应多方考证其法是否安妥，以广其用。"当然，"本会虽有此种意见发表，然于他种防疫药浆或添合血清之浆，倘用着有益，自应照用，本会并无因此不认其有功用之意。"⑤ 只是，"此次肺瘟流行之统计事实，以射种药浆防此种肺瘟传染是否实能有益，则医员等尚不能决定。"因此，大会决定，继续在动物身上进行实验，"目的是为了找出哪种疫苗更适合预防肺炎型疫病。"⑥ 总之，上述这些最新西医治疗方法，在国际会议上得到了广泛好评，更为中国防疫专家所接受，并在以后历次防疫中应用并发挥了作用。

总之，由此次会议所搭建的学术平台，给中外医学专家担提供了近

---

① 《勒令人民尽带呼带囊》，载《盛京时报》，第5版，宣统三年正月二十一日。

② 《会议防疫》，载《大公报》，第5版，庚戌十二月二十四日。

③ 《天津临时防疫会紧要广告》，载《大公报》，第3版，宣统三年二月十五日，载"启者，现在津地疫患虽渐消减，而防范尤不可疏。因关外及附近有疫之州县疫气未尽扑灭，恐将来蔓延传播隐患复萌。查预防传染之法，以个人种浆为最善。本会以保卫生命起见，自二月十五日起，特借东马路西马路两宣布讲所施种防疫浆。无论何人，均可于午后一点钟至三点钟到所种浆，分文不取。恐未周知，特此广告"。

④ 《各国派员在奉开鼠疫研究会及筹设房屋、执行各情由》，《奉天交涉司全宗·JB16-1587》，辽宁省档案馆馆藏档案。

⑤ 《鼠疫会议决条陈》，载《盛京时报》，第3版，宣统三年七月初三。

⑥ 《RESOLUTIONS（决议）》，《上海公共租界工部局卫生处关于国际鼠疫会议文件·U1-16-2631》，上海市档案馆馆藏档案。

距离，面对面的交流机会。由这些世界名医组成的研究团队，为中国首次国际医学大会增添了浓墨重彩，保证了会议结论的学术性和权威性。

这次国际会议，体现了中国与世界各共同防疫的诚意，提高了国家地位，同时也加速了中国医学界特别是防疫医学界融入世界的步伐。

附录一

鼠疫期间各国驻东三省领事一览表①

驻　地	国　别	姓　名	英文名
奉天	日本	小池张造	ChozoKoike
齐齐哈尔	日本	藤进贯一郎	KanichiroFujii
哈尔滨	日本	川上俊彦	ShungenKawakami
长春	日本	松原一雄	KazuoMatsubara
吉林	日本	林久次郎	KyujiroHayashi
辽阳	日本	铃木要太郎	YotaroSuzuki
铁岭	日本	森田宽藏	KanzoMorita
新民	日本	北条太洋	T. Kitajo
安东	日本	木部守一	MoriichiKibe
奉天	美国	伏设耳	Fred. D. Fisher
奉天	德国	韩根斯	Dr. E. Heintges
齐齐尔哈	俄国	阿发那斯	Afanasi
哈尔滨	俄国	珀佩	N. M. Poppe
吉林	俄国	拉扶罗甫	Lavnoff

---

① 沈云龙主编：《近代中国史料丛刊》三编，第 16 辑，第 153 册，台北，文海出版社，1986。

驻　地	国　别	姓　名	英文名
大连	俄国	——————	C. Bologowshey
营口（牛庄）	俄国	体德满	P. H. Tiedemann
奉天	俄国	廓罗克洛夫	S. A. Kolokoloff
天津	俄国	克理斯悌	Kristy
安东、哈尔滨	英国	吴理斯	R. Willis
大连	英国	帕雷脱	Parlett
天津	英国	禄福礼	——————

附录二

鼠疫期间清政府中央及主要疫区主要官吏一览表①

地　区	职　位	姓　名
中央	外务部右丞	施肇基
中央	邮传部尚书	盛宣怀
奉天	东三省总督兼奉天巡抚	锡良
奉天	交涉司交涉使	韩国钧
奉天	民政司民政使	张元奇
奉天	锦新营口兵备道	周长龄
吉林	吉林巡抚	陈昭常
吉林	交涉使	郭宗熙
吉林	吉林东北路兵备道	王瑚
黑龙江	黑龙江巡抚	周树模
黑龙江	黑龙江瑷珲道	姚福升
直隶	直隶总督	陈夔龙
直隶	交涉使	王克敏

---

① 沈云龙主编:《近代中国史料丛刊》,第 64 辑,第 640 册,台北,文海出版社,1986。

附录三

万国鼠疫研究会提交论文一览表①

论文作者	译　者	论文题目
日本·北里柴三郎	王若宜	演说鼠疫辞
日本·北里柴三郎		满洲黑死病谭
中国·王若宜		今后之百斯笃谭
中国·王若宜		百斯笃流行与鼠之关系
中国·侯毓汶		疫之源
俄国·巴雷金	庐滨府衙门	獭疫源流考
中国·谢荫昌		发生肺百斯笃之旱獭谈
日本·柴山五郎作	王若宜	满洲肺百斯笃之细菌学的研究
中国·王若宜		报告于万国鼠疫研究会者
中国·王若宜		百斯笃治疗法之讨论
中国·王若俨		百斯笃自然免疫之一例
日本·松王数男		对于肺百斯患者之绵纱覆口试验
日本·松王数男		鼠族检查中常见一种之百斯笃类似菌类
长春防疫总局报告		长春犬百斯笃之发现

① 于永敏、刘进、王忠云:《沈阳万国鼠疫研究会始末》,载《中国科技史料》,第16卷第4期,1995。

续　表

论文作者	译　者	论文题目
日本·松王数男		驴与人在同一房屋内发生百斯笃之一例
中国·王若宜		细菌研究室研究结果之公布
中国·王若宜		预防注射之效果
中国·广海氏		鼠与蚤说明书
中国·王焕文		鼠疫预防之一助
中国·王焕文		药物消毒之制剂及用法
英国·德来格		鼠疫论
英国·培恩	孙世昌	百斯笃历史上
英国·培恩	孙世昌	百斯笃历史下
英国·沙丽威尔	海清	百斯笃清毒之应用及其学理

万国鼠疫研究会发表的撰稿

撰稿作者	撰稿题目
记者·未署名	鼠疫之话——日本家庭卫生丛书
记者·未署名	百斯笃源流考
中国·丁福保	鼠疫病因疗法论
中国·丁义华	今古瘟疫考略
日本·北里柴三郎	防疫谈
日本·北里柴三郎	演说词
中国·海清译辑	百斯笃预防法
记者·未署名	中日两国协同防疫之意见
德国·波里	满洲鼠疫谈
记者·未署名	鼠疫关系医学之进步
日本·日员村田	鼠疫谈
英国·司督阁	论鼠疫

主要参考文献

一、档案史料类

1. 奉天交涉司全宗. JB16. 辽宁省档案馆馆藏档案

2. 奉天省长公署档. JC10. 辽宁省档案馆馆藏档案

3. 奉天省长公署档. ZC23. 辽宁省档案馆馆藏档案

4. 吉林将军衙门档. J001. 吉林省档案馆馆藏档案

5. 吉林全省防疫总局档. J029. 吉林省档案馆馆藏档案

6. 吉林省民政司档. J023. 吉林省档案馆馆藏档案

7. 吉林全省防疫总局档. K33. 吉林省档案馆馆藏档案

8. 黑龙江行省公署档. 21. 黑龙江省档案馆馆藏档案

9. 关于满洲及中国南部爆发败血症和肺疫的报告书. 上海市档案馆馆藏档案

10. 万国鼠疫大会日程. 上海市档案馆馆藏档案

11. 上海公共租界工部局卫生处关于国际鼠疫会议文件. 上海市档案馆馆藏档案

12. 上海公共租界工部局卫生处关于国际鼠疫会议之剪报、学术著作等文件. 上海市档案馆馆藏档案

13. 近代上海地方防疫档案史料选辑（上、下）. 档案与史学. 2003(4)(5)

14. 中华人民共和国传染病防治法. 中国卫生法制. 2004(5)

15. 清史稿. 北京：中华书局，1976

16. 奉天防疫总局编. 东三省疫事报告书（上、下）. 1912

17. 吉林省档案馆编. 吉林档案史料. 2003 (7)

18. 吉林省档案馆编. 吉林档案史料. 2003 (8)

19. 李文波编. 中国传染病史料. 北京：化学工业出版社，2004

20. 沈云龙主编. 清宣统朝中日交涉史料. 台北：文海出版社，1981

21. 沈云龙主编. 宣统政纪. 台北：文海出版社，1986

22. 汪向荣，夏应元编. 中日关系史资料汇编. 北京：中华书局，1984

23. 沈云龙主编. 清季中外使领表. 台北：文海出版社，1986

24. 沈云龙主编. 清末职官表. 台北：文海出版社，1979

25. 王彦威辑. 清季外交史料. 台北：文海出版社，1933

26. 中国历史博物馆编. 劳祖德整理：郑孝胥日记（3）. 北京：中华书局，1994

27. 徐曦. 东三省纪略. 北京：商务印书馆，民国四年

28. 李文海，夏明方主编. 中国荒政全书. 第一辑（全5册）. 北京：北京古籍出版社，2003

29. 李文海，夏明方主编. 中国荒政全书. 第二辑（全4册）. 北京：北京古籍出版社，2004

30. 陈明光编. 中国卫生法规史料选编（1912—1949年）. 上海：上海医科大学出版社，1996

31. 姚家祥主编. 国外预防医学历史经验资料选编. 北京：人民卫生出版社，1991

32. 中国科学院历史研究所第三所编. 锡良遗稿. 北京：中华书局，1959

33. 沈云龙主编. 锡清弼制军奏稿. 第4分册第7卷. 台北：文海出版社，1981

34. 中国历史博物院编，劳祖德整理. 郑孝胥日记. 第3册. 北京：中华书局，1993

35. 张在同，咸日金编. 民国医药卫生法规选编（1912—1948年）. 济南：山东大学出版社，1990

36. 王道瑞编. 清末东北地区爆发鼠疫史料（上下）. 历史档案. 2005 (1) (2)

37. 中国第一历史档案馆. 清末直隶警务处拟定客店戏场及预防传染病章程. 历史档案. 1998 (4)

38. 李文波编. 中国传染病史料. 北京：化学工业出版社. 2004

39. 宣统政纪. 卷 47. 清实录. 第 60 册. 北京：中华书局，1987 影印本

二、报刊资料类

1. 大公报. 人民出版社. 1982 年影印本. 1910—1911 年
2. 申报. 上海书店影印. 1982 年影印本. 1910—1911 年
3. 盛京时报. 盛京时报影印组辑印. 1985. 1910—1911 年
4. 东方杂志. 1910（7）
5. 东方杂志. 1911（8）

三、地方史志类

1. 汪树楠. 吴廷燮. 金毓绂等纂. 奉天通志. 东北文史丛书编辑委员会. 1983
2. 金正元. 赵恭寅. 间有翼修. 沈阳县志. 奉天作新印刷局. 民国六年版
3. 辽宁省地方志编纂办公室. 辽宁省志·卫生志. 沈阳：辽宁人民出版社，1999
4. 中国方志丛书·东北地方 5. 铁岭县志. 台北：台湾成文出版公司影印. 1974
5. 中国方志丛书·东北地方 16. 义县志. 台北：台湾成文出版公司影印. 1974
6. 中国方志丛书·东北地方 27. 开原县志. 台北：台湾成文出版公司影印. 1974
7. 榆树县政协文史资料委员会编. 榆树文史资料. 第 2 辑. 1988
8. 德惠县政协文史资料委员会编. 德惠文史资料. 第 5 辑. 1988
9. 黑龙江省政协文史资料研究委员会编. 黑龙江文史资料. 第 13 辑. 哈尔滨：黑龙江人民出版社，1984
10. ［日］南满洲铁道株式会议地方部卫生课编. 防疫十年志. 1923. 辽宁省档案馆馆藏档案

四、学术著作类

1. 中国人民大学清史研究所编. 清史编年. 北京：中国人民大学出版社，2000
2. 邓云特. 中国救荒史. 上海：上海书店，1989
3. 李建中. 世纪大疫情. 上海：学林出版社，2004

4. 桑林. 瘟疫：文明的代价. 广州：广东经济出版社，2003

5. 吴崇其. 中国卫生法学. 北京：中国协和医科大学出版社，2004

6. 夏明方，康沛竹. 20世纪中国灾变图史. 福州：福建教育出版社，2001

7. 欣正人. 瘟疫与文明. 太原：山西人民出版社，2004

8. 杨平. 卫生法学. 北京：人民军医出版社，2004

9. 姚武. 卫生法学. 郑州：郑州大学出版社，2004

10. 余新忠. 清代江南的瘟疫与社会——一项医疗社会史的研究. 北京：中国人民大学出版社，2003

11. 余新忠. 瘟疫下的社会拯救：中国近世重大疫情与社会反应研究. 北京：中国书店，2004

12. 张剑光. 三千年疫情. 南昌：江西高校出版社，1998

13. 中国人民大学清史研究所编. 清史编年. 北京：中国人民大学出版社，2000

14. 欣正人. 瘟疫与文明. 太原：山西人民出版社，2004

15. 童瑜. 日本帝国主义侵略东三省之概况. 北京：昆仑书店出版，1931

16. 祁仍奚. 东铁问题. 海事编译局，1929

17. 徐曦. 东三省纪略（1）. 北京：商务印书馆，1915

18. 徐世昌. 东三省政略（4）. 台北：文海出版社印行，1965

19. 王云五，李圣五. 中俄关系与中东铁路. 北京：商务印书馆，1933

20. 邓铁涛，程之范主编. 中国医学通史. 北京：人民卫生出版社，2000

21. 新华书局编辑部编. 展开防止鼠疫的斗争. 北京：新华书店，1949

22. 夏良才主编. 近代中国对外关系. 成都：四川人民出版社，1985

23. 方喜业主编. 中国鼠疫自然疫源地. 北京：人民卫生出版社，1990

24. 中国医学科学院流行病学微生物学研究所编. 中国鼠疫流行史，1973

25. 冼维逊编著. 鼠疫流行史. 广东省卫生防疫站. 1988内部印刷

26. 刘培华. 近代中外关系史. 北京：北京大学出版社，1986

27. 顾明义. 中国近代外交史略. 长春：吉林文史出版社，1987

28. 杨公素. 晚清外交史. 北京：北京大学出版社，1991

29. 唐培吉主编. 中国近现代对外关系史. 北京：高等教育出版社，1994

30. 夏良才. 近代中外关系研究概览. 天津：天津教育出版社，1991

31. 关捷著甲午中日陆战史. 哈尔滨：黑龙江人民出版社，1984

32. 杨生茂主编. 美国外交政策史 1775—1989. 北京：人民出版社，1991

33. 史明正. 走向近代化的北京城——城市建设与社会变革. 北京：北京大学出版社，1995

34. 杜培荣，屠云人主编. 卫生防疫事业管理. 成都：四川科学技术出版社，1991

35. 李振华辑，沈云龙主编. 近代中国国内外大事记. 台北：文海出版社，1981

36. 李治亭主编. 东北通史. 郑州：中州古籍出版社，2003

37. 刘培华. 近代中外关系史（下册）. 北京：北京大学出版社，1986

38. 谢静. 从晚清名臣到抗日楷模：韩国钧生涯. 上海：上海人民出版社，2002

39. 东省铁路经济调查局：北满与东省铁路. 哈尔滨：哈尔滨中国印刷局，1927

40. 李振华辑，沈云龙主编. 近代中国国内外大事记. 台北：文海出版社，1981

41. 满史会编著. 东北沦陷十四年史辽宁编写组译. 满洲开发四十年史. 1988

42. 日本南满洲铁道株式会社总裁室地方部残务整理委员会编. 满洲附属地经营沿革全史（上卷）（日文）. 南满洲铁道株式会社，1939年内部印刷

43. 日本南满洲铁道株式会社总裁室地方部残务整理委员会编. 南满洲铁道株式会社十年史. 满洲日日新闻社，1919

44. 日文东省铁路经济调查局. 北满与东省铁路. 哈尔滨：哈尔滨中国印刷局，1927

45. 宇留野胜弥. 满洲の地方病と传染病. 海南书房日文版. 1943

46. ［日］伊藤武一郎. 满洲十年史. 满洲十年史刊行会，1916

47. ［英］伊泽·英格利斯. 东北西医的传播者——杜格尔德·克里斯蒂. 张士尊译. 沈阳：辽海出版社，2005

48. ［苏］鲍里斯·罗曼诺夫著. 陶文钊、李金秋、姚宝珠译：俄国在满洲（1892—1906）. 北京：商务印书馆，1980

五、学术论文类

1. 陈雁. 20 世纪初中国对疾疫的应对——略论 1910－1911 年的东北鼠疫. 档案与史学. 2003（4）

2. 何君明，杨学锋. 历史的惨痛不应忘记——记清朝末年我国东北地区爆发的 次大规模流行性瘟疫. 贵州档案. 2005（5）

3. 景冠华. 东北的地方性鼠疫. 东北微生物学杂志. 1948（1）

4. 田阳. 1910 年吉林省鼠疫流行简述. 社会科学战线. 2004（1）

5. 于永敏，刘进，王忠云. 沈阳万国鼠疫研究会始末. 中国科技史料. 1995（4）

6. 周志初. 清末财政若干问题简论. 江海学刊. 2002（6）

7. 敖文蔚. 清末民初社会行政管理的重大改革. 江汉论坛. 2000（6）

8. 曹树基. 1894 年鼠疫大流行中的广州、香港和上海. 上海交通大学学报. 2005（4）

9. 郭蕴深. 哈尔滨 1910—1911 年的大鼠疫. 黑龙江史志. 1996（5）

10. 魏承毓. 传染病防治相关法规. 科技术语研究. 2003（4）

11. 尹逊华，田英杰，王秋生. 刍议传染病防治的立法与执法. 中国公共卫生管理. 1997（3）

12. 余新忠. 清代江南疫病救疗事业探析——论清代国家与社会对瘟疫的反应. 历史研究. 2001（6）

13. 袁熹. 近代中国最早的防疫工作. 天津科技. 2003（3）

14. 苑勇业，初本杰. 东北肺鼠疫流行史考察及今后卫生检疫对策. 口岸卫生控制. 1999（1）

15. 邹逸麟. "灾害与社会"研究刍议. 复旦学报. 2000（6）

16. 焦润明. 1910 年前后东北的鼠疫灾难. 近代东北社会诸问题研究. 北京：中国社会科学出版社，2004

17. 安贵臣，杜才平. 1911 年国际防疫会议背景分析. 台州师专学报. 2000（4）

18. 景冠华. 东北的地方性鼠疫. 东北微生物学杂志. 第 1 卷第 1 期. 民国三十七年一月

19. 胡勇. 清末瘟疫与民众心态. 史学月刊. 2003（10）

20. 王绍东. 中国古代最早的传染病防治立法. 光明日报. 2003-10-16

21. 何小莲. 论中国公共卫生事业近代化之滥觞. 学术月刊. 2003（2）

22. 台北传记文学. 第 13 卷第 6 期. 1968-12

23. 曹丽娟. 试论清末卫生行政机构. 中华医史杂志. 2001（4）

24. 杨念群. 防疫行为与空间政治. 读书. 2003（7）

25. 李玉尚. 近代中国的鼠疫应对机制——以云南、广东和福建为例. 历史研究. 2002（1）

26. 张照青. 1917—1918 年鼠疫流行与民国政府的反应. 历史教学. 2004（1）

27. 谷永清. 中国近代防疫述论. 山东师范大学硕士学位论文. 2005-04-20

28. 汪熙. 略论中美关系史上的几个问题. 世界历史. 1979（3）

29. 李廷江. 戊戌维新前后的中日关系——日本军事顾问与清末军事改革. 历史研究. 1999（2）

30. 陈潮. 19 世纪后期晚清外交体制的重要特点. 学术月刊. 2002（7）

31. 张小路. 中国对"门户开放"政策的反应. 社会科学战线. 1998（2）

32. 孙春日. 清末中朝日"间岛问题"交涉之原委. 中国边疆史地研究. 2002（4）

33. 李爱丽. 中美历史上的一次关税交涉——1853—1854 年美商欠税偿还案. 中国社会经济史研究. 2001（3）

34. 王霞：地方督抚与清末法制变革. 人文杂志. 2001（4）

35. 马敏. "绅商"词义及其内涵的几点讨论. 历史研究. 2001（2）

36. 谢放. "绅商"词义考析. 历史研究. 2001（2）

37. 任学丽. 浅析近代绅商的城市服务功能. 人文杂志. 2000（6）

38. 李治亭主编. 东北通史. 郑州：中州古籍出版社. 2003

39. 衣保中. 论清末东北经济区的形成. 长白学刊. 2001（5）

40. 王连忠. 历史上中国东北地区同日本的特殊贸易关系. 现代日本经济. 1997（4）

41. 李树田. 美国与中国东北. 吉林：吉林文史出版社，1991

42. 迟东丰. 论 20 世纪初美国与日俄争夺中国东北问题. 佳木斯大学社会科学学报. 2000（1）

43. 郝先中. 西医东渐与中国近代医疗卫生事业的肇始. 华东师范大学学报（哲学社会科学版）. 2005（1）

44. 伍连德. 论中国当筹防病之方实行卫生之法. 中华医学杂志. 1915（1）

后　记

　　30 余万字的书稿《清末东北三省鼠疫灾难及防疫措施研究》终于出版了。这个过去在历史书中只有只言片语、语焉不详、若隐若现的重大灾难事件，经过近十年的努力终于成形，并以一种较为完整的知识形态有机会奉献给读者，真是个非常欣慰的事情。

　　我对灾荒史的关注，缘起于研读李文海先生的著述以及与先生的相识。1993 年 6 月博士论文答辩时，李先生为答辩会主席，始结下师生之缘。其后曾多次前往拜访，获益良多。开始对这领域产生兴趣。然而，一时找不到太好的题目下手。数年后在京见同门黄兴涛先生，他建议我从东北近代史入手，并具体指 1910 年到 1911 年东北鼠疫为一较大灾害事件，却尚无深入研究，可以先由此下手。于是，我开始对这一问题加以关注。至 2000 年前后，由于指导研究生的需要，开始重点研读《盛京时报》，并系统地收集相关资料。2003 年发生的"非典型性肺炎"其对国民生活影响甚巨。学术界从总结经验教训的资政需要出发，开始关注历史上的瘟疫危害，相关成果不断出现，同时也激发了我的研究热情。由于研究生的参与，使相关研究工作进展加快。我们陆续在国家图书馆、辽宁省档案馆、辽宁省图书馆、吉林省档案馆、上海档案馆等处查阅到大量相关档案史料。2004 年前后草稿已成，2005 年、2006 年成熟的论文已见诸杂志（《晚清东北鼠疫流行与若干社会风俗习惯之改良》汇集在辽宁大学出版社 2005 年 1 月出版的《辽海历史文化研究》一书中；《1910—1911 年的东北大鼠疫及朝野应对措施》发表在 2006 年第 3 期的《近代史研究》上）。同时，我们也看到，国内学术界也开始关注这一专题，并有一些成果发表。这都是可喜的现象，说明近现代东北区域中的灾疫问题已受到学术界重视。

本书得以出版，首先感谢各位曾以不同方式帮助过我们的老师和同仁。感谢辽宁省学术出版基金资助以及参与评审的专家，感谢北京师范大学出版社的编辑先生们。我的学生张东梅、丁美艳、王鹏、崔明等同学参与了本书的资料收集和部分初稿的写作，付出了努力和辛苦，在此也表示感谢。本书参考了相关成果，行文中都尽量一一注明，并附录了参考文献，也向相关学者致谢。

学无止境，学术之路漫长。本成果只是我们的阶段性研究成果，还有许多缺点和不足，相关资料也不能说完全穷尽，只能算抛砖引玉，期待更完善的成果出现。